Ohne Wenn und Aber

Renate Götz Verlag

Über dieses Buch

Nach einer fehlgeschlagenen Liebe sehnen Sie sich danach, den Partner fürs Leben zu finden, doch Sie begegnen einfach nie dem richtigen? Sie haben Angst vor neuerlichen Verletzungen?

Dr. Harville Hendrix zeigt in diesem Buch - ergänzt mit zahlreichen intensiven Übungen - Möglichkeiten zu positiven Veränderungen auf, um dauerhafte Liebe zu erreichen:

- erkennen Sie die Rolle Ihrer Kindheit
- befreien Sie sich vom Muster der Beziehung Ihrer Eltern
- entdecken Sie Ihre Imago - das in Ihrem Unterbewußtsein existierende Idealbild Ihres Partners
- lernen und profitieren Sie von früheren Beziehungen
- üben Sie sich in neuen Verhaltensweisen als Vorbereitung auf eine bewußte Beziehung

Harville Hendrix, Ph.D.,

ist Psychotherapeut mit mehr als dreißigjähriger Erfahrung. Er hat in Zusammenarbeit mit seiner Frau Helen LaKelly Hunt, M.A., M.L.A., die Imago-Therapie entwickelt, diesen wirklich einzigartigen Heilungsprozeß. Harville arbeitet in seiner eigenen Praxis, leitet Workshops, bildet Eheberater aus und leitet das Institut »IMAGO RELATIONSHIPS INTERNATIONAL« in New York, wo er mit seiner Familie lebt.

Harville Hendrix, Ph. D.

Ohne Wenn und Aber

Vom Single zur Liebe fürs Leben

Aus dem Amerikanischen übersetzt von
Claudia Preuschoft

Renate Götz Verlag

Die amerikanische Originalausgabe erschien 1992 unter dem Titel
»Keeping the Love You Find. A Guide for Singles«
im Verlag Pocket Books, New York.

Aus dem Amerikanischen übersetzt von Claudia Preuschoft

Umschlagabbildung Harville Hendrix
© by IMAGO RELATIONSHIPS INTERNATIONAL
160 Broadway, East Building, Suite 1001 New York, NY 10038 U. S. A.

Neue deutsche Ausgabe, Oktober 2007
© Renate Götz Verlag
A-2731 Dörfles, Römerweg 6
e-mail: info@rgverlag.com
www.rgverlag.com

Layout und Gesamtgestaltung, © Coverbild »Oleander« by
outLINE|grafik . Eva Denk . A-2340 Mödling . www.outlinegrafik.at

Produktion: ueber:reuter print und digimedia gmbh
A-2100 Korneuburg, www. ueberreuter.com
Printed in Austria

ISBN 978-3-902625-00-7

FÜR ALLE MEINE KINDER
Hunter, Leah, Kimberly, Kathryn, Mara und Josh
Damit ihre künftigen Ehen Erfolg haben!

Inhalt

Hinweis: Die Arbeitsblätter zu allen Übungen finden Sie auch im DIN A4-Format als PDF-Download unter der Webadresse :

www.rgverlag.com/OW97

Einführung

Ich kenne Ihre persönliche Geschichte nicht. Ich vermute aber, daß Ihnen, wie den meisten alleinstehenden Erwachsenen, die Schmerzen und die Desillusionierung einer fehlgeschlagenen Liebe nicht fremd sind. Sie wünschen sich sehnlichst, sich zu verlieben und zu heiraten. Doch Sie begegnen einfach nie dem richtigen Mann oder der richtigen Frau. Oder Ihre Liebe wird nicht erwidert, oder der, den Sie lieben, möchte sich nicht binden. Vielleicht sind Sie geschieden - möglicherweise nicht zum erstenmal. Oder Sie leben getrennt und sind qualvoll emotional und finanziell in die Hinterlassenschaften einer gescheiterten Ehe verstrickt. Sind Sie homosexuell, treffen Sie erschwerte Bedingungen für eine verbindliche Beziehung, zumal unsere Gesellschaft nicht-heterosexuellen Ehen die Anerkennung verweigert. Und wenn Sie verwitwet sind, können Sie sich keine neue Liebesbeziehung vorstellen, wenn das bedeutet, ausgehen oder Kontaktanzeigen aufgeben zu müssen.

Bestand Ihr Liebesleben bisher aus einer Serie von One- oder Three-night-Stands? Der andere war nicht der Richtige oder Sie nicht der Richtige? Aber das läuft auf das gleiche hinaus: auf ein Neues. Vielleicht haben Sie auch den Punkt erreicht, wo Sie nur noch mit jemandem ins Kino gehen oder mit jemandem schlafen wollen. Doch Sie verlieben sich einfach nie. Sie sind schnell gelangweilt und empfinden die Vorstellung von einer dauerhaften Beziehung als bedrohlich. Ihre derzeitige Beziehung verspricht nicht dauerhaft zu werden. Ihr Partner ist nicht der Mensch, an den Sie dachten. Sie sind sich sicher, daß Sie bald wieder allein sein werden.

Alleinstehende haben heute vielfältige Möglichkeiten. Dennoch herrscht tiefe Verwirrung. Viele haben den verzweifelten Wunsch nach einer dauerhaften Liebesbeziehung. Ehe und verbindliche Beziehungen jedoch scheinen schwer definierbar und mit Gefahren beladen zu sein. Die Drohung, tief verletzt zu werden und ein gebrochenes Herz davonzutragen, wiegt schwer. Es ist kein Wunder, daß viele Alleinstehende heute verzweifelt sind bei ihrer Suche nach einem Partner, irgendeinem Partner. Andere, entmutigt, es noch einmal zu probieren, geben auf und ziehen sich wie verwundete Tiere in ihre Höhlen zurück, um ihre Wunden zu lecken. Lieber versuchen sie, das Beste aus ihrem Single-Dasein zu machen, wenden sich ihrer Arbeit und ihren Freundschaften zu, ihrem Zuhause und ihren Hobbys. Resigniert gehen sie - wenn überhaupt - vielleicht gelegentlich oberflächliche Beziehungen ein. Ich habe große Sympathie für sie. Das Gefühl, daß es beim nächsten Mal kaum anders sein wird als beim letzten Mal und man allein doch besser dran ist, ist nur zu verständlich. Und doch... die meisten von uns hegen immer noch den Traum von einer dauerhaften Liebe. Wir hoffen immer noch, daß sie uns begegnet.

Ich glaube, dieser Traum kann Wirklichkeit werden. Jeder, der ihm nachgeht - ob Sie schon einmal verheiratet waren oder nicht, geschieden sind, verwitwet, schwul oder lesbisch, alt oder jung -, kann ihn sich erfüllen. Seine Erfüllung entscheidet über unsere Ganzheit. Es ist die Absicht dieses Buches, Ihnen zu zeigen, wie Sie diesen Traum wahr machen können. (Anmerkung: Ich möchte darauf hinweisen, daß das Material in diesem Buch sich auch auf homosexuelle Alleinstehende bezieht. Ich hoffe sehr, daß homosexuelle Männer und Frauen es nützlich finden werden. Direkter aber wendet es sich an heterosexuelle Singles.)

Eine persönliche Bemerkung

Seit über zehn Jahren arbeite ich mit Paaren, die Probleme mit ihren Beziehungen haben. Diese Arbeit ist oft entmutigend und herzzerreißend. Die Partner sind voller Wut, Enttäuschung und Schmerz. Sie fühlen sich betrogen von ihren Partnern - und von der Liebe. Sie sind gefangen in einem Strudel starker Gefühle und festgefahrenem Verhalten, verständnislos darüber, daß ihre Freude sich in Luft auflöste und ihre Liebe zu Staub wurde. Ich bin ebenfalls oft entmutigt. Ich weiß, daß sie zur Rettung ihrer Ehen viel lernen müssen - über sich selbst und über Beziehungen. Aber zu oft sind sie überwältigt von ihren alltäglichen Konflikten. Für den langen, mühsamen Prozeß der Umerziehung und des Sich-wieder-Verliebens ist es zu spät. Die Schwierigkeiten sind zu groß, egal wie sehr sie wünschen, daß alles wieder gut wird.

Ich habe das selbst an meiner ersten Ehe erfahren müssen. Als psychologischer Berater der Kirche reichten offenbar meine jahrelange Therapie und besten Absichten nicht aus, um die Dinge wieder zurechtzurücken. Heute erkenne ich, daß es uns ein Geheimnis blieb, was eine dauernde Liebe ausmacht, ebenso den Therapeuten, mit denen wir arbeiteten. Wir verfügten einfach nicht über die Informationen und die Fähigkeiten, die für das Überleben unserer Partnerschaft notwendig gewesen wären. Ich war am Boden zerstört über das Scheitern unserer verzweifelten Versuche. Das veranlaßte mich zu meinen Studien. Ich konzentrierte mich darauf, die wahre Natur und den tieferen Zweck von Beziehungen zu erforschen. In dieser Zeit entwickelte ich die Theorie der Imago-Beziehung und die Praktiken der damit verbundenen Therapie, die diesem Buch zugrunde liegen. Jetzt bin ich glücklich in einer Ehe, die sehr anders funktioniert. Manchmal aber frage ich mich, was geschehen wäre, *wenn ich damals nur gewußt hätte, was ich heute über Beziehungen weiß,* nicht nur für mich, sondern auch für die Paare, die ich mit derart frustrierenden Ergebnissen beriet.

Es ist das Gefühl »Wenn doch nur ...«, das mich dazu anregte, dieses Buch zu schreiben. Einmal abgesehen von Ihrer individuellen Geschichte und Ihrem gebrochenen Herzen haben Sie als Alleinstehender einen Vorteil gegenüber Verheirateten. Die versuchen permanent, ihre Probleme in den Schwierigkeiten der alltäglichen Krise und Verletzungen zu lösen. Sie befinden sich in einer idealen Position, um zu lernen, was Sie wissen müssen und was Sie tun können, um Ihre Chancen für eine dauerhafte Liebesbeziehung zu verbessern. Ich will damit keineswegs Ihre

Zweifel und Ihre Ängste herunterspielen. Doch glaube ich, daß Sie Glück haben, in einer Kultur alleinstehend zu sein, die Ihnen vor einer Heirat die Möglichkeiten und die Gelegenheit bietet, sich selbst und Ihre Bedürfnisse kennenzulernen. Sie können lernen, allein zu leben, und mit Sexualität, Beziehungen und beruflichen Erfolgen experimentieren. Nicht nur das, denn wenn Sie es beim erstenmal nicht hinkriegen, wird Ihnen eine zweite Chance gegeben und sogar eine dritte und vierte, um es richtig hinzubekommen.

Dieses Buch ist nicht wie andere Bücher, die sich an Alleinstehende richten. Es geht nicht darum, wie Sie einen perfekten Partner angeln können, denn der perfekte Partner ist ein Mythos. Und es geht sicherlich nicht um die Freuden, allein zu sein. Ich respektiere zwar Menschen, die sich angesichts all der Schwierigkeiten für das Alleinbleiben entscheiden. Doch ich glaube, daß Sie nur in einer verbindlichen Beziehung wirklich wachsen und ganz werden können. In diesem Buch geht es um *Beziehungen*. Es geht darum, was Sie *jetzt*, solange Sie allein leben, als Vorbereitung auf eine dauernde Liebesbeziehung tun können. Im Jahre 1988 schrieb ich das Buch *So viel Liebe wie Du brauchst* [1], wo es um die Arbeit an den Problemen in Beziehungen geht. In diesem Buch soll es darum gehen, Probleme zu *verhindern*. So viel Herzschmerz könnte vermieden werden, wenn wir erst heiraten, nachdem wir gelernt haben, worum es in Paarbeziehungen wirklich geht. Vorher sollten wir die versteckten Minen entdeckt haben, die wir in unsere Beziehungen einbringen. Sie werden feststellen, daß das in diesem Buch umrissene Programm die Tür für Wachstum und Veränderung öffnet. Ihnen wird bewußt, welch ungeheures Potential für Heilung und Glück in der modernen Liebesheirat angelegt ist.

Allerdings habe ich keine schnellen Rezepte gegen Beziehungsverdrossenheit anzubieten. Ich bin zwar ein Idealist, aber ich mache mir keinerlei Illusion über das, was die Liebe am Leben erhält. Doch wenn Sie sich auf die Arbeit mit dem Buch einlassen, werden Sie Resultate sehen. Sie werden sich selbst besser kennenlernen. Sie werden begreifen, um was es in Beziehungen wirklich geht. Sie werden in die Lage versetzt, an sich selbst zu arbeiten, Veränderungsbedürftiges in Angriff zu nehmen. Sie werden fähig sein, die sich immer wiederholenden Muster vergangener Beziehungen zu durchbrechen. Sie werden sich zu einem anderen Typ von Partner hingezogen fühlen. Auch Sie werden in einer besseren Position sein. Ihr neuer Partner wird bereit und fähig sein, an einer tiefen und bleibenden Liebesbeziehung zu arbeiten. Die Schwere Ihrer Partnerschaftskonflikte wird nachlassen, denn Sie werden über die entsprechenden Werkzeuge verfügen, effektiver damit umzugehen.

Wie das Buch funktioniert

Dieses Buch präsentiert sich in fünf Teilen. In Teil I möchte ich zeigen, was ein alleinstehendes menschliches Wesen ist, was wir uns vom Leben erhoffen und inwiefern unsere Beziehungen der Weg sein können, unsere tiefsten Sehnsüchte zu erfüllen.

Teil II und III machen die Fehler der Erziehung bewußt. Sie zeigen, wie die Erfahrungen der Kindheit uns dahin brachten, wo wir uns heute befinden. In Teil II geht es darum, wie wir erzogen wurden, in Teil III um unsere Sozialisation. Die Art, wie wir sozialisiert wurden, wirkt sich auf unser Verständnis von Geschlechtsrollen und Sexualität aus. Damit hat sie einen ungeheuren Einfluß auf unsere Beziehungen. Diesem Thema habe ich ein ganzes Kapitel gewidmet. Wenn Sie die Übungen in diesen Teilen durchführen, wird Ihnen die Festlegung Ihres heutigen Kurses durch Ihre besonderen Kindheitserfahrungen bewußt werden. Sie werden sehen, daß Vergangenes nicht nur unmittelbar bestimmt, in wen Sie sich verlieben, sondern auch Ihr Verhalten in Beziehungen festlegt.

Die Dynamik in der Partnerschaft ist Thema von Teil IV. Sie arbeiten heraus, in was für einen Partner Sie sich nach der Vorbereitung durch Ihre Kindheit verlieben werden. Mit großer Wahrscheinlichkeit wird Ihnen die Beschreibung dessen, was ich die »unbewußte« Beziehung nenne, nur zu bekannt vorkommen: romantische Anfänge voll Geheimnis und Freude, die lange Belagerung von Desillusionierung und Wut, Kampf und Enttäuschung bis zu Unverständnis und Schmerz. In einem hoffnungsvolleren Ton werde ich Ihnen dann den Weg in die intentionale, wahrhaft innige Beziehung aufzeigen, in eine »bewußte« Beziehung. Paare verstehen und akzeptieren die Herausforderung, gefundene Liebe in dauerhafte Beziehung umzuwandeln.

Teil V ist der Dreh- und Angelpunkt. In diesem intensiven Trainingskurs üben Sie die Fähigkeiten und arbeiten an den für »bewußte Singles« notwendigen Verhaltensänderungen als Vorbereitung für eine bewußte Beziehung. Im letzten Kapitel werde ich Ihnen einen Vorgeschmack geben auf den Lohn für die harte Arbeit an einer bewußten Beziehung: wirkliche Liebe.

Liebe ist schwer - das Leben ist schwer - aber es gibt keine andere Möglichkeit, als sich darauf einzulassen. Es geht um einen hohen Einsatz. Ihr Spiel entscheidet, wie es Ihnen ergehen wird und ob Sie wachsen können. Es ist besser, so gut und so früh wie möglich spielen zu lernen. Ich glaube, daß Sie in diesem Buch genau das finden, was Sie dazu wissen müssen.

Teil I

Vom *Alleinleben* und dem Bedürfnis nach Bindung

Kapitel 1

Single - na und?

Nichts, was lebt, lebt allein oder für sich.
William Blake

Zum ersten Mal in der Geschichte unserer Kultur gilt das Alleinleben manchen Menschen als bevorzugter Lebensstil. Die Gründe dafür sind leicht einzusehen. Phantastisch angezogen, tänzeln sorglose Singles mit anbetungswürdigen Partnern durch die Cola-Werbung, sie amüsieren sich großartig, haben selbstverständlich interessante Berufe, und ihre Wohnungen sind mit dem neuesten elektronischen Schnickschnack ausgestattet. Wenn sie vom Abendessen in einem In-Restaurant nach Hause zurückkehren, werden sie sich (natürlich!) leidenschaftlich der Liebe hingeben - und müssen sich weder mit Kindern noch schmutziger Wäsche abplagen.

Ein attraktives Szenario ... und doch ist das Bild nicht vollständig. Von den Alleinstehenden, die bei meinen Workshops mitmachen, höre ich etwas ganz anderes. Viele von ihnen haben mehrmals Phasen durchlaufen, in denen sie allein lebten. Sie kamen zu mir, weil das Leben als Alleinstehende sie nicht glücklich machte - selbst wenn schicke Kleider und traumhafte Partner dazugehörten. Sie fragten sich, ob es im Leben nicht noch etwas anderes gäbe, einen Menschen, den sie wirklich lieben könnten, der sie ebenfalls liebt und mit dem sie bis ans Ende ihrer Tage glücklich zusammenleben können.

Was ist der Grund dafür? Warum wollen in unserer heutigen Gesellschaft, wo die Ehe oft als der erste Schritt zur Scheidung gesehen wird, immer noch die meisten Menschen heiraten, obwohl wir doch endlich die Möglichkeit haben, auch allein ein erfülltes Leben zu führen, mit Liebhabern zusammenzuziehen, mit zahlreichen Partnern Sex zu haben oder sogar uneheliche Kinder zu bekommen? Und warum trachten Geschiedene oder Verwitwete danach, wieder zu heiraten? Für mich gibt es eine sehr einfache Antwort: Unbewußt sehnen wir uns nach der Erfüllung in einer Partnerschaft. Nur mit einem anderen werden wir uns ganz fühlen. Warum ist der Wunsch nach einer festen Bindung in uns so übermächtig? Warum haben Sie eine solche Beziehung bisher nicht gefunden? (Warum sind Ihre Versuche fehlgeschlagen?) Was können Sie tun, um eine solche Beziehung einzugehen? Bevor ich in diesem Buch diese Fragen beantworten werde, müssen wir uns deutlich machen, womit Alleinstehende heute konfrontiert sind. Insbesondere, da ich überzeugt bin, daß der so weit verbreitete Mangel an Einsicht in die tiefere Bedeutung von Beziehungen der Kern der Verwirrung und der Schmerzen ist, die Alleinstehende so heftig empfinden.

Rites de passage

Für das Single-Dasein spricht vieles. Dieser dreißigjährige Werbetexter formulierte es sehr gut:

»Seit ich von der Uni in die Großstadt kam, habe ich mich blendend amüsiert. Ich habe angefangen in einer einfachen Mietwohnung in Greenwich Village, die ich mit einem alten Studienfreund teilte. Wir sind mit unseren Anfangsgehältern mal gerade so über die Runden gekommen. Wir lernten, unsere Hemden zu bügeln, und wir kochten auf einem Kocher mit zwei Platten. Abends suchten wir uns Veranstaltungen heraus, bei denen man umsonst hereinkam, oder gingen zu Lesungen und futterten uns durch mit den Gratishäppchen, die während der ›Happy hour‹ als Beilage zu den Getränken serviert werden. Ich traf alle möglichen Leute, von denen viele nach den Maßstäben meiner provinziellen Universitätsstadt ziemlich schräge waren. Jetzt habe ich meine eigene Wohnung in einem Hochhaus an der Upper East Side mit einer modernen Küche - sogar mit Mikrowelle. Ich war mit vielen unterschiedlichen Frauen zusammen, normalerweise nichts Ernstes. Mit einer aber habe ich fast zwei Jahre zusammengelebt (und sie brach mir das Herz). Ich war zweimal in Europa und im vorigen Jahr auf einer Campingtour in Kanada. Ich mache seit zwei Jahren Tai Chi und seit einem Jahr eine Therapie. Ich habe schreckliche Angst vor dem Heiraten - ich glaube, ich habe wohl nicht allzu viele glückliche Ehen gesehen. Doch allmählich verliere ich das Interesse daran, nur jemanden zu haben, mit dem ich Samstag abends ausgehen oder ein weiteres sexuelles Abenteuer haben kann - ich hätte nie gedacht, daß mir je so etwas über die Lippen kommen könnte. Ich bin kurz davor, mit meiner Freundin zusammenzuziehen, ich habe das Gefühl, es ist vielleicht an der Zeit, mich niederzulassen.«

Dieser junge Mann führte ein ideales Single-Leben. Seine Zeit als Alleinstehender war eine *Phase*, nicht Selbstzweck. Einerseits war es eine recht unbeschwerte Zeit der Unabhängigkeit, andererseits aber mußte er für sein alltägliches Leben sorgen und war für sein eigenes Wohlergehen verantwortlich. Er verfügte über Zeit und Geld, und er traf seine eigenen Entscheidungen hinsichtlich seiner Karriere, seiner Freunde und Reisen. Er experimentierte mit verschiedenen Lebensstilen, mit Sex und Beziehungen und fand neue Interessensgebiete und Hobbys. Er stieß sich die Hörner ab und hatte Beziehungen zu verschiedenen Frauen. Wenigstens eine davon beinhaltete eine relativ ernsthafte Lebensgestaltung. Es gab gute und schlechte Zeiten. Er formte eine Identität, wurde unabhängig von den Mustern seines Kollektivs/seiner Familie. Dadurch entwickelte er ein starkes Gefühl dafür, wer er ist, was er will und wie er es bekommen kann. Seine Jahre als Single haben ihm Kenntnisse, Erfahrungen und eine größere Sensibilität für die Welt beschert. Er ist bereit, ohne Bedauern den nächsten Schritt zu tun.

Leider ist die Geschichte dieses Mannes nicht typisch. Viele Alleinstehende verpatzen diese wertvolle Gelegenheit, Unabhängigkeit und Selbsterkenntnis zu erwerben. Das ist nicht verwunderlich, denn trotz der Freiheiten, Möglichkeiten und Mittel, die Alleinstehenden heute zur Verfügung stehen, wissen viele von ihnen nicht, wie sie aus den Jahren des Alleinlebens das Beste machen können. Woher sollten sie es auch wissen? Bis vor kurzem gab es »Singles« gar nicht. Alleinleben war lediglich eine Brücke zwischen dem Kinder- und dem Ehebett, die es möglichst schnell und ereignislos zu überqueren galt. Es ist kein Wunder, daß junge Männer und Frauen, denen es freisteht, neue, unbekannte Lebensformen auszuprobieren und sich selbst zu finden, sich nach traditionellen Mustern richten oder sich in ihrer Verwirrung mit unklaren neuen Geschlechtsrollen und Beziehungsdynamiken herumschlagen.

Im typischen Fall konzentriert sich eine Frau in ihren Jahren als Alleinstehende völlig auf die Jagd nach einem Mann, keinem beliebigen, sondern einem, der einer erschöpfenden Liste von genau festgelegten Qualitäten gerecht wird. Wie sich voraussagen läßt, ist sie enttäuscht, diesem Musterexemplar nicht begegnet zu sein, oder, ist sie ihm begegnet, daß er nicht an einer Bindung zu ihr interessiert ist. Junge Männer dagegen verbringen die gleichen Jahre ausschließlich damit, sich ausgiebigst zu amüsieren, Strichlisten über ihre sexuellen Eroberungen zu führen und dabei so schnell wie möglich durch die entsprechenden Karrieneränge zu rauschen. Sie beklagen sich, daß alle ihre Freundinnen nur von ihnen geheiratet werden wollen. Solange sie nur können, entziehen sie sich, bis der Druck, sich erwachsenen Ansprüchen zu beugen, zu groß wird. Man könnte glauben, Männer und Frauen kämen von verschiedenen Sternen, so entgegengesetzt sind ihre Absichten.

Wer gegen den gesellschaftlichen Strom schwimmt, hat seine eigenen Probleme. Junge Frauen, die fest entschlossen im Beruf vorwärtskommen wollen, fühlen sich bedroht. Sie verschieben die Ehe vorerst. Doch sie wissen sehr wohl, daß ihre statistischen Chancen somit steil abfallen. Frauen müssen immer noch mit dem Stigma der »alten Jungfer« fertig werden. »Ist denn niemandem aufgefallen«, beklagt sich Mary Ann Meyer in einem Essay in der *New York Times*, »wie paradox es ist, daß eine Frau in dieser Gesellschaft, ganz egal wie erfolgreich sie ist, es erst dann wirklich geschafft hat, wenn sie ›ja‹ sagt?«[1] Weniger karrierebewußte junge Männer versuchen, im Hinblick auf die Geschlechtsrollen unkonventionelle Wege zu gehen. Sie haben ebenfalls das Gefühl, mit ihren Chancen und ihrer Attraktivität einen hohen Preis zu zahlen.

Allem Anschein zum Trotz sind es schwere Zeiten für Singles. Die Überfülle von Angeboten für Alleinstehende in Zeitungen und Zeitschriften spricht eine deutliche Sprache. Da sind zunächst all die Produkte und Dienstleistungsangebote, die darauf zielen, Alleinstehende zusammenzubringen: Ferien mit dem Club Mediterranee, Gourmet Clubs für Singles, Wohnungen für Alleinstehende, Bücher mit Titeln wie »Wie finde ich einen Mann« oder »Wie mache ich Frauen an« oder »Die Wahrheit über das andere Geschlecht« oder »Was Männer (Frauen) wollen«, die Kontaktanzeigen, in denen Alleinstehende die Vorzüge aufzählen, die sie sich bei einem

Partner wünschen - und mit denen sie sich selbst anpreisen. Dann gibt es Angebote für die Alleinstehenden, für die all das nicht zu funktionieren scheint: Therapeuten, die sich auf Depressionen und Einsamkeitsgefühle bei Alleinstehenden spezialisiert haben, Unterstützungsgruppen für »vorübergehend Alleinstehende«, Eheanbahnungsinstitute, die versprechen, zu liefern, wo andere versagt haben, Bücher über Frauen, die zu sehr lieben, und über Männer, die Frauen hassen. Alleinstehende fühlen sich wie zwischen Skylla und Charibdis. Einerseits sind sie nicht bereit, zu der traditionellen Form von Beziehung zurückzukehren, andererseits aber nicht darauf vorbereitet, zu neuen Ufern vorzudringen. Sie stehen unter dem Druck, seßhaft zu werden, jedoch das Leben aus vollen Zügen zu genießen. Was stimmt an diesem Bild bloß nicht?

Single - eine neue Definition

In seinem Buch »Kindheit und Gesellschaft«[2] beschreibt der berühmte Psychoanalytiker Erik Erikson die Moratoriumsphase, die in den meisten primitiven Gesellschaften beobachtet wurde. In dieser Zeit wird dem Individuum gestattet und sogar von ihm erwartet, sich ohne Verantwortung auszuleben, bevor es mit einem Partner seßhaft wird, Kinder bekommt und zu einem nützlichen Mitglied der Gemeinschaft wird.

In unserer Kultur machen die Glücklichen, die in den Genuß einer Universitätsausbildung kommen, zwangsläufig ein solches Moratorium durch. Aber viele Studenten heiraten bald nach dem Examen, noch bevor sie die Chance hatten, ihre Flügel auszuprobieren. Zwar gehen immer mehr Schulabgänger an die Universität, weshalb das Durchschnittsalter für erste Eheschließungen in den vergangenen Jahren angestiegen ist, aber viele junge Leute heiraten immer noch direkt nach dem Schulabschluß. Und wer die Gelegenheit hatte, eine Weile solo zu leben, hat meist keine klare Vorstellung vom Weg oder Ziel seines Alleinflugs.

Ein Moratorium

Wir müssen den Begriff »Single« neu definieren, die Regeln auf den neuesten Stand bringen und Alleinstehenden aufzeigen, worin der Zweck und die Vorzüge dieser entscheidenden Übergangsperiode liegen. Ich denke, der beste Weg dazu ist, eine modernisierte Version von Eriksons »Moratoriumsphase« zu institutionalisieren. In unserer Gesellschaft wird jungen Menschen ein Modell vorgehalten, das ihnen früh Entscheidungen und Verpflichtungen für ihren Lebensweg abverlangt, und am Ende kommen ausgebrannte Führungskräfte dabei heraus und Hausfrauen, die sich nach dreißig Jahren überflüssig fühlen.

Nicht alle früh geschlossenen Ehen enden in der Katastrophe, ganz und gar nicht. Wer in einem gesunden Familienklima aufwuchs, in der Zeit der Ausbildung oder den ersten Berufsjahren ein gesundes Selbstgefühl entwickelt und sich einen guten Partner ausgesucht hat, bringt trotz seiner oder ihrer Jugend die besten Voraussetzungen für eine gute Ehe mit. Aber das sind Glücksfälle. Die meisten Leute sollten mit dem Heiraten warten, bis sie gut über zwanzig sind. In der Zeit zwischen Kindheit/Schule und Ehe würde dann von Alleinstehenden geradezu *erwartet*, daß sie sich an der Welt messen und ausprobieren, was sie zu bieten hat. Es gäbe keinen Druck, zu heiraten, oder vielmehr es gäbe den Druck, *nicht* zu heiraten, keine Karrierefixierung, sondern die Neugier an allen Lebensbereichen. Alleinleben wäre das entscheidende Stadium auf dem Weg zur Reife. Wir lernen, wer wir sind, entwickeln Verantwortlichkeit und Selbstgenügsamkeit und erkennen unsere wahren Gefühle. Wir können uns mit unseren inneren Stärken und Dämonen auseinandersetzen, all die Dinge verändern, die unsere Lebenslust dämpfen und unsere Entwicklung behindern. So können wir lernen, mit Beziehungen umzugehen und auf allen Ebenen zu kommunizieren. Es wäre ein äußerst notwendiges Beziehungstraining.

Wäre es die Norm für Alleinstehende, bis zum Abschluß der Übung mit dem Heiraten zu warten, würden viele der Probleme, die Beziehungen sabotieren, wegfallen. Bestimmte tiefe Probleme tauchen natürlich nur im alltäglichen Zusammenleben in einer festen Beziehung auf und können auch nur dort gelöst werden. Grundsätzliche Probleme mit sich selbst wären bereits bearbeitet, so daß sie eine Ehe nicht noch zusätzlich belasten. Die Partner würden sich selbst besser kennen, sie könnten gelassener mit Nähe umgehen und bereit sein, die Verantwortung in einer Ehe zu übernehmen. Wenn sie besser Bescheid wüßten, was sie wirklich vom Leben wollen, würden sie später nicht so viele Überraschungen erleben. Solche Singles wären besser in der Lage, mit den gewaltigen psychischen Auseinandersetzungen fertig zu werden, die eine Ehe mit sich bringt, und wären sich ihres ungeheuren spirituellen Potentials sehr viel bewußter. Außerdem - wozu die Eile? Mit achtundzwanzig oder zweiunddreißig ist immer noch reichlich Zeit, eine Menge Kinder zu bekommen und - aus freien Stücken - eine Karriere voranzutreiben.

Zum Alleinleben ist es nie zu spät

Angesichts der begrenzten Lebenserwartung der heutigen Ehen ist Alleinleben nicht nur auf junge Menschen beschränkt. Mit über dreißig, vierzig oder sechzig kann es besonders schwierig sein, vor allem wenn man bei der Heirat jung und unerfahren war und glaubt, es sei gelungen, die notwendigen Auseinandersetzungen mit Einsamkeit und Abhängigkeit zu umgehen. Nur allzuoft kommen zum Alleinsein in der Lebensmitte noch Ängste vor dem Alter hinzu, der Druck, sich zum ersten Mal auf den Arbeitsmarkt zu begeben, die Schwierigkeiten, Kinder allein aufzuziehen, und finanzielle Belastungen.

Aber ein Moratorium in der Partnersuche kann eine unschätzbare Gelegenheit sein, sich selbst zu erforschen - in jedem Alter. Selbst für die, die zwangsläufig und ungewollt allein leben, kann es sich schließlich als Segen erweisen. Es ist eine Zeit, in der man heilen, die eigenen Prioritäten neu setzen und ein neues Selbstgefühl entwickeln kann. Geschiedene Leute erzählen nicht nur einmal, daß sie entsetzliche Angst vor dem Alleinsein hatten, selbst wenn ihre Ehen lieblos und quälend waren. Sie fürchteten sich davor, sich nach anderen Partnern umzusehen und wieder einen Beruf ergreifen zu müssen. Zu ihrer Erleichterung aber erkannten sie ihr neues Leben als einen wunderbaren Balsam, eine Zeit des Heilens und der Beschäftigung mit sich selbst.

Eine Frau im mittleren Alter verließ ihren Ehemann. Übelste Vorahnungen über ihr Alleinsein und den veränderten Lebensstil ergriffen sie. Überrascht äußerte sie später:

»Ich ertappte mich dabei, daß ich singend im Haus herumging. Ich genoß die einfachsten Dinge, zum Beispiel allein zu essen (und zwar genau das, worauf ich Lust hatte und dann, wann ich wollte, ganz egal, wie unorthodox es war). Ich badete, blätterte Zeitschriften durch, arbeitete die halbe Nacht hindurch. Lange Zeit hatte ich weder den Wunsch noch das Bedürfnis, mich nach einem Partner umzusehen. Es war, als müßte ich mich wieder neu zusammensetzen, um herauszufinden, wer ich bin und was ich wirklich gern habe, auf jedem Gebiet. In mancher Hinsicht war das extrem schmerzhaft, aber mein wachsendes Gefühl für mich selbst und meine Fähigkeit, allein zu sein, waren eine Offenbarung für mich. Es sah so einfach aus, allein zu leben. Natürlich fing ich irgendwann an, jede Bindung zu fürchten, die mein Gleichgewicht durcheinander bringen könnte. Und jetzt habe ich Angst, in meinem Alter keinen Partner mehr zu finden. Aber das ist eine andere Geschichte.«

Brian, ein erfolgsorientierter, eigensinniger Mann, ließ sich mit über fünfzig Jahren scheiden. Er erzählte mir, er habe zunächst ein ausschweifendes Leben geführt, sei mit Frauen ausgegangen und habe alles getan, um seine leere Wohnung zu meiden. Danach habe er jedoch herausgefunden, daß er in Wirklichkeit eigentlich gern Brot backte, abends lange aufblieb, um Klavier zu spielen (das er nicht mehr angerührt hatte, seit er zwanzig war), spät ins Büro ging und Campingtouren in abgelegene Angelreviere unternahm. All das wich radikal von dem ab, was seiner Ansicht nach das Leben ausmachte. »Warum brauchte ich so lange, um das herauszufinden?« fragte er. »Könnte ich das nicht alles haben und meine Ehe noch dazu?« Viele geschiedene oder verwitwete Menschen kehren zu den Verhaltensmustern zurück, die sie vor ihrer ersten Heirat hatten: allein leben, ihren eigenen Rhythmus finden, eine Menge unterschiedlicher Menschen kennenlernen, in die Therapie gehen, neue Freunde finden, neue Interessen entwickeln, lernen, mit sich selbst zu leben und für sich zu sorgen.

Single fürs Leben

Für immer mehr Menschen ist das Alleinleben eine Entscheidung für das ganze Leben. Für manche ist es ein notwendiges Opfer zugunsten kreativer Ziele oder einer Karriere. Für andere stellt es eine Rebellion gegen die mit den Geschlechtsrollen verbundenen Erwartungen oder Pflichten dar. Wieder für andere ist es eine Entscheidung, um den Schmerz oder die Nähe zu vermeiden, die sie in früheren Beziehungen erlebt haben. (Einer eigenen Kategorie gehören diejenigen an, für die es Bestandteil ihres religiösen Gelübdes ist, die sich einem Leben des Dienens geweiht haben. In diesem Fall wird das Alleinsein kulturell hoch bewertet. Aber selbst römisch-katholische Nonnen, die sich für das Zölibat entschieden haben, geben Jesus ein »Hochzeitsgelübde«.)

Ich habe einen Freund, der sich entschieden hat, allein zu leben. Er ist Komponist und hat sich ganz seiner Arbeit geweiht. Er lebt fast wie ein Eremit, arbeitet unregelmäßig und führt ein einfaches Leben, zufrieden mit den 15000 oder 20000 Dollar, die sein Werk einbringt. Er fürchtet, in einer Ehe müßte er nicht nur mehr Geld verdienen, sondern auch seine Gewohnheiten und seinen gesamten Lebensstil auf Kosten seiner wahren Liebe, der Musik, ändern. »Ich lebe in einer Bruchbude mit undichtem Dach. Ich habe keinen Fernseher, keine Krankenversicherung und bin seit drei Jahren hier nicht herausgekommen. Klingt das so, als wäre ich ein begehrenswerter Junggeselle?«

Ingrid, eine begeisterte Chemikerin, die in der Forschung arbeitet, sagt, sie sei zufrieden mit ihrem Leben. Sie ist allerdings wütend, weil sie das Gefühl hat, eine Entscheidung treffen zu müssen.

»Männer in meiner Position haben Ehefrauen, die für sie sorgen, die täglichen Hausarbeiten erledigen, den Alltag organisieren und die Zerstreuungen und die sie unterstützen. Es ist nicht nur sehr schwer für eine Frau wie mich, einen Mann zu finden, der verstehen oder tolerieren würde, wie sehr ich von meiner Arbeit absorbiert werde, in den meisten Fällen würde auch von mir erwartet, meine Arbeit aufzugeben, dem Vorzug zuliebe, verheiratet zu sein. Heutzutage ist es wenigstens möglich, daß ich einen Liebhaber habe, ohne deshalb allzusehr unter Beschuß zu stehen - obwohl es für manche Leute ein Problem ist, daß mein gegenwärtiger Liebhaber soviel jünger ist als ich - wieder etwas, das kein Mensch zur Kenntnis nähme, wenn ich ein Mann wäre.«

In eine etwas andere Kategorie gehören jene, die durch bestimmte Umstände gezwungen sind, allein zu leben. Vielen von ihnen ist es gelungen, das Beste daraus zu machen. In gewisser Weise aber haben sie ihren Traum von einer Beziehung aufgegeben, oft weil sie in der Vergangenheit sehr verletzt wurden. Wie spöttelte Edna Ferber doch so schön? »Eine alte Jungfer sein ist wie ertränkt werden, es ist kein ganz und gar unangenehmes Gefühl, wenn man erst einmal aufgehört hat, zu kämpfen.«

Für manche ist die Entscheidung für das Alleinbleiben nur eine Rationalisierung ihrer Unfähigkeit, mit den Forderungen einer Beziehung umzugehen. »Ich brauche meinen Freiraum«, »Ich habe einfach nie den Richtigen/die Richtige gefunden«, »Meine Arbeit nimmt all meine Energien in Anspruch.« Oft haben sie wiederholt die gleichen Probleme und Verletzungen erlebt. Ihre schwierige Kindheit hat bei ihnen Narben hinterlassen, die in jeder Beziehung Verheerung anrichten. Die Wunden brechen immer wieder auf, anstatt geheilt zu werden. Wieder und wieder müssen sie feststellen, daß sie an der gleichen Stelle festsitzen. Und so beschließen sie, vielleicht zu Recht, daß sie allein besser zurechtkommen. Sie entscheiden sich, aus ihrer Situation das Beste zu machen, in einem gesellschaftlichen Klima, in dem es wenigstens toleriert wird, allein zu leben.

Ihre Zukunft wird rosiger sein. Aber für diejenigen, die das Alleinleben als Durchgangsstadium zur Ehe begreifen, werden die kommenden Jahre produktiver werden. Ich hoffe, daß das Alleinleben immer mehr akzeptiert werden wird. Aber, wie Sie zweifellos bereits bemerkt haben, sehe ich das Alleinleben in jedem Lebensabschnitt als eine Gelegenheit, sich und den eigenen Platz in der Welt zu finden. Angesichts eigener Erlebnisse, meiner Einstellung zur menschlichen Natur und Erfahrung mit Alleinstehenden glaube ich, daß etwas am Alleinleben nicht stimmt. Vermutlich lesen Sie dieses Buch, weil Sie es ebenfalls nicht für so überaus erstrebenswert halten, auch wenn Sie Ihr Leben allein gegenwärtig vielleicht genießen. Vermutlich haben Sie den Wunsch nach einer dauerhaften Beziehung, und vermutlich ist eine solche bisher noch nicht zustande gekommen.

Das Bedürfnis nach Verbundenheit

Alleinstehende erzählen mir oft, sie hätten das Gefühl, mit ihnen stimme etwas nicht, weil sie ein so starkes Bedürfnis nach einer Beziehung haben. Manchmal hofften sie nur, daß praktisch irgend jemand des Weges komme, sich in sie verliebe, sie heirate und alles sich zum Besten wendete. Das mag uns unerwachsen und verzweifelt vorkommen. Doch nur allzuoft werden so Ehen geschlossen, die unter dem Vorzeichen stehen »Es ist meine einzige Chance«. Die Folgen sind meist katastrophal. Ohne das Gebot ihres Alleinlebens zu ehren, stellen sie in gewisser Weise ihre Jahre als Single nur bis nach einer Scheidung zurück. Sie müssen schon viel Glück haben und sehr hart an ihrer Beziehung arbeiten, um das zu verhindern. Viele verharren in einer aussichtslosen Ehe.

Ich möchte allerdings nicht zu hart urteilen, denn in den meisten Fällen ist die Sache komplexer. Es geht dann nicht einfach nur um den verzweifelten Wunsch zu heiraten oder das Bedürfnis, einem leeren Leben Sinn zu geben. Diese Bedürftigkeit ist ein Symptom für ein tiefes Verlangen im Unbewußten. Es ist Ausdruck des menschlichen Bedürfnisses nach Ganzheit und Verbundenheit, genauer gesagt, nach einer sicheren, innigen, lebendig machenden Partnerschaft. Ich will damit sagen, daß wir Beziehungen *brauchen*. Das klingt ganz schön dramatisch, aber ich bin überzeugt davon, daß es zutiefst wahr ist. Es geht nicht einfach um verzweifelte Singles. Unsere menschliche Natur und unsere menschlichen Bedürfnisse lassen sich nicht verleugnen, egal wie sehr wir rationalisieren oder uns anpassen.

Denken Sie nur daran, wie wir mit dem Wort »allein« umgehen. Wir definieren Alleinstehende als *abhängig von ihren Beziehungen:* geschieden, verwitwet, getrennt lebend, verlobt, Junggeselle oder alte Jungfer - auch als *nicht verheiratet*. Oberflächlich sieht es so aus, als spiegele sich darin die Einstellung unserer Gesellschaft zur Ehe. Tatsächlich aber zeigt sich darin, daß wir unsere im Grunde beziehungsorientierte Natur unbewußt annehmen. Denken Sie nur daran, wie lebendig und in Übereinstimmung mit der Welt wir uns fühlen, wenn wir verliebt sind und uns miteinander verbunden fühlen. Fehlt eine solche Verbindung, geraten wir aus dem Gleichgewicht.

Die Gesundheitsstatistiken sprechen eine deutliche Sprache über unser angeborenes Bedürfnis nach Beziehung. Menschen, die über lange Zeitabschnitte allein leben, neigen zu Depressionen. Ihr Immunsystem ist geschwächt. Sie sind anfälliger für Krankheiten und haben eine geringere Lebenserwartung. Außerdem arbeiten sie weniger effizient und können Krisen oder Enttäuschungen schlechter durchstehen. Es ist praktisch ein Gemeinplatz, daß eine verwitwete Person innerhalb etwa eines Jahres nach dem Tod des Gatten verfällt, krank wird oder sogar stirbt, ob die Ehe glücklich war oder nicht. Und zahlreiche Studien haben nachgewiesen, welch schädigende Auswirkungen Vernachlässigung oder mangelnde Zuwendung bei Kleinkindern haben.[3]

Kurz gesagt, wir brauchen Beziehungen, insbesondere bindende, langfristige Liebesbeziehungen, die uns Heilung und Wachstum gestatten. Meiner Ansicht nach beschneidet fortgesetztes Alleinleben das Wachstum, denn es leugnet die fundamentalen Bedürfnisse des Unbewußten. Ich glaube, daß Alleinleben als Stadium gedacht ist, nicht als ständige Lebensform. Es gibt bestimmte Dinge im spirituellen und psychologischen Bereich, die wir nur in einer bindenden Zweierbeziehung erreichen können. Ich möchte Alleinstehende keineswegs kritisieren. Sie werden von einer Kultur, die den Zweck des Alleinlebens heutzutage weder versteht noch unterstützt, in der Luft hängengelassen. Alleinstehende müssen mit schwierigen Problemen fertig werden, ohne über die Mittel dafür zu verfügen. Ich wünsche mir, daß Alleinleben in dem Kontext, in den es gehört, akzeptiert und außerdem verstanden und ermutig wird. Gleichzeitig möchte ich mit der Vorstellung aufräumen, die Entscheidung, allein zu leben, sei einer Ehe gleichwertig. Das Alleinleben ist einer Ehe nicht gleichwertig. Mit dem Entschluß, allein zu leben, nehmen wir eine Beschneidung unserer Entwicklung hin und ignorieren die Direktiven des Unbewußten zu unserem eigenen Schaden. Wir sind für Paarbeziehungen geschaffen.

Das Problem mit dem Alleinleben

Ich empfinde also große Sympathie für alle, die den glühenden Wunsch haben, eine Liebesbeziehung zu finden und zu bewahren. Aber mit Alleinlebenden zu tun zu haben, kann auch frustrierend sein. Ich stelle oft fest, wie jämmerlich wenig sie sich ihrer Erwartungen bewußt sind und ihres Verhaltens in Beziehungen. Sie sind nach den alten Regeln aufgewachsen und spielen nach den neuen. Sie wollen mit anderen eine enge Beziehung eingehen, bevor sie verstehen, was Nähe bedeutet, und bevor sie sich überhaupt selbst nahegekommen sind.

Als Prediger habe ich jahrelang in kirchlichen Gruppen mit Alleinstehenden gearbeitet. Ich habe nie aufgehört, mich darüber zu wundern, daß im Verlauf einer jeden beliebigen Sitzung mehrere der Teilnehmer sich endlos darüber ausließen, es gäbe für sie einfach niemanden, oder sie würden nie den richtigen Partner finden - obwohl sie von ein- oder zweihundert attraktiven potentiellen Kandidaten umgeben waren. Niemand schien ihren Vorstellungen gerecht zu werden. Inmitten der vielen offensichtlich zu habenden Heiratswilligen konnten sie niemanden ausmachen, an dem sie Interesse gehabt hätten.

Außerdem wurden mir regelmäßig Fragen gestellt, die so begannen: »Was ist, wenn die Person, der ich begegne, nicht ...«, worauf eine Reihe kaum verhüllter Klagen folgte: »... offen ist«, »... wieder anruft«, »... mit mir schlafen will«, »... aufrichtig ist«, »... mich heiratet«, »... das Abendessen bezahlt«. Es verblüffte mich, daß diesen Menschen die dringendsten Grundlagen der Kommunikation und des Beziehungsverhaltens fehlten. Warum stellten sie sonst solche Fragen? Und würde es ihnen helfen, wenn ich ihnen die Antworten geben würde, wie: »Fred wird Sie nicht heiraten, weil er gern allein lebt.« - »Mona will nicht mit Ihnen schlafen, weil sie glaubt, das sei alles, was Sie von ihr wollen.« - »Irwin spürt, wie bedürftig Sie sind, und er fühlt sich davon bedroht, deshalb ruft er nicht wieder an.« »Alan bezahlt nicht fürs Abendessen, weil er nicht gern für einen Spender von Gratis-Abendessen gehalten werden möchte und Sie ihm versichern müssen, daß Sie ihn wirklich gernhaben.«

Lange Zeit fragte ich mich verwirrt, warum all diese attraktiven Menschen so unerklärlich wenig Erfolg in ihrem Liebesleben hatten, bis ich eines Tages mit dem Pfarrer sprach, der in einer großen Nachbargemeinde eine Gruppe für Alleinstehende leitete. Er gab zu, die gleichen Probleme zu haben. »Wissen Sie«, sagte er zu mir, »ich habe daraus den Schluß gezogen, daß viele Alleinstehende einfach nicht erwachsen geworden sind. Sie haben keinen rechten Bezug zur Realität, kennen sich selbst nicht. Sie haben nicht die Fähigkeit, Verantwortung zu übernehmen. Ihre Vorstellungen von Liebe gehören in eine Phantasiewelt. Sie rennen einer Ehe entweder hinterher oder davon, und dabei tappen sie im Dunkeln, um was es dabei eigentlich geht. Sie haben die Privilegien und den Besitz von Erwachsenen, aber sie sind noch nicht erwachsen geworden. Deshalb sind sie chronisch allein.«

Zuerst wehrte ich mich gegen das, was er damit sagen wollte, aber der Begriff »chronisch allein« setzte sich in meinem Kopf fest. Es ist zwar schwer, allgemeingültige Aussagen über Alleinstehende zu machen, aber heutzutage gibt es tatsächlich eine riesige Gruppe von Menschen, die sich sicherlich als »chronisch allein« klassifizieren ließen: der Junggeselle, der nie ein Heim gründet, die Frau, deren Liebhaber nie zurückrufen oder die nie den richtigen Märchenprinzen findet, der Alleinstehende, bei dem offenbar immer wieder berufliche Ziele erfordern, eine Ehe auf später zu verschieben. Selbst diejenigen, die eine Reihe gescheiterter Ehen hinter sich haben, sind in gewisser Weise *chronisch allein*, wobei sie im Verlauf ihres grundsätzlichen Alleinseins zwischendurch kurze Ausflüge in Beziehungen unternehmen.

Bei Workshops für Alleinstehende stellte ich fest, daß Alleinstehende erwarten, irgendeine magische Antwort auf ihre verwünschte Partnerlosigkeit serviert zu bekommen. Als könnte ich ihnen sagen, was sie zu tun, wohin sie zu gehen und was sie zu sagen hätten, um einen Partner zu finden - und zwar schnell. Oder sie hofften, der oder die Richtige würde sich neben sie setzen. Sie würden wahre Liebe doch nicht erkennen, auch wenn sie sich ihnen auf den Schoß setzte. Es könnte noch jemand Besseres geben. Vom nächsten Schritt in das Stadium von Nähe und Bindung hätten sie keine Ahnung. Eine junge Frau sagte wahrhaftig zu mir: »Ich liebe Joel, aber er ist nur ein Trainee in einer Bank, und er hat kein Interesse daran, ins Theater oder Museum zu gehen. Was passiert, wenn ich Joel sage, ich werde ihn heiraten, und *dann* einen Besseren finde?«

So viele Alleinstehende konzentrieren all ihre Bemühungen auf eine Perfektionierung des äußeren Drum und Dran und die Strategien des Single-Daseins, um bei der Musterung der Partnerwahl zu bestehen. Dabei vernachlässigen sie die Erforschung ihres Inneren. Sie wollen den perfekten Partner finden, heiraten und machen sich *dann* Sorgen darüber, ob sie auch glücklich verheiratet sind. Sie weisen mögliche Partner ab. An denen finden sie dies oder das auszusetzen und erkennen nicht, daß der Fehler bei ihnen selbst liegt. Die Ironie ist, daß fast 50 Prozent der Heiratenden ihr Gepäck aus der Kindheit noch nicht ausgepackt und untersucht haben. Daher sind sie dazu verdammt, sich wieder in die Reihen der Alleinlebenden einzugliedern, und zwar auf die harte Tour der Scheidung. Sie verstehen nicht, daß sich nichts verändern wird, solange sie sich nicht ändern. Sie werden keinen gesünderen, reiferen Partner finden, solange sie selbst nicht gesünder und reifer sind. Sie müssen zuerst ihre Hausaufgaben machen.

Die Liebe fürs Leben

In diesem Buch geht es nicht darum, einen Partner zu *finden*. Doch mir sind die Probleme der Alleinstehenden wohl bewußt. Schüchternheit, Angst, Ambivalenz und vergangene Beziehungskatastrophen können sehr starke Hürden bei der

Partnersuche sein. Glauben Sie mir, ich habe von entmutigenden Alleinstehenden viele Schreckensgeschichten von Zurückweisung, peinlichen, sogar gefährlichen Situationen gehört. Den Impuls, zu Hause zu bleiben, ein Buch zu lesen und zu hoffen, daß man auf dem Weg zur Arbeit über den zukünftigen Geliebten stolpert, kann ich nur zu gut verstehen. Aber es ist unausweichlich, daß Sie sich als Beziehungssuchender in eine Situation begeben müssen, in der sie anderen Menschen begegnen. Das bedeutet, daß Sie sich exponieren müssen. Ich meine damit nicht, daß Sie Ihre Vorzüge am hellichten Tag öffentlich zu Markte tragen sollen. Sie sollten sich aber so viele Möglichkeiten wie möglich geben, den Pool potentieller Partner zu vergrößern. Niemandem wird die Post einen Traumprinzen oder eine Traumfrau abliefern. Sie müssen jeden Weg prüfen - Gruppen für Alleinstehende, kirchliche Gruppen und Gruppen für Singles mit besonderen Interessen, Kurse und Aktivitäten, die auf Alleinstehende zugeschnitten sind. Schließen Sie auch die Anzeigenvermittlungen oder Kontaktanzeigen in seriösen Zeitungen oder Zeitschriften nicht aus, bei denen Sie den Eindruck haben, sie würden von der Art von Person gelesen, die Sie suchen.

Abgesehen davon sollten Sie Ihre Urteilskriterien überprüfen. Je enger und detaillierter Ihre Liste von erwünschten Qualitäten ist, je fester Ihre Vorstellung von einem annehmbaren Partner, desto beschränkter ist Ihre Auswahl. Ohne es zu wollen, lehnen Sie Tausende von möglichen Partnern ab. Sie geben ihnen keine Chance, Ihr Herz zu erobern. Beschäftigen Sie sich auch mit Menschen, die anders aussehen, handeln und denken als die, an die Sie gewöhnt sind. Auch wenn Sie nicht glauben, Ihren Partner auf diesem Weg zu finden, *Sie selbst* erweitern damit Ihre Möglichkeiten. Das erweitert zudem die Zahl in Frage kommender Kandidaten.

Ich möchte hier auch kurz auf die Selbstsabotage eingehen, die ich bei vielen Alleinstehenden beobachtet habe. Diese Selbstsabotage manifestiert sich zum Teil darin, daß die Betroffenen nicht ausgehen, um andere Menschen kennenzulernen, oder die Kriterien für die Auswahl eines möglichen Partners eng einschränken. Mit ihrem Verhalten schrecken sie mögliche Partner mit Sicherheit ab. Ein Freund von mir meinte, daß viele Frauen, mit denen er während seiner Jahre als Alleinstehender ausgegangen war, »sich selbst in den Fuß schießen« würden. Als ich ihn bat, das näher zu erläutern, listete er mehrere Verhaltensweisen auf: Sie sprachen abfällig über frühere Freunde oder Beziehungen, setzten ihr Aussehen oder ihre Intelligenz herab, brachten ganz allgemein sofort negative Einstellungen zum Ausdruck, insbesondere gegenüber dem anderen Geschlecht, fanden bereits in den ersten paar Minuten etwas an ihm auszusetzen, kamen schon bei der ersten Verabredung zu spät und brachten faule Ausreden vor, schoben das Versagen früherer Beziehungen vollständig auf ihre Partner, ließen allzu deutlich erkennen, daß sie sexuell und auch sonst zu haben waren, und reagierten dann peinlich berührt oder gingen fort, wenn er auf ihre Signale reagierte. »Nun frage ich mich, ob ich so etwas auch machte«, meinte er.

Achten Sie auf Verhaltensweisen, mit denen Sie sich selbst ein Bein stellen. Kurzgefaßt lautet das Rezept: Seien Sie positiv. Seien Sie aufrichtig. Seien Sie ansprechbar und offen für andere Menschen. Seien Sie Sie selbst, mit so viel Selbstvertrauen, wie Sie nur aufbringen können.

Mehr habe ich zu diesem Thema eigentlich nicht zu sagen. Ich bin davon überzeugt, daß Sie nicht mehr tun können. Es ist sinnlos zu versuchen, den oder die »Richtige« ausfindig zu machen. Das kann nur Ihr Unbewußtes, und Sie werden möglicherweise gar nicht allzu begeistert sein von dem, was es Ihnen präsentiert. Das einzige, was Sie bewußt bei Ihrer Partnerwahl tun können, ist, sich jemanden auszusuchen, der sich seiner selbst bewußt ist. Er sollte sich darauf einlassen, die notwendige Arbeit für eine dauerhafte Liebesbeziehung zu leisten.

Machen Sie sich bereit!

Also, werden Sie nun fragen, wie *will* dieses Buch mir dann helfen, eine dauerhafte Liebesbeziehung zu finden? Lassen Sie mich das mit einer Metapher beantworten. Ich vergleiche die Ehe gern mit Wildwasserkanufahren auf dem Colorado River. Sie haben die Wahl, ob Sie die Reise unternehmen wollen. Die Stromschnellen, denen Sie unterwegs begegnen, können sie jedoch nicht umgehen. Sie können allerdings vorher in Erfahrung bringen, was Sie zu erwarten haben. Wenn Sie an kleineren Stromschnellen üben, werden Sie in den großen nicht ertrinken. Ich möchte hier eine Landkarte anbieten, damit Sie sich auf dem Weg nicht verirren oder schockiert reagieren. Ich möchte Sie außerdem mit der nötigen Ausrüstung versehen: einigen grundlegenden Fähigkeiten, die Ihnen helfen sollen, die Stromschnellen zu durchqueren.

Mit anderen Worten, es geht darum, sich *auf eine Reise vorzubereiten* - die Reise einer Ehe. Vorbereitung ist die Voraussetzung für jede erfolgreiche Reise. Die Zeit, die Sie allein zubringen, ist die richtige Zeit dafür. Ihre Sicherheit und Ihr Wohlergehen auf dieser Reise hängen von der Gründlichkeit Ihrer Vorbereitungen ab. Die Gefahren ganz vermeiden können Sie jedoch nicht.

Wir alle haben das, was wir zur Zeit gerade haben können, abhängig von unserem Wesen und unserer persönlichen Geschichte. Paradoxerweise ist das, was wir als Resultat der Reaktionen unserer Umwelt auf uns - und unserer Reaktionen auf die Umwelt - geworden sind, der Grund, weshalb wir nicht haben, was wir uns wünschen. Doch wir betrachten es als unser Geburtsrecht. Eigensinnig wollen wir das, was wir brauchen, ohne uns zu verändern. Aber das ist unmöglich. Wir brauchen uns selbst, unsere verlorene Ganzheit, und die können wir nur durch Veränderungen unseres Ichs wiedergewinnen.

Ich will nicht zuviel versprechen. Diese Vorbereitung ist alles, was Sie als Alleinstehender tun können. Solange Sie allein sind, können Sie den Prozeß, ganz zu werden, einleiten. Aber ohne einen Partner können Sie die Wunden Ihrer Kindheit weder vollständig heilen noch Ihre Ganzheit vollständig wiedererlangen. Sie können Ihr verlorenes Selbst nur durch die Reise einer engen Beziehung wiedergewinnen, in der Ihre verlorene Ursprünglichkeit aktiviert wird. Sie können sich auf diese Reise nur vorbereiten, indem Sie nicht nur die Verteidigungsstrategien Ihres Charakters verändern, sondern auch die nicht mehr angemessenen Verhaltensweisen.

Mit anderen Worten, den Lohn - wirkliche Liebe - werden Sie nicht erlangen, ohne sich auf den Weg zu machen. Selbst dann ist die Reise einer Ehe kein Urlaub, mit einem Reiseleiter, der Ihnen die ganze Arbeit abnimmt. Sie werden auf sich selbst gestellt sein, denn jede Partnerschaft ist einmalig. Aber jetzt werden Sie das Terrain erkunden und sich die richtigen Werkzeuge aneignen. Sie werden fähig sein, in fast jeder Situation erfolgreich zu improvisieren.

Vergessen Sie die Partnersuche!

Es ist nicht Ihre Schuld, wenn Sie bisher keine dauerhafte Liebesbeziehung gefunden haben. Es liegt aber in Ihrer Verantwortung, das Notwendige zu tun, um sie zu finden. Wenn Sie wiederholt Schwierigkeiten mit Beziehungen hatten, ist das kein Grund, deprimiert zu sein. Sie sollten sich vielmehr darum bemühen, konstruktiv damit umzugehen. Die Antworten auf Ihre Probleme finden Sie nicht »da draußen«, mit der richtigen Wohnung, dem richtigen Auto oder Kleid, sondern indem Sie Ihre Freiheit akzeptieren. Lassen Sie die Möglichkeiten zu innerem Wachstum zu. Nehmen Sie sich vor, sich zu verändern. Übernehmen Sie die Verantwortung dafür, was in Ihrem Leben geschieht. Kurz, indem Sie die Reise zur eigenen Reife antreten. Wenn es Ihnen ernst ist mit dem Wunsch nach einer umfassenden und dauerhaften Liebesbeziehung, müssen Sie sich ernsthaft mit Ihrem Alleinsein auseinandersetzen. Es gibt im wesentlichen vier Dinge, die für die Vorbereitung notwendig sind, bevor Ihr Partner des Wegs kommt und Sie sich einschiffen zu der Kreuzfahrt einer Ehe: 1) Werden Sie sich darüber klar, was Beziehungen bedeuten; 2) werden Sie sich über sich selbst klar; 3) üben Sie sich in den notwendigen Fähigkeiten, die für eine Beziehung notwendig sind, und 4) tun Sie, was Ihnen möglich ist, die Verhaltensweisen und Verteidigungsstrategien zu verändern, die Sie davon abhalten, die Liebe, die Sie finden, auch zu behalten.

Darin besteht Ihre Aufgabe als Single. Wahrscheinlich wird dann der neue Partner eher fähig sein, sich zu binden. Er wird sie weniger frustrieren als die Person, die Sie sich vor der Erledigung Ihrer Hausaufgaben aussuchten.

Ich möchte Ihnen vorschlagen, ein Moratorium einzulegen. Gehen Sie in der Zeit, die Sie für die Arbeit brauchen, die in diesem Buch umrissen wird, keine Bindung ein. Ich möchte Ihnen dringend empfehlen, sich im Augenblick von der Partnersuche zurückzuziehen. Das bedeutet nicht, daß Sie nichts mit Männern oder Frauen zu tun haben oder Ihr Leben nicht mit jemandem teilen sollten. Im Gegenteil, die gegenwärtigen Beziehungen sind ein ideales Übungsfeld für das Eigentliche. Aber schieben Sie eine Hochzeit auf. Haben Sie auf alle Fälle Ihre »Affären«, bevor Sie heiraten. Machen Sie diesmal etwas aus Ihrem Alleinleben und nicht erst nach einer weiteren herzzerbrechenden Trennung oder Scheidung. *Ein »bewußter Single« zu werden ist die Vorbereitung für die Reise einer Ehe.*

Kapitel 2

Die Dynamik von Liebesbeziehungen

Die Ehe wird angestrebt und am Leben gehalten
von der tiefen Sehnsucht, den anderen zu kennen
und vom anderen gekannt zu werden.
John Pierakos

Bei der Vorbereitung auf eine Reise sollte man wissen, wo das Land liegt, in das man reisen wird. In unserem Zusammenhang bedeutet das, sich selbst kennenzulernen und etwas über Beziehungen zu lernen, Ihre eigenen und Beziehungen im allgemeinen. Dieses Kapitel ist überwiegend einem Fragebogen zur Selbsterkenntnis gewidmet. Eine Reihe von Übungen zielen darauf, genau herauszufinden, nach welchem Muster Ihre vergangenen Beziehungen verliefen. Zuerst aber möchte ich kurz über die grundlegende Dynamik von Beziehungen aus psychologischer und historischer Perspektive sprechen. Auf viele dieser Themen wird im Verlauf ausführlicher eingegangen. Hier aber möchte ich sie wenigstens kurz streifen. Wenn Alleinstehende keine Partner finden oder wenn Beziehungen in Schwierigkeiten geraten, steckt hinter der Verwirrung meist mangelndes Verständnis für das, was wirklich los ist.

Viele Alleinstehende klammern sich an Phantasievorstellungen über Liebe und Ehe. Aber Phantasien sind zerstörerisch, nicht nur für den einzelnen, sondern auch im Hinblick auf die Gesellschaft. Aus verwirrten, unglücklichen Singles werden verwirrte, unglücklich verheiratete Paare. Nur bedeuten die Probleme von zwei Menschen mehr als doppelt soviel Schwierigkeiten. Außerdem steht mehr auf dem Spiel. Besonders betroffen macht es mich, wenn Kinder da sind. Dann wird der Schaden an unschuldige Opfer weitergegeben. Das gesellschaftliche Gewebe unseres Landes löst sich vor unseren Augen auf. Die Desintegration läßt sich unmittelbar auf die Krise in der Familie zurückführen. Entscheidend ist dabei die Qualität der Ehen, die das Nest für die Kinder darstellen. Grund für diese Krise ist eine entscheidende, oft übersehene Tatsache: *Die lange stagnierende Institution Ehe hat in diesem Jahrhundert eine Revolution durchgemacht.* Unsere Köpfe und unsere Herzen haben mit dieser Veränderung jedoch nicht Schritt gehalten. Und weil wir uns nicht neu orientiert haben, verderben wir alles. Untersuchen wir, wie es zu dieser Veränderung gekommen ist.

Ehe und romantische Liebe

Wir müssen begreifen, daß die Ehe nicht oder genauer, nicht mehr eine starre Institution ist. Sie ist ein psychologischer Prozeß, der mit der Evolution der kollektiven menschlichen Psyche korreliert. Damit meine ich, daß Veränderungen in der Ehe und unsere Erwartungen an die Ehe etwas mit evolutionären Veränderungen bei uns selbst zu tun haben, Veränderungen der menschlichen Kultur und Veränderungen der menschlichen Gattung.

Die Verbindung von Liebe und Ehe ist ein Phänomen der jüngsten Geschichte. Und sie ist eine flüchtige Mischung. In vergangenen Zeiten gingen Liebe und Ehebruch zusammen wie »Pferd und Wagen«. Ehen wurden gestiftet, Ehefrauen wurden gekauft oder gegen etwas getauscht. Solche Ehen waren im typischen Fall leidenschaftslos, aber stabil. Ihr Zweck war in erster Linie die Kontinuität der Familie und der Gemeinschaft sowie die Fortdauer von Besitzrechten. Nur selten, und normalerweise eher zufällig, wurde romantische Liebe mit dem Ehepartner in Verbindung gebracht.

Zu der ersten Veränderung dieses Musters kam es im sechzehnten Jahrhundert. Europäische Gelehrte entdeckten die Literatur der griechischen Antike wieder. Darin wurde ein demokratisches System beschrieben, das dem Individuum Rechte einräumte. In einer Welt, in der das *Individuum* nur als Teil des Kollektivs existierte, war das eine radikale Vorstellung. Allerdings ging davon nur wenig ein in die Konzeption der Ehe, bis sich im späten achtzehnten Jahrhundert die Demokratie in Amerika herausbildete und die monarchischen Systeme in England und Frankreich zerstört wurden. Mit diesen politischen Veränderungen kam die Ansicht auf, daß das Individuum über sein eigenes Schicksal entscheiden könne. Die Rechte, die dem Individuum eingeräumt wurden, schlössen auch das Recht mit ein, eine Person der eigenen Wahl zu heiraten. Damit wandelte sich die Ehe radikal von einer soziopolitischen Institution zu einem psychologischen und spirituellen Prozeß. Zum ersten Mal in der Geschichte wurde die Energie der Anziehung zwischen Männern und Frauen auf die Ehe gerichtet und als ihr Bestandteil betrachtet. Diese revolutionäre Auffassung löste ungeheuren Aufruhr in der Institution Ehe aus. Zweck und Prozeß der Ehe hatten sich verändert, die Struktur jedoch nicht. Noch immer galten die traditionellen Formen. Sie bildeten gleichsam das Haus, nur daß nun die romantische Ehe darin lebte. Außerdem fehlte noch immer das notwendige Fundament für Gleichheit zur Transformation der Ehe. Individuelle Rechte hatten noch immer nur Männer, nicht aber die Frauen.

Die Entdeckung des Unbewußten

Die »neue« Ehe wurde noch durch eine weitere Tatsache kompliziert. Gleichzeitig mit der Anerkennung der Rechte des Individuums kam die Ansicht auf, menschliche Wesen seien grundsätzlich Vernunftwesen. Sie träfen logische Entscheidungen und könnten ihr Schicksal vollkommen selbst bestimmen. Diese übersteigerte Annahme wurde jedoch sehr schnell von der Entdeckung Sigmund Freuds in Frage gestellt, daß unter unserer äußerlichen, aber illusorischen Vernunftbestimmtheit ein

Meer chaotischer Instinkte liegt, das unsere Entscheidungen beeinflußt und häufig auch unterminiert. Diese Entdeckung war ein ziemlicher Schock. Hier war das neue Individuum, das seine Freiheit vom Kollektiv in vollen Zügen genoß und sich als rational und autonom betrachtete. Nun wurde es konfrontiert mit der Vorstellung, daß ein großer Teil dieses schwer errungenen freien Willens illusorisch war. Es begann zu erkennen, daß Entscheidungen wohl auf der Basis der Logik getroffen, tatsächlich aber von Gefühlen, unbewußten Neigungen und Direktiven beherrscht werden. Damit öffnete sich eine Tür für das Verständnis des Übergangs von der leidenschaftslosen, stabilen Ehe zu der Ehe voller Leidenschaft und Unbeständigkeit.

Grundlegend geht es darum, daß die Entscheidung für einen Liebespartner eine vollkommen persönliche Angelegenheit ist. Doch tatsächlich wird sie von einem Teil des Individuums getroffen, der *nicht ganz richtig im Kopf* ist. Auch wenn wir heute unsere Partner selbst wählen können, gibt es immer noch eine Art Parallele zur arrangierten Ehe: So wie arrangierte Ehen einem bestimmten Zweck dienten, wählt unser Unbewußtes einen Partner, der seinen besonderen Bedürfnissen entspricht. Das Problem ist nur, daß die meisten von uns das nicht erkennen. Wir verhalten uns, als würden wir logische, analytische Entscheidungen treffen und damit eine logische, unkomplizierte Ehe eingehen. Falsch! Falsch! Es stimmt, daß wir heute aus Liebe heiraten und daß wir in der Ehe romantische Erfüllung erwarten. Und es ist gut so, daß wir aus Liebe heiraten. Aber Liebe ist nicht, was wir glauben. Was immer wir denken mögen und wie sorgfältig wir unsere Kriterien wählen, die Auswahl eines Partners erfolgt nicht auf der Grundlage von Liebe, sondern von Bedürftigkeit. Liebe kommt, wenn überhaupt, erst in der Ehe. Sie ist Resultat unserer selbst auferlegten Verpflichtung, unseren Partner zu heilen.

Die Imago: Unser Geistpartner

Nun kommen wir zum Kern des Problems. Unsere »freie« Entscheidung für einen Partner ist letztendlich ein Produkt unseres Unbewußten. Und das verfolgt ganz eigene Ziele. Das Unbewußte will ganz werden und die Wunden der Kindheit heilen. Dazu trägt es ein eigenes, detailliertes Bild vom richtigen Partner mit sich herum. Es sucht nicht nach den richtigen äußeren Bedingungen, sondern nach der richtigen Chemie. Und was ist diese Chemie? Nichts anderes, als daß wir uns unbewußt von jemandem angezogen fühlen, von dem wir meinen, daß er unsere besonderen emotionalen Bedürfnisse erfüllt. Dieses Bedürfnis besteht vor allem darin, die »Defizite« der Kindheit auszugleichen. Wie stellen wir das an? Indem wir uns wahnsinnig in jemanden verlieben, der sowohl die positiven *wie auch die negativen* Eigenschaften unserer unvollkommenen Eltern hat, jemand der in ein Bild paßt, das wir tief in uns tragen und nach dessen Verkörperung wir unbewußt suchen.

Ich nenne dieses vergrabene Bild der ersten Bezugspersonen *Imago*, nach dem lateinischen Wort für »Bild«. Es wurde gebildet in dem Austausch zwischen unserem kindlichen Ich, das versuchte, seine Bedürfnisse befriedigt zu bekommen, und der Reaktion unserer Bezugspersonen auf diese Bedürfnisse. Das hat sich unserem Unbewußten tief eingeprägt. Unbewußt wollen wir das bekommen, was wir in der Kindheit vermißt haben, und zwar von jemandem, der so ist wie diejenigen, die uns ursprünglich nicht gaben, was wir brauchten. Wenn wir einem »Imago-Partner« begegnen, kommt es zu dieser chemischen Reaktion. Liebe entzündet sich. Alle anderen Vorstellungen davon, was wir von einem Partner wollen, zerstieben. Wir fühlen uns lebendig und ganz, zuversichtlich, daß wir die Person getroffen haben, die alles in Ordnung bringen wird.

Leider ist die Chance sehr gering, daß es diesmal zu einem positiveren Ergebnis kommen wird. Mit ziemlicher Sicherheit haben wir uns jemanden ausgesucht, der ähnlich negative Eigenschaften besitzt wie unsere Eltern, die uns ursprünglich verletzt haben. Und wirklich berichten die meisten Menschen, die eine Reihe von Beziehungen hatten, daß sie trotz bester Absichten jedes Mal wieder auf die gleichen Probleme gestoßen waren.

Wir können wahre Liebe weder finden noch halten, solange es uns nicht gelingt, unser Verhalten bei der Partnerwahl in Übereinstimmung zu bringen mit unseren wirklichen unbewußten Bedürfnissen und unserem evolutionären Erbe. Die meisten von uns wissen allerdings nicht, wie sie das anstellen sollen. Denn unsere Gesellschaft hat der ungeheuren Wandlung der psychischen Grundlagen in der modernen Liebesheirat nicht Rechnung getragen. Die Institution Ehe und die Form von Beziehungen haben sich verändert, weil wir uns verändert haben. Aber weil diese Veränderung nirgends artikuliert oder kodifiziert wurde, spielen wir immer noch nach den alten Regeln. Das ist ein schweres Versäumnis. Das gesellschaftliche Versagen, das Problem anzuerkennen und uns zu mehr Verständnis zu verhelfen, damit wir es mit unserer psychischen Entwicklung in Übereinstimmung bringen können, bedeutet ernste Schwierigkeiten für unsere Zivilisation.

Der Preis des Unwissens

Unser Unwissen hatte bereits drastische Konsequenzen. Wir tappen im Dunkeln, ohne zu wissen, was wir erwarten oder erhoffen dürfen.

Wir sind ungeübt und unvorbereitet für die neue Form der Ehe. Die ungeheure Energie der romantischen Liebe hat begonnen, die starre Struktur der Ehe auseinanderzubrechen, die dem nicht gewachsen war. Allerdings wurden bis in die fünfziger Jahre unseres Jahrhunderts, nach dem Aufruhr des Zweiten Weltkrieges, Scheidungen nicht leicht genommen und galten im Wesentlichen als *unmoralisch*. Sie bedeuteten Schimpf und Schande. Demzufolge blieben viele unglückliche Eheleute zusammen. Die romantische Liebe verflüchtigte sich wieder aus der Ehe und suchte Zuflucht in Affären.

Schließlich aber nahm die Frustration über die Ehe so zu, daß Moral oder Religion, die alles zusammenhielten, ihre Macht verloren. Eine Scheidung wurde zu einem *statthaften* Ausweg aus einer unglücklichen Ehe. Zu den akzeptierten Gründen wie Untreue oder Grausamkeit kam nun die »Unvereinbarkeit« der Eheleute.

Bis etwa 1930 gab es nicht einmal so etwas wie Eheberatung. Aber auch dann noch waren sich die Therapeuten des psychologischen Unterbaus einer gestörten Ehe noch nicht bewußt. Deshalb trug die Therapie nur wenig dazu bei, die Flut von Scheidungen aufzuhalten. Bis vor kurzem verhielten sich die meisten Ehetherapeuten im wesentlichen so, als ginge es darum, geschäftliche Transaktionen abzuschließen. Sie forderten Paare dazu auf, ihre Probleme mit der jeweiligen Verwandtschaft, mit Sex, Geld, Untreue, Kindererziehung auf der Basis von Kontrakten zu lösen, nach dem Motto: »Wenn du dies für mich tust, tue ich das für dich.«

Die Ausbreitung von Scheidungen nach dem Zweiten Weltkrieg hatte verheerende Folgen.[1] Die Struktur der Familie begann unter der niederschmetternden Zahl von gelösten Ehen zusammenzubrechen. Und als es immer mehr Zweit- und Drittehen als unbeholfene Antworten auf die Ehekrise gab, trat die »Stieffamilie« auf den Plan. Heute gelten alleinerziehende Eltern und »gemischte« Familien jeder Art als Norm, vor allem deshalb, weil wir unsere Illusionen über eine glückliche Ehe verloren haben. All das sind Anpassungsversuche an die Tatsache, daß die Ehe versagt hat, ein Versuch, kulturelle Realitäten zu normalisieren. Der grundsätzliche Zweck einer Ehe ist unserem Verständnis abhanden gekommen. Wir haben uns die Vorstellung zu eigen gemacht, unglückliche Menschen müßten nicht in einer gescheiterten Ehe ausharren. Gibt es Schwierigkeiten, so werden einfach die Partner gewechselt. In Wahrheit geht es doch um die veränderte Art, wie man mit dieser Person lebt. Unser Verhalten bedeutet Rückschritt. Anstatt den Partner loszuwerden und das Problem zu behalten, sollten Sie das Problem loswerden, damit Sie den Partner behalten können. In dem Versuch, uns die Dinge leichter zu machen und toleranter zu sein, haben wir den Blick auf unsere wirklichen Bedürfnisse und Wünsche verloren. Ich bin voll und ganz für eine tolerante Haltung gegenüber der »Wahlfamilie«, letztendlich aber hilft uns das nicht weiter.

Solange wir die unbewußten Absichten in Partnerwahl und Ehe nicht erkennen und unsere Beziehungen nicht mit diesen Absichten kooperieren, werden uns die sozialen Probleme weiter über den Kopf wachsen. Das individuelle Leiden wird fortgesetzt. Brächten wir diese Situation unter Kontrolle, könnten Ehen überleben und gedeihen. Unsere Kinder wären gesünder. Wir müßten nicht 80 Prozent aller therapeutischen Programme dem Endprodukt kaputter Ehen widmen, den Maßnahmen gegen Drogen, Gewalt, Inzest, Kindesmißbrauch, hohen Raten an gesellschaftlichen Außenseitern, Diebstahl, Alkoholismus und ungewollten Schwangerschaften bei zu jungen Mädchen.

Gott weiß, Scheidung ist nicht die Antwort. Eine ganze Generation von Leuten hat das auf die harte Tour herausfinden müssen. Kinder, egal wie leicht wir es ihnen zu machen versuchen, tragen bei einer Scheidung oft unerkannt bleibende Narben davon. Scheidungen ermöglichen ein Entkommen aus unglücklichen Ehen. Doch solange wir keine Schritte in Richtung auf gutgehende Ehen unternehmen, um leichter individuelles Glück und Erfüllung zu finden, solange wir nicht wissen, was wir wollen, wird es weiterhin verzweifelte Alleinstehende, freudlose Ehen, gestörte Kinder und eine immer dysfunktionaler werdende Gesellschaft geben.

Eine positive Perspektive

So aber muß es nicht sein. Wir haben, individuell und als Gesellschaft, jede Möglichkeit, stabile Ehen zu führen, die uns und unsere Gesellschaft verändern können. Die moderne romantische Ehe ist ein Geschenk der menschlichen Evolution an die Psyche. Sie besitzt ein einzigartiges Potential, die Wunden der Kindheit zu heilen und unser spirituelles Wachstum zu fördern. Irgendwie haben wir die irrige Ansicht übernommen, man müsse aus einer Ehe ausbrechen, um zu wachsen und sich zu verändern. Aber nun entdecken wir, daß es *durch* die Ehe möglich ist, wirklich zu heilen. Ehe ist nicht so sehr eine rigide Institution, sondern der Rahmen, in dem ein dynamischer Prozeß abläuft. *Ehe selbst ist, richtig verstanden, die Therapie, die wir brauchen, um zu wachsen und ganz zu werden* und zu unserem angeborenen glücklichen Zustand zurückzukehren.

Wir müssen nur lernen, unsere Beziehungen richtig zu gestalten. Und um keine Mißverständnisse aufkommen zu lassen, wenn ich über Beziehungen rede, dann spreche ich von der Ehe. Meiner Ansicht nach sind feste Beziehungen, unverheiratetes Zusammenleben und all die zahlreichen Varianten des Alleinlebens heute exzellente Übungsfelder für die Ehe, keinesfalls aber ein Ersatz für sie. Die notwendigen Zutaten für Wachstum und Heilen sind Aufmerksamkeit, Konzentration, Sicherheit, Zeit, tiefste Nähe und das vollständige Spiegeln unserer selbst durch unsere Partner. Das alles bietet uns die Ehe. Die Elemente, die die Chemie des Wachstums aktivieren wie die Spannung komplementärer Verteidigungsstrategien, symmetrische seelische Verletzungen, unbewußte Anziehung, kommen nur in der Ehe vor. Durch die bindende Verpflichtung, die Wunden des anderen zu heilen und anzunehmen, bieten wir dem Partner einen sicheren Hafen. Wir können ihre oder seine Ganzheit ein Leben lang erleben und so die eigene ursprüngliche Ganzheit wiedergewinnen. Wir können uns nicht selbst heilen, und wir können nicht in gefährdeten Beziehungen, deren Ende offen ist, heilen. Deshalb müssen wir die notwendigen Kenntnisse selbst erwerben, uns vorbereiten und einüben auf die Reise einer bewußten Ehe.

Hinweis: Die Arbeitsblätter zu allen Übungen finden Sie auch im DIN A4-Format als PDF-Download unter der Webadresse :

www.rgverlag.com/OW97

Übung 2A

Selbsterkenntnis-Inventur

Bevor wir einander wirklich kennenlernen können, müssen wir uns selbst kennenlernen. Aber die meisten Menschen halten nie inne, um herauszufinden, wer sie sind, was sie denken und fühlen. Absicht des folgenden Fragebogens ist nicht, schnelle und feststehende Antworten zu finden. Vielmehr gibt er Ihnen eine Chance, Ihre Sicht von sich selbst sowie einige der entscheidenden Themen in Ihrem Leben zum Ausdruck zu bringen und schwarz auf weiß vor sich zu sehen. Das Ziel dieser Übung besteht darin, zu versuchen, das Unbewußte zu überrumpeln und herauszufinden, was wirklich in Ihnen vorgeht. Versuchen Sie, Ihre Antworten nicht zu analysieren. Schreiben Sie so schnell wie möglich nieder, was Ihnen als erstes in den Sinn kommt. Schreiben Sie soviel, wie Sie wollen. Benutzen Sie diese Fragen als Anregung für weitere Gedanken und Gefühle, die Sie vielleicht erforschen wollen.

HINWEIS: Die Übungen in den Teilen I bis IV sind dazu gedacht, Informationen über sich selbst zu sammeln. Sie werden feststellen, daß die richtige und vollständige Durchführung der Übungen einen beträchtlichen Aufwand an Zeit und Energie erfordert. Natürlich werden Sie um so mehr über sich selbst lernen, je sorgfältiger Sie über das so gewonnene Material nachdenken und je mehr Aufmerksamkeit Sie ihm widmen. Genaue und spezifizierte Informationen werden Ihnen helfen, in Teil V ein Programm zur Selbstveränderung zu entwickeln. Diese Übungen sind ein wichtiger Teil, um sich darauf vorzubereiten, die Liebe auch bewahren zu können.

Vielleicht möchten Sie das Buch zuerst lieber ganz durchlesen, bevor Sie sich den Übungen zuwenden. Doch es gibt zwei Gründe, weshalb ich Ihnen empfehle, die Übungen in diesem Kapitel erst durchzuführen, bevor Sie weiterlesen. Einmal werden die ans Licht kommenden Informationen die Lektüre des restlichen Buches bereichern. Zum anderen sind Ihre spontanen, von weiterer Kenntnis über Beziehung unbeeinflußten Reaktionen für Ihre spätere Arbeit nützlicher.

Vervollständigen Sie die folgenden Sätze so, wie es Ihnen zuerst in den Sinn kommt:

1. Mein Lebensziel ist ______________________________
2. Die größte Befriedigung bereitet mir ______________________________
3. Meine Kindheit war ______________________________
4. Ich finde, Sex ist ______________________________
5. Wenn ich mit jemandem schlafe, möchte ich ______________________________
6. Meine größte Furcht ist ______________________________
7. Mein größtes Bedürfnis ist ______________________________
8. Das Gefühl, das ich am häufigsten habe, ist ______________________________
9. Was ich am meisten hasse, ist ______________________________

10. Ich mache mir am meisten Sorgen über ______
11. Meine Ziele für eine Beziehung sind ______
12. Die Gründe, weshalb ich eine Beziehung will, sind ______
13. Ich glaube, meine früheren Beziehungen waren ______
14. Drei Dinge, die ich an mir selbst ändern möchte, sind:
a) ______
b) ______
c) ______
15. Ich stelle mir gern vor ______
16. Ich werde wütend, wenn ______
17. Ich glaube, ich bin ______
18. Mein höchster Wert ist ______
19. Ich glaube, es ist dumm und verschwendet, Geld für auszugeben ______
20. Ein nackter Körper ist ______
21. Am häufigsten bereitet es mir Vergnügen, wenn ______
22. Ich bin am glücklichsten, wenn ______
23. Wenn ein Mann mit einer Frau schläft, sollte er ______
24. Der Körper sollte immer ______
25. Arbeit bedeutet für mich ______
26. Im allgemeinen sehe ich das Leben als ______
27. Wenn ich zu einer Party gehe, dann ______
28. Weibliche Körper sind ______
29. Meine Vorstellung von einer Traumkarriere ist ______
30. Die Person, die ich am meisten bewundere, ist ______
31. Der Tod ist für mich ______
32. Ich glaube, Krieg ist ______
33. Ich kann mit Menschen nichts anfangen, die ______
34. Ich habe Angst vor ______
35. Wenn jemand unhöflich zu mir ist, dann ______
36. Ich kann Menschen nicht verstehen, die glauben ______
37. Männliche Körper sind ______
38. Im allgemeinen glaube ich, meine Stärken sind ______
39. Nach dem Geschlechtsverkehr sollte ein Mann ______
40. Meine Schwächen sind ______
41. Meine Einstellung zu Geld lautet ______
42. Für mich sind Kinder ______
43. Eltern sind ______
44. Das Eheleben ist ______
45. Ich bin neidisch auf ______
46. Ich wünschte ______
47. Mein Traumurlaub ist ______

48. Ich habe am meisten Spaß, wenn ____________________
49. Es bereitet mir sehr viel Vergnügen, ____________________
50. Mein Lieblingssport ist ____________________
51. Ich empfinde Ekel bei ____________________
52. Der Ruhestand ist meiner Ansicht nach ____________________
53. Viele meiner Träume drehen sich um ____________________
54. Wenn ich Angst habe, dann ____________________
55. Wenn ich Paare sehe, die sich in der Öffentlichkeit küssen, dann ____________________
56. Mit Rücksicht auf den Orgasmus des Mannes sollte eine Frau ____________________
57. Wenn ich mich verliebe ____________________
58. Wenn ich Freizeit habe, möchte ich ____________________
59. Ich kann es nicht ertragen, wenn ein Mann ____________________
60. Ich finde Berührungen ____________________
61. Religion bedeutet für mich ____________________
62. Kindererziehung ist meiner Ansicht nach ____________________
63. Ich glaube, Gott ____________________
64. Wenn ich krank bin, möchte ich ____________________
65. Ich kann es nicht ertragen, wenn eine Frau ____________________
66. Disziplin ____________________
67. Was mich an meinem Körper am meisten stört, ist ____________________
68. Wenn ich sterbe, ____________________
69. Am meisten verletzt mich, wenn ____________________
70. Meine Eltern ____________________
71. Ich habe nie jemandem gesagt, daß ich gern ____________________
72. In einer langen Ehe wird Sex ____________________
73. Ich mag Geschlechtsverkehr, wenn ____________________
74. Politik ist ____________________
75. Orgasmen sind ____________________
76. Das Schlimmste im Leben ist ____________________
77. Das Beste im Leben ist ____________________
78. Getrennt in Ferien fahren ist für mich ____________________
79. Das erste, was ich an jemandem bemerke, ist ____________________
80. Ich glaube, Ehe ist ____________________
81. Das Geheimnis, das ich am beschämendsten finde, ist ____________________
82. Bei einem Streit ____________________
83. Nähe bedeutet für mich ____________________
84. Scheidung ist ____________________
85. Wenn ich anderer Meinung bin, dann ____________________
86. Was ich an der Ehe am meisten fürchte, ist ____________________
87. Schwiegereltern sollten ____________________
88. Am meisten hasse ich ____________________

89. Am meisten gefällt mir an mir ____________
90. Das andere Geschlecht ist ____________
91. Wenn jemand wütend ist, ____________
92. Frauen sind ____________
93. Männer sind ____________
94. Das Beste am anderen Geschlecht ist ____________
95. Wenn ich wütend werde, dann ____________
96. Über Sex sprechen ist für mich ____________
97. Das Schlimmste am anderen Geschlecht ist ____________
98. Was ich an anderen Leuten am meisten hasse ____________
99. Was ich bei anderen Leuten am meisten bewundere ____________
100. Wenn ich in bester Verfassung bin, bin ich ____________
101. Wenn ich in schlimmster Verfassung bin, bin ich ____________
102. Menschen sollten ____________
103. Wenn ich alt werde ____________
104. Die schlimmste Erfahrung meines Lebens war ____________
105. Liebe ist ____________
106. Mit Männern/Frauen ausgehen bedeutet für mich ____________
107. »Bis daß der Tod uns scheidet« bedeutet für mich ____________
108. Sich verlieben ist ____________

Um diese gerade entdeckten Informationen zu verdauen und zu organisieren, nehmen Sie Ihre Antworten als Grundlage für einen Essay über sich selbst. Teilen Sie dabei die Informationen in Gruppen auf nach Themen wie »Ziele«, »Sex«, »Ängste«, »Beziehungen« usw. Dieser Essay ist eine wertvolle Basisinformation über Ihre gegenwärtigen Überzeugungen, um sich dann mit den Übungen zur Selbstveränderung in Teil V zu beschäftigen.

Aus vergangenen Beziehungen lernen

Im zweiten Schritt geht es um die Beziehungen, die Sie bisher hatten. Die Beschäftigung mit früheren Beziehungen kann Erinnerungen an Schmerzen oder Versagen wachrufen. Doch bietet diese Arbeit einen wertvollen Einblick in Verletzungen und Konflikte, mit denen wir uns auseinandersetzen müssen, um in Zukunft eine bessere Partnerwahl zu treffen und besser mit Beziehungsproblemen umzugehen. Jede vergangene Liaison begann voll Liebe und Hoffnung. Können wir unvoreingenommen auf die Vergangenheit blicken, dabei aufrichtig das falsch Gelaufene annehmen? Welche Erwartungen wurden nicht erfüllt? Können wir die Natur unserer früheren Partner objektiv betrachten? Die Antworten schaffen die ideale Bedingung zu erkennen, wer wir sind, warum wir bestimmte Entscheidungen getroffen haben und wie wir uns in Beziehungen verhalten. Allmählich können wir die Muster erkennen, die sich auf so zerstörerische Weise immer wiederholen. Wir sehen, wo Wachstum und Veränderung notwendig sind. Wir verstehen die Natur der heilungsbedürftigen Wunden und können uns vorbereiten, es beim nächsten Mal besser zu machen.

Es folgt eine Reihe von Übungen, die dazu gedacht sind, in den Beziehungen der Vergangenheit zu schürfen, um die eigenen Bedürfnisse und die Dynamik in der Partnerschaft zutage zu fördern. In meinen Paarworkshops lasse ich die Partner diese Übungen in abgewandelter Form durchführen. Paare jedoch stecken oft mitten im Konflikt, und für sie ist es schwer, objektiv zu sein. Ihre Erinnerungen sind zwar frisch, ihre Probleme aber so aktuell, daß sie sich in der Gegenwart auswirken. Dazu sind sie stärker in Wut und Verwirrung verwickelt. Von Vorteil wiederum ist Ihre gewisse emotionale Distanz und Unvoreingenommenheit. Trotz offener Wunden und schmerzhafter Erinnerungen. Sie können die zusammengetragenen Daten aus vielen verschiedenen Beziehungen bewerten und vergleichen und Ihre Situation gründlicher untersuchen.

Nehmen Sie sich diese Arbeit vor, wenn Sie für eine Weile ungestört sind. Sie sollten sich wirklich entspannen und Zeit lassen können, Geschehenes nachzuerleben. Welches waren die wichtigen Beziehungen in Ihrer Vergangenheit? Emotional sehr starke Beziehungen, eine Schülerverliebtheit, eine Jugendliebe, jemand, mit dem sie zusammengelebt haben oder lange ausgegangen sind, verheiratet waren. Oberflächliche Beziehungen oder Beziehungen, die nicht wirklich an ihr Herz rührten, zählen nicht. Andererseits möchten Sie vielleicht auch Beziehungen dazuzählen, die keine Liebesbeziehungen waren - mit einem Mitarbeiter, einem Freund, einem Lehrer -, vorausgesetzt, sie waren emotional geladen und haben einen Konflikt für Sie bedeutet. Es spielt keine Rolle, ob es viele derartige Beziehungen in Ihrem Leben gab oder nur eine oder zwei (für unsere Zwecke hier empfehle ich Ihnen, sich auf vier oder fünf zu beschränken).

Übung 2B

Die Imago

1. Nehmen Sie ein DIN A4 großes Blatt Papier, und legen Sie es quer vor sich hin. Zeichnen Sie für jede ihrer vergangenen Beziehungen eine Spalte, wobei Sie den Namen Ihrer Expartner über die jeweilige Spalte schreiben.
   Schließen Sie Ihre Augen, atmen Sie mehrmals tief durch, entspannen Sie sich. Denken Sie zurück an die erste dieser Beziehungen. Ich möchte, daß Sie ein paar Minuten lang darüber nachdenken, wann Sie dieser Person zum ersten Mal begegnet sind, wie er oder sie aussah, was Sie zueinander sagten oder was Sie taten. Versuchen Sie, sich geistig in jene vergangenen Situationen zurückzuverset-

zen. Lassen Sie zu, daß Sie wirklich tief empfinden, wie die Erinnerung sich auf Sie auswirkt und wie es sich damals emotional auf Sie auswirkte. Versuchen Sie zurückzugehen in die ersten Stadien Ihrer Romanze, wie haben Sie die Zeit miteinander verbracht? Wie war es, als Sie zum ersten Mal miteinander schliefen? Nun möchte ich, daß Sie darüber nachdenken, wann Sie zum ersten Mal bemerkten, daß etwas nicht stimmte. Wann spürten Sie zum ersten Mal, daß irgend etwas an Ihrem Partner Sie störte? Was war das? Was taten Sie? Haben Sie es ignoriert oder geleugnet? Waren Sie schockiert? Können Sie sich an den Übergang von intensiver romantischer Liebe in eine alltägliche Beziehung erinnern? Können Sie die Probleme und die Dinge benennen, die schief liefen? Können Sie sich daran erinnern, wie Sie versuchten, Ihre Probleme zu lösen oder Ihre früheren Gefühle wiederherzustellen? Und wie endete diese Beziehung? Sie können das Geschehene einfach durchdenken. Vielleicht aber wollen Sie manches auch lieber aufschreiben. Es geht darum, sich so lebhaft wie möglich in die vergangene Situation zurückzuversetzen.

2. Angesichts all der Erinnerungen, die Ihnen nun zur Verfügung stehen, stellen Sie in der ersten Spalte eine Liste all der positiven wie auch negativen Eigenschaften zusammen, mit denen Sie diese Person beschreiben würden. Verwenden Sie Adjektive wie »liebevoll«, »gemein«, »warmherzig«, »manipulativ«, »großzügig«, »geizig«, »langweilig«, »charismatisch« usw.

3. Wenn Sie damit fertig sind, gehen Sie die Liste durch, und setzen Sie neben jede Eigenschaft, die Sie für positiv halten, ein Plus-Zeichen (+) und neben alle negativen Eigenschaften ein Minus-Zeichen (-).

4. Betrachten Sie die Liste nun noch einmal, und ordnen Sie die positiven Eigenschaften auf der linken Seite der Spalte in eine wertende Reihenfolge, indem sie eine »1« neben die Eigenschaft schreiben, die Ihnen am besten gefiel, eine »2« neben die nächstbeste und so weiter. Auf der rechten Seite der Spalte setzen Sie in der gleichen Weise die negativen Eigenschaften ein, wobei Sie der schlimmsten Eigenschaft eine »1« geben, der nächstschlimmen eine »2« und so weiter.

5. Wiederholen Sie die Schritte 1, 2 und 3 für jeden Partner.

6. Gehen Sie die Liste durch, und umkreisen Sie die positiven Eigenschaften, die alle (oder die meisten) Ex-Partner gemeinsam haben. Unterstreichen Sie die negativen Eigenschaften, die sie gemeinsam haben.

7. Zeichnen Sie auf einem neuen Blatt Papier einen Kreis, und teilen Sie ihn hori-

zontal in zwei Hälften. In die obere Hälfte des Kreises schreiben Sie alle positiven Eigenschaften, die Sie bei einem (oder mehreren) ihrer Ex-Liebhaber mit 1 oder 2 bewertet haben. Malen Sie einen Kringel um die Eigenschaften, die Sie in Schritt 6 eingekreist haben. Auf der unteren Hälfte des Kreises tragen Sie die negativen Eigenschaften ein, die Sie mit 1 und 2 bewertet haben, und unterstreichen Sie diejenigen, die Sie auch in Schritt 6 unterstrichen haben.

Nun haben Sie ein Bild Ihrer Imago, der Art von Person, zu der es Sie unbewußt hinzieht.

Übung 2C

Beziehungsfrustrationen

1. Schreiben Sie oben auf ein horizontal gelegtes Papier den Namen eines Ihrer Ex-Partner. Teilen Sie das Blatt in fünf Spalten auf. Schreiben Sie in die erste Spalte FRUSTRATION, in die zweite GEFÜHL, in die dritte GEDANKEN, in die vierte REAKTION und in die fünfte Spalte ANGST.

2. Tragen Sie in Spalte 1 die FRUSTRATIONEN ein, die Sie mit dieser Person erlebten. Eine Frustration ist ein Verhalten, das bei Ihnen Unbehagen, Schmerz oder Enttäuschung auslöste. Zum Beispiel: »Er oder sie verabredete sich mit mir und kam dann jedes Mal zu spät, ohne vorher anzurufen.« - »Wenn er oder sie mich umarmte, drückte er oder sie mich nicht fest.« - »Wenn ich ihn oder sie etwas fragte, neigte er oder sie dazu, mir nur indirekt zu antworten.« - »Manchmal kritisierte er oder sie mich vor meinen Freunden.« - »Sie oder er sprach oft in sehr wütendem Ton mit mir.« Vermeiden Sie nach Möglichkeit herabsetzende Adjektive wie »faul«, »geizig«, »gemein«, »verschlossen«, »unzuverlässig«. Verwenden Sie stattdessen Sätze, die VERHALTENSWEISEN beschreiben, die dazu führten, daß Sie sich diese Meinung bildeten.

3. Benennen Sie in Spalte 2 die Gefühle, die jede dieser Frustrationen bei Ihnen auslöste. Gefühle sollten in einem Wort benannt werden wie »wütend«, »ängstlich«, »peinlich« usw. Wenn Sie einen Satz schreiben, beschreiben Sie Ihren Gedankenprozeß. Kommentare wie »Ich hatte das Gefühl, daß er mich nicht zu schätzen wußte« oder »Ihr Verhalten gab mir das Gefühl, daß sie mich benutzte« analysieren Ihre Gedanken über Ihr Zusammensein mit dieser Person. Sie sollten hier aber versuchen, das GEFÜHL auf den Punkt zu bringen, das Sie empfanden, als Sie diese Gedanken hatten. Zum Beispiel: »Wenn er nicht anrief, wenn er nicht pünktlich sein würde, dachte ich, ich würde nicht respektiert, und das machte mich wütend.«

4. Die dritte Spalte ist der Ort, wo Sie ihre GEDANKEN aufzeichnen können. Zum Beispiel haben Sie in Spalte 1 vielleicht geschrieben: »Sie oder er verabredete sich mit mir und kam dann zu spät, ohne anzurufen«, und in Spalte 2 haben Sie vielleicht geschrieben, daß dieses Verhalten sie »wütend« machte. In Spalte 3 schreiben Sie nun zum Beispiel: »Ich wurde nicht respektiert«, oder »Ich fühlte mich nicht geliebt.« Der vollständige Gedanke lautet also: »Er oder sie verabredete sich mit mir und kam zu spät, ohne anzurufen, und ich wurde wütend und dachte, daß er oder sie mich nicht respektiert.«

5. In Spalte 4 beschreiben Sie Ihre REAKTION, das heißt Ihr Verhalten, wenn Sie sich »wütend und nicht respektiert« fühlen. Ein Beispiel könnte sein: »Ich schmolle«, oder »Ich werde immer deprimierter und trinke etwas.«

6. Spalte 5, ANGST, ist die schwierigste. Sie müssen vielleicht über die versteckten Ängste nachdenken, die die »Frustration« in Spalte 1 bei Ihnen auslöste. Ihre »Reaktion« verbirgt diese Ängste vor Ihnen selbst - das ist die Funktion Ihrer Reaktion. Zum Beispiel kann das Zuspätkommen des Partners die Angst auslösen, »verlassen« zu werden. Oder Sie befürchten, er oder sie sei mit jemand anders zusammen. Der vollständige Satz, der alle Spalten zusammenfaßt, könnte folgendermaßen lauten: » Er oder sie verabredete sich mit mir und kam dann zu spät, ohne anzurufen, und ich war wütend und hatte das Gefühl, nicht respektiert zu werden, und reagierte mit Niedergeschlagenheit und indem ich etwas trank, weil ich Angst hatte, verlassen zu werden.«

7. Wiederholen Sie die Schritte 1 bis 6 für jeden Ihrer Ex-Partner.

8. Teilen Sie nun ein neues, horizontal gelegtes Blatt Papier in sechs Spalten. Bezeichnen Sie die ersten fünf Spalten genauso wie in Schritt 1. Schreiben Sie über die sechste Spalte WUNSCH.

9. Betrachten Sie die FRUSTRATIONsliste, die Sie für jeden Ex-Partner angelegt haben, und untersuchen Sie, ob Sie Ähnliches, Wiederkehrendes entdecken. Vielleicht ging es häufiger um das Thema Zuspätkommen oder darum, daß Verabredungen nicht eingehalten wurden, oder daß Sie kritisiert wurden. Ordnen Sie ähnliche Frustrationen in Gruppen, und fassen Sie sie in einem Satz oder einer Formulierung zusammen, die das Wesentliche jeder einzelnen beinhaltet. Im Zusammenhang mit der Pünktlichkeit könnten Sie folgendermaßen formulieren: »Wenn meine Partner nicht verläßlich und pünktlich sind, werde ich wütend.« Bündeln Sie auf ähnliche Weise die Reaktionen um die Themen in Spalte 2 bis 5. Der letzte Satz könnte dann lauten: »Wenn ich mich nicht auf meine Partner verlassen kann, bin ich wütend und denke, ich werde nicht respektiert. Normaler-

weise reagiere ich mit Depression und Trinken, um meine Verlassenheitsängste zu verbergen.« Schreiben Sie schließlich in die Spalte unter WUNSCH was, wenn es erfüllt würde, die Frustration in der ersten Spalte auslöschen würde. Zum Beispiel: »Ich hätte gern, daß mein Partner sich mehr bemüht, pünktlich zu sein, und wenn er oder sie mehr als zehn Minuten zu spät kommt, möchte ich, daß er oder sie anruft.« Wiederholen Sie diese Zusammenfassung für jede wiederkehrende Frustration.

Sie haben nun ein Muster der Probleme und Frustrationen vor sich, die die Tendenz haben, sich in Ihren Beziehungen zu wiederholen, und eine Vorstellung davon, was diese Frustrationen heilen würde.

Übung 2D

Ihre unbewußte Beziehung

Vervollständigen Sie die folgenden Sätze, indem Sie sich des Materials der vorhergehenden Übung bedienen. (Sie können diese Sätze abschreiben oder eine Fotokopie dieser Seiten machen, um sie auszufüllen.)

Ich neige dazu, mich zu einer Person hingezogen zu fühlen, die

____

(Vervollständigen Sie den Satz mit den negativen Eigenschaften aus der unteren Hälfte des Kreises aus Übung 2B, Schritt 7.)

... bei der ich das Gefühl habe ______________________________

(Tragen Sie die Zusammenfassung der negativen Gefühle aus Übung 2C, Schritt 9, Spalte 2 ein.)

... weil er oder sie mich frustriert, indem ______________________________

(Tragen Sie hier die Zusammenfassung der Frustrationen aus Übung 2C, Schritt 9, Spalte 1 ein.)

Ich wünschte, diese Person wäre immer ______________________________

(Tragen Sie hier die positiven Eigenschaften aus der oberen Hälfte des Kreises aus Übung 2B, Schritt 7 ein.)

... dann hätte ich ______________________________

(Vervollständigen Sie diesen Satz mit der Liste der Wünsche von Übung 2C, Schritt 9, Spalte 6.)

Wenn ich diese Wünsche nicht erfüllt bekomme, glaube ich ______________

____

(Tragen Sie die Zusammenfassung der Gedanken aus Übung 2C, Schritt 9, Spalte 3 ein.)

... und reagiere, indem ich ______________________________

(Tragen Sie die Zusammenfassung der Reaktionen aus Übung 2C, Schritt 9, Spalte 3 ein.)

... und erlebe meine tiefsten Ängste, die ______________________________.

(Beenden Sie diesen Satz mit der Zusammenfassung Ihrer Ängste aus Übung 2C, Schritt 9, Spalte 5. Diese Ängste beschreiben die Wunden aus Ihrer Kindheit, die Sie in Ihren Beziehungen wiedererleben.)

Nun haben Sie ein Bild Ihrer »unbewußten Beziehung« vor sich.

Sie haben jetzt entscheidende Informationen zusammengetragen über die Wahl eines Partners und die Themen, um die es in Ihren Beziehungen geht. Wir werden später noch weiter mit diesen Informationen arbeiten. Behalten Sie im Hinterkopf, was Sie aus diesen Übungen über sich erfahren haben, wenn Sie die folgenden Kapitel lesen. Zweifellos werden Sie einige der Wurzeln Ihrer Beziehungsgeschichte wiedererkennen.

Kapitel 3

Die menschliche Reise

Es gibt ein gemeinsames Fließen,
ein einziges Atmen. Alle Dinge sind in Übereinstimmung.
Hippokrates

In diesem Buch geht es überwiegend um unsere psychosoziale Entwicklung: Erfahrungen aus der Kindheit, die die Auswahl unserer Partner beeinflussen, das Wiedererleben archaischer Verletzungen aus der Kindheit in unseren primären Liebesbeziehungen, der Beginn des Veränderungsprozesses während des Alleinlebens, der den Heilungsprozeß nach einer Eheschließung beschleunigen wird. In diesem Kapitel aber möchte ich über die zwei Phasen der menschlichen Reise sprechen, die noch vor der Geburt liegen, über unsere »kosmische Abstammung« und über unser evolutionäres Erbe. Sie werden sich vielleicht fragen, wie Ihnen das bei der Vorbereitung auf eine dauerhafte Liebesbeziehung helfen soll. Ich kann Ihnen nur versichern, daß es das tut. Sie selbst sind viel größer als Ihre persönliche Erfahrung, und Ihre Umwelt ist viel größer als das Netz Ihrer Beziehungen.

Um vollständig verstehen zu können, was in Beziehungen vor sich geht, müssen wir begreifen, was für Geschöpfe wir sind und was wir von unseren menschlichen Ahnen im weiteren Sinne geerbt haben. Unser Leben seit der Geburt und unser Bewußtsein sind nur ein Teil der Geschichte. Um vollständig zu erfassen, wer wir sind und was uns bewegt, müssen wir unter die Oberfläche gehen und das Unbewußte betrachten, unsere Instinktnatur, die Art, wie unser Gehirn arbeitet, sowie unsere unterirdische Verbindung zu anderen Lebewesen. Um in den intensiven Ozeanen der Emotionen von Liebe einen Sinn zu erkennen, um unsere oft bizarren und unergründlichen Träume zu verstehen, unseren emotionalen Schmerz und unsere Sehnsucht, müssen wir über unsere alltägliche Existenz hinausgehen und unsere Vorstellung von Beziehungen in den größeren Zusammenhang unserer menschlichen Natur stellen.

Die kosmische Reise: Sehnsucht nach Verbindung

Klingt es Ihnen vertraut, wenn ich sage, daß wir alle eine unausgesprochene Sehnsucht nach etwas in uns tragen, das wir nicht genau bestimmen können? Haben Sie je mitten in Ihrer täglichen Routinearbeit einen Augenblick erlebt, wo plötzlich auf unerklärliche Weise eine Welle von Glück oder Freude in Ihnen aufwallte, ein Gefühl, daß alles auf der Welt seine Richtigkeit hat?

Derartige Augenblicke stellen sich unverhofft ein. Man fährt abends eine dunkle Straße entlang. Man hebt den Blick und sieht, wie die Stadtlandschaft glitzernd von der Sonne beleuchtet wird. Irgend etwas »überkommt« einen, wenn man einen Sonnenuntergang betrachtet oder den Geruch frisch gemähten Grases einatmet oder auch nur, wenn man zutiefst in irgendwelche alltäglichen Aufgaben versunken ist. In solchen Augenblicken empfinden wir oft, daß sich Beschränkungen auflösen. Ein Gefühl von Zeitlosigkeit stellt sich ein, wenn wir für einen Augenblick den starren Begrenzungen unseres Gehirns und unseres Körpers entfliehen. Der Augenblick geht vorüber, bleibt unerklärlich, ist nicht wiederherstellbar. Verwirrt fragen wir uns, was wir da eben erlebt haben. Und doch gibt es irgend etwas Vertrautes in solchen Momenten, ein Gefühl, daß wir in Berührung mit unserem wahren Selbst sind. Das verleiht diesen vorübergehenden Augenblicken eine besondere Wirkung und weckt die Sehnsucht nach Wiederholung.

So mysteriös und ungreifbar derartige Augenblicke sind, sie sagen etwas sehr Wichtiges über uns Menschenwesen aus, vor allem über den Teil von uns, der von unserer alltäglichen Wirklichkeit verschleiert wird, jedoch einen sehr tiefen Einfluß auf unsere Beziehungen hat. *Beziehungsschwierigkeiten sind ursprünglich nicht in der Schwierigkeit begründet, den richtigen Partner zu finden. Ebensowenig entstehen sie in dem Augenblick der ersten Zankerei. Die Flut einsetzender Emotionen, auch der Schmerz, den wir empfinden, wenn wir Liebe verlieren, kann nicht allein vollständig durch unsere Kindheitserlebnisse erklärt werden.* Danach müssen wir uns woanders umsehen.

Die Qualität dieser zeitlosen Augenblicke gibt einen wertvollen Hinweis auf unsere verborgenen Hoffnungen in Beziehungen. Welcher Quelle entspringen diese Gefühle, die uns mit ihrer Intensität überraschen? Welche Erinnerungen wollen sie wiederbeleben? Diese Gefühle entstehen aus der in Vergessenheit geratenen Verbundenheit mit einer Zeit vor der Geburt, einer Zeit, die wir im Mutterleib verbrachten, oder sogar noch davor, als wir uns vollständig und sicher und verbunden fühlten, nicht nur mit einer alles gebenden Mutter, sondern darüber hinaus mit allem und jedem. Ich glaube, diese Erinnerung ist die Quelle der primären und universellen menschlichen Sehnsucht und die unausgesprochene Hoffnung der Liebe.

Diese Vorstellung steht durchaus in Übereinstimmung mit dem, was wir über die fötalen Erfahrungen wissen. Ruhig im Mutterleib schwimmend wird der Fötus genährt, beschützt und vom Schlagen des mütterlichen Herzens besänftigt. Unverzüglich bekommt er alles, was er braucht, ohne jede Anstrengung. Der Fötus hat keine Vorstellung von sich selbst, von Vergangenheit oder Zukunft, kein Bewußtsein davon, daß er getrennt ist von anderen. Selbst nach der Geburt lebt das Kleinkind noch eine gewisse Zeitlang in einer idyllischen Welt, in der es keinen Unterschied zwischen sich selbst und seiner Umgebung sieht.

Aber ist diese Vorstellung einer zeitlosen Verbindung mit dem All nicht ein bißchen weit hergeholt? Überschreiten wir hier nicht die Grenze zum Bereich des Hokuspokus? Ich denke nicht.

Die alles umfassende Verbundenheit

Die Frage nach der Verbundenheit menschlicher Wesen mit dem Universum beschäftigte Wissenschaftler aus vielen Gebieten, den Naturwissenschaften und der Religion bis hin zu Psychologie und Philosophie. Die moderne Physik postuliert die Vorstellung, im Universum sei grundsätzlich alles pulsierende Energie. Zu bestimmten Zeiten rekonstruiert sie sich als besondere Konfiguration von Materie - insbesondere im Augenblick der Beobachtung, wenn unser Bewußtsein sie zufällig konkretisiert. Materie in diesem Sinn ist nichts als ein Medium, durch das wir Muster und Dichte von Energie beobachten. So sind wir unter den Erscheinungen einer materiellen Welt alle verbunden in einem energetischen Tanz.

James Lovelock führt in seiner weithin anerkannten »Gaia«-Theorie die Analogie noch darüber hinaus. Er behauptet, die gesamte Erde sei ein einziger riesengroßer lebender pulsierender Organismus. Ozeane, Bäume, Menschen und Telefone sind dabei nur kleinere, voneinander abhängige Zellen dieses Organismus, Fleisch, Blut, Organe und Nervenendungen. Sie alle zusammen machen das pulsierende Leben des Ganzen aus, zu dessen Gesundheit und Funktionieren jeder einzelne Teil beiträgt. William James formulierte das folgendermaßen: »Wir sind wie Inseln im Meer, wie Bäume im Wald. Der Ahorn und die Fichte können mit ihren Blättern einander etwas zuflüstern ... Aber die Bäume mischen ihre Wurzeln in dem tiefsten Untergrund, und die Inseln hängen gleichfalls zusammen durch den Grund des Ozeans. Genauso gibt es ein Kontinuum von kosmischem Bewußtsein, gegen das unsere Individualität nur zufällige Grenzen errichten kann. Unser normales Bewußtsein ist umschrieben, damit wir uns an unsere äußere Umwelt anpassen können, aber der Zaun ist an manchen Stellen undicht, und es dringen passende Einflüsse von der anderen Seite ein, die die ansonsten nicht zu verifizierende menschliche Verbundenheit sichtbar machen.«[1]

Alternative Formen der Medizin wie Akupunktur, Homöopathie, Biofeedback und Heilen durch Berühren (Handauflegen) setzen alle energetische Felder voraus - elektrische, magnetische, mentale, psychische -, die jenseits der scheinbar zufälligen Grenzen unserer Körper existieren. Daß wir alle unentwirrbar verstrickt sind mit dem Universum, wird von Studien nachgewiesen. Unsere »innere Uhr« wird von zirkadianen Zyklen beeinflußt, nach denen wir einem 24-Stunden-Rhythmus gehorchen. Ein Jet-lag ist ja schließlich auch nichts anderes, als daß man aus dem Rhythmus mit der planetarischen Uhr geraten ist. Die Rhythmen unserer Körper (die, wie die Erde, aus mehr als 70 Prozent Wasser bestehen) werden vom Mond und den Gezeiten beherrscht und sind empfänglich für lokale, aber auch globale magnetische Ströme.

Scheinbar anormale Phänomene wie Telepathie, Hellsehen und Präkognition bestätigen offenbar unser zeitloses Verbundensein. Viele Menschen tun die psychischen Kräfte verächtlich ab, wir Rationalisten sind der Horoskope, Kaffeesatzpropheten und New-Age-Dogmen müde. Und doch haben nur wenige Menschen nicht selbst schon unerklärliche Erfahrungen gehabt. Sie waren sich plötzlich sicher, wer am anderen Ende des klingelnden Telefons war. Oder ein Traum nahm die Realität vorweg. Rutengänger, die mit Astgabeln Wasser finden, Hellseher, die Erdbeben vorhersagen oder geleitet von einem Kleidungs- oder Schmuckstück die Polizei zu verschwundenen Personen führen, und Medien, die Archäologen angeben können, an welcher Stelle sie nach verlorengegangenen Zivilisationen graben sollen, sind alle eingestimmt auf ein zeitloses kollektives Bewußtsein, in dem wir alle ewig eins sind. Der Historiker Arnold Toynbee hatte mehrere erstaunliche retrokognitive Erlebnisse, in denen er den Selbstmord eines römischen Aufständlers im Jahr 80 v. Chr. »sah«, außerdem »erlebte« er mit, wie die Spanier zum ersten Mal die aztekische Hauptstadt Tenochtitlan erblickten. In einem gewissen Augenblick, schrieb er, fand er sich selbst »in Übereinstimmung nicht nur mit dieser oder jener historischen Episode, sondern mit allem, was gewesen war, war und sein würde. Ich war mir unmittelbar des Verlaufs der Geschichte bewußt, die als mächtige Strömung sanft durch mich hindurchfloß, gleichzeitig aber auch meines eigenen Lebens, das wie eine Welle in dem Fluß dieser riesigen Flut schwappte.«

Der Psychologe C. G. Jung gibt weitere Hinweise auf unsere Verbundenheit. Seiner Theorie zufolge haben wir alle an einem kollektiven Unbewußten teil. Danach verschmelzen unsere gesammelten menschlichen Erfahrungen im Lauf der Zeit zu bestimmten Archetypen oder wiederholten Mustern menschlichen Strebens und Verhaltens. Die Archetypen sind der Stoff der Mythen, die unser Leben bestimmen - Held und Bösewicht, Mutter Erde und Verführerin. Diese universellen Archetypen sind ebenso Teil unseres Erbes wie unsere animalischen Instinkte und unsere Haarfarbe. Sie beeinflussen unbewußt unser Verhalten und unsere Reaktionen, so wie unsere Gedanken und unser Handeln Einfluß auf ihre Wandlungen haben und zu ihrer kollektiven Kraft beitragen.

Die Vorstellung eines ursprünglichen Zustands von entspannter Freude zieht sich quer durch religiös und kulturell unterschiedliche Darstellungen des Paradieses: als Himmel, als elysische Gefilde, Nirwana, El Dorado oder Garten Eden. Alle symbolisieren die ursprüngliche Vollkommenheit, ein Goldenes Zeitalter von Friede und Glück, eine vollkommene Kommunion in der Natur zwischen Mensch und Tier, Vogel und Wald, ein idyllisches Bild zeitloser Unsterblichkeit. Und dann, so heißt es im Mythos, wird dieser Zustand zerstört, gibt es den Sündenfall, die Katastrophe. Wir werden aus dem Garten vertrieben und suchen vergeblich nach dem Paradies und unserer spirituellen Einheit.

Aber wir müssen gar nicht auf Mythos, Magie oder Wissenschaft zurückgreifen, um nachzuweisen, daß wir uns nach Frieden sehnen, nach entspannter Glückseligkeit. Ich finde den Beweis dafür in moderner Form tagtäglich auf meinem Schreibtisch, als Artikel, Workshop-Programm, Anpreisung von Pillen, Verfahren und Produkten, die Erleichterung von Streß versprechen. Aus der Flut von Büchern und Selbsthilfeanleitungen, die Glück und Freude verheißen, Streßreduktion und »Höhepunkt-Erfahrungen« durch Massage und Meditation, muß ich schließen, daß uns ein tiefes Bedürfnis umtreibt nach etwas, das uns fehlt, was wir aber alle wünschen.

Die Sehnsucht nach Ganzheit

Der Anstoß für unsere Sehnsucht nach Verbundenheit und jenen Augenblicken, in denen wir den Schleier unserer täglichen Existenz durchbrechen, stammt aus der nebulosen Erinnerung, daß wir einmal mit allem verbunden waren, insbesondere allen anderen Menschen. Das bot uns Sicherheit und Unterstützung. Nun sehnen wir uns danach, die Schranken zu durchbrechen und die Verbindung wiederherzustellen.

Es gibt in der Psyche etwas, das weiß, daß die Dinge nicht so sind, wie sie sein sollten. Wir erhoffen oder ersehnen uns nichts Imaginäres. Die vergrabene Andeutung eines panexistenten menschlichen Seins fühlt sich, wenn wir damit in Kontakt kommen, absolut normal und objektiv real an. Wir sehnen uns nach unserer ursprünglichen Ganzheit, nach dem undeutlich erinnerten Zustand entspannter Glückseligkeit. Wir haben sie, wenn auch nur kurz, im Mutterleib erfahren. Wir können einfach nur die Quelle dafür nicht benennen. Der Theologe Martin Buber formulierte das sehr gut, indem er sagt: »Die Geburt ist der Augenblick, in dem wir anfangen zu vergessen.«

Es scheint mir überaus richtig zu sein, daß das ganze Leben ein Kampf ist, um diesen idyllischen, vorgeburtlichen Zustand wiederzufinden. Wir sind im wesentlichen pulsierende Energie, die gestört wurde. Unser Wunsch ist, diese Störung zu überwinden und das natürliche Pulsieren wiederherzustellen, denn das ist unsere innere Natur. Wir versuchen nicht, etwas zu finden, das wir nie besessen haben. Wir versuchen, etwas Verlorenes *wiederzubekommen.* Vielleicht sind wir uns dessen nicht bewußt, aber unser geheimes Ziel in Beziehungen ist nicht irgendeine Leinwandphantasie von Liebe, sondern der Zustand entspannter Freude, der unser Geburtsrecht ist.

Die evolutionäre Reise: Sehnsucht nach Lebendigkeit

Die ausführlichen Nachweise für den uns ursprünglichen Zustand entspannter Freude und Verbundenheit haben Ihnen seinen mächtigen Einfluß, den er im verborgenen auf unsere Beziehungen hat, vollständig bewußtgemacht. Aber es gibt noch andere, ähnlich machtvolle Antriebe, die wir auf unsere irdische Reise mitbringen. Unsere kosmischen Ursprünge sind bei der Geburt in Form von intuitiver Wahrnehmung unserer ursprünglichen Ganzheit gegenwärtig. Doch wenn wir auf die Welt kommen, tragen wir auch die Geschichte unserer Gattung in uns, die in unseren Genen kodiert ist: die gesammelte Ernte unserer *evolutionären* Reise. Sie geht zurück auf die ersten aufrecht gehenden Lebewesen und kulminiert in der Augenfarbe und der Begabung für Mathematik, die uns durch unsere Eltern weitergegeben wird. Die Antriebe, die Instinkte und die genetische Erinnerung, die sich über Äonen herausgebildet haben, sind in unsere Gene eingeprägt. Sie bilden einen Raster in unserem Unbewußten. Dreißig Jahre in Manhattan oder Mailand zu leben kann unsere innerste menschliche Natur bändigen oder verbergen, nicht aber auslöschen.

Neuer Geist, Altes Gehirn

Wir aufrechten Humanoiden unterscheiden uns von den niedrigeren Gattungen durch unser großartiges, hochentwickeltes Gehirn. Wir meinen gern, unser Gehirn sei der Teil von uns, der die Berge diverser Informationen, die wir aufnehmen, verdaut, organisiert und analysiert. Wir benutzen unser Gehirn, um zu planen, Strategien zu entwickeln, Erfindungen zu machen, schöpferisch zu sein, Entscheidungen zu treffen. Wir identifizieren uns mit dem Gehirn. Wir sehen es als unser Bewußtsein, unser Zentrum. Das ist in gewissem Maß auch zutreffend. Der zerebrale Kortex - den ich das »Neue« Gehirn nenne - tut all diese wunderbaren Dinge. Aber das ist, im wahrsten Sinne des Wortes, nur die halbe Wahrheit. Unter der windungsreichen Kuppel, die uns von anatomischen Tafeln her vertraut ist, befindet sich das »Alte« Gehirn. Damit hat es eine ganz andere Bewandtnis. Es hat einen tiefgreifenden Einfluß auf unser Verhalten in Beziehungen.

Das Alte Gehirn hat zwei Teile. Das Stammhirn, das manchmal auch als »Reptiliengehirn« bezeichnet wird (daran läßt sich erkennen, wie weit seine Entwicklung zurückreicht), ist der primitive innere Kern des Gehirns. Es kontrolliert lebenswichtige körperliche Vorgänge, von der Reproduktion und dem Schlaf bis hin zum Blutkreislauf und den Muskelreaktionen. Es ist verantwortlich für Aktivität. Um das Stammhirn herum verläuft das limbische System, eine Errungenschaft der Säugetiere. Darin sitzen die primitiven mächtigen Gefühle, die die autonomen Funktionen des Stammhirns und den zerebralen Kortex verbinden. Das Alte Gehirn - das Stammhirn und das limbische System - ist unser Überlebenshirn.

Im Gegensatz zum Neuen Gehirn, das Daten aus der äußeren Welt aufnimmt und weiterverarbeitet, nimmt das instinktgebundene Alte Gehirn nur durch Empfinden und Fühlen wahr, was sich jenseits seiner Grenzen befindet. Es arbeitet einfach und primitiv und macht nur grobe Unterscheidungen, bei denen es um seine Sicherheit und das Überleben geht, durch die Bilder, Symbole und Gedanken, die ihm hauptsächlich vom Neuen Gehirn übertragen werden. Ewig mit dem Überleben beschäftigt, erkennt das Alte Gehirn bestimmte Muster, die mit »Liebe«, »Verlust«, »Wut« oder »Gefahr« assoziiert werden. Es ist unfähig, subtile Unterscheidungen zu treffen. Seine automatisch ablaufenden Reaktionen sind alle zutiefst voreingenommen und geraten auf den entsprechenden Stimulus hin aus jeglicher Proportion. So wird jede Bedrohung als lebensbedrohlich wahrgenommen, das leichteste Stirnrunzeln signalisiert totale Zurückweisung.

Besonders wichtig zu wissen ist, daß das Alte Gehirn unabhängig von der Zeit existiert: Es macht keine Unterschiede, warum oder wo oder wann etwas geschieht. Ihr Altes Gehirn kann den Unterschied nicht erkennen zwischen dem Stimulus, den Sie vor dreißig Jahren erhielten, als Ihre Mutter nicht kam, wenn Sie weinten, und dem, den es heute empfängt, wenn Ihr Partner eine Stunde zu spät von der Arbeit anruft und die Verabredung für den Abend absagt. Als Säugling haben Sie vielleicht mit Daumenlutschen reagiert, wenn Sie sich verlassen fühlten. Heute essen Sie ein Dutzend Plätzchen und schalten Ihre Angst ab, indem Sie irgendwelche geistlosen Fernsehfilme ansehen, bis Ihr Partner es wiedergutmacht. Die Gefühle und die Reaktionen sind in beiden Fällen gleich. Es ist eine instinktive Reaktion. Das Alte Gehirn tut das, wozu es konditioniert wurde: Überleben.

Wir glauben leicht, nur weil wir in Hochhäusern leben, schnelle Autos fahren, unser Essen und unsere Kleidung fertig kaufen und »uns aussuchen«, wen wir heiraten wollen, daß wir Herren unserer ursprünglich instinktiven Natur seien. Aber das ist eine Selbsttäuschung, wie rational oder intellektuell wir auch zu sein glauben, wie fein abgestimmt unser zerebraler Kortex auch ist. Das Alte und das Neue Gehirn interagieren in einem komplexen System gegenseitiger Kontrolle, es ist ein Tanz, in dem Instinkt und Emotion Intellekt und Ratio abschwächen. Wir sind schließlich nur Menschen. Das Neue Gehirn hat keine Chance, mächtiger zu werden als das Alte Gehirn. Es bleibt sein Diener.

Wir Menschen sind aber auch einmalig in unserem Bewußtsein von uns selbst: Wir wissen, daß wir denken. Der vordere Teil unseres Hirns, Teil des »Neuen« Hirns, kennt den Inhalt des Kortex. Er ist das Medium, durch das wir uns selbst beobachten (und uns selbst dabei beobachten). Dieser Teil des Neuen Gehirns befähigt uns auch, das Zusammenspiel von Bildern, Gedanken und Symbolen zu erkennen. Außerdem ist er Medium für unsere Veränderung, denn durch ihn können wir die Macht des Alten Gehirns annehmen und mit ihm kooperieren.

Die grundlegenden Antriebe: Sicherheit zuerst!

Nun möchte ich mich dem Thema unserer grundlegenden Triebe zuwenden. Der fundamentale Instinkt des menschlichen Bewußtseins auf biologischer Ebene ist offenbar, zwischen Sicherheit und Gefahr zu unterscheiden. Diese Unterscheidung ist so wichtig, daß Wissenschaftler heute die Ansicht vertreten, wir hätten einen zusätzlichen Nervengang entwickelt, der uns vor Gefahr warnt, eine Abkürzung, die den zerebralen Kortex umgeht.

Das Trauma der Geburt ist für jedes empfindende Wesen der erste Hinweis auf

Gefahr, das erste Anzeichen auf das verlorene Paradies. Eine kurze Zeit nach der Geburt passen wir uns immer noch an die Veränderung der Umwelt an und haben noch nicht begriffen, daß das Spiel aus ist. Diese Erkenntnis ist schockierend. Danach wird jeder Stimulus vom Standpunkt des Überlebens her beurteilt: Ist es gefährlich? Werde ich sterben? Jede Unterbrechung unseres Zustandes entspannter Freude stellt eine potentielle Bedrohung dar, das Krachen eines Zweigs im Wald, das Auftauchen eines möglichen Beutetiers, ein Sturm. Oder, mehr in unserer unmittelbaren Umgebung, ein unbeantworteter Schrei, ein Spielzeug, das wir nicht bekommen, ein böser Blick von unserem Boss, gelegentliche Kritik von unserem Liebsten. Wie wir auch aufgestört werden, die Reaktion erfolgt immer in einer von vier Formen: kämpfen, fliehen, passiv einfrieren oder sich defensiv unterwerfen. Mit anderen Worten: Entweder wir explodieren oder nehmen unsere Energie zurück. Diese vier Anpassungsformen auf die Wahrnehmung von Gefahr, Erbe unseres primitiven Reptiliengehirns, sind in unser psychoneurales System kodiert und gegen Logik immun. Denken Sie daran, wie Sie reagieren, wenn etwas in Ihrer Partnerschaft schiefläuft: Sie wittern Gefahr, sind bereit, sich in der einen oder anderen Weise zu verteidigen, entweder indem Sie sich wehren oder weglaufen, oder Sie verkriechen sich, halten still und hoffen, daß das Problem vorübergehen wird, oder Sie geben hilflos nach, weil Sie nicht anders können.

Wenn das Gefühl von Sicherheit, von Überleben erst einmal gefestigt ist, sind die weiteren Aktivitäten des Säugetiers weitgehend sechs Kategorien zuzuordnen. Wir paaren uns, wir nähren die Nachkommen unserer Paarung, wir arbeiten, essen und schlafen, und wir spielen.[2] Wir Menschen schmücken diese Aktivitäten zwar beträchtlich aus. Im wesentlichen aber ist es das, was wir tun. Selbst diese instinktiven Antriebe unterliegen weitgehend dem Einfluß unseres Gefühls für Sicherheit oder Gefahr.

Der Wunsch nach Lebendigkeit

Dennoch sind wir Menschen komplexe Kreaturen, wir haben uns weit vom Salamander und sogar vom Affen entfernt. Urteilt man nach unserer verzweifelten Suche nach Besitz und Zielen, Ruhm und Glück, Liebe und Lachen, ist es offenbar nicht genug, nur lebendig zu sein und sich sicher zu fühlen: Wir wollen mehr. Joseph Campbell brachte für mich auf den Punkt, was das ist, wonach wir so intensiv streben. Er sagte, daß zwar immer geglaubt wurde, bei der fundamentalen Suche des Menschen gehe es um den Sinn des Lebens. Das, wonach wir uns aber tatsächlich sehnen, sei ein *Gefühl von Lebendigkeit.* Ich habe Campbells Gedanken zu der Hypothese ausgeweitet, daß wir mit drei instinktuellen Direktiven geboren werden: Erstens wollen wir lebendig bleiben, aber darüber hinaus wollen wir uns ganz *lebendig fühlen*, und wir wollen diese Lebendigkeit zum *Ausdruck* bringen.

Jedes Kind agiert spontan, bevor es sich seiner selbst bewußt wird, völlig losgelöst und vollständig hingegeben. Wenn Sie je längere Zeit mit Kindern zusammen waren, wissen Sie das. Sie sind an allem interessiert, sie wirbeln im Kreis, bis sie schwindelig werden, sie rennen, bis sie fallen, malen wild drauflos, singen unbefangen. Wir alle fühlten einst so: Wir fühlten uns lebendig und brachten das zum Ausdruck. Aber dann drangen unvermeidlich die Realitäten des Lebens ein: Unsere Eltern haben nicht immer auf unser Weinen reagiert, die Flasche war zu heiß oder zu kalt, wir fielen aus dem Bett, es gab Geschrei, es gab nicht genug Zärtlichkeit, eine neue kleine Schwester kam zu bald, wir wurden ausgelacht. Wir bekamen Angst, und wir verloren unser Gefühl, völlig lebendig zu sein. Wir können es nur empfinden, wenn wir sicher sind, nicht aber wenn wir Angst haben, uns angegriffen, bedroht, in der Defensive, unzulänglich fühlen. Diese Gefühle und unsere Umgehensweise damit tragen wir in unsere Beziehungen.

Es ist ein Gefühl von Lebendigkeit, hinter dem wir her sind mit unseren Autos und Eigentumswohnungen und Booten und Gourmetessen, unseren Designerkleidern, mit Freizeitsex und Pornofilmen und Drachenfliegen, mit taubmachender Musik, Jogging und Spaziergängen am Strand, Fernsehen und Kino. Materialismus, Hedonismus, Gier, Selbstbezogenheit, all die Merkmale des amerikanischen Lebensstils, kommen heutzutage in Verruf. Nun, es gibt weiß Gott keinen Grund, stolz darauf zu sein. Aber für das, wofür all diese zwanghaften Aktivitäten wirklich stehen, kann ich nur Sympathie empfinden. Dahinter steht, daß wir uns in einer Welt und in Beziehungen befinden, die uns nicht erlauben, uns wirklich lebendig zu fühlen. Und wenn wir uns nicht lebendig fühlen, haben wir das Gefühl, sterben zu müssen. Deshalb tun wir etwas, kaufen etwas, stopfen etwas in uns hinein, nehmen Drogen, trinken Alkohol, rennen zwanzig Kilometer, gehen mit jemandem ins Bett, drehen die Musik lauter.

Die meisten Menschen geben nicht zu, wie anfällig sie für das Gefühl sind, daß ihre Sicherheit oder ihr Überleben bedroht ist. Schließlich sind wir zivilisierte Wesen, wir leben nicht mehr in Höhlen. Aber die primitive Natur dieser Gefühle zeigt sich nur allzu deutlich in der offensichtlichen Trivialität unserer unmittelbaren Reaktionen. Ein bloßes Lächeln oder Stirnrunzeln kann unsere Wahrnehmung darüber verändern, ob die Welt sicher oder gefährlich ist. Sie sehen, welch ungeheure Macht unsere primitiven Instinkte und damit unsere Liebesbeziehungen auf uns haben: Sie erhalten oder zerstören. Ich muß nur meine eigene Ehe betrachten, um mir der Macht des Alten Gehirns bewußt zu sein. Wenn Helen und ich uns streiten und es uns nicht gut miteinander geht, fühle ich mich klein und zerknirscht. Die Welt erscheint mir bedrohlich, mein Gehirn ist benebelt, einfache Aufgaben erscheinen beängstigend. Wenn alles gut läuft, fühle ich mich wohl in meiner Haut, ganz ich selbst. Das Leben ist gut, und alle Geschöpfe der Welt sind meine Freunde. Und ich bin ein erwachsener Mann, einer, von dem man rationale Reaktionen erwarten sollte, ein Fachmann für Psychologie, um Himmels willen!

Der Trieb, unsere ganze Lebendigkeit zum Ausdruck zu bringen, ist nicht einfach eine hübsche Idee, sondern eine mächtige und fundamentale Antriebskraft in uns. Wir wollen uns entspannen und ohne unsere Verteidigungsstrategien herumlaufen. Wir wollen wir selbst sein. Einen so großen Teil unseres Lebens vertun wir mit dem Versuch, in unserem Leben einen Sinn zu finden oder ihm Sinn zu geben. Doch eigentlich wollen wir die Fülle unserer eigenen Erfahrungen empfinden, das Pulsieren unserer Lebendigkeit. So viele Jahre lang widmete ich mich verbissen der intellektuellen Beschäftigung mit Fragen nach dem Sinn des Lebens. Erst jetzt erkenne ich, daß man das tut, wenn man sich nicht wirklich lebendig fühlt. Unsere Ziele und Zwecke sind Ersatz, eine Sublimation des Gefühls. Heute habe ich häufig dieses Gefühl und kann erkennen, was ich wollte.

Wir konnten an Rußland und Osteuropa sehen, was geschieht, wenn die Menschen Sicherheit erhalten, die Chance zu Veränderungen. Die Tore brachen auf, die Menschen fühlten sich von neuem lebendig. (Natürlich werden solche Gefühle nur mit harter Arbeit und mit Vertrauen erreicht. Unvermeidlich kommt es im Lauf der Zeit zu Enttäuschungen und Desillusionierungen.) Wo Sicherheit und die Freiheit, die eigene Lebendigkeit zum Ausdruck zu bringen, gedeihen dürfen, ist die Reaktion überall gleich, sei es im Kindergarten, in einer Firma, einer Nation oder einer Ehe. In der gesamten Kunst und Liebesdichtung, einem Œuvre, das Hunderte von Taj Mahals füllen würde, geht es darum, dieses Gefühl von Lebendigkeit zum Ausdruck zu bringen oder seinen Verlust zu betrauern.

Auf der Suche nach voller Lebendigkeit

In Beziehungen versuchen wir, unser Gefühl entspannter Glückseligkeit und das Empfinden unserer Lebendigkeit wiederzuerlangen. Wenn wir uns verlieben, werden Erinnerungen an den idyllischen Zustand von Verbundenheit und Freude wieder zum Leben erweckt. Erinnerungen an unsere ursprüngliche Ganzheit und innerste Verbundenheit strömen wieder zu uns zurück. Unsere neu erweckte Lebendigkeit schreiben wir unserem Geliebten zu. Er ist es, der uns das Gefühl gibt, tanzen zu wollen, sie ist es, die uns zu Poesie inspiriert, die dafür verantwortlich ist, daß wir die ganze Welt umarmen wollen und aus Langeweile oder Depression oder Ärger ausbrechen.

Wir bringen unsere wiedererwachten Gefühle mit dem oder der Geliebten in Verbindung, weil er oder sie uns unbewußt an die ersten Menschen erinnert, mit denen wir diese Gefühle assoziierten - diejenigen, die damals für uns sorgten. Und deshalb ist Enttäuschung unvermeidbar. Denn nur zufällig konnten wir unsere Eltern mit diesem Zustand entspannter Lebendigkeit in Verbindung bringen. Sie waren einfach gerade da, als wir, bei der Geburt oder eine Weile danach, immer noch dieses ozeanische Gefühl freudigen Verbundenseins hatten. Die Liebesobjekte - damals unsere Eltern, heute unsere Geliebten, ob sie fürsorglich waren oder uns vernachlässigt haben - sind nicht die Quelle dieser Gefühle. Vielmehr wurde unser Gefühl freudiger Lebendigkeit und der kosmischen Verschmelzung ursprünglich gerade durch sie beziehungsweise durch ihre Mängel erstickt. Heute sind es die Mängel unserer Geliebten, die diese Gefühle dämpfen.

In Wirklichkeit geht es darum, daß das Alte Gehirn nicht erkennt, daß die Bezugsperson, heute der Liebhaber, von Anfang an nie der Grund für diese Gefühle war. Es erkennt lediglich ein Muster, eine Reihe von Koordinaten, die es mit den ursprünglichen Bedingungen, in die wir geboren wurden, in Korrelation setzt. Der fundamentale Schmerz, den wir zuerst mit unseren primären Bezugspersonen und später mit unseren Partnern erfahren, ist die Enttäuschung darüber, daß sie unseren ursprünglichen Zustand entspannter Glückseligkeit weder fortdauern lassen noch seine Wiederherstellung vereinfachen. Es wäre auch unmöglich, umso mehr, als sie sich dieser Erwartungen nicht bewußt sind (und unbewußt die gleichen unbewußten Erwartungen an *Sie* stellen.) Wütend, voller Kritik, verzweifelt werfen wir unseren Liebsten ihr Versagen vor, unseren neu gefundenen Zustand freudiger Vitalität nicht zu erhalten. Gleichzeitig bleiben wir an sie gebunden in der Hoffnung, daß sie es doch noch irgendwie schaffen. Unsere Kämpfe mit unseren Partnern sind teilweise unzulängliche Versuche, einen ursprünglichen, zugleich persönlichen und kosmischen Zustand wiederherzustellen.

Dieses deprimierende Szenario sieht gar nicht danach aus, als sei es ein gutes Omen für Beziehungen. Als ich dies als Grund für die ungeheure Enttäuschung der Menschen in der Liebe und der Wut auf ihre Partner erkannte, begann ich tatsächlich auch an dem Sinn der Ehe zu zweifeln. Doch die Situation sieht nicht ganz so düster aus. Daß das Sich-Verlieben unsere Gefühle von Lebendigkeit und Verbundenheit wiederherstellt, scheint mir der Beweis dafür zu sein, daß Beziehungen der Schlüssel zu unserer Ganzheit sind. Wenn wir verstehen, was wir unbewußt suchen, können wir unsere Beziehungen benutzen, um unsere verlorene Vitalität und Verbundenheit leichter wiederzuerlangen.

Die Reise einer Beziehung zu unserer Ganzheit ist Teil des großen Plans der Natur: Durch uns will sie ganz werden und sich regenerieren. Wir können uns beobachten und vielleicht das Ungleichgewicht korrigieren, das uns und den Planeten, auf dem wir leben, zu zerstören droht. Nur wir Menschen können unseren Platz in dem unendlichen Gewebe des Seins erkennen. Das Wissen, daß wir in einem unendlichen Feld von Bewußtsein, das alle Lebensformen und den gesamten Kosmos umfaßt, ein kleines Knäuel von Bewußtsein sind, ist die Grundlage unserer angeborenen Spiritualität.

Die Grenzen der Autonomie

Um uns vollständig lebendig zu fühlen und unsere Lebensfreude wiederzuerlangen, müssen wir das unbewußte, instinktiv assoziierende Alte Gehirn mit unserem schlauen Neuen Gehirn zusammenarbeiten lassen. Aber wir können uns unseren Weg zur Lebendigkeit nicht *denken*. Wir können Lebensfreude nicht durch unseren zerebralen Kortex wiederfinden, so schlau er auch ist. Das Alte Gehirn läßt sich durch einen kognitiven Prozeß nicht verändern. Es wird nur durch konkrete Erfahrung verändert. Wir müssen die abgespaltenen und verleugneten Teile unserer selbst wiederfinden, die wir in der Kindheit verloren haben, und uns heilen: die abgestorbenen Empfindungen, den Schmerz und das Gefühl, unser Leben sei in Gefahr, die unsere Lebendigkeit dämpfen und nicht zulassen, daß wir uns mit anderen und dem Kosmos verbunden fühlen. Der wirksamste Weg dahin sind unsere Liebesbeziehungen.

Menschen, die von der Liebe enttäuscht sind, wollen nicht hören, daß sie eine Beziehung *brauchen*, um zu heilen. Sie wollen autonom sein und ihre spirituelle Ganzheit allein wiederherstellen. Aber das ist eine Selbsttäuschung. Sie können zwar allein eine ganze Menge erreichen, insbesondere können Sie an einer Veränderung der Verteidigungsstrategien Ihres Charakters arbeiten. Eine vollständige Heilung jedoch werden Sie nur mit einem Partner erreichen können.

Die Vorstellung, daß wir zu unserer Erfüllung der Hilfe anderer bedürfen, ist nicht gerade populär. Sie steht im Widerspruch zu der herrschenden Ansicht von der Autonomie des Individuums. Die Souveränität des Individuums ist, zu Recht, ein Eckstein der Demokratie. Die Spannung zwischen dem Individuum und dem Kollektiv, dem Individuum und dem Paar, der Familie und der Gesellschaft ist die Chemie des evolutionären Prozesses, nicht nur für persönliches Wachstum, sondern auch für die Entwicklung neuer sozialer und politischer Systeme. Aber jedes Individuum steht in irgendeinem Zusammenhang, in irgendeiner Beziehung, und zwar einer *abhängigen* Beziehung.

Die Vorstellung, wir seien einzigartige Individuen mit festgelegten Qualitäten, ist uns sehr wichtig. Aber selbst die Persönlichkeit ist weitgehend eine Funktion der Umwelt, mit einem flüssigen, prägbaren Kern. Ich sage damit nicht, wir seien wie Chamäleons, aber wir passen uns an die Umstände und unsere Umwelt an. Auch das läßt sich klar an dem Tanz der Paare ablesen, die in ihren Bewegungen aufeinander zu und voneinander weg ihre angeblich festgelegten Charaktereigenschaften angesichts der Wandlungen des Partners übertreiben oder modifizieren.

Liebe ist der Weg

Liebe zu finden und zu bewahren ist entscheidend für unser unversehrtes Überleben. Wir sind unwiderruflich zu Beziehungen verpflichtet. Sie sind das Umfeld, in dem wir unsere wahre Natur erfahren. Beziehungen ebnen uns den Weg, unsere Ganzheit wiederzufinden. Sie korrigieren die Verzerrungen, die uns als Kleinkinder und während der Sozialisation von unserem ursprünglichen Selbst entfernt haben. Es ist die bedingungslose Liebe zu einem Partner, mit der wir dem anderen die

Sicherheit geben, sich mit der Zeit der Liebe zu öffnen und Liebe zuzulassen. So kann sich Vertrauen aufbauen. Das Gefühl von Fülle darf wieder leben, und Sie können Ihr Ganzsein, Ihre Totalität empfinden. Ich vertrete hier die radikale Position, daß Liebe die Lösung ist. Es ist die Liebe, die wir geben, die unseren Partner heilt, und die Liebe, die wir empfangen, die uns heilt. Nur in der Liebe können wir die starr gewordenen Anteile unserer selbst wirklich verändern. Eine verbindliche Partnerschaft (weit wirksamer als die traditionellen Wege von Religion und Psychotherapie) kann uns in den ursprünglichen Zustand von Verbundenheit zurükkversetzen. Deshalb sage ich, daß Ehe ein spiritueller Weg ist. Sie ist der Heilungsprozeß der Natur.

Nun kommen wir zur Sache. Dabei geht es zunächst darum, Ihre Kindheit genauer zu erforschen, zu erkennen, wo es Fehlfunktionen und Mängel gab und wie diese sich in Ihren Beziehungen auswirken. Außerdem werden Sie Ihre Überzeugungen und Ihr Verhalten überprüfen und sich neu orientieren. Sie sollten dabei den größeren Zusammenhang im Gedächtnis behalten, daß der grundlegende, aber unbewußte und instinktive Antrieb in einer Beziehung der Wunsch nach Wiedererlangung Ihres ursprünglichen Gefühls entspannter Glückseligkeit ist. Sie wollen Lebendigkeit empfinden und zum Ausdruck bringen. So betrachtet können Sie scheinbar triviale Vorkommnisse und Themen, die Sie in Panik versetzen, in einem neuen Licht sehen. Ihr tiefes Gefühl, verletzt worden zu sein, und Ihre Sehnsüchte werden mehr Sinn machen. Die besondere Geschichte Ihrer Kindheit und Ihrer Beziehungen hat bestimmte Wunden hinterlassen, die geheilt werden müssen. Das ist die Aufgabe von Beziehungen. Aber die Besonderheiten sind die Bäume, das ist der Wald, aus dem sie stammen. Sie haben die Sehnsucht, wieder Verbundenheit zu erleben. Ihre Motivation ist, sich wieder vollständig lebendig zu fühlen. Eine bewußte Beziehung ist nicht ihr *Ziel.* Ganz und gar nicht, es ist der *Weg.*

Teil II

Das *Imago*-Puzzle

1. Die Erziehung

Kapitel 4

Wachsende Schmerzen: Entdeckung der Kindheitswunden

Wer die Vergangenheit vergißt,
ist dazu verdammt, sie zu wiederholen.
Carlos Santayana

Eines Tages, auf dem Weg zur Arbeit, betrachtete ich wie immer fasziniert die Menschen auf den Straßen von New York. Plötzlich überraschte es mich, wie wenige von ihnen glücklich oder entspannt aussahen. Fast jeder schien niedergebeugt von einer Last, ablesbar am Gesichtsausdruck, am Gang, an der Körpersprache: abgehärmte alte Frauen, gebückt von Verlust und Einsamkeit; Männer im mittleren Alter mit grimmigen, abweisenden Gesichtern, Aktentaschen in der Hand, auf dem Weg zur Arbeit; melancholische, trotzige Teenager, ohne Ziel an diesem Sommertag; erschöpfte, angespannte Mütter, mit ihren Sprößlingen - selbst die kleinen Kinder an der Hand trugen die Zeichen der Verluste und Tragödien, die das Leben ihnen beschert hatte. Ein vereinzelter lebensprühender oder zufriedener Passant war eine fast schon mißtönende Ausnahme. Ich fragte mich, was wohl in meinem eigenen Gesicht geschrieben stand.

Verblüfft von dem Schmerz und den Verletzungen, die ich um mich herum sah, dachte ich darüber nach, wo wir alle in diesem Augenblick unseres Lebens herkamen. So deutlich ist uns der Tribut anzusehen, den Enttäuschung und Sorge fordern, der Verschleiß durch Wut und Verlust und Angst. Dabei hat doch jeder von uns das Leben entspannt, heil und voll Freude begonnen. Ohne mir genau im klaren darüber zu sein, begann ich, mir jede entgegenkommende Person als Kind vorzustellen. Ich versuchte, den Panzer von Niederlagen, Depression oder kaum verhohlener Wut zu durchbrechen und das unversehrte, ungebrochene Kleinkind dahinter zu entdecken. Als ich das im Innern vergrabene Kind erkennen konnte und verstand, warum wir uns mit einer Rüstung aus Abwehr wappnen, konnte ich auch noch für den abstoßendsten und wütendsten von ihnen und für mich selbst Mitgefühl empfinden.

Nachdem wir unsere kosmischen Anfänge und das Erbe unserer evolutionären Vergangenheit untersucht haben, kommen wir nun zu unserer eigenen psychosozialen Geschichte. Es ist unser eigenes verlorenes, verwundetes Kinder-Ich, das wir in den nächsten Kapiteln suchen werden. Zur Vorbereitung unserer Reise einer intimen Beziehung müssen wir nach Wegweisern in unserer persönlichen Vergangenheit suchen. Der Rückblick auf die Kindheit ermöglicht uns, entscheidende Fragen zu beantworten: Was wollen wir von einer Beziehung? Warum wählen wir einen bestimmten Partner? Wie wird unsere Beziehung wahrscheinlich aussehen? Warum erleben die meisten Menschen in Beziehungen so viel Frustration, Schmerz und Versagen statt der Freude, dem Vergnügen und der Zufriedenheit, die wir uns zunächst erhofften? Die Antworten auf diese Fragen sind das Rohmaterial, von dem ausgehend wir an Verständnis und Veränderung arbeiten können.

Von hier an geht es in diesem Buch um den Einfluß dieser Erinnerungen auf unsere Beziehungen und um die gesamte psychosoziale Reise hier auf Erden, die mit der Geburt anfängt. In diesem Teil und Teil III steht die Kindheit im Mittelpunkt. Sie ist der Schmelztiegel, in dem unsere gegenwärtigen Lebensumstände geschmiedet werden. Jedes Kapitel untersucht einige Aspekte: wie wir erzogen und sozialisiert wurden. Und welchen Einfluß unsere familiäre Umwelt und die Ehe unserer Eltern auf uns hatten. Diese Erfahrungen haben jedem von uns spezifische »Wunden« beigebracht. Das nahtlose Gewebe unserer Existenz ist gerissen. Ungeschickt versuchen wir, die Löcher zu stopfen. Wir weben ein verwickeltes Netz, ein falsches Selbst, das die Leere füllen soll, und bedecken unsere wirkliche Natur mit schützenden Flicken, um uns vor weiteren Verletzungen zu schützen. Das Verständnis für unsere Verletzungen ist der Schlüssel zur Heilung. Unser gesamtes Verhalten, unsere Entscheidungen und Lebenspläne, insbesondere auf dem Gebiet intimer Beziehungen, werden davon beeinflußt. Es ist die Heilung unserer seelischen Verletzungen, die wir - bewußt oder nicht - in verbindlichen Beziehungen suchen.

Die lebenslange Jagd nach Ganzheit

Unsere Ganzheit und das Gefühl vollständiger Lebendigkeit wiederzufinden ist keine triviale Angelegenheit. Unser Verwundetsein, das Ergebnis nicht befriedigter Bedürfnisse, bedroht unser Überleben. Mit dem Streß der Geburt und jedem folgenden Augenblick, in dem ein Bedürfnis in der frühen Kindheit nicht befriedigt wird, verlieren wir einen weiteren Teil unserer Ganzheit. Das Alte Gehirn registriert diese Störungen als »Gefahr« für unsere Existenz und gibt Alarm. Weil seine Sorge einzig darin besteht, uns am Leben zu erhalten, beginnt es mit seiner zwanghaften Lebensaufgabe: dieses verlorene Gefühl entspannter Lebensfreude wiederherzustellen - den Alarm abzustellen.

Besonders entscheidend sind die ersten Lebensjahre, von der Geburt bis zum Alter von sechs Jahren. In dieser Zeit müssen wir in angemessener, altersgerechter Form die Aufgaben erfüllen, die notwendig sind, um ein sicheres, kompetentes, vollständiges Ich zu werden. Wir werden diese frühen Jahre ebenso wie die mittlere Kindheit und die Adoleszenz untersuchen. Wie ist es uns während dieser entscheidenden Zeit ergangen? Welche Anpassungsstrategien haben wir in unserem Verhalten entwickelt und in unser Erwachsensein hinübergetragen? Die traurige Wahrheit ist, daß die meisten Menschen in den prägenden Jahren nicht die notwendige Liebe, Sicherheit und Selbstannahme erhalten. Aber wenn in einem Stadium etwas ungelöst bleibt, wird es in das nächste weitergegeben, um geheilt zu werden. Unser ganzes Leben lang präsentiert uns die Psyche die Probleme, die gelöst werden müssen, immer und immer wieder.

Unvermeidlich geht das Projekt der Selbstvervollkommnung in unsere Beziehungen ein. Wir präsentieren den uns nahen Menschen unsere Wunden und unsere Belastungen und erwarten, daß sie den Kindheitsschaden beheben. »Hallo, Schatz«, sagen wir, »ich bin zu Hause. Es ist dein Job, alles in Ordnung zu bringen.« Wenn wir verstehen, was hier vor sich geht, haben wir die Chance, Freude und Ganzheit zu finden. Aber die meisten Menschen erkennen das nicht und sind unglücklicher denn je. Wenn wir diese Fragen nicht in unseren Beziehungen lösen können, kommen all unsere Frustrationen und Enttäuschungen in der Midlifecrisis zum Ausbruch, einem neopubertären letzten verzweifelten Versuch der Psyche, sich wiederherzustellen. Der fünfzigjährige Mann hat eine Affäre mit seiner Sekretärin oder gibt seinen Job auf und läßt seine zwei Kinder im College auf dem Trockenen sitzen. Seine Frau erklärt ihre Unabhängigkeit von der Hausarbeit, fängt an, Miniröcke zu tragen, und beginnt ein Jurastudium. Aber diese Veränderungen sind dem Alter unangemessen und haben verheerende Auswirkungen. Sie zerstören nicht nur die Welt der Betroffenen selbst, sondern auch ihre Familien. Gesunde Kinder kommen nicht in eine Midlifecrisis.

Detektivarbeit

Sie glauben vielleicht, wenn ich von Wunden aus der Kindheit spreche, meine ich damit ernsthafte psychische Schäden, Folgen von körperlicher oder emotionaler Gewalt, Alkoholismus, Inzest oder dem Trauma des Todes der Eltern. Heutzutage stellt das für nur zu viele Menschen die unglückselige Realität des Familienlebens dar. Ich werde in Kapitel 8 näher darauf eingehen. Aber in Wirklichkeit sind wir alle verletzt, ganz egal wie stabil und liebevoll unser Zuhause gewesen ist. Denn wir wurden als Kinder fehlbarer Eltern mit ihren eigenen Bedürfnissen und Problemen geboren, als abhängige, unersättliche komplizierte Geschöpfe. Es gibt unzählige Anlässe, bei denen etwas schief geht, selbst bei den besten Absichten. Und - wie uns wohl bewußt ist - was schief geht, hat mehr Wirkung auf unsere Entwicklung als das, was gut geht. Wir erinnern uns haargenau an das eine von Hunderten von Malen, wo wir den Zug verpaßten, das eine Mal, wo der Braten anbrannte, die Gelegenheit, wo der Partner vergaß, uns einen Abschiedskuß zu geben, das eine Mal, wo das Kind hinfiel, in dem Augenblick, als die Aufmerksamkeit nachließ.

Die Möglichkeiten, Fehler zu machen oder sich falsch zu verhalten, sind unerschöpflich. Schließlich ist es ganz schön schwierig für Eltern, nach unserem kurzen, vollkommenen und friedlichen Aufenthalt im Mutterleib, wo uns alles prompt, perfekt und natürlich geliefert wurde, Schritt zu halten. Versagen ist in gewissem Maß unvermeidlich. Aber es ist das Maß und die Art des Versagens, das über die charakteristischen Details unserer Wunden entscheidet. Hier spreche ich nicht von traumatischen Ereignissen. Ich spreche darüber, was schief gehen kann bei der Reaktion auf die ganz gewöhnlichen alltäglichen und allstündlichen Bedürfnisse eines Kleinkindes. Als Kleinkinder verstehen wir nicht, was mit uns geschieht. Wir haben keinerlei Kontrolle darüber. Jedes kleine Mißgeschick wird auf der Ebene des primitiven Alten Gehirns erlebt, als habe es absolute Signifikanz für unser Überleben.

Wir entwickeln Abwehrstrategien gegen die Unzulänglichkeiten, die wir in unserer Kindheit erlebten und die außer unserer Kontrolle standen. Wo wir auch hingehen, mit wem wir auch zusammen sind, wir schleppen sie immer mit uns herum. Diese Bewältigungsmuster verhärten sich durch Wiederholung, werden zu Charakterpanzern. Sie verfolgen unser Leben lang die Aufgabe, unser Überleben zu sichern. Sie sind der einzige Weg, den wir kennen, um uns in bedrohlichen Situationen zu schützen. Wenn jemand sich an seinen Partner klammert oder vor Zuneigung zurückschreckt, sich beim ersten Zeichen von Kritik in sein Schneckenhaus zurückzieht, Szenen inszeniert, um Aufmerksamkeit zu erringen, dann können Sie sicher sein, daß sich dieses Verhalten geradewegs von der schwachen Abwehr gegen seelische Verletzungen aus unseren ersten Lebensjahren ableiten läßt. Solange wir uns unserer Verteidigungsmechanismen und ihrer Ursachen nicht bewußt sind, wird unsere Frustration anhalten. Erst wenn wir die Wunden aus der Kindheit zu ihrem Ursprung zurückverfolgen und ihre Auswirkungen in der Gegenwart erkennen, können wir in der Zukunft eine Veränderung bewirken.

Ich möchte Sie dringend auffordern, an die folgenden Kapitel über die frühkindliche Erziehung und Sozialisation heranzugehen wie ein Detektiv, der an der Auflösung eines rätselhaften Falles arbeitet. Sie verfolgen Hinweise auf Ihre eigenen seelischen Verletzungen - gehen allen Einzelheiten nach über Zeit, Ort und Umstände, finden heraus, wer wann was sagte und wer wem was antat. Sie werden versuchen, in dem Gewirr Ihrer Anpassungsstrategien Ihr wahres Selbst aufzuspüren und die Probleme zu erkennen. Wenn Sie die Spur von Ihrer Kindheit bis in Ihre gegenwärtige Situation verfolgen können - oder, was wahrscheinlicher ist, von der Gegenwart zurück in die Kindheit - eignen Sie sich die Voraussetzungen an, um sich besser zu verstehen und schließlich verändern zu können. Das wird Ihnen in Ihrer gegenwärtigen oder in zukünftigen Beziehungen helfen.

In diesem Abschnitt lege ich verschiedene Kategorien von Reaktionen dar, die Kinder in ihrem ersten Kontakt mit ihrer Umwelt entwickeln. Ich werde außerdem beschreiben, wie sich diese Reaktionen jeweils in erwachsenes Verhalten übersetzen, so daß Sie das Verhältnis zwischen Ursache und Wirkung erkennen können. Das soll Ihnen die Möglichkeit geben, sich selbst, Ihre seelischen Wunden und Ihre Charakterstruktur auf einer tiefen Ebene besser zu verstehen. Sie können für sich selbst herausfinden, wie der Mechanismus funktioniert, und als Resultat dieses Prozesses das Geheimnis entwirren und anschaulich machen. Ich möchte, daß Sie sagen: »Aha, deshalb fällt es mir also so schwer, ›nein‹ zu sagen«, »Deshalb machen mich Alices Tränen so wütend«, oder »Deshalb also habe ich mir Kevin ausgesucht.« So werden Sie sich der Wirkung fortwährender Wiederholung bestimmter Muster und Botschaften bewußt. Sie prägen Ihre festen Vorstellungen über sich selbst, Ihre Partner und die Welt, in der Sie leben. Denken Sie daran, wenn Sie diesen Abschnitt durchlesen: Die Informationen, die Sie sammeln, werden Ihnen interessante Einblicke in Ihre früheren Beziehungen bieten. Sie sind das Rohmaterial, um umzulernen und zu heilen, die Voraussetzung für die ganzheitliche und selbstbewußtere Beziehung, die Sie in der Zukunft haben werden.

Jetzt sagen Sie sich vielleicht: »Aber das ist so schwierig, so langweilig, so schmerzhaft.« Ja, das ist es. Der Weg ist lang, und unterwegs lauern Ungeheuer. Es wäre schön, wenn es eine Pille gäbe, die Sie nur zu schlucken brauchen, oder eine Maschine, die die Seele reinwaschen kann. Leider aber gibt es keine Wundermittel. Ich versichere Ihnen jedoch, daß Sie Ihren Heilungsprozeß selbst in der Hand haben. Der Schmerz und die Mühe bei dieser Arbeit sind sicher nicht schlimmer, als die erlittenen schwierigen, ausweglosen Beziehungen. Ihre Psyche möchte überleben und ganz lebendig sein. Sie will wissen, daß sie nicht sterben oder unnötig leiden wird. Sie möchte nur den Weg gewiesen bekommen, dann wird sie freudig folgen. Diese Arbeit ist der Weg.

In Teil II und Teil III werden Sie in bestimmten Abschnitten Übungen finden, die Ihnen helfen sollen, zu klären, in welchem Stadium und auf welche Weise Sie als Kind in Ihrer Sozialisation und möglicherweise auch durch schwere Dysfunktionen in Ihrer Familie verletzt wurden. Am Beginn von Teil IV werden wir anfangen, den Fall mit Hilfe des gesammelten Rohmaterials zu lösen. Wir werden ein Bild Ihrer Imago zeichnen, dem unbewußten Nebenprodukt Ihrer Kindheitserfahrungen. In dem inneren Bild laufen Kindheitserinnerungen zusammen und beeinflussen Ihre Partnerwahl sehr stark. Die Charakterstruktur des Imago-Partners entspricht annähernd Ihrem inneren Bild eines anderen Menschen, der große Bedeutung für Sie hat. Sie finden die Umweltbedingungen Ihrer Kindheit wieder und stellen den Kontext, in dem Sie verletzt wurden, neu her. Sie hoffen, dieses Mal geheilt werden zu können. Wenn Sie vorher wissen, welche Art von Partner Sie wählen werden, sind Sie auf die zu erwartenden Konflikte vorbereitet. Außerdem gibt Ihnen das Hinweise auf die persönlichen Probleme, an denen Sie arbeiten können, bevor dieser Partner Ihren Weg kreuzt.

Angeboren oder anerzogen?

Die Seele ist kein unbeschriebenes Blatt, wenn wir auf diesem Planeten ankommen. Sie ist bereits bedruckt. Die genetischen Instinkte und Antriebe, die uns alle verbinden und unsere menschliche Natur ausmachen, sind in ihr kodiert. Jedes Kleinkind durchläuft die gleichen Stadien der Entwicklung nach einem vorhersagbaren Fahrplan, unter Berücksichtigung der individuellen Eigenarten und Umstände, der genetischen Unterschiede und verschiedenen Temperamente. Es gibt Variationen, und es gibt Parameter. Die meisten Menschen aber weichen nicht allzu weit von der Norm ab. Wir sind alle aus dem gleichen Holz geschnitzt, und vor allem unser Altes Gehirn ist aus dem gleichen Stoff gemacht. Sie sind in Ihrer Reaktion auf Ihre Umgebung keine völlig neuen Wege gegangen. Im wahrsten Sinne des Wortes sind Sie ein Gewohnheitswesen, das sich über die Jahrtausende herausgebildet hat. In Ihrer persönlichen Existenz haben Sie auf Ihre Umstände reagiert, wie alle Babys und Kinder es tun. Mit Glück haben Sie ein Temperament geerbt, das Ihnen allzu zerstörerische Verletzungen erspart hat, und Sie hatten Eltern, die Ihnen optimale Bedingungen boten.

Natürlich kann ich mich in dieser Darstellung der Kindheitsentwicklung nur sehr allgemein über das menschliche Verhalten äußern. In Wirklichkeit macht natürlich jeder von uns etwas ganz Eigenes aus dem, was das Leben ihm bietet. Es gibt unzählige Unterschiede, auf welche Weise Kinder auf ihre Umgebung reagieren. Es ist daher gefährlich, allgemeine Aussagen über Ursache und Wirkung zu machen. Damit sind wir beim Thema »angeboren oder anerzogen«, der ungelösten Kontroverse über die Auswirkungen unseres genetischen Erbes im Verhältnis zu den Einflüssen aus der Umwelt. Manche Theoretiker vertreten sehr vehement die Ansicht, ererbtes Temperament sei dominant. Sie zitieren Untersuchungen von identischen Zwillingen. Bei der Geburt getrennt, weisen sie erstaunliche Ähnlichkeiten im Verhalten auf, wenn Sie später im Leben miteinander verglichen wurden, obwohl sie in sehr unterschiedlichen Umgebungen aufwuchsen. Neuere Untersuchungen haben unerwartete genetische Verbindungen zu Verhaltensweisen gezeigt, für die lange Umwelteinflüsse verantwortlich gemacht wurden, Schüchternheit zum Beispiel oder eine Neigung zu Konservativismus in politischen Ansichten oder im Kleidungsstil. Dem widersprechen Untersuchungen, die zeigen, daß wir weitgehend ein Produkt unserer Umgebung sind. Aber in der Wirklichkeit geht es wohl kaum so lehrbuchmäßig zu. Die meisten Menschen kennen Fälle von Alkoholismus oder Gewalt in der Familie. Ein Kind ging relativ unbeschadet daraus hervor, oder ein Kind in einer Familie mit fünf Kindern erholte sich nie von den Eheproblemen der Eltern. Für mich ist das eine rein akademische Auseinandersetzung.

Erbanlagen und Umwelteinflüsse sind keine Gegensätze, die als unverbundene Größen nebeneinander herlaufen. Sie sind vielmehr zwei Enden einer Polarität, einer Einheit (wie auch Körper und Seele). Wir alle fallen in dem Kontinuum irgendwo dazwischen. Wir sind alle gleichzeitig offen wie auch verschlossen. Es gibt Fenster im Geist, und die Größe dieser Fenster bestimmt den Einfluß der Umwelt auf die ererbte Struktur. Meiner Ansicht nach ist der Geist ein durchlässiger Organismus mit einer inneren Struktur wie eine Computerdiskette. Was aufgenommen wird, muß in der Sprache der Software formatiert werden, bevor wir es »lesen« können. Jeder Mensch kommt mit einem anderen Grad von Sensitivität oder Unverwüstlichkeit gegenüber den Schicksalsschlägen des Lebens zur Welt.

Mit dem Begriff »Ich-Stärke« wird die Fähigkeit bezeichnet, die Sicht auf sich selbst trotz der Einflüsse und Botschaften von außen aufrechtzuerhalten, insbesondere wenn diese der eigenen Wahrnehmung widersprechen. Ich-Stärke ist immer eine Funktion einer angeborenen Veranlagung, die von der Umwelt verstärkt oder gedämpft wird.

Ich sehe solche Unterschiede bei meinen eigenen Kindern, Hunter und Leah, die nur zwei Jahre auseinander sind. Hunter ist einfach nicht übermäßig sensibel oder beziehungsorientiert. Er sieht die Außenwelt nicht so klar und in allen Einzelheiten wie Leah. Sie geht die Straße hinunter und nimmt alles wahr, wird von allem beeinflußt. Wenn man Hunter fragt: »Wie war dein Spaziergang?« wird er erzählen, worüber er nachgedacht hat. Er ist verschlossen, introvertiert, reagiert nicht besonders stark auf Geräusche, er springt nicht erschrocken hoch, wenn etwas hinunterfällt. Sie könnten ihn in eine psychologisch hochgradig schädigende Umgebung stecken, und er würde am Ende neurotisch, aber er würde durchkommen. Leah ist viel anfälliger und empfänglicher für ihre Umgebung, sie hat ein viel lebendigeres Wahrnehmungsvermögen, ist leichter zu verletzen und zu ängstigen, und sie ist nicht übermäßig belastbar. In einer harten oder depravierenden Umgebung würde sie eine sehr viel schwerwiegendere Persönlichkeitsstörung entwickeln.

Hier ist ein einfaches Beispiel. Neulich abends kam ich von einer Besorgung zurück. Hunter war im Flur, und ich sagte ihm, ich sei froh, rechtzeitig nach Hause gekommen zu sein, um ihn sehen zu können, bevor er zu Bett ging. »Oh, warst du fort?« war seine Reaktion. Meine Abwesenheit hatte er nicht einmal registriert. Leah kam angestürmt, voller Sorge: »Daddy, wo warst du? Ich habe gar nicht gehört, daß du fort gegangen bist.« In gewisser Weise ist es Glückssache, wie Sie aus Ihrer Kindheit hervorgehen, es verdankt sich Ihrer angeborenen Toleranz oder Resistenz auf Umweltbelastungen. Dennoch, jeder braucht eine sichere und liebevolle Umgebung, alles wächst besser in einem warmen Klima bei reichlichem Begießen.

Die Entwicklungsstadien

Abbildung A zeigt die sechs Stadien der Entwicklung im Kindes- und Heranwachsendenalter, mit denen wir uns hier beschäftigen - Bindung, Entdecken, Identität, Kompetenz, Verantwortung und Nähe -, und einen ungefähren Zeitplan für die einzelnen Stufen. Jede Phase verfolgt ihr eigenes Ziel und ist mit bestimmten Aufgaben verbunden, die erledigt werden müssen. Die Aufgabe jedes Entwicklungsstadiums kehrt zwar in Zyklen das ganze Leben lang immer wieder, aber die ersten vier bis sechs Jahre, in denen wir am abhängigsten, empfänglichsten und prägbarsten sind, haben eine tiefgreifende Wirkung auf den Rest unseres Lebens.[1]

Wie Abbildung A zeigt, baut jedes Stadium auf dem vorhergehenden auf. Jedes Stadium ist das Fundament, auf dem die Aufgaben des folgenden Stadiums aufbau-

Abbildung A

Die psychosoziale Entwicklung des Ichs

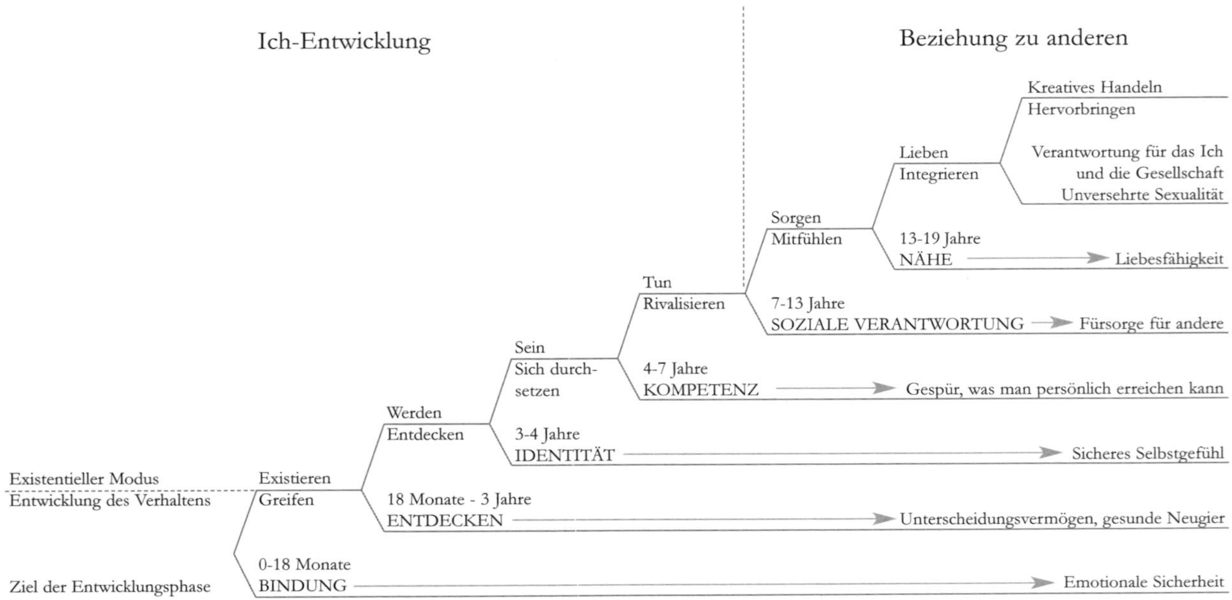

en. Außerdem hat jedes Stadium seinen eigenen Zeitplan. Am Ende jeder Phase bildet sich eine andere Aufgabe heraus, ob die vorhergehende Aufgabe abgeschlossen wurde oder nicht. Deshalb bestimmt die Art, wie wir die Hürden jedes Stadiums überwinden, darüber, wie unbelastet und vorbereitet wir zum nächsten weitergehen können.

Für jedes Stadium gibt es eine Norm, wie ein gesundes Ergebnis aussieht. Wenn in unserer Kindheit an irgendeinem Punkt irgend etwas schief läuft, finden wir instinktiv eine Möglichkeit, das Fehlende zu kompensieren, um zu überleben. Das aber ist ein defensiver Akt. In unserer Verzweiflung und in unserem Unwissen entwickeln wir eine schlecht angepaßte Strategie, mit der entsprechenden Aufgabe fertig zu werden. Das hinterläßt eine Schwachstelle in unserer Entwicklung. Uns gehen vitale Fähigkeiten verloren. Mit mangelndem Selbstvertrauen nehmen wir Zuflucht zu unangemessenen Reaktionen, die sich wie Narbengewebe um den zentralen Kern unserer Wunde sammeln. Wie Sisyphus schieben wir am Ende einen Felsbrocken einen Berg hinauf, wo wir auch hingehen, und beschneiden unsere Lebensfähigkeit und unsere Möglichkeiten, im Erwachsenenleben Beziehungen zu anderen einzugehen.

Da unsere Bezugspersonen in allen Stadien zwangsläufig in einem gewissen Maß unvollkommen waren (erinnern Sie sich an den Maßstab, das vollkommene Paradies im Mutterleib!), tragen wir alle in einem gewissen Grad unangemessene Reaktionen aus allen Entwicklungsstadien mit uns herum. *Wir alle wurden in einem gewissen Ausmaß in jedem Stadium der Entwicklung verletzt. Aber in fast allen Fällen gibt es ein Stadium, in dem wir wirklich »steckengeblieben« sind.* Das kann mit unserer inneren Veranlagung zu tun haben oder damit, wie wir auf ein bestimmtes Problem reagierten. Wahrscheinlicher aber ist es das Ergebnis des Umgangs unserer Bezugspersonen in einer bestimmten Entwicklungsphase mit uns. Ihre eigenen Bedürfnisse und Bewältigungsstrategien machten es ihnen in manchen Phasen wahrscheinlich schwerer als in anderen: Eltern, die ihr neugeborenes Kind abgöttisch lieben, fühlen sich vielleicht bedroht, wenn es anfängt, sich in die Welt hinauszubewegen. Sie sind zu rigide, um die Phantasien des Kindes spiegeln zu können, wenn es versucht, die eigene Identität aufzubauen. Sie sind vielleicht unsicher, wenn ein Jugendlicher sich eng an Gleichaltrige anschließt oder der Heranwachsende erste sexuelle Erfahrungen macht. Es kann geschehen, daß die Eltern in einem bestimmten Stadium weniger zur Verfügung stehen: wegen einer Krankheit oder einem Umzug, weil sie Streit haben oder ein Geschwisterkind zur Welt kommt.

In jedem Fall wird jede Aufgabe, die in einem Stadium besonders wichtig ist und nicht vollständig oder nur unzureichend erfüllt wurde, uns unser Leben lang verfolgen. Und sie wird sich als das Kernproblem herausstellen, um das sich unsere gegenwärtigen Probleme drehen. Diese primitiven Anpassungen des Alten Hirns bleiben uns erhalten, es sei denn, daß eine spätere Lebenserfahrung das unzureichende Anpassungsverhalten durchbricht - eine drastische Veränderung im Leben der Eltern, zum Beispiel (im Fall eines alleinstehenden Elternteils) eine positive neue Beziehung, erheblich mehr Zeit und Energie für das Kind oder ein bedeutender Wandel in der Art, wie die Eltern das Kind in der Adoleszenz behandeln. Außerdem haben solche Bewältigungsmechanismen, die auf diese Weise zusammenkommen, einen »Schneeball«-Effekt. Je früher im Leben wir »steckenbleiben«, um so unangemessener können wir mit den folgenden Stadien umgehen und je mehr Trümmer und unangemessenes Verhalten sammeln sich um das Kernproblem.

Das erwachsene Kind

Wie übersetzt sich unser Bewältigungsverhalten im Erwachsenenleben, und wie zeigt es sich in Beziehungen? Hier kommt die Imago ins Spiel. Zuerst und vor allem werden wir uns wie wärmegesteuerte Raketen mit präziser Sicherheit Partner aussuchen, die uns ebenso kritisch behandeln wie unsere Bezugspersonen. Wir werden die gleichen kindlichen Listen anwenden und am Ende ebenso frustriert sein. Die alten Kindheitsszenarien lassen die alten Wunden wieder aufbrechen, die wir mit unseren Abwehrstrategien zugepflastert hatten. Und als wir uns verliebten, hatten wir so sehr gehofft, sie würden zuheilen. Wenn unsere Partner uns wie unsere Eltern im Stich lassen und unsere kindlichen Reaktionen keine Wirkung hervorrufen, werden wir (da wir kein anderes Modell zur Lebensbewältigung haben als das, was unsere Eltern uns boten) unsere Partner so behandeln, wie unsere Eltern uns behandelt haben. Dadurch werden die Kindheitswunden des Partners wieder geöffnet. Er oder sie wird auf uns ebenso reagieren, wie sie oder er als Kind auf die eigenen Eltern reagiert hat.

Sagen wir zum Beispiel, Ihre Eltern kritisierten Sie bei einem Fehler als Sie klein waren, die Milch verschüttet oder nicht in allen Fächern gute Noten nach Hause gebracht haben. Sie hatten Schuldgefühle, weinten und dachten immer wieder, daß Sie es ihnen »einfach nicht recht« machen konnten. Auf die gleiche Weise reagieren Sie, wenn Ihr Partner etwas an Ihnen auszusetzen findet, weil Sie Ihre Kleider auf den Boden werfen oder nicht genug Geld verdienen. Wenn andererseits Ihr Partner »Unordnung macht« oder weniger erfolgreich ist, als Sie erwarten, entspricht Ihre Kritik an Ihrem Partner der Ihrer Eltern an Ihnen.

Offenbar haben wir die Tendenz, uns Partner zu suchen, die in der *gleichen* oder der *benachbarten* Phase steckengeblieben sind wie wir selbst. Allerdings haben unsere Partner sich auf diese frühen Frustrationen mit dem *entgegengesetzten* Bewältigungsverhalten angepaßt oder gehen völlig anders mit der Situation um.

Gabriel erinnert sich, daß er seine Mutter, die ihn vergötterte, in ihrer Überfürsorglichkeit als erstickend empfand. Weil sie auf jeden seiner Versuche, sich von ihr zu lösen, mit Einschränkungen seiner Freiheit reagierte, entwickelte er eine private Phantasiewelt, in die er sich allein in seinem Zimmer einspann. Seine Mutter konnte ihn daran hindern, die Welt zu erforschen, aber sie konnte sein inneres Leben nicht kontrollieren. Im Gegensatz dazu hatte Marion, mit der Gabriel verlobt war, das Gefühl, ihre Eltern seien nie für sie dagewesen: Ihre Mutter war mit ihrem kleinen Bruder beschäftigt, ihr Vater war oft auf Geschäftsreise. Es schien so, als könne sie ihre Aufmerksamkeit nicht erringen, egal was sie tat. Wenn sie vom Spielen draußen zurückkehrte, um wieder »aufzuladen«, telefonierte ihre Mutter gerade, war »müde« oder fütterte den Bruder. Marion erinnert sich lebhaft daran, wie gern sie in ihrem Zimmer malte, wenn sie aber ihre Gemälde zu ihrer Mutter brachte, sagte diese bloß: »Nicht jetzt, Marion, siehst du nicht, daß ich beschäftigt bin?« Gabriel und Marion wurden beide im Erforschungsstadium verletzt, aber in entgegengesetzter Weise. Gabriel konnte sich nicht von seiner Mutter trennen, weil sie so besitzergreifend war, und Marion konnte sich nicht trennen, weil sie Angst hatte, es wäre keiner da, wenn sie zurückkehrte. Wenn Gabriel sich seiner Mutter näherte, mußte er deren Bedürfnissen entsprechen, wenn Marion zu ihrer Mutter kam, konnte sie ihre eigenen Bedürfnisse nicht erfüllen.

Die Eigenschaften, die bei einem Partner dominant sind, sind beim anderen rezessiv, aber sie bleiben flüssig. Wenn ein Partner sich verändert und das rezessive Merkmal zum Vorschein kommt, reagiert der andere entsprechend. Wenn Marion in der oben beschriebenen Situation herausfinden könnte, daß sie nicht so fordernd sein muß, um Gabriels Aufmerksamkeit zu erhalten, könnte Gabriel aus seinem Schneckenhaus herauskommen und sich ihr zuwenden. Jeder Partner sehnt sich nach den Charakteranpassungen, die der Partner bietet. Marion fürchtet, verlassen zu werden, aber sie sehnt sich verzweifelt nach der Zurückgezogenheit und Unabhängigkeit, die sie bei Gabriel sieht. Und Gabriel fürchtet die Nähe und den Kontakt, die er so heftig begehrt.

Sie sehen, wie wichtig es ist, daß Sie Ihren persönlichen Treibsand erkennen, wenn Sie den Ausgang Ihrer zukünftigen Beziehungen verändern möchten. Wir werden nun alle Entwicklungsstadien genauer untersuchen. Worum geht es in jedem Stadium? Wie verhalten sich unsere Bezugspersonen? Wie reagieren wir? Wie manifestieren sich die Auswirkungen im sogenannten »erwachsenen Verhalten«? Mit Hilfe meiner Beschreibung werden Sie deutlich erkennen können, wie wir Abwehrmechanismen entwickeln, um uns an Situationen anzupassen, und wie schädigend diese sein können. Sie werden das Stadium genau bestimmen können, in dem Sie »steckengeblieben« sind. Diese Information ist Vorlage, Hinweis darauf, was in Ihren Beziehungen schiefgeht, aber auch Basis für Verhaltensveränderungen.

(HINWEIS: Ich möchte mich an dieser Stelle entschuldigen, daß ich weitgehend von »es« spreche, wenn ich das Kind meine und mit »sie« und »Mutter« versuche, den schwerfälligen Begriff »primäre Bezugsperson« zu umgehen. Ich wünschte, es gäbe eine bessere Möglichkeit.)

Kapitel 5

Bindungs- und Entdeckerphase: Das Bilden einer sicheren Beziehung

Die Freiheit, die tiefsten Bestandteile der infantilen Objektbeziehung in die erwachsene Beziehung einzubringen, ist eine Bedingung für Wachstum.
H. V. Dicks

Die Bindungsphase: Der Kampf um die Existenz

Die Geburt ist, um es milde auszudrücken, ein unsanftes Erwachen: Lärm, Schmerz, helles Licht, Hitze und Kälte, Trennung vom warmen, sicheren Mutterleib. Kein Wunder, daß Neugeborene brüllen. Für eine Weile bleiben Babys in einem halbautistischen Zustand, in dem sie sich der Veränderung der Umgebung kaum bewußt sind, zwischendurch reagieren sie dann wieder auf die neue Umgebung, als seien sie gefangen zwischen Schlaf und Wachen. Wenn die Reise der Geburt und die Austreibung relativ glatt ging, lebt der Säugling in dem ursprünglich angelegten Zustand vollständiger Entspannung und Freude. Das Gewebe der Existenz bleibt heil und ohne Risse.

Das Gefühl, daß alles anders geworden ist, dämmert erst langsam. Alle Nachschublinien wurden abgeschnitten, und der Säugling sendet sein erstes Signal von Unzufriedenheit über diese neue Situation aus und beginnt, stöbernd und greifend nach Kontakt zu suchen. Wenn das Kind die Mutter findet und es schafft, die Brustwarze in den Mund zu bekommen, hört der Alarm auf, und der ursprüngliche entspannte Zustand ist wiederhergestellt. Damit stellt sich die erste und wichtigste Aufgabe des menschlichen Wesens: *Bindung.*

Wenn das Neugeborene seinen ersten Schrei ausstößt und nach der Wärme und der Brustwarze der Mutter sucht, beginnt die psychosoziale Reise. Der Säugling verfolgt das lebensnotwendige Ziel, den Abgrund der Trennung zu überwinden, der sich bei der Geburt so bedrohlich aufgetan hat. Er will wieder eine sichere Verbindung zu der nährenden, schützenden Quelle seines Überlebens herstellen. Er reagiert auf das innere Gebot zu überleben.

Alle erschöpften und verwirrten Eltern werden bestätigen, wieviel das fordert. Für all die verschiedenen fortwährenden Bedürfnisse, die im Mutterleib automatisch erfüllt wurden, muß nun gesorgt werden. Das Kind fordert Füttern, Windelwechsel, ein bestimmtes Maß an Körperkontakt, und das in einer ruhigen Umgebung, rund um die Uhr. Solange alles perfekt abläuft und alle Bedürfnisse prompt und angemessen erfüllt werden, ist alles in Ordnung. Und das Kleinkind ist so glücklich wie ein Fisch im Wasser. Es aalt sich in der Wärme und Behaglichkeit einer Umgebung, die sich ganz so freundlich anfühlt wie die, aus der es kam. Es greift und saugt und schreit. Solange jemand da ist, der genau weiß, was zu tun ist, empfindet das Baby die Welt als sicheren Ort. Es befindet sich hier nicht in Gefahr. Allerdings war das intakte Gewebe der Existenz vorübergehend gerissen, und diese Störung hat Spuren hinterlassen. Es wird ihm langsam klar, daß es ein getrenntes Geschöpf ist. Es kennt jetzt den Unterschied zwischen Wohlgefühl und Schmerz.

Aus dem Saugen, Greifen und Schreien ließe sich leicht schließen, daß ein Säugling zum Überleben am dringendsten Nahrung braucht. Das ist jedoch nicht der Fall. Noch dringender als Nahrung brauchen Babys zum Überleben körperlichen und emotionalen Kontakt. Sie müssen sich auf eine sichere Quelle von Liebe und Wohlbehagen verlassen können. Bei einer neuen, berühmt gewordenen Untersuchung des Psychologen Harry Harlow bekamen neugeborene Affenbabys zwei »Ersatzmütter«, wobei eine aus Draht war und die andere aus weichem Plüsch. Die Affenbabys suchten eher eine Beziehung zu der »Plüschmutter«, kuschelten sich an sie, rannten zu ihr, wenn sie Angst hatten - selbst wenn nur die »Drahtmutter« ihnen Nahrung geben konnte.[1]

Bindung einzugehen bleibt in den ersten achtzehn Monaten des Lebens die wichtigste Aufgabe des Kindes. Wenn alles gutgeht, werden die Signale des Kleinkindes richtig empfangen. Die entsprechende Reaktion erfolgt. Es entwickelt das Gefühl, ein getrenntes Wesen in einer sicheren Welt zu sein. Es verfügt über die Kraft und die Mittel, sich das Notwendige zu verschaffen. Es fühlt sich sicher und geborgen, was entscheidend ist. Das Gefühl von Sicherheit, das in diesem Stadium erworben wird, bestimmt den Grundton für den Rest unserer Lebensreise. Es ist das Fundament unserer Reaktion auf die Gefahren und Freuden des Lebens.

Glücklicherweise ist das für etwa die Hälfte der Menschen so. Bei allen Forderungen, trotz übersehener Signale, trotz persönlicher Probleme und Krisen, möglicher Krankheiten und aller unvollkommen erfüllten Wünsche überwiegen bei den meisten Eltern Liebe und gute Absichten. Ihre Kinder fühlen sich sicher und mit ihnen verbunden. Die tagtägliche Fürsorge für sie ist, wie der Psychologe D. H. Winnicott es formuliert, »gut genug«.

Anpassung an mangelnde Fürsorge: Bewältigungsstrategien

Aber was ist mit den Kindern, deren Eltern nicht »gut genug« waren, die emotional oder körperlich »nicht da« waren, nicht genug Beständigkeit und Wärme aufbrachten, so daß es zu einer sicheren Verbundenheit kommen konnte? Schätzungen lassen darauf schließen, daß ein Drittel bis die Hälfte aller Kinder in diese Kategorie fallen. Sie können mit keiner sicheren Reaktion rechnen, wenn Sie ihre Bedürfnisse äußern. Solche Kinder sind sich der Bindung unsicher oder empfinden sie als bedroht. Das nahtlose Gewebe ihrer Existenz ist zerrissen, sie haben den Kontakt mit ihrem ursprünglich glücklichen Zustand verloren.[2]

Hier liegen die Wurzeln der Probleme - das heißt der unzureichenden Bewältigungsmechanismen. Kleinkinder sehnen sich nach diesem in ihrem Wesen angelegten aber verlorenen Zustand entspannter Freude. Sie versuchen, ihn wiederherzustellen, indem sie sich so gut sie nur können an die unzureichende Fürsorge anpassen. Als Reaktion auf die Art, wie es von Mutter und Vater behandelt wird, schafft sich das Kind ein inneres Bild seiner Bezugspersonen, die »Imago«. Außerdem bildet es ein Selbstbild, in dem es sich selbst im Zusammenhang mit seinen Umweltbedingungen oder seiner »Welt« sieht. Dieses innere Bild der inneren und äußeren Welt, in dem die »guten« und »schlechten« Verhaltensweisen des Selbst und der anderen oft gespalten sind, beeinflußt dann das Verhalten des Kindes gegenüber den Eltern. Es bestimmt, welche Bewältigungsstrategien es entwickeln wird. Je nachdem, wie die Bezugspersonen auf seine Bedürfnisse reagieren, wird sich der Bewältigungsmechanismus in jedem Entwicklungsstadium polarisieren und eine von zwei Formen annehmen. Ein Kind bewältigt die Situation, indem es seine Wirkung in der Welt *herunterspielt.* Ein anderes bewältigt die gleiche Situation, indem es seine Reaktionen *übertreibt.* In diesen Reaktionen aktualisiert sich das uralte evolutionäre Erbe, das bestimmt, ob als Reaktion auf bedrohliche Reize die Energie eingeschränkt wird oder explodiert. Ich bezeichne diese beiden Typen je nach ihrer Reaktion als *Minimierer* oder *Maximierer.* Damit werden zwei Pole der Charakterorganisation beschrieben, die bei den meisten heterosexuellen Paaren anzutreffen sind. Ich möchte noch etwas ausführlicher über dieses Phänomen sprechen, denn es ist für jeden von uns außerordentlich wichtig, das, was damit beschrieben wird, bei sich selbst zu identifizieren. Aber betrachten wir nun zunächst, wie diese Reaktionen sich im Stadium der Bindung manifestieren.

Das klammernde Kind: Die Angst, verlassen zu werden

Als Reaktion auf mangelnde Fürsorge in der Bindungsphase paßt sich das Kind entweder an, indem es sich anklammert oder indem es sich distanziert.

Wenn es sich nicht auf die Beständigkeit der Bezugsperson verlassen kann - weil diese zwar manchmal angemessen liebevoll ist, dann aber wieder emotional kalt oder abwesend -, wird das Kind eine zwanghafte Klammerreaktion entwickeln. Solche Bezugspersonen sind manchmal zu beschäftigt, selbstbezogen, wütend oder abgelenkt, ihre Launen und Zeitpläne wechseln. Sie sind nicht berechenbar. Vielleicht fühlen sie sich in ihrer Elternrolle nicht wohl und versuchen, sich nach irgendwelchen rigiden formelhaften Anweisungen zu richten, die sie in Büchern gelesen haben. Sie sorgen zwar für alles Notwendige, aber nach ihren eigenen Plänen und Launen. Sie heben den Säugling vielleicht regelmäßig hoch und füttern ihn, aber nicht, wenn er von sich aus schreit oder versucht, Aufmerksamkeit auf sich zu lenken. Die Bedürfnisse des Kindes stellen für diese Eltern eindeutig eine Belastung dar. Ein Kind, das so nicht das grundlegende Vertrauen entwickeln kann, daß die eigenen Bedürfnisse befriedigt werden, hat das Gefühl, nur ununterbrochene Forderungen könnten es am Leben erhalten.

Als Reaktion auf unzuverlässige oder unbeständige Fürsorge schlägt das Alte Gehirn des Kleinkindes Alarm und signalisiert, daß es sich in Gefahr befindet. Weil die Mutter manchmal kommt, versucht es das Kind immer wieder. Es hat das Gefühl, daß alles in Ordnung kommen wird, wenn es nur begreifen würde, was es tun soll - laut oder lange genug brüllen oder auf eine bestimmte Art reagieren. So wird das Muster von Streß, unbeständiger Reaktion, Übertreibung und Zweifel gebildet, aus dem ein ängstliches Kind hervorgeht. Ein klammerndes Kind hat eine hochgradig ambivalente Beziehung zu seiner Mutter. Gepeinigt von ihrer Unberechenbarkeit, ist es süchtig danach, ihre Aufmerksamkeit zu erringen und sie zu Reaktionen zu veranlassen. Gleichzeitig ist es wütend, daß seine Bedürfnisse nicht erfüllt werden. Die Hälfte seiner Zeit weint es und klammert, um die unberechenbare Mutter bei sich zu halten, und die andere Hälfte weist es sie zurück und stößt sie fort, selbst wenn sie Zuneigung zeigt. Das Kind befindet sich in einem Dilemma, denn der Gegenstand von Schmerz und Freude ist ein und dieselbe Person. Die erste Schicht seiner Imago beinhaltet nun gute und böse Elemente und legt so den Grundstein für ein gespaltenes Bild der Bezugsperson. Das Kind erfährt Wut, Entsetzen und Trauer, abwechselnd mit unvorhersagbarer Befriedigung. Unbeständigkeit löst negative Unsicherheitsgefühle aus, die es nicht lange ertragen kann. Daher entwickelt es eine ambivalente Abwehrstruktur, abwechselnd klammernd und fortstoßend, um diese behindernden Gefühle abzuwehren. Es beginnt, sich selbst gegenüber eine ambivalente Einstellung zu entwickeln.

Der Erwachsene: Ein Klammerer

Wie bei den Verletzungen in allen Stadien wird die Entwicklung des Kindes, wenn sich diese Situation nicht in der späteren Kindheit oder Adoleszenz verändert, gebremst. Seine Abwehrstrategien werden in seinen Charakter zementiert und äußern sich im Erwachsenenleben als grundlegendes Persönlichkeitsmerkmal. Es wird zum »Klammerer«. Versteckt hinter einem fabrizierten Ich bleiben die infantilen Bedürfnisse weiter lebendig. Diese zusammen mit seinen angelernten Schutzmechanismen beeinflussen seine Partnerwahl, seine Erwartungen an diesen Partner und die Art, wie es als Erwachsener Beziehungen gestaltet. Die Kernklage in Beziehungen wird lauten: »Du bist nie für mich da.«

Alma, die Mutter von zwei Kindern aus einer früheren Ehe, kam mit ihrem Verlobten, Will, einem Unternehmer in der Computer-Software-Branche, zu mir in die Sprechstunde. An den Wochenenden, wenn sie ständig zusammen waren, war sie glücklich und zufrieden. Sie beschrieb Will als überwiegend zugewandt und liebevoll. Oft aber, insbesondere an Sonntagabenden, war er mit geschäftlichen Problemen beschäftigt. Sein Betrieb kämpfte ums Überleben. Alma, die auf Verlassenheitsängste extrem empfindlich reagierte, spürte diesen Rückzug und versank in eine milde Depression, sobald er seine Aufmerksamkeit seiner Arbeit zuwandte. »Jedes Mal, wenn es gut zwischen uns läuft, gehst du fort«, jammerte sie, und spiegelte damit die Erinnerung an die »schlechte« oder unbeständige Fürsorge ihrer Kindheit wider. Oder sie weinte und bat ihn, ihr zu versichern, daß er sie liebe und daß er wirklich heiraten wolle. Wenn er sie trösten konnte, schlüpfte sie wieder in ihr glückliches, erotisches Ich zurück. Sie schlug vor, miteinander ins Bett zu gehen. Für einen Augenblick wurde sie der »guten« Aspekte der Fürsorge ihrer Kindheit habhaft. Andere Male war sie untröstlich. Sie steigerte sich in einen Wutanfall hinein und schrie fortwährend vorwurfsvoll: »Du bist nie da, wenn ich dich brauche.« Will, der sich vor starken Gefühlen fürchtete, seinen eigenen wie auch ihren, zog sich dann noch weiter zurück. Alma stapfte davon, legte sich ins Bett und forderte ihn auf, in einem anderen Zimmer zu schlafen. Wenn Will am nächsten Tag zur Arbeit ging, überfiel Alma die Panik. Sie rief ihn spätestens um halb elf im Büro an, um zu fragen, was er tat. Wenn er Zeit hatte und sprechen konnte, war sie zufrieden. War er aber beschäftigt und konnte emotional nicht zur Verfügung stehen, hängte sie einfach auf. Dann rief er sie zurück, um sie zu trösten, bis sie ruhig war. Doch sie bat ihn jedes Mal, mittags wieder anzurufen, bevor sie ihn am Telefon entließ. Wenn er sie mittags anrief, war sie emotional zurückhaltend oder zu beschäftigt, um zu sprechen. Sie ließ ihn in einem fortwährenden Zustand von Verwirrung darüber, was sie eigentlich von ihm wollte. Das ist klassisches Klammerer- (und Maximierer-)Verhalten.

Alma, gefangen in einem ewigen Jetzt, benutzt Lösungen, die ihr, als sie achtzehn Monate alt war, auch nur das Überleben sicherten. Sie sagt sich immer noch: »Ich kann nicht damit rechnen, daß meine Bedürfnisse erfüllt werden. Ich bin gut, aber die anderen (meine Bezugsperson, mein Partner) sind schlecht. Ich werde meinen Partner verletzen, bis er meine Bedürfnisse erfüllt.« Aber auf einer noch tieferen Ebene des Unbewußten ist ein anderer Glaube aus der Kindheit übriggeblieben: »Ich bin schlecht, weil ich diese Bedürfnisse habe. Ich kann nicht zulassen, daß er sie erfüllt.« Kein Wunder, daß Will verwirrt ist. Natürlich hat Alma einen Partner gewählt, der, wie ihre Bezugsperson, emotional unbeteiligt ist, ein Vermeider (und ein *Minimierer*).

Das unabhängige Kind: Angst vor Zurückweisung

Andere Bezugspersonen sind emotional *ständig* kalt oder sind nur gelegentlich für es da. Für sie bedeuten nicht die Bedürfnisse des Kindes eine Last, sondern das Kind selbst. Solche Bezugspersonen lassen ein »unabhängiges Kind« entstehen. Ungleich dem klammernden Kind fürchtet das unabhängige Kind die Bindung, die es so verzweifelt braucht, weil alle Versuche einer Bindung in emotionalem Schmerz resultieren. Ungleich dem Klammerer, für den es bedrohlich ist, *keinen* Kontakt zu haben, wird der Kontakt selbst als schmerzhaft empfunden. Seine Abwehrstrategie besteht deshalb darin, der Mutter gar nicht erst nahezukommen. Ist sie überhaupt da, dann ist sie regelmäßig niedergeschlagen, desinteressiert und emotional distanziert. Voll Angst vor der Verantwortung für ein Kind, von ihren eigenen Problemen und persönlichen Prioritäten in Beschlag genommen, ist sie emotional abweisend. Emotionaler Schmerz, das Gefühl, nicht angenommen zu werden, und eigene unbefriedigte Erlebnisse sind die Folge für das Kleinkind. Es entscheidet, Kontakt zu vermeiden, koste es, was es wolle. »Ich bin schlecht, das Objekt (die Bezugsperson) ist schlecht, meine Bedürfnisse sind schlecht.« Damit wird seiner Imago folgendes schicksalhaftes Muster eingeprägt: Die Bezugsperson ist schlecht. Und auf der anderen Seite des Selbstbildes entsteht die Vorstellung, das Ich der Bedürfnisse sei ebenfalls schlecht. Diese Gedankenverbindung führt zu einer primitiven, aber wirksamen Abwehrstrategie: »Ich habe keine Bedürfnisse.« Die Bezugsperson hat das Kind abgewiesen, also weist es die Bezugsperson zurück und schließlich seine Lebenskraft. Ein solches Kind weint nicht. Es macht einen zufriedenen Eindruck, wenn es gefüttert wird, wann immer es etwas zu essen bekommt. Es scheint unerheblich, ob es gehalten oder mit ihm gesprochen wird. Aber während die Bedürfnisse aus dem Bewußtsein verbannt werden, bleibt das Alte Gehirn in einem fortwährenden Alarmzustand, denn die geleugneten Bedürfnisse sind überlebensnotwendig. Um den Alarm zu dämpfen, beschneidet das unbeteiligte Kind seine Körperwahrnehmungen, macht sich leer von Gefühlen und schränkt so - minimierend - seine Lebensenergie weitgehend ein. Um sie völlig im Inneren zu halten, konstruiert es ein falsches unabhängiges Selbst, das aber in Wirklichkeit abhängig ist. Die Welt bewundert seine Unabhängigkeit. Doch es lebt eigentlich allein in seiner Festung, entschlossen, Schmerzen zu vermeiden, unverletzlich zu werden gegen Zurückweisung.

Unbeteiligte Kinder nehmen, was sie bekommen können, und fragen nicht nach mehr. Oft ist die Mutter stolz auf ihr »gutes« Kind, denn sie findet Abhängigkeit unangenehm und unbequem. Das unabhängige Kind sagt, motiviert von der Angst vor Kontakt: »Ich brauche dich eigentlich nicht, um durchzukommen. Ich bin vollkommen fähig, für mich selbst zu sorgen.« In Wirklichkeit gibt es verzweifelt auf.

Der Erwachsene: Ein Vermeider

Wie bei dem zwanghaft abhängigen Kind werden diese Muster in den intimen Beziehungen des Erwachsenen sichtbar werden. Es sei denn, sie werden in der späteren Kindheit oder Adoleszenz korrigiert (was sehr unwahrscheinlich ist, denn die Bezugspersonen haben sich normalerweise nicht weiterentwickelt). Ein solches Kind wird zu einem »Vermeider«. Will, der Verlobte der Klammerin Alma, die oben beschrieben wurde, ist ein gutes Beispiel. Aus leicht ersichtlichen Gründen haben Vermeider die Neigung, an Klammerer zu geraten. Sie haben schon vor langer Zeit aufgegeben, ihre Bedürfnisse befriedigt zu bekommen, und den Kontakt zu ihren Wünschen verloren. Große Anteile ihres Ichs sind vergraben, insbesondere ihre sensitive, fühlende Seite und ihre Fähigkeit, emotional Freude und körperliche Lust zu erfahren. Ihre verborgenen Bedürfnisse nach Kontakt beeinflussen ihre Partnerwahl. So suchen sie sich Partner mit übermäßigen Kontaktbedürfnissen, was sie vom Bewußtsein her angeblich ablehnen. Folglich müssen sie nie auf ihre Partner zugehen. Die ungeheuren Bedürfnisse des Partners nach Kontakt erfüllen die verleugneten Kontaktbedürfnisse des Vermeiders. Jedoch wird Kontakt immer noch als schmerzhaft erlebt. So hat Almas Bedürfnis nach Nähe Will sowohl angezogen, ihm aber auch das Gefühl gegeben, verzweifelt entfliehen zu wollen.

In der ersten Sitzung mit mir war Alma praktisch hysterisch vor Wut: »Du gehst nie auf mich zu. Du scheinst mich überhaupt nicht berühren zu wollen. Wenn ich nicht anrufe oder dich bitte, anzurufen, könnte ich bis zum Sankt-Nimmerleins-Tag auf ein Zeichen von dir warten. Ohne meine Pläne für das Wochenende würden wir gar nichts tun. Du würdest an deinem Computer sitzen und spielen oder an geschäftlichen Problemen arbeiten. Ich glaube, du hast überhaupt keine Gefühle oder Bedürfnisse. Du bist nie da, wenn ich dich brauche.«

Wills Reaktion war vorherzusehen. »Ich weiß gar nicht, wovon du sprichst. Ich bin hier. Du bist einfach zu bedürftig (womit er seine eigenen geleugneten Bedürfnisse auf sie projiziert und damit impliziert, er brauche gar nichts). Nie bist du mit dem zufrieden, was ich tue. Wenn wir zusammen sind, machst du mir ständig Vorwürfe. Wer will schon dauernd damit konfrontiert werden (womit er die kalte und abweisende Bezugsperson seiner Kindheit reflektiert)?« Er sagte das ohne Emotionen und fuhr, sehr rational werdend, fort: »Warum siehst du überall Probleme? Warum können wir nicht einfach zusammensein ohne so viele Konflikte? Außerdem müssen wir nicht immerfort zusammensein. Jeder muß von Zeit zu Zeit auch mal allein sein. Warum kannst du nicht einfach mal zufrieden sein mit dir allein?« Alles mit monotoner Stimme.

Das Bedürfnis nach verläßlicher Bindung verläßt uns nie. Wie scharf es empfunden wird, hängt davon ab, in welchem Grad es in der frühen Kindheit geleugnet wurde. Jeder Hausarzt weiß, daß der wirksamste Teil seiner Behandlung darin besteht, dem Patienten über den Kopf zu streichen und ihn aufzufordern, doch morgen wieder anzurufen. Ich sehe bei meinen Klienten, was das bedeutet, zuverlässig zur Verfügung zu stehen. Ich bekomme nur sehr wenige Notrufe, und ich glaube, der Grund dafür ist, daß meine Klienten sich sicher fühlen in dem Wissen, meine Privatnummer zu haben und mich anrufen zu können, wenn sie mich brauchen.

Für den Vermeider ist das Bedürfnis nach Bindung ein heimlicher Hunger, für den Klammerer eine ewig gegenwärtige Forderung. Der ambivalente Klammerer und der unbeteiligte Vermeider haben einen Weg gefunden, die Unzuverlässigkeit ihrer Bezugspersonen zu kompensieren. Damit setzten sie ein machtvolles lebenslanges Muster in Bewegung. Wenn nichts geschieht, das ihre Erfahrung abmildert, wird dieses Verhalten fixiert. Die Kinder werden zu Erwachsenen, die eingefroren sind in ein Muster des Klammerns oder Distanzierens.

Zwischenspiel: Der Minimierer und der Maximierer

Offenbar hat die Natur in ihrer zwanghaften Leidenschaft für das Überleben uns neurologisch so ausgestattet, daß wir in unserer Anpassung auf lebensbedrohliche Frustration in jedem Stadium der Entwicklung einen von zwei möglichen Wegen gehen: Wir minimieren oder maximieren unseren Affekt. Abhängig von der individuellen genetischen Ausstattung und der spezifischen Art, wie wir als Kinder von unseren Bezugspersonen behandelt wurden, wählen wir eine dieser zwei Reaktionen, wenn unsere Bedürfnisse nicht erfüllt werden. Dieses komplementäre Muster hat eine poetische Symmetrie, die sich quer durch alle Stadien zieht.

Dieses zweifache Anpassungsmuster bildet ein Kontinuum und ist offenbar unsere ganze Entwicklung und Sozialisation hindurch am Werk. Ganz egal, welche Frustration, welches Entwicklungsstadium, manche Menschen übertreiben ihre Reaktion darauf, andere spielen ihre Reaktion herunter. Mit »minimieren« oder »maximieren« beschreibe ich die Art, wie wir bei drohender Gefahr unsere Energie zum Ausdruck bringen. Im Vermindern oder Übertreiben der Affekte kommt unser evolutionärer Überlebensinstinkt zum Ausdruck.

Der »Maximierer« ist der Aktive, er entlädt oft expressiv und explosiv seine starke Energie und kämpft um das, was er braucht. Der »Minimierer« ist passiv, fast unbeweglich, flieht nach innen, um die Gefahr zu vermeiden, emotional oder körperlich allein gelassen zu werden.

Der *Klammerer* hat in der Kindheit gelernt, durch Weinen, Nehmen, Schreien, Festhalten zu bekommen, was er brauchte, zumindest gab er den Versuch nie auf. Er verstärkte und übertrieb aktiv seinen Affekt in der Hoffnung auf eine Reaktion, wie unsicher oder unbeständig diese auch war. Alma ist ein Beispiel dafür, welche Verhaltensform das im Erwachsenenleben annehmen kann. Der *Vermeider* hingegen zog sich in sich selbst zurück und verleugnete seine Bedürfnisse. Wie Will spielt er seinen Affekt hinunter, sieht seine Emotion als zwecklos an und hält sie zurück.

In jedem Entwicklungsstadium wird das Kind seinen Affekt maximieren oder minimieren, obwohl sich in jeder Phase die Motivation (und der Grad) verändert. Denken Sie an den Schneeball-Effekt: Je früher im Leben die primäre Wunde erlitten wird, desto größer der Grad von Übertreibung oder Herunterspielen. So wird ein Kind, das in der Bindungsphase verletzt wurde, sehr viel heftiger - oder passiver - reagieren als ein Kind, dessen Verletzung in einem späteren Stadium, der

Entdeckerphase oder der Phase der sozialen Verantwortung stattfand.

Mir fiel die relative Intensität des Anpassungsverhaltens von Minimierer und Maximierer zum ersten Mal auf, als ich in meiner Ausbildungsgruppe Videos von Paaren zeigte. Sie arbeiteten daran, ihre Frustration in Bitten um Verhaltensänderung umzusetzen. Einer der Partner äußert eine Frustration und bittet den anderen um eine Veränderung in dem Verhalten, das zu Konflikten führt. Sie erarbeiten einen Weg und einen Zeitplan, in dem die Veränderung wirksam werden kann. Das Video sollte den Auszubildenden die Schwierigkeit zeigen, einige Partner dazu zu gewinnen, an sich zu arbeiten. (Wie Sie diese Fähigkeit erlernen können, wird in Kapitel 15, Übung 15J dargestellt.)

Das erste Paar war unbeherrscht und völlig außer Kontrolle: Sie spuckte Gift und Galle, schrie und klagte an. Er wurde immer eigensinniger, weigerte sich zu reden und war drauf und dran, den Raum zu verlassen. Sie schafften es nicht, eine Veränderung zu erarbeiten.

Das andere Paar, das ich zeigte, verhielt sich hingegen ruhig und rational, sie kooperierten, nahmen Vorschläge an, beherrschten ihre Wut und ihre Vorwürfe.

Beide Frauen waren Maximierer, *beide* Männer Minimierer. Aber während das erste Paar seine Aufgabe nicht erfüllen konnte, hatte die gleiche Dynamik bei dem zweiten Paar einen geringeren, funktionaleren Grad. Sie erfüllten ihre Aufgabe und kamen schließlich zu Ergebnissen.

Der Unterschied ist, daß die Verletzungen des ersten Paares in der Bindungsphase auftraten (das heißt bei komplementären Anpassungen) und sie mit Themen von Einjährigen umgingen. Das zweite Paar wurde in der Kompetenzphase, dem Stadium von Sechsjährigen, verletzt. Bei den meisten Paaren ist einer so unbeherrscht wie der andere verschlossen; es ist alles relativ.

Ich möchte darauf hinweisen, daß weder alle Frauen Maximierer noch alle Männer Minimierer sind. Statistische Messungen können auf ein Geschlechtsrollenproblem hinweisen. Es handelt sich jedoch um eine Funktion der Sozialisation und hat damit zu tun, wie Männer und Frauen sich in unserer Kultur darzustellen lernen. In meiner Praxis habe ich auch mehrere Beispiele mit anders verteilten Rollen erlebt. Hinzu kommt, daß in unserer Kultur die rationalen, zurückhaltenden und verschlossenen Menschen höher bewertet werden. Der Minimierer wird mehr akzeptiert als der übertriebene, emotionale, unkontrollierte Maximierer, der aber tatsächlich besser dran ist. Denn auch wenn das unakzeptable Verhalten des Maximierers nicht das gewünschte Ergebnis bringt, ist er sich wenigstens seiner Gefühle und Wünsche bewußt. Der in den Augen der Welt meist erfolgreichere Minimierer hat ja selbst das verloren. Bevor er seine Probleme lösen kann, muß er sich zuerst seiner Gefühle bewußt werden.

Die Reaktion von Minimierer und Maximierer auf belastende Umweltbedingungen ist auch verbunden mit der Frage nach der Rigidität oder Durchlässigkeit der persönlichen *Grenzen*. Wo hört man selbst auf, und wo fängt der andere an? Der

Maximierer kann seine eigenen Gedanken, Wünsche und Meinungen schwer von denen der anderen unterscheiden. Leicht zu prägen und zu beeindrucken, kennt er seine eigene Seele nicht. Er ist aufdringlich, und es wird ihm leicht etwas aufgedrängt. Alma zum Beispiel unterbrach Will ständig bei der Arbeit und beim Sprechen, ohne sich etwas dabei zu denken. So zog sie ihm zum Beispiel seine Krawatte zurecht und sagte ihm im gleichen Augenblick, was er fühlte. Der Minimierer hat feste, rigide Grenzen, und er setzt alles zu sich selbst in Beziehung. Er kann sich nicht in andere hineinversetzen oder einen anderen Standpunkt erkennen. Obwohl Alma ihr Elend ausführlich schilderte, zeigte Will nie Mitgefühl, Verständnis oder gefühlvoll Zuneigung. »Du weißt doch, daß ich dich liebe. Hast du nicht alles, was du brauchst?« war seine Maximaläußerung. Er erkannte den wahren Gehalt ihrer Gefühle nicht an, sagte ihr, sie brauche Hilfe, ohne die Bereitschaft, sie ihr zu geben. Haltbare persönliche Grenzen zu errichten ist in jedem Entwicklungsstadium eine entscheidende Aufgabe, besonders kritisch aber in der Identitätsfindungsphase.

Übung 5A

Verletzungen in der Bindungsphase

Es kann schwierig sein, den eigenen Verletzungen durch Kindheitserinnerungen auf die Spur zu kommen. Meist sind sie unscharf und wenig zuverlässig. Oft müssen wir unsere Kindheitsverletzungen aus unseren gegenwärtigen Bedingungen und vergangenen Beziehungen ableiten. Die folgende Tabelle faßt die Reaktion auf mangelhafte Zuwendung in der Bindungsphase und die daraus resultierenden Charakteranpassungen zusammen, insbesondere mit Hinweis darauf, wie sie sich auf die Partnerwahl und Beziehungsprobleme auswirken.

Anpassungen an Verletzungen in der Bindungsphase

Was Sie in diesem Kapitel gelesen haben, ist noch frisch in Ihrem Gedächtnis. Nehmen Sie sich ein paar Minuten Zeit, um zu beurteilen, inwieweit die Beschreibungen in den Tabellen auf Sie zutreffen, und bewerten Sie sich auf einer Skala von 1 (»überhaupt nicht«) bis 5 (»das ist genau das, was ich empfinde«). Denken Sie daran: Die meisten Menschen wurden in einem gewissen Grad in allen Stadien verletzt. Die prägendste Verletzung aber fand in der Phase statt, in der sie feststecken. Diese Verletzung müssen sie in ihrer Partnerschaft heilen. Ihre Erfahrungen mit verschiedenen Partnern können die Unterscheidungen verwischen, denn bei jedem Partner sind wir tendenziell anders. Aber wenn Sie sich selbst mit Hilfe aller Tabellen überprüfen, wird sich ein Muster herauskristallisieren. Versuchen Sie nicht, sich selbst auf irgendein Stadium festzulegen, sondern einen Gesamteindruck Ihrer Verletzungen und Ihrer Verteidigungsstrategien ausfindig zu machen.

Sie werden eine solche Tabelle für jedes Entwicklungsstadium und am Ende eine abschließende Übung finden. Überdenken Sie als Vorbereitung auf diese Übung, was Sie gerade über die Bindungsphase gelesen haben. Bevor Sie sich die Übung ansehen, nehmen Sie sich ein paar Minuten Zeit, um die Augen zu schließen, sich zu entspannen und ein paarmal tief Luft zu holen. Versuchen Sie, die Gefühle dieses Abschnitts Ihrer Kindheit und in Ihren vergangenen Beziehungen in Kopf und Körper wiederzufinden.

Der Vermeider: Minimierer, rigide Grenzen	1	2	3	4	5
Grundlegende Angst: Kontakt kann zu emotionaler und körperlicher Ablehnung führen, Verlust des Selbst durch Kontakt mit der Mutter (dem Partner)					
Innere Botschaft: Du darfst nicht du selbst sein					
Grundüberzeugung: Ich habe kein Recht zu existieren					
Überzeugung in der Beziehung: Ich werde verletzt, wenn ich mit dir in Kontakt treten will					
Bild des Partners: fordernd, vereinnahmend					
Beziehung zum Partner: unbeteiligt, vermeidend					
Grundproblem: zuviel Nähe, zu viele Gefühle, zuviel Chaos					
Typische Frustration: Du haßt mich, du fühlst zuviel					
Wiederkehrendes Gefühl: Verzweiflung und Wut					
Konfliktbewältigung: hyperrational, vermeidend, passiver/aggressiver Rückzug und Kälte					
Herausforderung an persönliches Wachstum: Behaupten Sie Ihr Recht, Sie selbst zu sein, initiieren Sie emotionalen und körperlichen Kontakt, bringen Sie Gefühle zum Ausdruck, fördern Sie Ihre Körperwahrnehmung und sinnlichen Kontakt mit Ihrer Umgebung.					

Der Klammerer: Maximierer, difuse Grenzen	1	2	3	4	5
Grundlegende Angst (Verletzung): Trennung und Verlassenwerden, Verlust des Selbst durch Verlust des Kontakts mit der Mutter (dem Partner)					
Innere Botschaft: Du darfst mich nicht brauchen					
Grundüberzeugung: Meine Bedürfnisse werden nicht erfüllt					
Überzeugung in der Beziehung: Ich bin sicher, wenn ich an dir festhalte					
Bild des Partners: nicht verfügbar, hat keine Gefühle, eine Felswand					
Beziehung zum Partner: klammernd, fordernd, Versuche zu verschmelzen					
Grundproblem: Getrenntsein					
Typische Frustration: Du bist nie für mich da					
Wiederkehrendes Gefühl: unstillbare Wut und Entsetzen					
Konfliktbewältigung: hyperemotional, kompromißlos, fordernd, dann nachgebend					
Herausforderung an persönliches Wachstum: Lassen Sie los, unternehmen Sie etwas allein, verhandeln Sie.					

Die Entdeckerphase: Liebesaffäre mit der Welt

Wenn für das Kind die Quelle von Versorgung und unmittelbarer Fürsorge erst einmal sicher und stabil ist, erwacht sein Interesse an der Erforschung der Welt um sich herum. Die Entdeckerphase dauert etwa vom achtzehnten bis sechsunddreißigsten Monat. Das Kleinkind verläßt gefahrlos die Seite der Mutter, fängt an, allein zu funktionieren. Es besitzt das Zutrauen, zu einer sicheren und liebevollen Heimatbasis zurückkehren zu können. Mit anderen Worten, das Ziel einer erfolgreichen Bindung ist paradoxerweise die Fähigkeit, sich zu trennen.

Dieses Stadium wird normalerweise als Phase der »Separation« oder »Autonomie« bezeichnet. Sein rebellierendes »Nein« zeigt aber nur seinen Antrieb, die Welt erforschen zu wollen. Es nimmt sich als von seiner Bezugsperson getrennt wahr, aber es sucht nicht nach Autonomie. Tatsächlich ist das Kind hin- und hergerissen zwischen der Faszination durch die neu entdeckte Welt und dem damit im Konflikt stehenden Bedürfnis nach Bestätigung durch die Nähe der Mutter. Es möchte fortgehen, aber nur wenn bei seiner Rückkehr alles beim alten ist. Es trennt sich nicht von der Fürsorge, sondern bedarf weiterhin der Bindung. Es guckt über die Schulter, um sicherzugehen, daß die Mutter in der Nähe bleibt, kehrt immer wieder zurück, um nachzuprüfen, ob sie in seiner Abwesenheit auch nicht verschwunden ist. Unangemessene Fürsorge in der Bindungsphase behindert die Fähigkeit des Kindes, voll Zuversicht seine Umgebung zu erforschen. An diesem Punkt hat das Kind eine Liebesbeziehung mit der Welt, alles ist neu und interessant. Es ist der Held, der sich auf eine Abenteuerfahrt begibt. Ohne Urteil und ohne Hemmung steckt es seine Finger in die Steckdose, ißt Zahnpasta, spielt mit seinen Ausscheidungen. Wenn die Eltern diese Aktivitäten beschneiden, ist die Rebellion des Kindes - die »schwierige Phase« der Zweijährigen - nicht so sehr als Trotz zu sehen, sondern als Frustration, in seinem Bewegungsdrang eingeschränkt zu werden. Es wird hinterlistig und doppelzüngig. Sie sagen einem Kind, es solle das Katzenfutter nicht essen, und es schlingt es in der Minute hinunter, wo sie ihm den Rücken zukehren. Kaum haben Sie sich umgedreht, klettert es am Hinterhofzaun hoch und überlegt sich, wie es in die verbotene Kammer einbrechen kann. Wie alle Kinder weigert es sich, friedlich zu Bett zu gehen. Es will noch mehr erleben, mehr Spaß, noch eine Geschichte. Es will nichts verpassen. Was wie Trotz aussieht, ist mehr ein Hinweis auf den mächtigen Trieb, zu erforschen und zu experimentieren, und die Frustration, wenn diesem Trieb ein Strich durch die Rechnung gemacht wird.

In diesem Licht betrachtet, verändert sich unser gesamtes Bild von dem heranwachsenden Kind. Es rebelliert nicht, es erforscht die Umwelt. Und es ist keineswegs unabhängig oder autonom, wenn es sich gegen Beschränkungen seiner Grenzen und seiner Neugier auflehnt. Es muß immer wieder aufladen können. Ein Kind braucht das Gefühl, allein fortgehen zu können, aber es wird nie seinen Wunsch nach Nähe verlieren. Wir sind von Natur aus Beziehungswesen, und unsere Bedürfnisse nach Bindung sind unser Leben lang vorhanden. Sie verschwinden nicht. Es ist viel richtiger zu sagen, daß ein zweites Bedürfnis auftaucht, nämlich fortzugehen und wiederzukehren, und alles so vorzufinden, wie es war, als man ging. Selbst der Börsenmakler in der Wallstreet, der morgens zur Arbeit geht, um die Welt zu bewegen und zu erschüttern, will abends in sein sicheres und Geborgenheit gebendes Zuhause zurückkehren.

Wenn das Kind versucht, seine Welt zu erforschen, plötzlich scheinbar eigensinnig zu allem »nein« sagt, wird eine kluge Mutter es zu Entdeckungsreisen ermutigen, solange sie es in Sicherheit weiß. Sie setzt schützende Grenzen, nicht aber willkürliche und unnötige. Sie fühlt sich weder von seinem neugefundenen Selbstvertrauen und seiner Entschlossenheit, sich von ihr zu trennen, bedroht, noch läßt sie sich von seinem scheinbaren Widerspruchsgeist aus der Fassung bringen. Sie versteht, daß dieser Eigensinn für das Wachstum des Kindes notwendig ist. Und weil sie weiß, daß es dennoch ein bißchen ängstlich ist, wenn es fortgeht, sorgt sie dafür, daß sie bei seiner Rückkehr da sein und sich freuen wird, es wiederzusehen und von seinen Abenteuern erzählt zu bekommen.

Ich werde nie vergessen, wie mein Sohn Hunter, als er etwa zwei Jahre alt war, eines Tages im Wohnzimmer von meinem Schoß kletterte, um ein Spielzeug aus seinem Zimmer zu holen. Bevor er fortging, blickte er zurück, um zu sehen, ob ich immer noch dasaß. Da ich aufgestanden war, um etwas von meinem Schreibtisch zu holen, rannte er zurück und ließ mich wieder auf dem Sofa Platz nehmen. Dann ging er wieder fort und blickte zurück, um zu sehen, wo ich war. Er steckte seinen Kopf durch die Tür und lächelte: »Bleib da«, kommandierte er.

Was Kinder in der Entdeckerphase wollen, läßt sich in zwei Sätzen zusammenfassen: »Mach dir keine Sorgen um mich, wenn ich weg bin« (das heißt, beschränke meine Expeditionen nicht), und »Gib mir keinen Grund, mir Sorgen um dich zu machen« (das heißt, sei da, wenn ich zurückkomme). Kinder wollen fortgehen und wiederkommen, um ihre Bezugspersonen genau da wiederzufinden, wo sie sie zurückgelassen haben. Aber selbst mit den besten Absichten kann etwas schiefgehen. Neulich war ich mit Leah und Hunter zum Fahrradfahren im Central Park, wo es einen langen Weg um einen Spielplatz gibt. Anstatt mich an den Weg zu setzen, wie ich es normalerweise tue, beschloß ich, mir Bewegung zu verschaffen, und lief rasch auf dem Weg hinter ihnen her. Natürlich konnte ich nicht mit ihnen Schritt halten. Sie drehten ein paar Runden auf dem Weg, und ich war weg, aber sie machten sich keine Sorgen und fuhren weiter. Ich war zu diesem Zeitpunkt nur wenige Meter hinter ihnen, aber sie konnten mich nicht sehen. Ein paar Minuten später hörte ich das jämmerlichste Schreien und Weinen, bog um die Ecke und sah, wie sie in ihre Pedale traten, sich geradezu panisch umsahen und weinten. Also rannte ich, um sie einzuholen. »Wo warst du?« schluchzten sie. »Du hast uns allein gelassen.« Sie waren auf Entdeckungsreise gegangen, und als sie zurückkamen, war ich fort.

Ich hatte ihnen nicht gesagt, wo ich hinging. Ich mußte ihnen versichern, daß ich sie nie verlassen würde und selbst, wenn sie mich nicht sähen, irgendwo in der Nähe wäre, und daß es mir leid tat, ihnen nicht gesagt zu haben, daß ich herumlaufen würde.

»Aber wo warst du? Du warst nicht da, und du hast uns nichts gesagt.« Sie äußerten weiter ihre Angst und ihre Wut und versuchten so, Sicherheit vermittelt zu bekommen. »Nächstes Mal sagst du uns Bescheid, in Ordnung?«

»Natürlich«, sagte ich, »und wenn ich müde werde, setze ich mich an den Weg, damit ihr mich sehen könnt, und ich schreie, wenn ihr vorbeifahrt, damit ihr wißt, daß ich da bin.«

Das dauerte etwa drei oder vier Minuten, und dann war alles wieder in Ordnung. Sie wissen, daß sie sich normalerweise auf Helen und mich verlassen können. Sie fuhren wieder davon und vergnügten sich.

Diese Kinder waren durchaus in der Lage, nach Hause zu finden. Aber für einen Augenblick waren sie regrediert in die Abhängigkeit Zweijähriger. Wenn ein zweijähriges Kind zurückkommt, wo es den Vater zurückgelassen hat, und der Vater nicht sehr bald wieder auftaucht, ist der Jammer groß. Das Bedürfnis, die Umwelt zu erforschen und dann in das vertraute Umfeld zurückzukehren, ist immer gleich, mit zwei oder sechs oder sechsundvierzig Jahren.

Das distanzierte Kind: Die Angst, verschlungen zu werden

Wenn Kinder in der Entdeckerphase nicht richtig behandelt werden, neigen sie dazu, sich entweder von ihren Eltern zu distanzieren oder sich ambivalent zu verhalten. Wenn die Bezugsperson übermäßig beschützend reagiert und den Ausflügen des Kindes strikte Grenzen setzt, es kontrolliert und festhält und ihm den Zugang zur Welt blockiert, fühlt sich das Kind erstickt und bleibt für sich. Diese Gefahr besteht bei Eltern, die normal besorgt sind oder selbst unsicher. Häufiger aber findet man ein solches Verhalten bei Eltern, die sich selbst verlassen fühlen und das Kind brauchen, um eine Bindung zu haben. Wenn die Mutter nach dem Kind greift, das fortzugehen versucht, wird es sich distanzieren, fortbleiben und nicht wiederkehren wollen aus Angst, wieder von der Einflußsphäre der Mutter verschlungen zu werden.

Oder es paßt sich nach außen hin an die Bedürfnisse der Mutter an. Es kehrt zwar zu ihr zurück, löst sich aber emotional von ihr los. Es bedarf immer noch der Sicherheit und ist von daher noch nicht bereit, seine Ausflüge zu weit fort zu unternehmen. Es wird also im Zimmer an der Stelle spielen, die so weit wie möglich von der Bezugsperson entfernt ist, oder innerhalb von Hörweite, das heißt in ausreichender Distanz, aber nicht in Reichweite ihrer Umarmungen. Es wird auf die Mutter zugehen, ist jedoch argwöhnisch gegenüber den Grenzen, die sie setzt. In seinem Kopf ist sie sowohl ein gutes wie auch ein böses Objekt. In diesem Alter kann es diese gegensätzlichen Eigenschaften noch nicht zusammenhalten. Deshalb sieht es, wie der Klammerer, die Mutter als »schlecht«, wenn sie ihm Grenzen setzt, und »gut«, wenn sie es laufen läßt. Wieder wird ein gespaltenes Bild der Bezugsperson auf die Imagoschablone geprägt. Es spürt, daß sie seinen Trotz zurückweist, und beginnt, die damit verbundenen Aspekte bei sich selbst abzulehnen. Aus Furcht vor ihrem Verlust und seinen Konsequenzen kann das Kind nur eine Strategie finden: Es gibt scheinbar ihren Wünschen nach, protestiert aber innerlich gegen ihre Restriktionen. Hier haben wir das passiv/aggressive Syndrom. Ein solches Kind läßt zwar zu, daß seine Mutter es aufhebt, wendet aber das Gesicht ab, wenn sie es küssen will. Die Distanz, die ein solches Kind schafft, ist die typische Form der minimierenden Reaktion auf die Explorationsphase. Es reduziert seinen Affekt, um die vereinnahmenden Aufmerksamkeiten der Mutter abzulenken. In dem Versuch, sich selbst zu schützen und zu vermeiden, verschlungen zu werden, werden seine Grenzen dicht und rigide.

An der Oberfläche gleicht das distanzierte Kind dem unabhängigen Kind der Bindungsphase, aber es gibt einen entscheidenden Unterschied. Das unabhängige Kind geht nie von sich aus auf andere zu, fragt nie um etwas für es selbst. Es hält seine Erfahrung für sich, denn Kontakt ist schmerzhaft und könnte Ablehnung bedeuten. Das distanzierte Kind ist gut durch die Bindungsphase gekommen, die Schwierigkeiten begannen, als es *auf eigenen Füßen stehen* wollte. Es fürchtet sich nicht vor Kontakt, muß aber sorgfältig Grenzen aufrechterhalten, denn seine Angst ist, wenn es zu nah kommt, könnte es gefangen werden und dann nicht mehr entkommen, um auf eigene Faust die Welt zu entdecken.

Der Erwachsene: Ein einsamer Wolf

Als Erwachsener wird das distanzierte Kind zum »einsamen Wolf«. Er ist physisch und emotional unbeteiligt. Ein einsamer Wolf hat eine Menge Möglichkeiten, Zeit in der Beziehung zu vermeiden: ein Job, der ihn beansprucht oder viele Reisen notwendig macht, die Mitgliedschaft in Clubs, ehrenamtliche Pflichten außer Haus, oder er vergräbt seinen Kopf stets in einem Buch oder klebt die Augen an den Fernseher. Er verbringt die Wochenenden im Garten oder in der Werkstatt im Keller und findet die Vorstellung großartig, getrennt in Urlaub zu fahren. Der einsame Wolf braucht seinen »Freiraum« und fühlt sich bedroht, wenn Forderungen an seine Anwesenheit oder seine Emotionen gestellt werden. »Du verlangst zuviel«, lautet seine Klage, oder »Du versuchst mich zu kontrollieren«, oder »Ich brauche Raum für mich selbst.« Obwohl er tief vergraben den Wunsch nach Nähe hat, fürchtet er, erstickt zu werden. Deshalb bleibt er für sich und hält Distanz aufrecht durch Wut und strikte Grenzen hinsichtlich seiner Verfügbarkeit. Er hat das Gefühl, wenn er jemandem zu nahe kommt, würde er festkleben und sich nie wieder losreißen können.

Solange er die Freiheit hat, nach Belieben zu kommen und zu gehen, geht es dem erwachsenen einsamen Wolf gut. Sobald er aber feststellt, daß andere Menschen Bedürfnisse haben, zieht er sich zurück aus Angst, verstrickt zu werden. Die Bedürfnisse der Bezugsperson haben ihn in der Kindheit traumatisiert. Nur Schuldgefühle, der Wunsch zu gefallen oder seine eigene Angst, verlassen zu werden, halten ihn zurück. Wenn er das Gefühl hat, daß sein Partner versucht, sich an ihn zu hängen, explodiert er vor Wut, um allein gelassen zu werden, oder zieht sich zurück und bleibt fort, bis er sich ausreichend gewappnet hat. Und wenn er zurückkehrt, ignoriert er den Kampf und fragt sich, warum er bloß so wütend ist. Er versucht, ihn mit Scherzen in eine gute Laune zu schmeicheln, und kritisiert ihn, wenn er nicht mit ihm zusammensein will, jetzt, wo er für ihn da ist. Wenn er die Atmosphäre so nicht verändern kann, zieht er sich wieder zurück.

Peter, ein erfolgreicher Geschäftsmann im Nadelstreifenanzug, kam mit seiner Freundin Julie, »um ihr bei ihren Depressionen zu helfen«. Es wurde bald klar, daß Julies Depression damit zu tun hatte, daß sie sich aus einem weiten Teil von Peters Leben und Denken ausgeschlossen fühlte. »Jede Minute hast du verplant, außer wenn wir essen oder schlafen. Morgens drehst du als erstes deine Joggingrunden, am Wochenende fährst du Motorrad oder Kajak. Abends mußt du Papierkram erledigen, oder du brauchst Zeit, um ›nachzudenken‹. Wenn ich dich im Büro anrufe, bist du gerade auf dem Weg zu einer Besprechung und reagierst ärgerlich, weil ich dich gestört habe. Ich weiß gar nicht, warum du mit mir zusammensein willst.«

Peters ruhige, müde Reaktion bestand darin, Julie vorzuwerfen, sie sei einfach eifersüchtig, wenn er Zeit ohne sie verbringe. »Ich treibe gern Sport. Ich habe viele Interessen. Ich weiß gar nicht, warum sie nicht glücklich ist.«

»Aber du hast immer Zeit, um mit deiner Assistentin zusammenzusein. Wenn ich mit dir Mittag essen will, bist du zu beschäftigt. Wer wäre da nicht eifersüchtig, bei alldem muß ich annehmen, daß du eine Affäre hast.«

Nun war Peter wütend, aber er verhielt sich ruhig und kühl. »Ich habe keine Affäre. Jedesmal, wenn ich eine andere Frau ansehe, glaubst du, ich wolle mit ihr schlafen. Ich werde nur kritisiert. Ich tue nichts Unrechtes. Ich brauche einfach einen gewissen Freiraum.«

Ich versuchte, das Gespräch auf die positiven Aspekte der Beziehung zu lenken. Julie stellte schnell dar, daß sie früher viel Spaß miteinander gehabt hätten und daß es lustig und interessant war, mit Peter zusammenzusein, wenn er mal da war. Aber sie konnte nicht an den guten Erfahrungen festhalten und fuhr fort, sich zu beklagen. »Aber er nimmt sich oft etwas vor oder sagt, er würde etwas tun, und kneift dann. Plötzlich gibt es irgend etwas, das wichtiger zu sein scheint. Du versprichst eine Menge, aber du kommst mit sehr wenig durch. Es sieht so aus, als ob du immer weniger bereit bist, etwas zu tun, je mehr ich dich um etwas bitte.«

Zu diesem Zeitpunkt hatte sich Peter abgewendet und sah aus dem Fenster, war kaum noch aufmerksam und hielt seine Wut zurück. »Du willst zuviel«, sagte er bestimmt und stieß unbewußt die böse, erstickende Mutter fort, indem er sich von Julie distanzierte.

Peters Verhalten ist eine Fallstudie für passive Aggressivität. Er ist unfähig, seiner Partnerin nahezusein, hat aber Angst, sich so weit zurückzuziehen, daß sie ihn verlassen könnte. Es ist passive Aggressivität, wenn wir sagen, daß wir etwas tun werden - den Samstag mit dem Partner verbringen, anstatt Poker zu spielen, das Haus aufzuräumen -, es dann aber nicht tun. Voll Angst, direkt zu sagen, was wir wollen oder fühlen, weil es zu bedrohlich zu sein scheint für die zerbrechlichen Liebesbande, verhalten wir uns ruhig oder machen Versprechungen, die wir nicht halten. Wir schieben etwas immer weiter auf oder entschuldigen uns, weil wir ärgerlich sind, oder wir wollen einfach nicht tun, um was wir gebeten werden. Passive Aggressivität ist es auch, wenn wir unsere Partner umarmen, unsere Körper aber steif sind und wir im Kopf mit dem Abendessen beschäftigt sind. Wir sagen, »Ich mache das, wenn ich kann und hiermit fertig bin«, oder »Hetz mich nicht«, oder »Du kannst mich nicht dazu zwingen, das zu tun.«

Das ambivalente Kind: Angst vor Verlust

Das ambivalente Kind ist das Produkt einer Bezugsperson, die von den Bedürfnissen des abhängigen Kindes in Ruhe gelassen zu werden wünscht. Sie ermutigt es, auf Entdeckungsreise zu gehen, bevor es dazu bereit ist. Bei seiner Rückkehr ist sie nicht da. Sie zerreißt die Bindung, die das ursprüngliche Gefühl von Ganzheit während der Bindungsphase aufrechterhalten hat. Sie ermutigt das Kind, sich zu lösen, indem sie es ignoriert oder fortstößt, seine Ängste herunterspielt oder ärgerlich wird bei seinem Versuch, mit ihr zusammenzusein oder ihre Aufmerksamkeit zu erringen. »Sei ein großer Junge/ein großes Mädchen«, sagt sie. »Geh und spiel allein.« Sie drängt es, vor der Zeit erwachsen zu werden, bevor es dazu bereit ist. Es kann davongehen, Spaß haben, aber wenn es wiederkehrt, ist die Mutter nicht mehr da. Sie ist physisch oder emotional abwesend, und das Kind bekommt Panik. Die emotionslose »schlechte« Mutter prägt sich seiner Imago ein.

Das Resultat ist ein ängstliches und abhängiges Kind. »Wo warst du? Ich konnte dich nicht finden«, lautet die Klage des ambivalenten Kindes. Nun hat es Angst. Es wird zu einem Maximierer mit diffusen Grenzen. Aus Angst, verlassen zu werden, übertreibt es seine Affekte mit sämtlichen Tricks - Tränen, Drohungen, Geschichten, Fragen. Es versucht alles, was ihm die Aufmerksamkeit der Mutter sichert und dafür sorgt, daß sie, wenn es von ihrer Seite weicht, doch immer zur Verfügung steht, wenn es sie braucht. Wenn das Kind zurückkehrt und sie für es da ist oder ihm versichert, daß sie nicht weggehen wird, wird sie als »gutes« Objekt verinnerlicht und bildet ein Gegengewicht zu der verlassenden Mutter.

Die Geschichte eines Klienten illustriert, wie sich ambivalentes Verhalten entwickelt: »Meine Mutter setzte mich hin, gab mir etwas zu spielen oder zu malen und etwas zu essen und sagte: ›Jetzt sei ein großer Junge, Mami muß sich ausruhen.‹ Nach ein paar Minuten ging ich immer leise zu ihrem Zimmer, um zu sehen, ob sie noch da war. Nie schien sie froh zu sein, mich zu sehen. ›Siehst du nicht, daß ich beschäftigt bin?‹ sagte sie. Aber ich versuchte es immer wieder und dachte mir jedesmal aufs neue einen guten Grund aus, um sie zu stören: ›Ich habe meinen roten Stift verloren‹, oder ›Warum ist die Heizung so heiß?‹«

Der Erwachsene: Ein Verfolger

Als Erwachsener wird das ambivalente Kind zu einem »Verfolger«. Er wendet alle möglichen Taktiken an, um den Partner in seiner Nähe zu halten. In gewisser Weise ist er ein Klammerer, mit dem er die Furcht teilt, verlassen zu werden. Aber Verfolger haben die Aufgabe, eine Bindung herzustellen, recht gut erfüllt. Ihr Problem besteht darin, die Bindung *aufrechtzuerhalten*. Während der einsame Wolf fürchtet, zurückgehalten zu werden, ist der Verfolger ängstlich, zu weit von zu Hause fortzugehen, sofern er überhaupt fähig ist fortzugehen. Er lebt fortwährend in dem Entsetzen der Kindheit, niemanden zu Hause vorzufinden, wenn er von seinen Entdeckungsreisen zurückkehrt. Damit dieses Entsetzen nicht wiederkehrt, ist der Verfolger immer nett und freundlich. Er versucht, alles bequem und unterhaltsam zu gestalten, steht immer zu Diensten. Er ängstigt sich vor Ärger oder Konflikt, fürchtet, daß der Partner fortgeht und das Entsetzen der Kindheit sich wieder einstellt. Er entwirft ständig Pläne für gemeinsame Unternehmungen. Der Verfolger widmet seinen Bedürfnissen keine Aufmerksamkeit, weil er zuerst dem Partner gefallen muß. Er verlängert jede Umarmung und ruft den Partner von der Arbeit fort. Er will, daß der andere nach der Liebe aufbleibt und redet. Eine Klientin sagte zu ihrem Partner: »Wenn ich morgens aufwache und du unter der Dusche stehst, bekomme ich Angst. Ich möchte, daß du mich aufweckst und mit mir schmust, bevor du aufstehst.«

Julie, die Verfolger-Partnerin von Peter, dem einsamen Wolf, war Expertin darin, Peter auf Trab zu halten, und ihn eng an zu Hause zu binden. Zum einen hatte sie ihre ständige Depression, mit der sie indirekt von ihm Aufmerksamkeit und Sympathie forderte. Wenn das nicht half, konnte sie immer noch krank werden, das hatte in der Kindheit immer geholfen. Wenn Peter vorschlug, sie solle sich einen Job suchen oder Freunde, mit denen sie etwas unternehmen könnte, erwiderte sie: »Aber dann wäre ich ja vielleicht nicht da, wenn du zu Hause bist, und wir hätten noch weniger Zeit füreinander.« In einer Sitzung sagte sie zu Peter, sie würde sich deshalb nicht mit ihrer Freundin treffen, »weil du dann die Chance hättest, auszugehen und jemand anders kennenzulernen, und du wärst nicht zu Hause, wenn ich zurückkomme«. Die Angst, verlassen zu werden, kommt oft als Eifersucht zum Ausdruck. Selbst wenn Julie unterwegs etwas zu tun hatte, kontrollierte sie Peter zu Hause und fragte ihn, was er tat. Sah er fern, war sie ärgerlich, daß er nicht an sie dachte und wollte, daß sie nach Hause kam.

Sie können an diesen Beispielen sehen, warum einsame Wölfe und Verfolger sich gern zusammentun. Jeder bietet dem anderen, was dieser nicht hat. Natürlich gibt es bei jedem Paar in einem gewissen Maß den Mechanismus, wo der eine bedrängt, der andere entzieht. Einer möchte mehr, der andere weniger Nähe. Sie ändern aber ihre Meinung, wenn sie bekommen, was sie wollen. Es kann schon fast komisch sein. Der einsame Wolf hält seine Gefühle zurück und fürchtet, wenn er sich auch nur ein bißchen öffnen würde, käme der Verfolger geradewegs durch die Tür marschiert (was auch stimmt). Der Verfolger hat wiederum das Gefühl, wenn er keinen Druck ausübt und Kontakt herstellt, gäbe es überhaupt keine Nähe. Vor kurzem hatte ich eine Frau in meinem Workshop, die sich beklagte, ihr Freund würde sie nicht festhalten, nachdem *er eingeschlafen war!* Wenn er eindöste und sein Körper sich entspannte, weckte er sie damit auf, und dann rüttelte sie ihn wach und hackte auf ihm herum. Sie fühlte sich verlassen von ihm. Immer noch mit der Arbeit ihrer Kindheit beschäftigt, kommt sie, selbst im Schlaf, nicht zur Ruhe.

Übung 5B

Anpassungen an Verletzungen in der Entdeckerphase

Der einsame Wolf: Minimierer, enge Grenzen	1	2	3	4	5
Grundlegende Angst: erstickt, verschlungen, gedemütigt zu werden, Verlust der Mutter (des Partners)					
Innere Botschaft: Du darfst dich nicht trennen					
Grundüberzeugung: Ich darf nicht ›nein‹ sagen, dann werde ich nicht geliebt					
Überzeugung in der Beziehung: Ich werde bei zuviel Nähe verschlungen					
Bild des Partners: unsicher, zu abhängig, bedürftig					
Beziehung zum Partner: setzt Grenzen von Zusammensein, passiv/aggressiv, agiert die Ängste, vereinnahmt zu werden, durch passiv/aggressives Verhalten aus					
Grundproblem: persönliche Freiheit, Autonomie					
Typische Frustration: Du brauchst zuviel					
Wiederkehrendes Gefühl: Angst und ohnmächtige Wut					
Konfliktbewältigung: in Opposition gehen, Distanz herstellen					
Herausforderung an persönliches Wachstum: Initiieren Sie Nähe, teilen Sie Ihre Gefühle, verbringen Sie mehr Zeit miteinander, integrieren Sie die positiven und negativen Eigenschaften Ihres Partners.					

Der Verfolger: Maximierer, diffuse Grenzen	1	2	3	4	5
Grundlegende Angst: Unzuverlässigkeit anderer, verlassen zu werden, Verlust der Bezugsperson (des Partners)					
Innere Botschaft: Sei nicht abhängig					
Grundüberzeugung: Ich kann auf niemanden zählen					
Überzeugung in der Beziehung: Wenn ich mich unabhängig verhalte, wirst du mich verlassen					
Bild des Partners: Distanziert, hat keine Bedürfnisse					
Beziehung zum Partner: ambivalentes Nachlaufen und Rückzug					
Grundproblem: Verläßlichkeit des Partners, Unterstützung, Dauer der Beziehung					
Typische Frustration: Du bist nie da, wenn ich dich brauche					
Wiederkehrendes Gefühl: Panik, Wut					
Konfliktbewältigung: Vorwürfe, Forderungen, Nachlaufen, Klagen, Herabsetzen					
Herausforderung an persönliches Wachstum: Initiieren Sie Getrenntsein, entwickeln Sie Interessen außerhalb der Partnerschaft, internalisieren Sie den Partner, integrieren Sie positive und negative Eigenschaften des Partners.					

Kapitel 6

Identität und Kompetenz: Ein *Ich* werden

Identität bringt eine wechselseitige Beziehung zum Ausdruck, insofern als damit sowohl ein beständiges Gleichsein mit sich selbst als auch ein fortwährendes Teilen irgendeines wesentlichen Charakterzugs mit anderen gemeint ist.
Erik Erikson

Identität: »Das bin ich«

Nun erfährt das Kind eine komplizierte neue Realität. Es will wissen, wer es ist als eigene, getrennte Person in Beziehung zum Rest der Welt: Es macht sich an den Prozeß, ein Ich zu werden. Dazu muß es zwei wichtige Aufgaben erfüllen, die sich sein Leben lang auf seine Beziehung zu sich selbst und zu anderen auswirken werden: Es muß ein stabiles und konsistentes inneres Bild von sich entwickeln sowie ein entsprechend festes und konstantes inneres Bild von der Bedeutung anderer in seinem Leben.

In den frühen Stadien seines Lebens fühlt sich das Kind verloren und ängstlich, wenn die Bezugspersonen körperlich nicht anwesend sind. Aber auch jetzt noch, bei erhöhter Mobilität und häufigerer Abwesenheit der Bezugsperson, braucht es das Gefühl von Sicherheit. Dazu errichtet es in seinem Geist ein deutliches Bild von seinen Bezugspersonen, das immer abrufbar ist. Dieses Bild ist wie ein Schnappschuß, den Sie in Ihrer Brieftasche herumtragen. Es erlaubt dem Kind, sich physisch zu trennen, während es psychisch verbunden bleibt.

Diese Identitätsfindungsphase (die oft als »Individuation« bezeichnet wird) findet etwa in dem Alter von drei und vier Jahren statt. Bei einem normalen Verlauf probiert das Kind eine Reihe vorübergehender Identifikationen sozusagen durch. Es identifiziert sich mit Tieren, Comicfiguren, Dingen und Menschen (insbesondere den Eltern), die es später in einem einzigartigen Ich synthetisiert. Außerdem versucht es in diesem Prozeß herauszufinden, wer es ist und wer es nicht ist, inwiefern es anderen gleicht und inwiefern es sich von anderen unterscheidet. Ich habe das vor nicht langer Zeit bei Hunter beobachtet. Eine Zeitlang hatte er seine »Reptilienphase« und fühlte sich seelenverwandt mit Eidechsen und Schlangen, einer Figur namens »Scharfzahn« und natürlich den Teenage-Mutanten Ninja Turtles. An einem Punkt war Hunter »Mefistofeles«, eine seelenverwandte Figur aus dem Musical »Cats«, er verkleidete sich als Mefistofeles und sang Wort für Wort seine Lieder. Das war nur eine aus einer ganzen Serie von Identifikationen mit Comic- und Tierfiguren, in der er bestimmte Rollen ausagierte. Er identifizierte sich auch mit mir. Mamas kleiner Junge wollte sein wie ich. Eines Tages gingen wir zur Kirche, trugen ähnliche Mäntel und Schlipse, und er bemerkte: »Wir sind gleich, wir haben den gleichen Mantel an.«

»Nun«, sagte ich, »wir sind Vater und Sohn.«

»Nein«, korrigierte er mich, »wir sind *Väter.*« (Natürlich mag da ein ödipales Element im Spiel sein, und er wollte mit mir um Helens Aufmerksamkeit in Wettbewerb treten.)

Die wichtigste Aufgabe für die Eltern an diesem Punkt besteht darin, die Persönlichkeitsveränderungen zu bemerken und positiv rückzumelden, das heißt, ihm das Bild widerzuspiegeln, das es projizieren möchte. »Oh, hallo Mefistofeles, könntest du mir etwas vorsingen?« Oder: »Batman, du bist wirklich ganz schön stark.« Wird das Kind in der Identifikation, die es ausprobiert, nur teilweise gespiegelt, wird es andere Facetten präsentieren, um zu sehen, ob es damit eine Reaktion bekommt. Deshalb müssen die Eltern sagen: »Nun, du bist wirklich ein schreckliches Ungeheuer, aber du bist auch ein puscheliges kleines Kätzchen.« Wenn dem Kind ermöglicht wird, sich mit vielem zu identifizieren, wird es all diese Identifikationen schließlich in ein einzigartiges, hochgradig individuiertes Ich integrieren.

Für die Phase der Identitätsfindung typisch ist die obsessive Selbstbehauptung, das Kind sagt fortwährend »ich«: »ich will«, »ich glaube«, und »das bin ich«, und »ich mag nicht«. Dabei handelt es sich um eine gesunde Selbstbehauptung, nicht um Aufsässigkeit. Das Kind will sichtbar sein, es will sicher sein, daß Sie es bemerken. Außerdem bringt es eine persönliche Anschauung zum Ausdruck, wenn es versucht, Ihnen und sich zu erklären, inwiefern es sich von anderen unterscheidet. Hunter ist entschlossen, als Individuum anerkannt zu werden, und das kann, wie alle Eltern wissen, ziemlich nervenaufreibend und anstrengend sein. Er ist damit beschäftigt, eine klare Vorstellung von sich selbst zu bilden. Er sagt nicht nur, wie er ist und was er will, sondern auch, wie er fühlt und was er denkt. Er bringt uns außerdem bei, wie wir ihn behandeln sollen - was er am liebsten zum Abendessen ißt, welche Gutenachtgeschichte er von wem vorgelesen haben will.

Eine letzte Phase in seiner Geschichte der Identitätsbildung scheint kürzlich stattgefunden zu haben. Ein Gast fragte ihn immer wieder: »Bist du ein Tiger?«

»Nein«, erwiderte Hunter in vernichtendem Ton.

»Bist du dann vielleicht eine Schildkröte?« beharrte der Gast. Nach einigen weiteren Versuchen, Identifikationsobjekte anzubieten, wobei er sogar die Frage stellte: »Bist du Hunter?«, unterbrach Hunter und erklärte: »Ich bin ich!«

Wenn die Bezugspersonen die verschiedenen Selbstbilder, die das Kind auswählt, richtig reflektieren, ohne Urteil oder Kritik, kann das Kind sich in ihren gespiegelten Reaktionen erkennen. Es kann entscheiden, was in Übereinstimmung mit seinen inneren Gefühlen steht, und ein positives Selbstbild aufbauen, eine stabile Identität. Außerdem wird es die guten und die schlechten Eigenschaften der spiegelnden Bezugspersonen integrieren, frühere Abspaltungen heilen. Es wird der Imago ein

Bild von dem wichtigen anderen einprägen, der unvollkommen, aber beständig ist, und so für seine emotionale Sicherheit sorgen.

Das rigide Kind: Die Angst, beschämt zu werden

Auch im Identitätsstadium gibt es zwei mögliche Formen der Anpassung, wenn etwas schiefläuft. Beide drehen sich um die Frage der Unsichtbarkeit. Beide haben zu tun mit der Art, wie das Kind gespiegelt wird und wie dieses Spiegeln sein Gefühl für persönliche Grenzen beeinflußt.

Viele Eltern, selbst diejenigen, für die die Bindungs- und Entdeckerphase problemlos verlief, sind keineswegs glücklich über die »Geburt des Selbst«. Sie fühlen sich bedroht von den Identifikationen des Kindes, die nicht mit ihren kulturellen Neigungen übereinstimmen. Sie unterdrücken die Identitätsfindung des Kindes, indem sie es ablehnen oder sich weigern, die Selbstbehauptungen zu spiegeln, die nicht in ihre vorgefaßten Vorstellungen von ihren Wünschen und ihrem Kind passen. Hier beginnt der Sozialisationsprozeß einzugreifen.

Wenn ein Kind die Kernstücke seines Selbst zum Ausdruck bringt und von den Eltern zurückgewiesen wird, muß es fürchten, beschämt zu werden - oder, noch schlimmer, die Liebe der Eltern zu verlieren. Es wird die abgelehnten Aspekte unterdrücken und widerwillig dem folgen, was seine Eltern gutheißen. Anstatt die Erfahrungen der vorhergehenden Phasen auszugleichen, entwickelt es nun ein »gespaltenes Ich«. Es verbirgt seine nicht gutgeheißenen Anteile vor anderen und sogar vor sich selbst.

Wie wir in Teil III sehen werden, hat die selektive Spiegelung des Kindes nur allzuoft etwas mit dem Geschlecht zu tun. Jungen werden für ihre Durchsetzungsfähigkeit und ihren Stoizismus gelobt, Mädchen dafür, niedlich und hilfsbereit zu sein. Das Ergebnis ist, daß das Kind, das sich danach sehnt, ganz zu sein, ein falsches Selbst entwickelt. Es identifiziert sich nur mit den Eigenschaften, die die Eltern oder die Gesellschaft für gut befinden. Es wird zu einem Teil-Ich, einer fest zusammengehaltenen, eintönigen Charaktermaske, einer Neuauflage gesellschaftlich für gut befundener Stereotypen, im typischen Fall übermäßig nachgiebig und mit dogmatischen Meinungen. Seine Energie begrenzt sich auf die widergespiegelten Eigenschaften, und jene ungespiegelten Eigenschaften werden zu seinem rezessiven, »Verlorenen Ich« (siehe Kapitel 10), einem Aspekt seines »Schattens«. Dieser Kompromiß rettet ihm die Liebe der Eltern auf Kosten seiner vollständigen Lebendigkeit.

Vollständig und positiv widergespiegelt zu werden ist wesentlich für das Gefühl des Kindes, daß alles an ihm gültig und akzeptabel ist, sei es sanft oder eigensinnig, dumm oder schlau. Hätte ich zu Hunter gesagt: »Das ist doch dumm, du bist kein Dinosaurier«, hätte ich sein vorübergehendes Experimentieren mit einer neuen Eigenschaft gestört, und er würde kein Zutrauen mehr dazu haben, wer er ist. Das entsetzliche Gefühl würde sich einschleichen, über ihn würde gelacht, und er würde sich schämen. Er würde Angst bekommen: »Ich bin nicht in Ordnung«, oder »Etwas stimmt nicht mit mir.« Er müßte die Anteile, die ihm als positiv zurückgespiegelt werden, von den Aspekten abspalten, die als unannehmbar abgelehnt werden. Außerdem wäre er gezwungen, eine Trennung vorzunehmen zwischen der bestätigenden Bezugsperson und der zurückweisenden. Am Ende hätte er schließlich »gute« und »schlechte« Eltern im Kopf - ein gespaltenes Objekt. Damit hätte er zwar das Ziel erreicht, ein beständiges Objekt zu verinnerlichen, die Aufgabe der Ich-Integration aber hätte er nicht geschafft. Er würde sich forthin selbst stets als gut und schlecht sehen, das Verlorene Ich als schlecht unterdrücken, seine guten Anteile als absolut herausstreichen. Sie sehen, wie lebensnotwendig es ist, daß Eltern alle Identifikationen des Kindes spiegeln und dem inneren Prozeß der Synthese vertrauen, der sie in ein einheitliches Ich verwandeln wird.

Im Identitätsstadium werden die Grenzen des Kindes am deutlichsten gezogen. Deshalb ist nicht überraschend, daß das selektiv gespiegelte Kind streng festlegt, wo es anfängt und wo andere anfangen. Die Grenzen um den nicht angenommenen Kern seines natürlichen Ichs werden festgehalten, um jegliche Durchlässigkeit zu verhindern. Andererseits ist die Grenze seiner aufgeblasenen Vorstellung von sich selbst so umfassend, daß es alle anderen als Ausweitung seiner selbst einschließt. Es wird zu einem rigiden Kind, einem Minimierer mit einer kontrollierenden Persönlichkeit.

Der Erwachsene: Ein engstirniger Besserwisser

Im Erwachsenenalter wird das strenge Kind zu einem festgefahrenen Besserwisser. Er vertritt oft so voreingenommen feste Meinungen, daß er geradezu borniert erscheint. Er führt ein eng beschränktes, oft um sich selbst zentriertes Leben mit wenig Zugang zu Gefühlen, ohne Einfühlungsvermögen. Sein Partner wird die Eigenschaften seines Verlorenen Ichs tragen. Darin wird er Fehler finden, wie seine Eltern sein »fehlerhaftes« Handeln ignorierten. Ein solcher Mensch kann Unentschlossenheit, Spontaneität oder Weichheit nicht ertragen - weder bei sich selbst noch bei anderen. Er gibt sich sehr weitgehend obsessivem Denken und Zwangsverhalten hin. Alles im Leben scheint berechenbar und wird bereits im voraus geplant. Für Fehler oder Spontaneität bleibt wenig Raum. Er ist dominierend und kritisch, und seine Klage lautet: »Du scheinst nicht zu wissen, was du willst«, oder »Entscheide dich.« Andere werden nicht als eigenständige Personen betrachtet, sondern als Objekte, die kontrolliert werden müssen. Daraus schöpft er oftmals persönlich eine unmittelbare Befriedigung.

Jacob war schwer zu ertragen, selbst in den Therapiesitzungen. Er beklagte sich fortwährend, seine Verlobte, Susan, käme nie pünktlich und wechsle ständig ihre Meinung. Seine Lösung bestand darin, einen Zeitplan festzulegen, in dem jede

Minute des Tages geplant war, einschließlich der Zeiten für Sex, Gespräche, Anziehen. Er war überzeugt, daß Susan damit ihr Leben in den Griff bekommen und in ihrem Beruf vorankommen würde. Ihr Vorschlag, sonntags einfach ins Blaue zu fahren, ohne Straßenpläne und Reservierungen, machte ihn verrückt. Er war außerdem ziemlich sicher, was der amerikanische Präsident im Fall Irak unternehmen sollte, und es schockierte ihn, daß Susan dazu keine Meinung hatte. Und doch bestritt er, voreingenommen oder rigide zu sein.

»Ich bin nur vernünftig«, behauptete er. »Es gibt eine logische Methode, die Dinge zu tun, und ich bin nur um Susans Wohlergehen besorgt.« Weichheit, Unentschlossenheit oder auch nur Mitgefühl zu zeigen war für ihn undenkbar und erschien ihm schmachvoll.

Einmal bedauerte ich ihn wegen seines beruflichen Drucks und der Last von Entscheidungen, die er trug. Ich machte eine Bemerkung, wie schwer es für ihn gewesen sein muß, die Erwartungen aller anderen zu erfüllen, insbesondere in der Kindheit. Plötzlich brach Jacobs Traurigkeit durch. Er verließ rasch den Raum, als seine Augen sich mit Tränen füllten. Er schämte sich seiner verbotenen Emotionen, die durch seine Verteidigung gebrochen waren, und ging dreißig Minuten lang um den Block. Dann kam er wieder herein, entschuldigte sich für seine »Schwäche« und beschimpfte mich, weil ich ihn aufgeregt hatte. Susan hatte einen Schock, denn sie hatte ihn nie eine Träne vergießen sehen.

Das unsichtbare Kind: Die Angst, ein Ich zu sein

Während manche Eltern ihre Kinder nur teilweise widerspiegeln, fehlt anderen diese Reaktion nahezu vollständig. Sie wollen ihr Kind entweder abhängig halten oder sind zu intensiv mit sich selbst oder anderen Dingen beschäftigt. Diese Eltern wollen oft selbst bemuttert oder gebraucht werden. Sie ähneln den Eltern, die fürchteten, von dem Kind verlassen zu werden.

Ohne eine Widerspiegelung seines Selbstausdrucks wird das Kind die Sicht auf sich selbst verlieren, gestaltlos und unbestimmt bleiben. Dann fließen die vorübergehenden Identifikationen lose und unordentlich in seinem Unbewußten herum und produzieren ein fragmentiertes Ich. Bei derart diffusen Grenzen kann es nicht zwischen sich selbst und anderen unterscheiden. Es bildet und speichert kein konsistentes Selbstbild. Es ist glücklich, dann plötzlich traurig, dann wütend, ohne erkennbare Verbindung. Es wird emotional eingefroren, überwältigt von dem Gefühl der Unsichtbarkeit. Es erfährt sich als »nicht existent«. Seine Klage lautet: »Du bemerkst mich nicht einmal.«

Da das Kind fürchtet, ignoriert zu werden, befindet es sich ständig auf der Bühne in dem Versuch, bemerkt zu werden. Ein Maximierer mit diffusen Grenzen. Seine Energie wird grenzen- und richtungslos, sein Geplapper springt von einem Thema zum anderen, seine mentalen Assoziationen sind beliebig und chaotisch. Es befindet sich in einem Zimmer ohne Wände, einem Canyon ohne Echo. Ohne die Rückmeldung eines »anderen« kann es keine Ich-Grenzen entwickeln. Und ohne einen Sinn dafür, wo seine Grenzen sind, ist es schwierig, wenn nicht unmöglich, sich der Grenzen anderer bewußt zu werden. Es marschiert fortwährend in das Gebiet anderer ein, unfähig, das Eindringen anderer in sein Territorium zu verhindern.

Ihm ist es nicht möglich, ein konsistentes Bild seiner Bezugspersonen zu bilden. Da es ihre guten und schlechten Eigenschaften verinnerlicht hat, ohne einen Zusammenhang herzustellen, projiziert es beliebig die schlechten Eigenschaften auf andere. Manchmal, wenn es frustriert ist, identifiziert es sich auch vorübergehend selbst mit den negativen Eigenschaften der verinnerlichten »schlechten« Eltern und behandelt andere so, wie es von den Bezugspersonen behandelt wurde.

Der Erwachsene: Ein nachgiebiger Chaot

Das unsichtbare Kind wird im Erwachsenenalter »Chaot«. Seine Klage lautet: »Ich weiß nicht, wer ich bin«, oder »Ich weiß nicht, was ich will«, oder »Ich fühle mich unsichtbar dir gegenüber.« Wie ein Chamäleon nimmt er die Färbung von allem und jedem an, je nachdem, womit er gerade konfrontiert ist. Er empfindet die Gefühle anderer, ist mitgerissen von ihren Meinungen, ist unsicher, was er selbst fühlt oder denkt, und voller Angst, ein Ich zu sein. Da er sich selbst nicht kennt, überprüft er beständig die Gesichter anderer nach Hinweisen darauf, wie er sein sollte. Er kann sich immer nur in Abhängigkeit von anderen definieren. Wenn er sich nicht in der Spiegelung anderer sucht, ist seine ganze Energie darauf gerichtet, wütend oder verführerisch Aufmerksamkeit für sich selbst zu erregen. Er ist ein Maximierer.

Viele Männer haben Erfahrungen mit einer Chaoten-Frau, der Verführerin, die sexy aussieht und vor flirtender Energie nur so sprüht. Man muß annehmen, sie sei im Bett einfach phantastisch, um dann eine große Enttäuschung zu erleben. Sie versucht, den Erwartungen ihres Partners zu entsprechen. Gleichzeitig aber ist sie bitterböse, weil nicht gesehen wird, wie und was sie ist. Oder sie hat Angst vor dem Ich, das sie sein möchte. Ihr nichtsahnender Partner landet schließlich im Bett mit einer emotional labilen Nichtperson, einem unterwürfigen, falschen Ich, das versucht, ganz zu werden. Dann wechselt sie von dem unsichtbaren Kind, als das sie sich erlebt, zu der Identifikation mit den verinnerlichten »schlechten« Eltern. Sie kritisiert die Sexualität des Partners und setzt ihn herab, wie sie von ihren Eltern herabgesetzt wurde. In grenzenloser Wut, daß sie nicht als Person geschätzt wird, macht sie ihren Partner unsichtbar. Ihre Energie ist überwiegend wütend »nach draußen« gerichtet in dem Versuch, sichtbar zu sein. Sie zahlt damit, niemand zu sein, es tritt ein, was sie befürchtetet: Sie wird nicht als das wahrgenommen, was sie ist, und nimmt andere ihrerseits ebenfalls nicht so wahr, wie sie sind.

Susan, die Verlobte des strengen Jacob, ist ein Chaot. Sie war nur zu glücklich, sich an Jacobs Programme, Zeitpläne und Meinungen anpassen zu können. »Jacob hat recht«, sagte sie mir. »Ich bin einfach zu unorganisiert, und er ist so brillant. Aber« - und ihre Augen funkelten wütend - »er sieht nie die Dinge, in denen ich gut bin.« Einerseits unterwürfig und kompromißlerisch, brachte Susan das klassische Gefühl des nachgiebigen Chaoten zum Ausdruck: »Ich werde nur geliebt, wenn ich es dir recht mache.« Verletzt und wütend auf der anderen Seite, sagte sie: »Ich will gesehen werden, und wenn es dich umbringt.«

Natürlich geraten der Besserwisser und der Chaot oft aneinander, und bei ihrem Machtkampf geht es hauptsächlich um Dominanz und Unterwerfung. Der eine fühlt sich angezogen von der Flexibilität und Offenheit, der andere findet die Entschlossenheit und Klarheit attraktiv. Der eine führt, der andere folgt. Einer ist übertrieben abhängig und läßt nicht nur zu, daß er von anderen definiert wird, sondern sucht diese Festlegung geradezu und weist sie gleichzeitig böse zurück. Der andere ist betont unabhängig und lehnt zwanghaft und wütend jede Einmischung anderer ab.

Ein Paar, das bei mir in Therapie war, ist ein gutes Beispiel für diese Polarität. Sie ist eine attraktive, bekannte Finanzberaterin in den Fünfzigern. Und doch hat sie ein sehr gering integriertes Gefühl für sich selbst. Sie hat ihr Leben lang das Gefühl gehabt, von den fortwährenden Forderungen ihres Mannes, ihrer Kinder und Mitarbeiter bestimmt zu werden. Ihr Ehemann ist ein brillanter, kontrollierter Philosophentyp, der sich für das Zentrum der Welt hält. Für ihn reicht seine Einflußsphäre so weit, daß sie praktisch jeden umfaßt, er sieht seine Frau als Verlängerung seiner selbst, nicht als getrennte Person. Sie hatte allmählich die Nase voll davon, daß er ihr vorschrieb, was sie tun solle, wobei er voraussetzte, sie stehe ihm jederzeit zur Verfügung. Er meinte, ohne Umschweife zu ihr zu kommen und ihr Telefon benutzen zu können oder sie mitten im Schreiben oder in Telefongesprächen unterbrechen zu dürfen. In seiner Gegenwart konnte sie ihre Grenzen nicht aufrechterhalten.

Ich schlug ihr vor, sich auszumalen, sie lebe in einem Häuschen auf dem Land mit einem Garten, der von einem Zaun umgeben ist, der ein Tor mit einem Schloß hat. Ich sagte, sie sollte darauf bestehen, daß jeder, der hereinkommen will, anklopfen und um Erlaubnis fragen müsse. Ihr Mann reagierte sofort mit der Bemerkung: »Ich möchte, daß du es als unser Häuschen siehst«, mit anderen Worten: »Ich möchte, daß du deine Grenzen weiterhin in meiner Sphäre siehst.« Nun muß er sie fragen, ob er das Telefon benutzen darf oder ob sie bereit ist, eine Abendeinladung zu geben. Zuerst konnte er nicht einmal verstehen, warum es wichtig ist, sich eine Grenze vorzustellen, und der Himmel weiß, er war nicht bereit, eine derart nachgiebige Verlängerung seiner selbst aufzugeben. Aber schließlich gab er nach und sagte: »Nun, ich glaube, ich fange an zu begreifen. Aber es gefällt mir ganz und gar nicht.«

Übung 6A

Anpassung an Verletzungen in der Identitätsfindungsphase

Der Besserwisser: Minimierer, rigide Ich-Grenzen	1	2	3	4	5
Grundlegende Angst (Verletzung): beschämt zu werden, Verlust von Kontrolle, Gesichtsverlust, Verlust der Liebe der Eltern (des Partners)					
Innere Botschaft: Du darfst nicht sein, was du sein möchtest, sei, wie wir dich haben wollen					
Grundüberzeugung: Ich darf nicht ich selbst sein und akzeptiert und geliebt werden					
Überzeugung in der Beziehung: Ich bin in Sicherheit, wenn ich alles unter Kontrolle behalte					
Bild des Partners: unorganisiert, flatterhaft, übertrieben emotional					
Beziehung zum Partner: dominierend, kritisch, mischt sich ein, emotional zurückhaltend					
Grundproblem: emotionale Labilität, Unordnung und Passivität des Partners					
Typische Frustration: Du willst, daß ich jemand anders bin, du weißt nicht, was du willst					
Wiederkehrendes Gefühl: Scham und Wut					
Konfliktbewältigung: setzt rigide seinen Willen durch, übermäßig rational mit gelegentlichen Wutausbrüchen, übernimmt das Kommando, bestraft					
Herausforderung an persönliches Wachstum: Üben Sie weniger Kontrolle aus, spiegeln Sie die Gedanken und Gefühle Ihres Partners, entwickeln Sie Flexibilität und Sensitivität.					

Der Chaot: Maximierer, diffuse Ich-Grenzen	1	2	3	4	5
Grundlegende Angst (Verletzung): unsichtbar zu sein, Selbstbehauptung, Verlust der Liebe der Eltern (des Partners)					
Innere Botschaft: Sei nicht eigensinnig!					
Grundüberzeugung: Ich werde nie gesehen, geschätzt, akzeptiert					
Überzeugung in der Beziehung: Ich werde geliebt, wenn ich anderen zu Gefallen bin					
Bild des Partners: unsensibel, kontrollierend					
Beziehung zum Partner: unterwürfig, passiv-aggressiv, manipulativ					
Grundproblem: Rigidität und Dominanz des Partners					
Typische Frustration: Du siehst mich nie, du willst immer deinen Willen durchsetzen					
Wiederkehrendes Gefühl: Scham und Verwirrung					
Konfliktbewältigung: verwirrt, wechselt zwischen Nachgiebigkeit und Aufsässigkeit, übertreibt Emotionen, macht wenige Vorschläge, nimmt sich zurück					
Herausforderung an persönliches Wachstum: Setzen Sie sich durch, setzen Sie Grenzen für sich selbst, respektieren Sie die Grenzen anderer.					

Kompetenz: »Ich kann das«

Der erste Halt auf der Reise zum Ich ist, eine Vorstellung davon zu entwickeln, zu wem Sie gehören, und eine Bindung einzugehen. Wenn diese Aufgabe erfüllt ist, beginnen Sie, sich von diesen anderen zu unterscheiden und sich die Welt anzusehen. Um mit den Eltern verbunden zu bleiben, verinnerlichen Sie sie, so daß Sie sie immer bei sich haben. Wenn Sie diese Sicherheit erlangt haben, probieren Sie verschiedene Kostüme aus und testen die Reaktionen anderer, bis sie finden, was Ihnen paßt. Wenn Ihnen das bis zum Alter von etwa vier Jahren weitgehend gelungen ist, haben Sie es geschafft, ein integriertes Ich zu werden. Dann beginnen Sie, mit anderen in Konkurrenz zu treten, insbesondere mit Ihren Eltern und Geschwistern (oder Altersgenossen, wenn Sie keine Geschwister haben), um ihre persönliche Macht und Ihre Grenzen zu entdecken, um herauszufinden, was zu Ihnen gehört und was nicht. Kompetenz ist die letzte der großen Aufgaben in der frühkindlichen Entwicklung. Freud bezeichnete dieses Stadium als »ödipale Phase«, ich nenne es jedoch »Kompetenzphase«, weil hier sehr viel mehr vor sich geht als die Rivalität mit dem gleichgeschlechtlichen Elternteil um die Aufmerksamkeiten des andersgeschlechtlichen Elternteils.[1] In diesem Stadium versucht das Kind, die Fähigkeit zu erwerben, sich selbst in der Welt der anderen und der Dinge zurechtzufinden. Es experimentiert damit, welche Wirkung es auf diese Welt ausüben kann, indem es mit allen Kräften und in jeder denkbaren Form und auf jedermann Eindruck machen will. Der Zweck dieses mit Aggressivität betriebenen Unternehmens besteht darin, das Ausmaß und die Grenzen seiner Macht in der gesellschaftlichen Welt zu erfahren. Das Maß, in dem das gelingt, wird darüber bestimmen, in welchem Maß das Kind sich selbst schätzt.

Hunter geht jetzt völlig darin auf, mit Bausteinen zu bauen oder endlos zu malen, wobei er sein Bild verändert, bis er es in Ordnung findet. Er versucht, Aufgaben zu übernehmen, Spiele zu spielen, zu gewinnen. Seine Schwester Leah übertrifft ihn dieser Tage in einem bestimmten Spiel, und er ist frustriert. Wenn er ein Wort findet, das er nicht lesen kann, regt er sich auf und muß sofort wissen, was es heißt. Dann ist er stolz, es gelernt zu haben. Wenn er Klavier spielt, ist er ungeduldig mit sich selbst, wenn er die Tasten durcheinanderbringt. Er bindet seine Schuhe selbst und tritt mit einem stolzen Lächeln im Gesicht vor uns, damit wir sie inspizieren können. Außerdem hat er die wirklich ärgerliche Angewohnheit, Leute zu schlagen, um seine Stärke auszuprobieren. Aber wenn er zu weit geht, sagt er, daß es ihm leid tut. Als Eltern bringen wir ihm bei, wie weit er gehen kann, indem wir Grenzen setzen, und lehren ihn angemessene Wege, seine Kraft einzusetzen. Er kann anderer Meinung sein als wir, aber er darf uns nicht ungehorsam sein, und er darf uns nicht schlagen.

An diesem Punkt besteht die Aufgabe der Eltern im wesentlichen darin, das Spiegeln fortzusetzen - das heißt Bestätigung, Bewertung und Lob, wenn das Kind etwas richtig oder gut gemacht hat -, und darin, die richtigen Grenzen für sein Verhalten zu zeigen. Die Eltern dürfen nie müde werden zu sagen: »Was für einen großen Turm du da gebaut hast«, oder »Du hast das A wirklich sehr schön geschrieben«, oder »Alle Achtung, du hast die ganze Seite gelesen«, oder »Mir hat es gefallen, wie du das Problem mit deinem Freund gelöst hast«, oder »Das hat nicht funktioniert, warum versuchst du es nicht so?«

Hunters ödipale Angelegenheiten zeigen sich in dem Wunsch, zwischen Helen und mir zu sitzen oder sich zwischen uns auf das Bett plumpsen zu lassen, und indem er sich weigert, daß ich ihm vorlese oder ihn zur Schule bringe. Bekommt er, was er will, grinst er siegesbewußt. Die Botschaft lautet: »Ich will etwas Besonderes für sie sein, mehr als du.« Schweigend fragt er: »Sie gehört mir... oder?« Helens Aufgabe besteht darin, in angemessener Weise für ihn dazusein, ihn aber wissen zu lassen, daß unsere Beziehung Vorrang hat. Wenn ich meinen Platz neben Helen einnehme, ohne ihn zu bestrafen, wird er sich schließlich mit mir identifizieren. Damit wird seine Geschlechtsidentität befestigt. So kann er sein Interesse und seine Zuneigung einem anderen weiblichen Wesen zuwenden. Er verhält sich eindeutig rivalisierend. Aber dabei geht es nicht nur um Helen, sondern auch um Kompetenz und ein Gefühl für seine persönliche Wirkung.

Wenn all das gutgeht, macht das Kind die Erfahrung, daß es fähig ist, mit seiner Umgebung umzugehen. Als Nebenprodukt des Gefühls von Kompetenz wird es ein hohes Maß an Selbstwertgefühl entwickeln. Außerdem wird es die Wertvorstellungen der Eltern ebenso internalisieren, wie es ihre Eigenschaften verinnerlicht hat. Und es wird ein eigenständiges Bewußtsein dafür entwickeln, das es in seinem Verhalten anderen gegenüber leiten wird. Es wird, um es in Freuds klassischem Aphorismus auszudrücken, fähig sein, »zu lieben und zu arbeiten«.

Das rivalisierende Kind: Angst vor Versagen/Mißfallen

Manche Eltern fühlen sich bedroht von der Initiative und der Rivalität des Kindes. Wie die Eltern des unabhängigen, distanzierten und rigiden Kindes aus den vorangegangenen Phasen belohnen und bestrafen sie den Ausdruck von Kompetenz bei ihrem Kind selektiv.

»Ich erinnere mich, wie meine Eltern bei meinen Versuchen, Klavier zu spielen, angaben, und welche Geduld meine Mutter bei meinen Versuchen hatte, Pfannkuchen zu backen oder beim Abwaschen zu helfen«, berichtete eine junge Frau. »Aber wenn ich anfing, ›Jungenspiele‹ zu spielen, schrie sie mich an, machte sich über meine Freunde lustig und beklagte sich über meine schmutzigen Kleider. Und als ich mir Legosteine zum Geburtstag wünschte, wurde das absolut abgelehnt.«

Ein Kind, das nicht ausreichend, beständig und verläßlich gespiegelt wird, ist gefangen. Da seine Bemühungen manchmal auf Zustimmung treffen, versucht es weiter, weiß aber nie, wann seine Bemühungen Erfolg haben werden. Es muß daher immer ein bißchen mehr versuchen, bleibt schließlich jedoch in Konkurrenz stekken und in dem Bemühen um Leistung. Es versucht fortwährend zu gewinnen, bemerkt zu werden, eine Wirkung zu erzielen. Übermäßig beladen mit Schuldgefühlen und der Angst vor Versagen, tötet es sein Gewissen ab, um seinen Schmerz zu mildern. Es gibt den Wunsch nach Nähe auf und sucht indirekt durch Erfolg Anerkennung zu bekommen. Wenn alles gutgeht, wenn es gewinnt oder Beifall bekommt, ist es euphorisch, aber wenn es verliert oder befürchtet, andere enttäuscht zu haben, verfällt es in Depression. Hin- und hergerissen zwischen Wut und Hoffnungslosigkeit, verzweifelt bemüht, Versagen oder Mißbilligung zu vermeiden, stürzt es sich immer mehr in Arbeit. Aber ganz egal wie erfolgreich es wird, es kann das Leben nicht genießen, weil es sich nie erfolgreich fühlt. Das rivalisierende Kind wird zu einem Minimierer mit rigiden Grenzen, das zwanghaft nach Anerkennung strebt und die Bemühungen anderer nicht anerkennt.

Der Erwachsene: Ein zwanghafter Rivale

Das rivalisierende Kind wird im Erwachsenenalter zu dem, was ich einen »zwanghaften Rivalen« nenne. Als Erwachsener ist er, kein Wunder, nach außen hin oft erfolgreich, aber ohne Einfühlung in andere, und bei gelegentlicher Beugung moralischer Wertmaßstäbe wettbewerbsorientiert und kämpferisch. Er landet schließlich als Manager in einer großen Firma oder wird eins der Finanzgenies der Börsen. Er ist völlig damit beschäftigt zu gewinnen, und genießt es, andere fertigzumachen, um das zu erreichen. »Du versuchst es nicht einmal«, klagt er, oder: »Kannst du nichts richtig machen?« Am Ende schießt er oft übermäßig über das Ziel hinaus, ist unfähig, subtilere Taktiken anzuwenden, wenn es nötig ist, oder er erreicht sein Ziel und weiß nicht, warum er sich immer noch leer fühlt.

Paul ist ein gutes Beispiel für einen »Rivalen«. Paul hatte den Ehrgeiz gehabt, eine Million Dollar zu machen, aber sobald er das erreicht hatte, fühlte er sich herausgefordert, die zweite Million zu verdienen. Sein ursprünglicher Plan, sich zur Ruhe zu setzen, wenn er reich würde, verblaßte in der Leere des Erfolges. Er gab seinen Job auf, gründete seine eigene Firma und baute in fünf Jahren ein Fünfzig-Millionen-Dollar-Unternehmen auf. Diese dynamische Entwicklung forderte viele Kompromisse mit seinen Wertvorstellungen. Auf unpersönliche Weise beutete er andere für sein großes Ziel aus.

Als er mit seiner Freundin Amy in die Therapie kam, war er deprimiert. In der Therapie begann er zu verstehen, daß sein Vater in seinem Kopf steckte und ihm einredete, er wäre nie gut genug. Paul hatte also sein Leben lang versucht, schließlich die Anerkennung seines Vaters zu gewinnen, obwohl sein Vater schon seit zwanzig Jahren tot war. Amy hatte die Rolle seines Vaters übernommen mit ihren Wünschen nach einem größeren Haus, neuen Autos, exotischen Ferien, kostbarem Schmuck, Dingen, die sie als Kind anstelle von Liebe und Zuneigung bekommen hatte. Beide verhungerten sie, der eine nach Lob, die andere nach emotionaler Wärme.

Das hilflos/manipulative Kind: Angst vor Aggressivität/Erfolg

Manche Eltern unterstützen die Versuche ihres Kindes, ein Gefühl persönlicher Macht zu entwickeln, überhaupt nicht. Ihre beständige Kritik verwirrt das Kind. Es weiß nicht, wie es sich zum Ausdruck bringen soll, und ist zwischen Gefühlen von Hilflosigkeit und Groll hin- und hergerissen. Ein solches Kind sieht seine Chance in einem manipulativen passiv-aggressiven Verhalten. Es tritt nie offen in Konkurrenz, es gewinnt, indem es scheinbar jeden Wettbewerb vermeidet oder andere dazu bringt zu versagen. Wie seinem Gegenspieler in diesem Stadium, dem Rivalen, fehlt ihm außerdem Einfühlungsvermögen, und es kennt nur wenige Gewissensbisse.

Wenn ein Kind ständig kritisiert - »Das hast du nicht richtig gemacht«, oder »Das sieht für mich nicht aus wie ein Baum«, oder »Warum kannst du nicht so schnell lesen wie Sally?« - und nie bestätigt wird, gibt es auf in dem Gefühl, daß es sowieso nichts rechtmachen kann. Es ist wie das klammernde, ambivalente und unsichtbare Kind: Es scheut vor Selbstbehauptung zurück wegen des Schmerzes, immer wieder übersehen oder abgelehnt zu werden, oder aus Angst vor Versagen. Es fühlt sich *hilflos*, findet keinen Weg, eine Wirkung auf die Welt auszüben und es den Eltern rechtzumachen. Es zieht sich aus der Konkurrenz zurück, beklagt sich, nicht geschätzt zu werden oder nie eine faire Chance zu bekommen. Voller Groll fühlt es sich der Gnade seiner Umwelt ausgeliefert. Um den emotionalen Schmerz zu bekämpfen, identifiziert es sich mit den Eltern und behandelt andere, als seien sie völlig unfähig. Es wird zu einem Minimierer mit eingeschränkten Grenzen, verhält sich manipulativ, manchmal sabotierend.

Der Erwachsene: Ein manipulativer Kompromißler

Der erwachsene Kompromißler will nie mitspielen, und er lehnt alles ab, wo er mit anderen in Vergleich treten könnte. Wenn er in eine Wettbewerbssituation gebracht wird, verhält er sich so, daß der Gegenspieler schlecht aussieht. Selten fühlt er Reue, anderen Unbehagen zu bereiten. Bei der Arbeit zeigt er nie besondere Leistungen, bleibt im Beruf unterhalb der eigenen Möglichkeiten und kann subtil die Bemühungen der Kollegen unterminieren. Er bemüht sich nie offen um einen Partner, der »zu gut« für ihn zu sein scheint. Es gelingt ihm, es so einzurichten, daß der andere sich um ihn bemüht, wobei er abstreitet, ein Interesse daran zu haben. Seine Klage lautet: »Was ich tue, wird ja nicht geschätzt«, oder »Können wir nicht einfach zum Spaß spielen?«, Hinter diesen Klagen steckt ein verborgener Groll: »Ich werde es euch schon noch zeigen.«

Während der Therapie erfuhr ich etwas über die Zeit, als Paul und Amy sich kennenlernten. Sie hatte mit ihm geflirtet, seine Versuche, sich mit ihr zu verabreden, aber abgelehnt. Schließlich nahm sie seine Einladung zum Essen an. Nach mehreren Verabredungen versuchte Paul, in seiner hochgradig wettbewerbsorientierten Art und Weise, seine Eroberung zu vervollständigen und sie zu verführen. Aber er machte den Fehler, mit seiner sexuellen Ausdauer anzugeben. Amy »gab« wieder »nach«, aber während des Geschlechtsverkehrs wurde sie sehr aggressiv und brachte ihn dazu, frühzeitig zu ejakulieren. In der darauffolgenden Auseinandersetzung beklagte sie sich, er habe sie verletzt. In einem Akt exquisiter Manipulation beschämte sie sein sexuelles Selbstbewußtsein und stach in seine Achillesferse von Schuldgefühlen. Amy ist mit ihrem passiv-aggressiven Kompromißler-Verhalten die perfekte Ergänzung zu Paul, dem Rivalen.

Das Paar Rivale/Kompromißler auf dem Tennisplatz ist eine Fallstudie für dieses Anpassungsverhalten. Sie spielt mit, obwohl sie eigentlich gar nicht will. Er schlägt jeden Ball, als hinge sein Leben davon ab, zählt jeden Punkt, schwitzend und fluchend. »Warum hast du diesen Ball gehenlassen? Du hättest ihn kriegen können.« Sie duckt sich mit gesenktem Kopf, haut lustlos auf den Ball, wenn er vorbeizischt, fühlt sich ausgenutzt. »Kannst du nicht einfach zum Spaß spielen?«, jammert sie und läuft vom Platz. Er regt sich auf und bekommt Schuldgefühle, sie schmollt und sagt: »Ich spiele so gut ich kann«, und er entschuldigt sich. Diese Szene wiederholt sich in Variationen in jeder Situation. Sie gehen zu einer Cocktailparty, sein Ziel ist, mit jedem der Gäste zu sprechen, während sie in einer Ecke sitzt und den ganzen Abend nur mit einer Person spricht. Er regt sich auf, daß sie sich wie ein Mauerblümchen verhält. Sie regt sich auf, daß er sie nicht beachtet. Abwechselnd drücken sie beim anderen den Auslöser von Hilflosigkeit und Schuldgefühlen.

Fehlfunktionen aus früheren Phasen haben verheerendere Folgen als die aus der Kompetenzphase. Der Maximierer (Kompromißler) ist weniger instabil und zudringlich, der Minimierer (Rivale) nicht so verschlossen und rigide. Der Minimierer, der in diesem Stadium verletzt wurde, kann neben jemandem, der noch zurückhaltender ist, geradezu hysterisch aussehen und sich verhalten. Der Maximierer mag im Vergleich zu einem Maximierer, der in der Bindungsphase verletzt wurde, geradezu fügsam erscheinen, fast schon passiv. In manchen Situationen ist der Rivale fähig, sich zu entspannen und Spaß zu haben, ohne gewinnen zu müssen, und der Kompromißler kann sich durchsetzen, wenn die Situation für ihn annehmbar ist. Die Durchlässigkeit und Rigidität der Grenzen ist relativ und abhängig von der Situation, beeinflußt von dem, was in der Beziehung zu anderen gerade aktuell ist.

Übung 6B

Anpassungen an Verletzungen in der Kompetenzphase

Der Rivale: Minimierer, diffuse Grenzen	1	2	3	4	5
Grundlegende Angst (Verletzung): ein Versager zu sein, Schuld und Ablehnung, Furcht vor der Ablehnung der Eltern (des Partners)					
Innere Botschaft: mach ja keine Fehler					
Grundüberzeugung: Ich muß perfekt sein					
Überzeugung in der Beziehung: Ich werde geliebt, wenn ich der Beste bin					
Bild des Partners: manipulativ, inkompetent					
Beziehung zum Partner: wettbewerbsorientiert, aggressiv, setzt den Partner herab					
Grundproblem: Kontrolle, Kampf, wer der Boss ist					
Typische Frustration: Du bist nie zufrieden					
Wiederkehrendes Gefühl: Wut und Schuldgefühle					
Konfliktbewältigung: rivalisiert um Kontrolle					
Herausforderung an persönliches Wachstum: Akzeptieren Sie Kompetenz, werden Sie kooperativ, spiegeln und schätzen Sie die Bemühungen des Partners.					

Der Kompromißler: Maximierer, diffuse Grenzen	1	2	3	4	5
Grundlegende Angst (Verletzung): aggressiv, erfolgreich, kompetent und mächtig zu sein, die Zustimmung der Eltern (des Partners) zu verlieren					
Innere Botschaft: Du darfst keine Macht haben					
Grundüberzeugung: Ich weiß nicht, was ich kann, ich kann nicht aggressiv sein oder Wut zum Ausdruck bringen					
Überzeugung in der Beziehung: Ich werde geliebt, wenn ich gut und kooperativ bin					
Bild des Partners: nie zufrieden, muß immer gewinnen					
Beziehung zum Partner: manipulativ, kompromißlerisch, sabotierend					
Grundproblem: Gefühl, kontrolliert zu werden, Bemühungen werden nicht geschätzt					
Typische Frustration: Du mußt immer gewinnen					
Wiederkehrendes Gefühl: hilflos und böse					
Konfliktbewältigung: schließt Kompromisse, manipuliert					
Herausforderung an persönliches Wachstum: seien Sie direkt, bringen Sie Macht zum Ausdruck, entwickeln Sie Kompetenz, loben Sie den Erfolg des Partners.					

Kapitel 7

Verantwortung und Nähe: In die Welt hinaus

Wirkliches Sich-Einlassen auf andere
ist Resultat und die Feuerprobe
der Fähigkeit, sich selbst abzugrenzen.
Erik Erikson

Im Alter von etwa sieben Jahren findet eine wichtige Veränderung statt. Die Ich-Bezogenheit, die den Antrieb des Kindes charakterisiert, ein sicheres, kompetentes Selbst zu entwickeln, wird etwas schwächer. Grund dafür ist teilweise seine »Niederlage« in der ödipalen Auseinandersetzung. Diese Niederlage ist eine in einer Reihe von Lebenserfahrungen, die uns mit unserem Unbedeutendsein konfrontieren. Die Erkenntnis, nicht der Nabel der Welt zu sein, reaktiviert den Überlebenstrieb und leitet eine neue Phase ein. In dem Bedürfnis, Bedeutung zu erlangen, verlagert das Kind seine Suche nach Heilung und Ganzheit über die Familie hinaus in die Außenwelt, auf nicht zur Familie zählende und Altersgenossen.

Es werden noch zwei weitere Impulse in den entsprechenden Entwicklungsstadien herausgebildet: der fürsorgliche Impuls, der als Sorge für Gleichaltrige zum Ausdruck kommt (er umspannt das Alter zwischen sieben und dreizehn Jahren), und das Streben nach Nähe (das in der Adoleszenz zwischen dreizehn und neunzehn Jahren auftritt). Es kann geschehen, daß ein Kind, das erfolgreich die Aufgaben der Ich-Entwicklung bewältigt hat, seine größte Verletzung in dieser Zeit erleidet. Dadurch werden die Bedingungen für Beziehungen zu Gleichgestellten bestimmt. Es wird zum Präzedenzfall. Möglich, daß eine gesunde Ich-Entwicklung bis zu diesem Punkt die Verletzungen abmildern wird. Sie können dennoch der Kern späterer Beziehungsprobleme sein.

Ein gesunder Entwicklungsverlauf in den frühen Jahren der Kindheit bringt ein sicheres, kompetentes Kind mit einem funktionierenden Gewissen hervor. Seine emotionale Basis hat sich in dem genialen Prozeß verfestigt, in dem die Bezugspersonen internalisiert wurden. Das heißt im wesentlichen, daß sie im Gedächtnis verankert wurden. Das Kind kann auf sie zurückgreifen, wann immer es sie braucht. Diese Leistung wird als »Objektkonstanz« bezeichnet. Das Kind hat aus seinen Identifikationen mit einer Reihe von Modellen ein Gefühl persönlicher Identität erlangt, das eine gewisse Kontinuität hat, sich im Lauf seines Lebens jedoch weiterentwickeln und verändern wird. Es hat ein Gefühl persönlicher Kompetenz entwickelt und die sozialen Anweisungen seiner Bezugspersonen verinnerlicht. Und es hat sich in der ödipalen Auseinandersetzung ausprobiert und verloren.

Nun verlagert sich sein Verhalten von der äußeren zur inneren Kontrolle, von einer Moralität von Einschränkungen zu einer Moralität von Kooperation. Nachdem es die ersten Phasen der Kindheit durchlaufen hat, ist es bereit für die gesellschaftliche Welt im weiteren Umfeld. Es sucht Zugehörigkeit und stellt enge Beziehungen zu Gleichaltrigen her. Sowohl in der Phase sozialer Verantwortung wie auch in der Phase der Nähe wird sich nun der Aufgabenzyklus der frühen Kindheit wiederholen. Es wird *Bindung* herstellen müssen zu seinen Altersgenossen, insbesondere zu einem speziellen »besten Freund«, sich von ihnen *unterscheiden*, seine eigene Identität unter ihnen herausbilden und *Kompetenz* entwickeln im Umgang mit ihnen. So erwirbt es im Umgang mit anderen Sicherheit und Zuversicht. Außerdem wird es in jedem Stadium dazu neigen, in der gleichen Zyklusphase »steckenzubleiben«, in der es schon vorher steckenblieb. In der Phase sozialer Verantwortung zum Beispiel hat es vielleicht Schwierigkeiten, Bindungen zu Gleichaltrigen herzustellen oder innerhalb der Gruppe eine eigene Identität zu finden. In der Phase der Nähe fällt es dem Kind vielleicht leicht, sich auf eine Freundin oder einen Freund einzulassen, aber es hat Probleme, seine Identität im Paar aufrechtzuerhalten.

Diese Phasen bieten die Gelegenheit, die ungelösten Themen der früheren Erfahrungen innerhalb der Familie zu korrigieren. Denn es besitzt nun ein gewisses Maß an Freiheit und emotionaler Distanz. Im günstigen Fall werden die Eltern auf konstruktive Weise damit umgehen. Der Teenager wird in dem Maße, in dem er gesündere, erwachsene Entscheidungen trifft, die alten Konflikte lösen oder ihre Intensität abmildern. Der innere Alarm wird nachlassen. Allerdings werden leider die alten Probleme normalerweise noch weiter verschärft, denn sie präsentieren sich denselben nur selten veränderten Bezugspersonen in der gleichen Umgebung, in der die zerstörerischen gesellschaftlichen Maßstäbe herrschen.

Ich bin sicher, daß der »Sturm und Drang« in der Adoleszenz kein Naturzustand ist. Wer in seiner Kindheit die Bedürfnisse befriedigen konnte, wird die ungeheure Energie und das wachsende Selbstgefühl der Pubertät nutzen, um für Heranwachsende Angemessenes zu tun. In der Adoleszenz bauen gesunde Kinder ihr Ich-Gefühl aus, befestigen die Beziehungen zu Gleichaltrigen, verlieben sich zum ersten Mal, integrieren ihre Sexualität und erweitern die Bereiche ihrer Kompetenz. Aber weil normalerweise bestimmte Kindheitskonflikte ungelöst sind, geraten sie in die gleiche Sackgasse und müssen mit denselben Problemen fertig werden. Nur verfügen sie nun über mehr Macht und Unabhängigkeit und sind einem Andrang von Hormonen ausgeliefert. Sie können von zu Hause davonlaufen, Drogen nehmen, Autos stehlen, schwanger werden und alles mögliche tun, um sich selbst von ihrem Schmerz abzulenken (und um ihre Eltern auf ihn aufmerksam zu machen, damit sie die in der Kindheit vermißte Liebe und Sicherheit doch noch geben).

Soziale Verantwortung: »Ich gehöre dazu«

Das Interesse des Kindes verlagert sich also auf andere, die gleich sind und nicht überlegen. Es hat aus dem verlorenen ödipalen Konflikt gelernt, daß es eine Beziehung nicht durch Eroberung erzwingen kann. So verlegt es sich darauf, Freundschaft mit seinen Altersgenossen aufzubauen. Es sollte eine besondere Beziehung zu einer Person des gleichen Geschlechts innerhalb seiner Gruppe herstellen, seinem speziellen Kumpel.[1]

Die Beziehung zu dem besten Freund ist intensiv, ernsthaft und ausschließlich. Sie basiert nicht auf Rivalität, sondern auf Gemeinsamkeiten. Das Kind lernt, die Beziehung zu seinem Freund nicht als etwas Selbstverständliches zu betrachten. Sie muß gepflegt und entwickelt werden. Wenn es Zuwendung und Fürsorge auf den Freund richtet, lernt das Kind, daß Interesse an dem Wohlergehen des Freundes die beste Strategie für Erfolg ist: Es ist eine Anpassungsreaktion, die für das Überleben notwendig ist. Da der Kumpel ein Spiegel seiner selbst ist, wird er sich seiner selbst bewußter, kann mehr Mitgefühl und mehr Mitleid mit sich selbst empfinden. Hier wird die Grundlage geschaffen, auf der das Kind später lernen wird, wirkliche Liebesbeziehungen zu gestalten.

Während dieser Zeit besteht die Aufgabe der Eltern zum Teil darin, dem Kind gesellschaftliche Fähigkeiten beizubringen. Gesunde Eltern ermutigen die Vorstöße ihres Kindes in die Welt, sind aber nach wie vor für es da und halten dabei wenn nötig Distanz. Sie unterstützen die Beziehungen zu den Altersgenossen, insbesondere zu seinen Freunden und seinem besten Freund. »Ich mag deinen Freund Aaron«, sagen sie. »Er scheint ein Energiebündel zu sein. Er ist ein guter Freund. Vielleicht möchte er am nächsten Wochenende mit uns zum Picknick kommen. Das würde uns Spaß machen.«

Die Zustimmung der Eltern verstärkt sein Selbstwertgefühl. Jede Zurückweisung empfindet es als persönliche Ablehnung. Wenn die Eltern das Kind für seine Freunde beglückwünschen, sie zum Essen einladen, sie auf Ausflüge mitnehmen, sie auffordern, bei ihnen zu übernachten, kann das Kind erkennen, wer es ist und welchen Stellenwert es in der Welt hat.

Das einsame Kind: Angst vor anderen/Ausgestoßensein

Manchen Kindern gelingt es nicht, Freunde zu gewinnen. Ihre Versuche, in die Gruppe aufgenommen zu werden, gehen schief. Derartige Zurücksetzungen bringen das Anpassungsverhalten »einsamer Kinder« hervor. Normalerweise gibt es dafür drei mögliche Erklärungen. Oft befürchten überfürsorgliche oder übertrieben strenge Eltern den Verlust des Kindes. Sie bringen schnell ihr Mißfallen an seinen Freunden zum Ausdruck, kritisieren sie und das soziale Verhalten des Kindes. Wenn das Kind keine Freunde findet, kann das auch am Fehlen von gesellschaftlichen

Fähigkeiten im Elternhaus liegen. Seine Eltern können es nicht dazu anleiten, Freundschaften zu entwickeln und Konflikte zu lösen. Nun, wo sich das Kind in der Außenwelt bewegt, ist es deren Urteilen unterworfen. Manchmal wird es verstoßen, weil es anders ist - zu schlau oder nicht schlau genug, zu jungenhaft oder zu mädchenhaft. Es kann aufgrund seiner Religion, Nationalität, Rasse oder des ökonomischen Hintergrundes isoliert werden. Auch wenn es vielleicht einen engen Freund hat, möglicherweise einen Einzelgänger wie es selbst, findet es nur wenig andere Freunde. Zurückgewiesen, gesellschaftlich unbeholfen, lenkt es seine Energie zurück nach innen, beschäftigt sich mit sich selbst. Es taucht in eine selbstkonstruierte Phantasiewelt ein, in der es von Beziehungen träumt, die ihm im wirklichen Leben verschlossen sind. Obwohl es unabhängig aussieht und leugnet, daß es Freunde braucht oder sich Freundschaften wünscht, ist es hochgradig einsam.

Amy, eine schmerzhaft schüchterne Frau, erzählte mir, daß sie ihre Nachmittagsstunden damit verbrachte, mit ihrer besten Freundin, die so dick war, wie Amy lang, Gedichte und Theaterstücke zu schreiben. »Wir schrieben über Menschen, die ›anders‹ waren und eines Tages berühmt werden würden. Wir träumten, daß jemand unsere Stücke finden würde (obwohl wir sie nie jemanden sehen ließen), wir entdeckt und nach New York ziehen würden.« Als ich Amy fragte, ob sie je ihre Eltern um Hilfe gebeten hätte, sagte sie, ihre Eltern hätten selbst nur wenige Freunde gehabt. Ihre Mutter hätte ständig versucht, ihr Kleider zu kaufen, in denen sie »kleiner« aussehen würde.

Der Erwachsene: Ein Einzelgänger

Aus einem einsamen Kind wird als Erwachsener ein Einzelgänger, ein rigider Minimierer, ein Mensch, der sich abschottet und kaum seine Gefühle äußern kann. Im Kern seines Wesens ist eine Leere. Es ist ihm nicht gelungen, seine Bedürfnisse nach gesunder Abhängigkeit und Gegenseitigkeit zu befriedigen. Er ist erfüllt von intensiven, oft schmerzhaften Gefühlen und der überwältigenden Überzeugung, nicht liebenswert zu sein. Das mag als Quelle von kreativen Leistungen positiven Wert haben. Aber ein solcher Mensch ist anfällig für Suchtabhängigkeit - von Drogen, Alkohol, Arbeit. Um auszugleichen, was ihm fehlt, fühlt er sich zu einem geselligen, fürsorglichen Partner hingezogen, der Grenzen überschreitet und aufopfernd ist.

Jemand, der Freundschaften sucht und pflegt, wird den Einzelgänger aus seiner Abgeschiedenheit trotz Protest mitziehen. Der jedoch wird gleichzeitig alles tun, um den Partner von seinem inneren Leben auszuschließen.

Martin ist der Außenwelt ganz gut aus dem Weg gegangen, indem er sein Leben seiner mikrobiologischen Forschung widmete. Er verbrachte seine Zeit im Labor, es sei denn, er wurde ausdrücklich aufgefordert, seine Ergebnisse bei Kongressen oder Seminaren vorzustellen. Er war überwältigt vor Liebe und Erleichterung, als

Monika ihn unter ihre Fittiche nahm. Sie war Wissenschaftsjournalistin und hatte die Aufgabe übernommen, ihn zu interviewen, und zog ihn aus seiner Abgeschiedenheit in ihre Welt von Filmen und Museen und improvisierten Zusammenkünften mit Freunden. Aber nach etwa sechs Monaten empfand er Widerwillen gegen ihr Eindringen in seine Sphäre: »Sie läßt mich nie allein. Sie bezieht immer Freunde in unsere gemeinsamen Abende mit ein. Ich weiß nicht, was ich mit ihnen reden soll. Sie wissen nicht viel über mich, und es kümmert sie auch nicht. Sie glaubt, ich müsse ihr alles sagen, was ich denke. Verstehst sie denn nicht, daß ich nicht bin wie sie?«

Das fürsorgliche Kind: Angst vor Bedürftigkeit/Alleinsein

Das fürsorgliche Kind ist übermäßig am Wohlergehen und der Fürsorge für andere interessiert. Es fordert nicht viel für sich selbst und scheint verfrüht die Elternrolle zu übernehmen. Extrovertiert und entgegenkommend, hat es viele oberflächliche Freundschaften, aber nur ein bester Freund kommt ihm wirklich nahe. Seine Fürsorge konzentriert sich vielleicht auf den besten Freund, seine Klassenkameraden, seine Familie oder Haustiere. Das Problem ist, daß sein Ich definiert wird von der Zustimmung anderer und ihren Ansichten und Bedürfnissen geopfert wird. Bestimmt von den Meinungen, die andere von ihm haben, kann es sich selbst nicht sehen. So hat es entsetzliche Angst davor, allein zu sein. Für sich selbst fühlt es sich unsichtbar, unsicher, ob es überhaupt existiert, außer in den Augen anderer. Es ist gefangen in dem Versuch, anderen zu gefallen, um seinem Leben Wert zu geben. Seine Grenzen sind diffus, und es wird leicht dominiert, oft zum Sündenbock. Dieses Muster ist im späteren Leben die Basis für eine Koabhängigkeit.

Die Eltern eines fürsorglichen Kindes vermitteln ihm die Überzeugung, für sich selbst zu sorgen oder sich selbst wertzuschätzen sei schlecht, und persönliche Gefühle und Sorgen seien unwichtig. Das Kind wird abgerichtet, sich schlecht zu fühlen, wenn es nicht gibt, und übermäßig dankbar zu sein, wenn es etwas bekommt. Die Eltern loben die soziale Verantwortung und die Führungsqualitäten des Kindes, spiegeln es selektiv und unterstützen nur das gutgeheißene fürsorgliche Verhalten. Seinen Wunsch nach Autonomie und die Fähigkeit, für sich selbst zu sorgen, setzen sie herab.

Einen solchen Fall erlebte ich vor kurzem, als ich Besuch bekam von Freunden, die ich lange nicht mehr gesehen hatte. Sie gaben mir gegenüber an mit ihrer Tochter Emily. Sie machte sich sofort daran, meinen Kindern bei ihren Hausaufgaben zu helfen und den Tisch nach den Mahlzeiten abzuräumen. Im Lauf des Besuchs kam Emily ganz aufgeregt herein, weil Helen ihr angeboten hatte, sie zu einer Kutschenfahrt im Central Park mitzunehmen. »O nein, Liebling, das kannst du nicht tun«, sagte die Mutter offensichtlich mißbilligend. »Du darfst Helens wertvolle Zeit nicht in Anspruch nehmen.«

Wenn ein Kind sich mit Gleichaltrigen einläßt, entziehen die Eltern eines geselligen Kindes ihm oft ihre Unterstützung. Sie sind erleichtert, nicht mehr soviel Verantwortung tragen zu müssen, und wenden ihre Aufmerksamkeit anderem zu; Sie stoßen ihr Kind fort und geben ihm das Gefühl, es müsse etwas tun, was sie positiv bewerten, um ihre Anerkennung zu erringen. Es vergißt seine eigenen Bedürfnisse oder wirft sich vor, daß es Bedürfnisse hat.

Der Erwachsene: Ein aufopfernder Helfer

Der aufopfernde Helfer bezieht seine Anerkennung - im Beruf, in seiner Gemeinde, seinen Beziehungen - daher, daß er sich unabkömmlich macht. Er findet heraus, was andere brauchen, und liefert es. Oft ist er eine führende Persönlichkeit in einer Gruppe, ein Pfadfinderführer, ein unermüdlicher Organisator in örtlichen Wohltätigkeitsorganisationen. Er wird respektiert und bewundert. Andere sehen ihn als stark und unabhängig und wenden sich an ihn mit der Bitte um Rat und Hilfe. Mitfühlend ordnet er die Lebensprobleme seiner Sekretärin, verzichtet auf sein Nachmittagsgolf, wenn er anderweitig gebraucht wird, hilft seiner Freundin mit ihrer kranken Katze. Er zieht bedürftige Menschen an wie ein Magnet und unterstützt sie selbst dann, wenn sie selbst für sich sorgen sollten. Wenn er nicht das Gefühl hat, gebraucht zu werden, wenn er nicht etwas *tun* kann, weiß er nicht, wo sein Platz in der Welt ist. Aber unter seiner fröhlichen äußerlichen Haltung: »Ich mach das schon«, ist er oft niedergeschlagen und hat das Gefühl, daß etwas fehlt. Manchmal ist er müde und erschöpft und wird ärgerlich, weil niemand sich um ihn kümmert und niemand all das, was er tut, zu schätzen weiß.

Der einsame, ungeschickte Martin war das geeignete Ziel für Monikas Fürsorge. Er schien so glücklich zu sein über ihre Bemühungen, sein Leben zu verbessern. Offenbar hieß er alles gut, was sie tat. Aber es wurde ihr klar, daß er immer noch so in sich selbst versponnen war, so unwillig, sie in sein Leben einzulassen. Und das nach allem, was sie für ihn getan hatte. »Martin ist ein guter, freundlicher Mann«, sagte sie mir, und tätschelte ihm freundlich den Oberschenkel. »Und ich versuche zu verstehen, wie schwierig es für ihn ist, sich zu öffnen. Aber er scheint nicht zu begreifen, wie gern ich ihn habe und wieviel ich getan habe, um zu versuchen, ihm zu helfen. Warum läßt er mich nicht an sich heran? Warum kann er mir nicht sagen, daß er mich liebt? Schließlich verlange ich doch nicht viel.«

Intimität: »Ich kann Nähe herstellen und liebevoll sein«

Der Heranwachsende muß sich endgültig von der Familie trennen, sich in das gesellschaftliche Muster seiner Altersgenossen einordnen und eine befriedigende sexuelle und emotionale Nähe zum anderen Geschlecht herstellen. Die Eltern sollten die erwachende Sexualität akzeptieren und gleichzeitig ein Vorbild für angemessenes Einhalten von Grenzen der Intimität geben. Ihre Botschaft sollte lauten: »Wir sind uns nah und gehen liebevoll miteinander um. Wir hoffen, du findest auch eine nette Freundin. Wir freuen uns darauf, sie kennenzulernen.«

Der Heranwachsende schleppt aus der früheren Phase der Verantwortung hinderliches Gepäck mit in seine ersten Nähe-Versuche. Außer dem guten Beispiel braucht er die ernsthafte Unterstützung seiner Eltern.

Kann er seine neue Liebe mit der Zustimmung seiner Eltern nach Hause bringen, und reagieren sie auf seine erwachende Sexualität nicht bedroht, eifersüchtig oder peinlich berührt, integriert er seine neue Beziehung in sein sonstiges Leben. Dann empfindet er den Impuls, Nähe herzustellen, als richtig und natürlich.

Das rebellische Kind: Angst vor Kontrolle

Manche Eltern fürchten sich vor der Macht des Kindes, seiner Freiheit und Sexualität. Sie sind neidisch und ziehen nun die Zügel fest an. »Werde nicht erwachsen«, sagen sie. »Du bist noch nicht bereit für die Welt, und wir sind nicht bereit, dich gehenzulassen.« Das Kind ist wütend über jede Einschränkung, wenn es seine Flügel ausprobiert, wütend über das Mißtrauen seiner Eltern. Seine einzige Verteidigungsstrategie besteht darin, die einschränkenden Regeln zu brechen, denn es fürchtet, sonst in eine Falle zu geraten und sein fragiles Selbstgefühl zu verlieren.

Die meisten Teenager fordern Autorität heraus, probieren, wie weit sie gehen können. Sie testen, ob ihre Eltern sie unterstützen und beschützen, ob das Sicherheitsnetz immer noch trägt. Aber der Rebell ist extremer, er reagiert hochempfindlich auf alle, die ihm sagen, was er tun soll. Seine Kleidung und Sprache sind nicht nur Ausdruck seiner Individualität, sie sollen provozieren. Jede negative Reaktion gibt ihm einen Grund, weiter zu rebellieren, und bestätigt seine Überzeugung, alle Autoritätsfiguren seien rigide und reaktionär, und er müsse wachsam sein gegen Übergriffe anderer in seine Rechte.

Der Erwachsene: Ein Rebell

Im Erwachsenenalter wird aus dem rebellierenden Kind ein kämpferischer Rebell, der zwanghaft gegen den Strom schwimmt, obwohl ihm längst niemand mehr sagt, was er tun soll. Er ist stets anderer Meinung und geht sich selbst aus dem Weg, um sich abseits zu halten. Er ist mißtrauisch den Motiven anderer gegenüber, hat immer den Verdacht, sie würden versuchen, ihn zu kontrollieren oder den Status quo aufzuzwingen. Er wird nicht richtig erwachsen. Er erlebt die Aufsässigkeit des Zweijährigen erneut. In seinen Beziehungen neigt er dazu, den Partner als Gegner zu sehen. Er fürchtet, dominiert zu werden, wenn er nicht aufpaßt. Er braucht seine

Übung 7A

Anpassungen an Verletzungen in der Phase sozialer Verantwortung

Der Einzelgänger: Minimierer, rigide Grenzen	1	2	3	4	5
Grundlegende Angst (Verletzung): von Gleichaltrigen verstoßen zu werden, Ablehung der Eltern (des Partners)					
Innere Botschaft: Komm mir nicht nahe					
Grundüberzeugung: Ich bin nicht liebenswert					
Überzeugung in der Beziehung: Ich werde verletzt, wenn ich versuche, Nähe herzustellen					
Bild des Partners: gesellig und zudringlich					
Beziehung zum Partner: Schließt den Partner aus der inneren Welt aus, macht einseitig Pläne, gegenseitige Abhängigkeit					
Grundproblem: Einmischung des Partners					
Typische Frustration: Du magst mich nicht, du läßt mich nicht allein					
Wiederkehrendes Gefühl: Widerwille und Depression					
Konfliktbewältigung: vermeidet Konflikte, schmollt					
Herausforderung an persönliches Wachstum: Pflegen Sie Freundschaften mit Angehörigen des gleichen Geschlechts, beteiligen Sie sich an den geselligen Bemühungen des Partners, teilen Sie Gefühle und Gedanken mit dem Partner, lassen Sie ihn zu.					

Der Helfer: Maximierer, diffuse Grenzen	1	2	3	4	5
Grundlegende Angst (Verletzung): Bedürfnisse haben oder zum Ausdruck bringen, ausgeschlossen werden, Abweisung der Eltern (des Partners)					
Innere Botschaft: Du darfst keine eigenen Bedürfnisse haben					
Grundüberzeugung: Andere brauchen mich					
Überzeugung in der Beziehung: Ich werde geliebt, wenn ich deine Bedürfnisse erfülle					
Bild des Partners: Weiß meine Bemühungen nicht wertzuschätzen					
Beziehung zum Partner: aufopfernd, zudringlich					
Grundproblem: vom Partner ausgeschlossen zu werden					
Typische Frustration: Du schätzt mich oder meine Bemühungen nicht					
Wiederkehrendes Gefühl: Groll, Depression					
Konfliktbewältigung: versucht verständnisvoll und nett zu sein					
Herausforderung an persönliches Wachstum: Bringen Sie dem Partner gegenüber ihre Bedürfnisse zum Ausdruck, sorgen Sie gut für sich, respektieren Sie die Privatsphäre des Partners, verbringen Sie Zeit allein.					

Freiheit und seinen »Freiraum«, trotzdem ist es leicht, ihm Schuldgefühle einzuflößen.

Es ist kaum überraschend, daß er sich normalerweise zu einem Konformisten hingezogen fühlt, einem vorbildlichen Bürger, der sich zwanghaft an die Regeln des gesellschaftlichen Spiels hält. Er bedarf verzweifelt der Struktur und der Ordnung, die er so sehr verachtet. Er projiziert seine Bedürfnisse auf seinen vorbildlichen Partner, kritisiert ihn bzw. sie gleichzeitig dafür, sich so ordentlich in die Masse einzufügen.

Tony hatte Angst davor, seine Freundin Gail könne ihm gegenüber die Oberhand bekommen. Er testete sie fortwährend, um sicher zu sein, daß sie nach ihrer Hochzeit nicht versuchen würde, ihn »an die Leine zu nehmen«. Sie schien ihm gegenüber »zu nett« zu sein. Er dachte, sie würde nur Theater spielen, und das würde sich drastisch ändern, wenn sie einmal verheiratet wären. Irgendwie erinnerte sie ihn an seine Mutter. Die wollte für ihn immer nur das Beste, dachte jedoch ausschließlich an die Meinung der Nachbarn. Er provozierte Gail mit sexuellen Experimenten und wilden Partys. Tonys Mutter mochte Gail, was ihn ebenfalls mißtrauisch machte. »Als wir vorige Woche meine Eltern besuchten«, berichtete er mit vielsagender Stimme, »war Gail ganz offenbar mit allen faschistischen Ansichten meines Vaters einverstanden, auch wenn ich dagegen war. Sie sagte, sie hätte nur versucht, nett zu sein und Streit zu vermeiden. Aber manchmal habe ich das Gefühl, sie ist nicht auf meiner Seite.«

Das Musterkind: Die Angst, anders zu sein

Konservative, rigide Bezugspersonen, die Angst haben, anders zu sein, ziehen oft ein Musterkind heran. Unablässig weisen diese Eltern daraufhin, was sie seltsam, bizarr oder ungewöhnlich finden. Sie bewerten fortwährend die Freunde des Kindes, seine Kleidung, seine Interessen oder seinen Geschmack und vermitteln die unmißverständliche Botschaft: »Fall nicht auf.« Ihre Akzeptanz hat sehr enge Grenzen. »Wenn du versuchst, anders zu sein«, warnen sie, »wirst du nie Freunde haben. Du wirst nicht akzeptiert, wenn du nicht das tust, was andere tun. Wenn du auffällst, machst du dich zur Zielscheibe und wirst Schwierigkeiten bekommen.« Das Kind kauft ihnen ihre Linientreue ab. Der einzige Weg, geliebt zu werden, besteht für es darin, so zu sein wie alle anderen, und zu tun, was *richtig* ist. Es unterdrückt geheime Sehnsüchte, Meinungen oder Interessen aus Furcht, die Zuneigung und Annahme des anderen zu verlieren. So wird das Musterkind geboren, das wohlerzogene, wohlgeratene Vorbild in Fernsehwerbung und Familienserien. Es sind solche Kinder, die freiwillig alle möglichen Aufgaben übernehmen, oft als allgemeiner Kummerkasten dienen, denen die Altersgenossen ihre Schwierigkeiten anvertrauen.

Der Erwachsene: Ein Konformist

Das Musterkind wird als Erwachsener ein Konformist, lebt in einer Welt von Musterbürgern und kämpft darum, den Status quo zu erhalten. Es ist voller Selbstgerechtigkeit, voller Sicherheit, wie alles sein *sollte*, überzeugt von der Dekadenz der neuen Generation, und sehnt sich nach den »guten alten Zeiten«. Konformisten schlagen keine Wellen, sondern fühlen sich von den Wellen bedroht. Sie betrachten sich selbst als Hüter des Gemeinwohls, traditioneller Werte und moralischer Maßstäbe.

Kritisch gegenüber »Individualisten« und Regelverletzern, fühlen sie sich dennoch angezogen von rebellischen, kindlichen Partnern, die ihre verborgene Aufsässigkeit, ihren Groll über ihre verfehlte Adoleszenz, die verpaßten Gelegenheiten und verlorenen Freiheiten für sie übernehmen. Sie haben oft ausschweifende Phantasien von abweichenden Sexualpraktiken, Träume, in denen sie Morde begehen oder fliegen können. Heimlich sehnen sie sich danach, von einschränkenden Grenzen frei zu sein. Hinter der Fassade von Wohlanständigkeit lebt oft ein niedergeschlagenes Kind oder ein krimineller Wolf im Schafspelz. Und doch lassen sich Konformisten zu rebellischen Partnern herab und glauben, für ihre unreifen, unkooperativen Partner alles zusammenhalten zu müssen. Das gibt ihnen das Gefühl, etwas Gutes zu tun.

Tonys Mißtrauen gegenüber Gail war nicht völlig von der Hand zu weisen. Obwohl sie fasziniert war von Tonys Auftreten als »Bad Boy«, war ihr peinlich, daß er so anders war als ihre Freunde und Mitarbeiter. Es war ihr peinlich, daß er sein Geld damit verdiente, in Warenhäusern Haushaltswaren anzupreisen, daß er freiwillig in einer Suppenküche arbeitete und Vegetarier war. Außerdem brachte sie ihn dazu, sich zu benehmen. Ob seiner »Unverantwortlichkeit« kümmerte sie sich um die Organisation ihres gemeinsamen Lebens, oder sie schloß sich den pedantischen Angriffen von Tonys Vater an. Tat Tony nicht, was er ihrem Gefühl nach tun sollte, reagierte sie entrüstet, gleichzeitig aber herablassend auf die Verletzung wie einem widerspenstigen Teenager gegenüber. »Wenn ich nicht alles zusammenhalte«, behauptete sie, »wird überhaupt nichts erledigt. Es ist, als würde ich mit einem Kind zusammenleben.«

Es ist interessant, daß die Dynamik des Drängens und Sich-Entziehens bei Paaren, deren Verletzung in den späteren Entwicklungsphasen von sozialer Verantwortung oder Nähe stattfanden, flexibler ist. Ihre Charakterstruktur ist weniger fest, und die Partner können im allgemeinen leichter die Rollen wechseln als diejenigen, die in früheren Phasen verletzt wurden, als die Charakterstruktur rigider war. Die Charakterstruktur ist immer abhängig von der Person, zu der wir uns in Beziehung setzen: Wenn der Flüchter sich plötzlich um Nähe bemüht oder sich dem Partner zuwendet, sucht der Verfolger plötzlich Distanz. Dieser Mechanismus ist in diesen späteren Phasen noch leichter umkehrbar. So habe ich in fast 30 Prozent aller Fälle

Paare gesehen, in denen der *Rebell* der *Maximierer* ist und der *Konformist* der *Minimierer.*

Übung 7B

Anpassungen an Verletzungen im Intimitätsstadium

Der Rebell: Minimierer, rigide Grenzen	1	2	3	4	5
Grundlegende Angst (Verletzung): Von anderen (Eltern/Partner) kontrolliert zu werden					
Innere Botschaft: Werde nicht erwachsen					
Grundüberzeugung: Mir wird nicht vertraut					
Überzeugung in der Beziehung: Ich werde kontrolliert, wenn ich aufgebe, anderer Meinung zu sein					
Bild des Partners: zu nett, gegenseitige Kontrolle, vermittelt Schuldgefühle, übernimmt die Elternrolle					
Beziehung zum Partner: rebellisch, kontrollierend, setzt den Partner herab					
Grundproblem: Freiheit, die Regeln zu brechen					
Typische Frustration: Du bist nie auf meiner Seite					
Wiederkehrendes Gefühl: Wut und Enttäuschung					
Konfliktbewältigung: rebellisch, mißtrauisch gegenüber Motiven anderer					
Herausforderung an persönliches Wachstum: Stabilisieren Sie Ihre eigene Identität, übernehmen Sie Verantwortung gegenüber anderen, lernen Sie, anderen zu vertrauen.					

Der Konformist: Maximierer, diffuse Grenzen	1	2	3	4	5
Grundlegende Angst (Verletzung): anders zu sein als die anderen, Mißbilligung der Eltern (des Partners)					
Innere Botschaft: Bleibe unauffällig					
Grundüberzeugung: Ich muß gut sein					
Überzeugung in der Beziehung: Ich muß alles zusammenhalten					
Bild des Partners: rebellisches Kind					
Beziehung zum Partner: herablassend, nörgelnd, kontrollierend					
Grundproblem: Stabilität und Kooperation					
Typische Frustration: Du willst nicht erwachsen werden, du willst immer anders sein als andere					
Wiederkehrendes Gefühl: wütende Selbstgerechtigkeit					
Konfliktbewältigung: versucht, Regeln aufzuoktroyieren					
Herausforderung an persönliches Wachstum: Experimentieren Sie damit, anders zu sein, gehen Sie Risiken ein, entwickeln Sie Ihre Identität.					

Übung 7C

Bin ich ein Minimierer oder ein Maximierer?

Wenn Sie sich nicht im klaren darüber sind, ob sie ein Minimierer oder ein Maximierer sind, betrachten Sie die folgende Tabelle. Links ist eine Liste von Eigenschaften, die den Minimierer charakterisieren, die Eigenschaften auf der rechten Seite beschreiben den Maximierer. Kreisen Sie die Aussagen, die Ihrem Gefühl nach auf Sie zutreffen, ein.

Minimierer	Maximierer
Entlädt Gefühle nach innen	Entlädt Gefühle nach außen
Unterdrückt Affekte	Übertreibt Affekte
Leugnet Abhängigkeit (gegenseitige Abhängigkeit)	Neigt zu Abhängigkeit von anderen
Leugnet ganz allgemein, Bedürfnisse zu haben	Übertreibt Bedürfnisse im allgemeinen
Verrät nur wenig seiner inneren Welt	Ist zwanghaft offen, subjektiv
Neigt dazu, andere aus seiner seelischen Sphäre auszuschließen	Neigt dazu, andere übermäßig in die eigene psychische Sphäre einzuschließen
Hält Gefühle, Gedanken, Verhalten zurück	Neigt zu Klammern und übertriebener Großzügigkeit
Hat rigide Selbstgrenzen	Hat diffuse Ich-Grenzen
Innengesteuert, richtet sich hauptsächlich nach sich selbst	Außengesteuert, richtet sich im allgemeinen nach anderen, mißtraut den eigenen Impulsen
Denkt weitgehend an sich selbst	Setzt andere in den Mittelpunkt
Agiert und denkt zwanghaft	Agiert impulsiv
Versucht, andere zu dominieren	Normalerweise unterwürfig, manipulativ
Neigt zu passiv-aggressivem Verhalten	Wechselt zwischen Aggressivität und Passivität

Übung 7D

Erkennen Sie das verletzte Kind im Erwachsenen

Nehmen Sie sich nun ein paar Minuten Zeit, um die folgende Zusammenfassung auszufüllen. Betrachten Sie noch einmal ihre Antworten in den Fragebögen der drei vorangegangenen Kapitel, um festzustellen, in welchem Stadium die meisten Ihrer Reaktionen in die Kategorie 4 und 5 fielen, und überprüfen Sie, ob es irgendwelche weiteren Stadien gab, in denen Ihre Reaktionen überwiegend im oberen Bereich der Skala lagen.

Ich bin ein ______________________________ *(Minimierer oder Maximierer)*
mit ______________________________ *(rigiden oder diffusen)* Ich-Grenzen,
der am tiefsten verletzt wurde in der ______________________________ Phase
(Beispiel: Identitätsfindungsphase).
Deshalb bin ich ein ______________________________
(Bewältigungsstrategie, zum Beispiel: Vermeider).
Meine Grundangst (Verletzung) ist ______________________________
(zweite Zeile der Tabelle für die entsprechende Phase). Außerdem scheine ich Probleme zu haben auf dem Gebiet ______________________________
(jede weitere Phase, in der Sie überwiegend 3 bis 5 Punkte erzielten).
Meine grundlegende Angst (Verletzung) hier ist ______________________________
Für mein persönliches Wachstum ist es notwendig, ______________________________
____

Nun, das ist ganz schön deprimierend, nicht war? Es ist ein Wunder, daß wir morgens überhaupt aus dem Bett kommen, uns anziehen und etwas essen mit all unserem Gepäck und bei all den Umwegen und den Verteidigungsstrategien. Dieser Teil ist schwierig, kann uns aber auch Hoffnung geben. Zum Glück ist der Schaden zu reparieren, wenn wir mit unserem glühenden unbewußten Wunsch nach Ganzheit daran arbeiten.

Kapitel 8

Traumatisierte Beziehungen: Das Vermächtnis zerrütteter Familien

Alle glücklichen Familien ähneln einander,
jede unglückliche Familie ist auf ihre eigene Art unglücklich.
Leo Tolstoi, Anna Karenina

Wir haben vorher untersucht, welche spezifischen Verletzungen die besondere Weise, wie wir in der frühen Kindheit behandelt wurden, zur Folge hat und wie sie unsere Partnerschaften beeinflußt. Viele Menschen jedoch tragen Wunden mit sich herum, die viel tiefer gehen. Und sie müssen sich möglicherweise auch damit auseinandersetzen, daß sich der Mißbrauch, den sie in der Vergangenheit erlebt haben, wiederholt. Sie sind Opfer von alkohol- und drogenkranken Eltern, gezeichnet von körperlicher oder emotionaler Gewalt, Inzest oder traumatischen Erlebnissen. Mehr als die Hälfte der amerikanischen Familien gehören in diese Kategorie. Wer zu dieser großen, im letzten Jahrzehnt des zwanzigsten Jahrhunderts so auffällig gewordenen Gruppe gehört, hat mit sehr viel ernsteren Schwierigkeiten und Komplikationen zu kämpfen, will er eine dauerhafte Beziehung gründen.

Ich will hier nicht detailliert auf bestimmte Funktionsstörungen in der Erziehung eingehen. Mit diesen ernsthaften und leider nur allzu häufigen Problemen beschäftigen sich schon Hunderte von Büchern. Außerdem werden in Workshops und Beratungsstellen Therapien, Trost und Selbsthilfeprogramme angeboten. Aber weil Kinder aus einer vergifteten Umgebung dazu verdammt sind, als Erwachsene ihre Kindheitsprobleme zu wiederholen, möchte ich einige allgemeine Beobachtungen über die gestörte Familiendynamik anstellen. Dabei geht es natürlich besonders darum, ihren zerstörerischen Einfluß auf Beziehungen sichtbar zu machen. So möchte ich meinen Beitrag leisten zu der fortgesetzten Diskussion, wie sich die Schäden zerrütteter Familienverhältnisse beheben lassen.

Eine Frage des Ausmaßes

Manchmal sieht es so aus, als hätten Familien, die von Gewalt oder Mißbrauch zerrissen sind, mit »normalen« Familien gar nichts gemein. Wenn Sie in einer solchen Familie aufwuchsen, hatten Sie vielleicht das Gefühl, daß der scheinbar so glückliche Haushalt nebenan auf einem anderen Planeten lebte. In gewisser Weise hatten Sie recht, denn ernsthafte Störungen haben einen weitreichenden Einfluß auf Kinder.

Aber auch wenn zerrüttete Familien der Ausnahmezustand zu sein scheinen, unterscheidet sich ihre Dynamik nur graduell von denen einer »normalen«, funktionalen Familie. Der Prozeß, in dem Kinder verletzt werden, ist der gleiche. Die Probleme aller Menschen sind Ergebnis der Deprivation von Vergnügen, der Erfahrung von Schmerz und des Mangels an emotionaler Sicherheit. Das ist im Kern die Bedingung des Menschen. In traumatisierten Familien nimmt der Schaden allerdings extreme Ausmaße an. Alle Kinder werden verletzt, wenn ihre Bezugspersonen ihre Bedürfnisse nach verläßlicher Bindung nicht befriedigen können, sie die Welt nicht erforschen dürfen und in eine sichere Umgebung zurückkehren können. Werden sie in ihrer Suche nach Identität nicht gespiegelt, in ihren Bemühungen, Kompetenz zu erwerben, nicht gelobt, erfahren sie keine Unterstützung, wenn sie sich vorwagen in die Welt der Gleichaltrigen, erhalten sie in der Adoleszenz keine Hilfe, ihre Sexualität zu integrieren und erwachsen zu werden, ist Verletzung die Folge. Die Bezugspersonen in einer gestörten Familie jedoch sind selbst tödlich verletzt und damit unfähig, anderen auch nur annähernd angemessene Unterstützung zu bieten und ihre Bedürfnisse zu befriedigen.

Die Eltern tragen selbst die Last einer Biographie von Deprivation und Vernachlässigung. Ihre Kinder haben die Konsequenzen zu tragen. Solche Eltern haben keine Quellen, aus denen sie schöpfen könnten. In vielen Fällen sind ihre Möglichkeiten so gering und sie selbst so bedürftig, daß sie sich in ihrem Bedürfnis nach Unterstützung dem Kind zuwenden. Die Psychologin Pat Love bezeichnet dieses folgenschwere Verhaltensmuster, das weitgehend unerkannt bleibt, als »emotionalen Inzest«. Dazu kommt es, wenn Eltern ihre Kinder zur Befriedigung von Bedürfnissen nutzen, die von einem anderen Erwachsenen erfüllt werden sollten.[1] Es ist leicht, an einem hilflosen Kind Wut auszulassen. Es stellt keine besondere Herausforderung dar, die Liebe eines Kleinkindes zu erringen, und es hat nichts Bedrohliches, ein Kind um Hilfe zu bitten.

Weil die zerstörerische Umgebung bei der Geburt bereits vorhanden ist, wird das Kind aus einer dysfunktionalen Familie in den entscheidenden ersten Stadien von Bindung und Entdecken auf eine Weise zutiefst verletzt - depraviert, mißbraucht, vernachlässigt -, die das Alte Gehirn nicht vergessen wird. Unwirksame Reaktionsmuster - die schwachen, unentwickelten und nur rudimentären Verteidigungsversuche eines verzweifelten Kleinkindes - prägen sich ein und werden durch das Leben getragen in dem verzweifelten Versuch, weiteren Schmerz abzuwehren. Die Tatsache, daß diese Verteidigungsstrategien destruktiv, unproduktiv und in einer besser funktionierenden Welt unnötig sind und daß diese Verteidigungsstrategien dazu dienen, das Kind (und später den Erwachsenen) von anderen zu distanzieren, wird nicht einmal wahrgenommen. Es kennt nichts anderes.

Nur allzuoft wird die dysfunktionale Dynamik von Suchtmitteln wie Alkohol oder Drogen verstärkt. Diese Substanzen sind dann das Medium, durch das das Verhalten gefiltert wird. Sie treiben die emotionale Distanz der Mutter, ihre Depression und ihre Unerreichbarkeit ins Extrem. Sie verstärken die Wut des Vaters und setzen seine psychischen Barrieren herab, seine Tochter zu belästigen.

Ich will damit sagen, daß die Dynamik in allen Familien, von der gesunden, funktionierenden Familie bis hin zu der Familie, die von erbitterten Kämpfen und Gewalt zerrissen ist, als Kontinuum betrachtet werden sollte, nicht als zwei entgegengesetzte Pole. Der Hauptunterschied ist der Grad, welches Ausmaß die Probleme annehmen. Das ist abhängig davon, wie angemessen die Eltern sich verhalten können, in welchem Maß sie mit sich selbst beschäftigt oder suchtabhängig sind, zu Gewalt neigen, selbst bedürftig und in welchem Maß sie noch kompetent sind. In einer gesunden Familie findet auch eine erschöpfte, übermäßig belastete Mutter irgendwie eine Möglichkeit, mit ihrem Kind zusammenzusein, und sei es auch nur, daß sie das Kind in ihrem Bett schlafen läßt. Eine erschöpfte Mutter in einer dysfunktionalen Familie hingegen ignoriert das Kind, wird wütend, wenn es schreit, oder versorgt es nur unregelmäßig, wenn sie aus ihrem betrunkenen Stupor erwacht. Ein wütender, frustrierter Vater in einer »gesunden Familie« kann seine Beherrschung verlieren und seine Tochter anschreien, der gestörte Vater schlägt sie.

Die Bewältigungsstrategien des Über- und Untertreibens sind auch hier wirksam, aber in einem weiteren Sinn. Maximierer-Eltern fühlen zuviel, sie trinken, um Schmerz, Wut und Hoffnungslosigkeit abzutöten. Der Minimierer nimmt Drogen, um abgetötete Gefühle mit Gewalt wiederzuerwecken, das Gefühl von Distanz und Isolation zu überwinden, damit er sich lebendig fühlt. Ich fragte einmal einen Freund, der seit fünf Jahren trocken war, warum er getrunken hatte. Er antwortete sofort: »Es gab mir das Gefühl, lebendig zu sein. Zwischen meinen Räuschen fühlte sich mein Körper wie Zement an, und ich war geistig abgestumpft.«

In der Bindungsphase zum Beispiel ziehen sich vermeidende Minimierer-Eltern zurück in Alkohol oder schwere Depression und lassen das Kind fast völlig allein. Das Kind, das mit keinem seiner Versuche, versorgt zu werden, Erfolg hat, zieht sich seinerseits zurück in ein Schneckenhaus und kommt selbst als Erwachsener nie wieder daraus hervor. In der Entdeckerphase können klammernde Maximierer-Eltern, oft angetrieben von ihrer eigenen Bedürftigkeit und Depression, das Kind mit immer stärkeren Forderungen nach Zuwendung, Freundschaft, Hilfeleistungen oder Zeitaufwendungen ersticken und kontrollieren. Dem Kind wird jede Möglichkeit vereitelt, die Welt zu entdecken und Unabhängigkeit zu erwerben. Und so geht es in jedem Stadium weiter, die Probleme verschärfen sich, denn das Ausmaß der elterlichen Unfähigkeit wird nicht kleiner.

Lassen Sie mich ein paar Beispiele aus meiner Praxis anführen, um zu illustrieren, welch schwere Folgen extreme elterliche Defizite haben können.

Ann fühlte sich von hochgradig sexuell orientierten Männern angezogen, hatte jedoch wenig Spaß am Geschlechtsverkehr. Sie konnte sich nicht daran erinnern, je sexuelles Begehren empfunden zu haben. All ihre Beziehungen endeten auf die gleiche Weise: Ihre Partner verließen sie voll Wut und Frustration. Sie hatten das

Gefühl, Ann hätte eine doppeldeutige Botschaft vermittelt: »Ich mag deine Sexualität, aber versuche nicht, mit mir zu schlafen.« Während ihrer Therapie träumte sie davon, mit einem Fremden zu schlafen, dessen Gesicht sie nicht sehen konnte. Dadurch löste sich eine Erinnerungsbarriere. Es stellte sich heraus, daß sie in ihrer späten Kindheit von ihrem Vater belästigt worden war und als Heranwachsende von ihm dann abgelehnt wurde. Sie hatte sich daran gewöhnt, ihren Körper als böse zu betrachten, trug unförmige Kleider, um ihre Brüste zu verstecken, und unterdrückte alle sexuellen Empfindungen. Indem sie sich mit ihrer unterdrückten Sexualität identifizierte, sagte sie unbewußt zu allen Anwärtern: »Ich will dich, aber ich bin keine sexuelle Person.« In den Tiefen ihrer sexuellen Leugnung wurde Ann hysterisch, wenn in Büchern oder im Fernsehen von Sex die Rede war. Wenn ein Mann sie ansah, glaubte sie, er wolle sie vergewaltigen. Sie kam zu unseren Sitzungen und behauptete, Männer hätten versucht, sie zu berühren. Der Mann bei McDonald's habe »laszive« Blicke in ihre Richtung geworfen, ein »verdorbenes« Paar auf der Straße habe sich geküßt und berührt.

Victor erlitt ein anderes Schicksal. Er hatte die Rolle des Ehemannersatzes für seine alkoholkranke Mutter gespielt. Er hatte einen stark erotisierten Körper, aber keinen Zugang zu seinen Gefühlen. Er lenkte all seine Energie in seinen Kopf und Körper, wurde Rechtsanwalt und sexbesessen. Zwanghaft suchte er nach immer neuen Partnerinnen. Er behauptete, er habe und *brauche* zweimal am Tag Sex. Sanftheit oder Mitgefühl für seine Partnerinnen waren ihm fremd. Er verstand nicht, warum Frauen seinen instrumentellen, zügellosen Sex nicht mochten. Er verwendete seinen hochentwickelten Geist mit juristischer Präzision dazu, jede Frau fertig zu machen, die seine Rationalität zu überwinden versuchte, auf sein sexuelles Athletentum nicht ansprach oder während einer Diskussion emotional wurde. Seine Mutter war immer noch die einzige Frau in seinem Leben.

Alles Trauma

Die Besonderheiten von Mißbrauch oder Dysfunktion unterscheiden sich zwar von Familie zu Familie und von Kind zu Kind, doch in der Art der Verletzung gibt es große Ähnlichkeiten. Daraus ergeben sich Gemeinsamkeiten in den Auswirkungen auf die Erwachsenen-Beziehungen und den Weg der Heilung. Dafür spricht auch die Ähnlichkeit der vielen Therapieprogramme, die auf das Bedürfnis nach Heilung dieser weitverbreiteten Verletzungen reagieren. Weil diese Wunden sich ähnlich auswirken und ähnliche Konsequenzen haben, ist der Weg zur Ganzheit der gleiche, ob er ausgeht von Alkohol- und Drogenabhängigkeit, Inzest, körperlicher Gewalt, Eßstörungen, Kaufsucht, Spielen oder emotionalem Mißbrauch. Und der Weg ist für den Alkoholiker der gleiche wie für den Koabhängigen, den Mißbrauchenden der gleiche wie für den Mißbrauchten. Die Ähnlichkeiten im Verlauf der Heilung und der Behandlung verschiedener Verletzungen läßt sich mit den Diäten vergleichen, die ständig für die Behandlung von Herzkrankheiten, Krebs, Schlaganfall oder Arthritis veröffentlicht werden. All diese besonderen Formen der Ernährung haben zwar ihre eigenen Raffinessen, sprechen aber alle die physiologischen Bedürfnisse des Körpers an und sind so von der Grundlage her gleich: Der menschliche Körper braucht eine Ernährung, die wenig Fett enthält, ein gemäßigtes Maß an Eiweiß, viele Faserstoffe und komplexe Kohlehydrate - weder Alkohol noch Tabak, noch Koffein. Mit anderen Worten, auch wenn jeder Fall vordergründig anders aussieht, der Hintergrund von Angst, Vernachlässigung, Alleingelassenwerden und Mißbrauch ist in allen gestörten Familien ähnlich - die Besonderheiten Ihres Schmerzes und Leidens will ich damit keineswegs herunterspielen.

Schockneurosen

Welch scheinbar unentrinnbare, hartnäckige Wirkung Kindesmißbrauch auch auf den Erwachsenen noch ausübt - selbst bei dem, der bewußt versucht, der Vergangenheit zu entkommen -, zeigen die neueren Forschungen über Schockneurosen.[2] Von Schockneurosen ist normalerweise im Zusammenhang mit Soldaten die Rede, die vom Grauen des Kampfes bleibende Schäden davontragen. Neue Ergebnisse zeigen, daß selbst ein einziger traumatischer oder erschreckender Vorfall - wiederholte Vorfälle also ganz bestimmt - die Chemie im Hirn verändern kann. Die Opfer reagieren deshalb auf ganz normale Ereignisse so, als seien sie Wiederholungen des ursprünglichen traumatischen Erlebnisses - mit Alpträumen, Schweißausbrüchen, Wutanfällen, Schlaflosigkeit, Reizbarkeit. Sie fühlen sich in die traumatisierende Situation zurückversetzt, selbst wenn Jahre oder Jahrzehnte seither vergangen sind. Diese Reaktion ist ganz unabhängig davon, ob das ursprüngliche Trauma das Resultat von Kampf, Folter oder einem Erdbeben war - oder dem Mißbrauch als Kind. Alle, die an Schockneurosen leiden, reagieren damit auf eine lebensbedrohliche Situation, auf die sie keinen Einfluß hatten. Und ein Kind, das weder über die Fähigkeiten noch die Möglichkeiten oder Mittel verfügt, einer traumatischen Situation zu entkommen, hat ganz sicher keinerlei Kontrolle über seine Situation. Und ob es der traumatisierende Vorfall selbst ist oder ein harmloser alltäglicher Vorfall, der die Erinnerung auslöst, es reagiert auf die Bedrohung, sterben zu müssen.

Warum sind nur manche Kinder betroffen?

Wissenschaftler konnten die fehlfunktionierenden Hirnströme bei Schockneurosen identifizieren und Medikamente entwickeln, die, wie sie hoffen, die Nervenleitungen wieder in normale Bahnen zu lenken helfen. Fragen aber, warum manche Menschen zum Beispiel als Reaktion auf Kriegshandlungen bleibende Schäden davontragen und andere nicht und warum manche Menschen sich in kurzer Zeit von einem traumatischen Erlebnis erholen und andere jahrelang oder vielleicht gar ihr Leben lang verstört bleiben, erfuhren damit noch keine Antwort.

Es gibt einige Hinweise, und diese lassen Parallelen erkennen auf das Vermächtnis zerrütteter Familien. Tierstudien haben gezeigt, daß Tiere, die am Anfang ihres Lebens wiederholt milden Streßreizen ausgesetzt werden, mit mehr Wahrscheinlichkeit Veränderungen in der Hirnchemie erleiden als jene Tiere, die als Neugeborene keinen besonderen Belastungen ausgesetzt waren, später jedoch um so stärkerem Streß. Wir Menschen sind, wenn wir am Anfang unseres Lebens ausreichend Liebe und Anleitung erhielten, offenbar fähig, Streß und Niederlagen besser zu tolerieren. Das würde erklären, warum sich einer von einer Notlandung schnell erholt, während den anderen die Erinnerung daran noch lange quält. Dieses Phänomen ist als »kindling effect« bekannt. Das ist so, als ob man leicht mit Sandpapier an einer Stelle über die Haut reiben würde. Nach einer Weile ist diese Stelle so empfindlich, daß eine geringe Berührung eine maximale Reaktion hervorruft. Kein Wunder also, daß ein kleines Mädchen, dessen Mutter sie zu Hause allein ließ, um auszugehen und zu trinken, zu einer Erwachsenen wird, die hysterische Panikattacken bekommt, wenn ihr Freund sie nicht genau zu dem Zeitpunkt anruft, für den er es versprochen hatte. Ein Junge, der für jede kleinste Regelverletzung geschlagen wurde, wird später auf jeden Seitenblick und jede Form milder Kritik so reagieren, als würde er geschlagen.

Sam war zwei Jahre alt, als sein Vater starb, und sechs, als er auch seine depressive Mutter verlor. Bei der Diskussion über seine Beziehung zu Frauen berichtete er von seiner Panik beim geringsten Hinweis auf Zurückweisung. Zwanghaft forscht er in den Gesichtern seiner Freundinnen, voll Hoffnung auf ein Lächeln, voll Angst vor einem Stirnrunzeln oder der kleinsten Spur von Desinteresse. In der Nähe eines traurigen Menschen hält er es nicht aus. Nach dem Tod seiner Mutter kam er in ein Heim, wurde geschlagen und angeschrien. Jetzt löst der kleinste Ausdruck von Ärger bei einer ihm wichtigen Person einen Panikanfall von Angst und Selbstvorwürfen aus. Er versuchte, aus dem Heim fortzulaufen, und versteckte sich in einer Abstellkammer. Jetzt flüchtet er aus dem Zimmer und sogar aus der Beziehung, wenn die Partnerin einen Anflug von Ärger oder nur die geringste Frustration erkennen läßt. Schließlich verlassen ihn seine Partnerinnen in dem Glauben, sie könnten Sam nicht von ihrer Liebe überzeugen. Er sieht überall Beweise des Betrugs.

Evelyn, deren Eltern tranken und in aller Offenheit Affären hatten, läßt sich sofort mit jedem Mann, der sie ausführt, sexuell ein. Dabei ist sie nicht wählerisch. Sie scheint das Gefühl zu haben, sie müsse mit jedem Mann schlafen, der ihr gegenüber höflich ist. Sie meint, ihre Sexualität sei alles, was sie zu bieten hat. War sie erst einmal mit jemandem im Bett, hat sie das unbestimmte Gefühl, ihren Teil des Handels erfüllt zu haben. Ihre Gefühle stürmen über sie herein. In dem Augenblick, in dem ihr Liebhaber nach Hause oder zur Arbeit geht, hängt sie schon am Telefon und fragt, ob er zum Mittagessen frei sei oder wann sie sich das nächste Mal treffen werden. Nimmt sie nur eine Andeutung von Widerstreben oder Distanz wahr - was zwangsläufig der Fall ist, denn alle ihre Männer haben Ähnlichkeit mit ihren Eltern -, weint sie, wird hysterisch, versucht, ihn zu bestrafen, und droht sogar mit Selbstmord. Dann weigert sie sich, ihn wiederzusehen oder das Telefon zu beantworten.

Nicht erlebte Erfahrungen

Warum behalten Kindheitstraumata eine solche Macht über unser Leben? Warum ist das Muster übertriebener, irrationaler Reaktionen so schwer zu durchbrechen? Ich glaube, der Grund dafür ist, daß Kinder das Trauma nicht verstehen oder irgend etwas dagegen tun können. Deshalb unterdrücken wir es. Dann verbinden wir unseren emotionalen Schmerz nicht mehr mit dem ursächlichen bedrohlichen Erlebnis. Wir haben buchstäblich keine Ahnung von seiner Existenz. Wir leugnen die Abgründe unserer Empfindungen, die Hoffnungslosigkeit unserer Situation. Schließlich bleibt uns kaum etwas übrig, wir haben kein anderes Zuhause, keine anderen Eltern, an die wir uns mit dem Wunsch nach Liebe und Trost wenden könnten. Wir müssen so tun, als sei alles ganz in Ordnung. Die Wahrheit kann nicht zugelassen werden, und so verbergen wir sie vor uns selbst. Doch unser Altes Gehirn und unsere Körper tragen die von unserem Bewußtsein abgespaltete Wahrheit in sich. Instinktiv reagieren wir auf alle Lebenssituationen, als existiere die ursprüngliche Bedrohung für unser Überleben immer noch. Für einen Soldaten mit einer Bombenneurose kann eine zugeschlagene Tür oder ein seltsames Geräusch in der Nacht das Grauen des Kampfes mit voller Macht Wiederaufleben lassen. Für den Erwachsenen, der in der Kindheit traumatisiert wurde, löst die Freundin, die eine Stunde zu spät nach Hause kommt, Verlassenheitsängste aus. Eine sarkastische Bemerkung oder ein ärgerlicher Blick von ihrem Freund kann bei einer Frau vehemente Wut oder Angst auslösen. Sie wird in ihrer Wut ausfällig oder verläßt wie unter Zwang das Restaurant oder die Beziehung.

Für manche hat das frühe Trauma so verheerende Folgen oder reicht so weit, daß sie nie irgendeins der mit dem Trauma verbundenen Gefühle an die Oberfläche lassen können. Sie leben in einer ewig bedrohlichen Welt, ihre Erinnerungen schweben in einem zeitlosen Raum. Diese *»nicht erlebte Erfahrung«*, wie der Psychiater Ivor Browne diesen Zustand nennt, ist buchstäblich »undenkbar«.[3] Scheinbar harmlose alltägliche Erlebnisse lassen Emotionen ausbrechen, die in das empfindende Unbewußte eingeschlossen sind. Sie sind mit Erinnerungen verbunden, die zu schmerzhaft sind, um sich ihnen zu stellen, und setzen Symptome von Panik, Angst und Wut in Gang, das Gefühl, in diese Situation zurückversetzt zu sein. Je häufiger dies geschieht, desto mehr verfestigt sich das Reaktionsmuster im limbischen System.

Ich war etwa neunzehn Jahre alt, als ich eines Sonntagabends gemeinsam mit anderen »Predigerschülern« ins College zurückgefahren wurde. Plötzlich riß der Fahrer unseres Autos das Steuer herum, um einem entgegenkommenden Lastwagen auszuweichen. Wir landeten auf der Seite des Autos in einem Graben, überschlugen uns und kamen auf der anderen Seite der Straße wieder hoch. Nach dem ersten Schock und der Erleichterung, daß nichts weiter passiert war, fuhren wir weiter, ohne viel zu sprechen. Aber etwa drei Stunden später begann ich zu zittern und zu beben und konnte nicht mehr aufhören zu weinen. Ich erfuhr das Trauma, dem Tod ins Auge zu sehen, erst Stunden später. Eine Weile war mein Altes Gehirn zu gelähmt, um zu erfahren, was dieses Ereignis emotional bedeutete. Die gleiche Erfahrung machen auch Soldaten - und traumatisierte Kinder -, nur daß ihr Trauma jahrelang, und nicht nur Stunden, vergraben bleibt. Unfähig, sich ihren inneren Dämonen zu stellen, können sie nicht einmal darangehen, diese Erfahrung zuzulassen. So tragen sie sie mit sich herum, sie jagt durch ihren Körper und ihr Nervensystem, wo sie einen mächtigen Einfluß auf ihr Leben ausübt.

So gesehen ist *jeder Mißbrauch Trauma*, und die Reaktionen darauf sind die, die mit dem Trauma assoziiert werden: fortgesetzte, instinktive, wiederholte, übertriebene - und unangemessene - Reaktionen. Aber auch Verletzungen, die noch im Mutterleib erlitten werden - bei einer depressiven oder süchtigen Mutter oder einem Vater, der seine schwangere Frau schlägt - oder das Geburtstrauma, weisen langfristig Folgen auf, wenn sie außerhalb unseres Bewußtseins bleiben und nicht von der Lebenserfahrung korrigiert werden.

Jeder Verlust ist Mißbrauch

Andere Traumata haben ihre Ursache nicht im Versagen der Eltern, sondern sind Auswirkung einer unvorhergesehenen Katastrophe: des Todes eines Elternteils, des Verlustes eines Hauses durch Feuer, ernster finanzieller Einbußen, einer behindernden Krankheit der Eltern, als das Kind noch klein war. In gewisser Weise ist das Resultat das gleiche, denn das Kind leidet daran, daß die Eltern nicht verfügbar oder abgelenkt sind. Ob dieser Verlust allerdings in ein bleibendes Trauma übersetzt wird, hängt von dem Kontext ab, in dem er auftritt. Den Unterschied machen bestimmte Faktoren wie das Alter und die Ich-Stärke des Kindes oder, im Fall des Todes oder der Krankheit eines Elternteils, die Liebe und Zuwendung anderer Bezugspersonen. Neuere Untersuchungen haben gezeigt, daß eine Scheidung für Kinder sehr viel verheerendere Folgen hat, als ursprünglich angenommen wurde. Aber was ein Kind abwehrstärker macht als ein anderes, sind sein Alter, die Sorge der Eltern um sein Wohlergehen sowie die Stabilität des Elternhauses *in der frühen Kindheit*.[4]

Jeder Verlust bedeutet Gewalt. Zum Glück erhalten viele Kinder, die unvorhergesehene Tragödien erleiden, einen emotionalen Ausgleich - im Gegensatz zu denen, die aus chaotischen Familienverhältnissen stammen. Wenn die traumatische Erfahrung abgemildert wird von einer liebevollen Umgebung, sind die Auswirkungen nicht so tief oder lang anhaltend.

Ich weiß jetzt aus meiner eigenen jahrelangen Therapie, daß der Verlust, den ich in meinen ersten Lebensjahren infolge der Depression meiner Mutter empfunden habe, sehr viel verheerendere Auswirkungen hatte als mein Schmerz über ihren Tod, als ich sechs Jahre alt war. Das erste war ein beständiger, nagender Schmerz, den ich weder verstehen, noch gegen den ich etwas tun konnte. Sie war da, aber sie schien keine Energie für mich zu haben, kein Interesse. War da etwas falsch mit mir? Aber als sie starb, kümmerten sich meine älteren Geschwister um mich, sie machten viel Wirbel um mich und schenkten mir ungeheuer viel Aufmerksamkeit und Mitgefühl. Äußerlich gesehen, war der Tod meiner Mutter das größere Trauma. Aber ich hatte Liebe und Unterstützung, die die Wirkung abmilderten.

Emotionale Gewalt

Emotionale Gewalt wird normalerweise nicht mit Schlagen oder Inzest gleichgesetzt. Sie ist weniger offensichtlich oder dramatisch und daher schwerer faßbar. Aber sie verdient aus zwei Gründen besonders erwähnt zu werden: Erstens ist emotionale Gewalt vermutlich der häufigste Grund für ein Kindheitstrauma. Und zweitens kann sie besonders verheerende Auswirkungen haben, weil sie so oft als Fürsorge getarnt ist und nicht bösartig zu sein scheint. Eltern, die nicht daran denken würden, ihr Kind zu schlagen, können es verbal in Stücke schneiden - das hebt Kritik auf die Ebene von Gewalt. Dann gibt es Väter, die ihrer Tochter einreden, sie sei etwas Besonderes und »Vatis Liebling«, sie mit Geschenken überschütten und zum Mittagessen ausführen, während Mami zu Hause bleibt. Das ist emotionale Vergewaltigung. Und dann gibt es alleinstehende Mütter, die sich auf ihren Sohn verlassen, um die nicht mit einem Partner erlebte Nähe zu erfahren. Sie sagen ihm, was für ein großer, erwachsener Junge er doch sei, und rauben ihm so die Möglichkeit, ein Kind zu sein. Oder die Tochter, die sich um ihren alkoholkranken Vater kümmert, dafür sorgt, daß er genug ißt und pünktlich zur Arbeit kommt, und ihn in den Kneipen der Nachbarschaft sucht, wenn er nicht nach Hause kommt. Damit nutzt der Vater die latent fürsorglichen Fähigkeiten des Kindes aus, die seinem Alter nicht angemessen sind, und enthält der Tochter die Fürsorge vor, die sie braucht, um ein Ich zu entwickeln.

Charlotte erinnert sich lebhaft daran, daß sie ihren alkoholkranken Vater vor der Wut ihrer koabhängigen Mutter beschützt hat. Charlottes Mutter hatte keinerlei Gefühl für sich selbst und war abhängig von der Unterstützung durch ihren nicht anwesenden Ehemann. Sie kannte keinen anderen Weg, um mit ihrem Mann in Kontakt zu treten, als Schimpfen und Klagen. Im späteren Leben fand sich Charlotte zu einer Reihe von Männern hingezogen, die keinerlei Kraft für sie übrig hatten. Sie übernahm die Fürsorge für sie - und war der Stachel in ihrem Fleisch. Sie identifizierte sich abwechselnd mit dem bedürftigen Kind in ihr und ihrer wuterfüllten Mutter, kümmerte sich um ihre Männer und bestrafte sie für ihre Abhängigkeit.

»Jeder Mann, mit dem ich was habe, beschuldigt mich an irgendeinem Punkt, ich würde ihn entmannen«, sagte sie verächtlich. »Sie sind doch alle Memmen.« Auf einer tieferen Ebene konnte sie sich auf keinen ihrer Bewerber einlassen, weil sie unbewußt ihrem Vater gegenüber loyal blieb.

Walker war gefangen in einem Teufelskreis von Versagen, in seiner Arbeit und bei Frauen. Er erinnerte sich an seinen unnachgiebigen, schimpfenden Vater, der die Haushaltsführung und Essenszubereitung seiner Mutter ebenso täglichen »Inspektionen« unterzog wie Walkers Zimmer und seine Hausaufgaben. Und an seine nachgiebige, tablettensüchtige Mutter, die ihn nie vor der Gewalt des Vaters beschützte. Er selbst fand es unmöglich, Frauen nahezukommen, »weil sie so schwach sind«. Unvermeidlich fühlte er sich dennoch zu schwachen Frauen hingezogen und umsorgte sie anfangs auf eine hochgradig romantische Weise. Unvermeidlich kamen jedoch schließlich ihre Hilflosigkeit und ihre Entscheidungsunfähigkeit »heraus«, und dann beschimpfte er sie brutal. Zunächst behielt er seine Urteile noch für sich. Insgeheim führte er ständig Selbstgespräche über ihr Aussehen, ihre Art, sich anzuziehen, über ihre schrillen Stimmen, ihren Mangel an Intelligenz und sozialen Fähigkeiten, ihren vulgären Geschmack. Langsam sickerte seine Kritik durch, und er tat ihnen verbal Gewalt an.

Zum Beispiel unternahm er eines Tages eine Autotour mit einer Frau, die, wie er feststellte, keine Straßenkarte lesen konnte. Er wurde wütend und machte vernichtend ihre »schwachen Versuche«, den Weg zu finden, herunter. Schließlich war sie vollkommen verwirrt und brach in Tränen aus. Voller Schuldgefühle wendete er sich ihr zu, um sie zu trösten, wobei er allerdings das Gefühl hatte, »von einem Tiger gekrallt« zu werden.

Emotionale Gewalt ist besonders verwirrend, weil sie oft zuerst positive Gefühle auslöst. Das Kind schwelgt in den Aufmerksamkeiten und dem Vertrauen der Eltern. Es fühlt sich irgendwie erwachsen und erhaben, wenn es über Mutter oder Vater oder die Geschwister gestellt wird. Wenn es von den Eltern zum Lückenbüßer für den Partner gemacht wird, fühlt es sich sowohl geschmeichelt als auch schuldig. Es ist die einzige ihm bekannte Weise, geliebt und geschätzt - und nicht allein gelassen - zu werden. Aber seine emotionale Entwicklung wird in der Kindheit aufgehalten. Später wird es nicht fähig sein, zu einem Erwachsenen eine ähnliche Beziehung herzustellen, ohne das Gefühl haben zu müssen, die Loyalität zu einem der Eltern zu verletzen.

So furchtbar es auch ist, manchmal habe ich das Gefühl, für die Heilung des Kindes sei es vorzuziehen, wenn es geschlagen oder herumgeschubst wurde. Viele emotional mißhandelte Erwachsene können, oder wollen, nicht zugeben, daß das, was sie erlebt haben, Gewalt war, obwohl sie unter der Wiederholung des Musters in ihren Erwachsenen-Beziehungen leiden. Aber es ist Gewalt, Gewalt, die aussieht wie Verwöhnen, wobei der Vater oder die Mutter derart in die eigenen Bedürfnisse verstrickt ist, daß das Kind geopfert wird, um sie zu erfüllen.

Wer trägt die Schuld?

In meiner Praxis sehe ich, wie Paare aus gestörten Familien ihre nicht zugelassenen Traumata ausagieren. Tagein, tagaus sind sie den gleichen Schmerzen von den Verletzungen aus ihrer Kindheit unterworfen und reagieren auf die gleiche Weise. Ich sehe das Paar des Suchtabhängigen und der Koabhängigen, den Gewaltausübenden und den Gewalterleidenden.

In vielen Familien, in denen Gewalt zur Tagesordnung gehört, sieht es so aus, als gäbe es ein Opfer und einen Peiniger. Manchmal ist das die alkoholabhängige Frau und ihr alles erleidender Ehemann. Oder es ist der Mann, der erst seine Frau und dann die Kinder schlägt, während sie sich in die Ecke duckt und still ihre Kinder tröstet, wenn es vorbei ist. Es scheint in solchen Situationen so leicht zu sein, die Schuldfrage eindeutig zu beantworten, aber das ist gefährlich und irreführend. Es bedarf beider, damit dieser verzerrte Tanz zustande kommt. Nur selten wird zugegeben, daß die geschlagene Frau nur einen Weg kennt, Aufmerksamkeit auf sich zu lenken - den Weg, den sie von ihrer eigenen Mutter lernte: Sie provoziert ihren distanzierten, schweigenden Ehemann mit unnachgiebiger, wenn auch vielleicht subtiler Kritik mit Klagen und Zurückweisung so lange, bis er explodiert. Es ist ihre einzige Strategie, Aufmerksamkeit von ihm zu bekommen, ihn dazu zu bringen, sich ihr zuzuwenden. Seine Gewalttätigkeit ist das einzige Verhalten, das sie als Liebe und Fürsorge erkennt. Was da vor sich geht, ist eine Wiederaufführung des Dramas von dem unerreichbaren Elternteil und dem bedürftigen Kind, die Klammerer/Vermeider-Dynamik, die bis an ihre dysfunktionalen Grenzen geführt wurde, der höchste Grad des Maximierer/Minimierer-Verhaltens. Es ist ein intaktes System, in dem beide Parteien etwas von ihrem Austausch haben. Was wir als soziale Probleme behandeln, sind oft akute psychische Dynamiken.

Wenn die Probleme gelöst werden sollen, ist es entscheidend, die Partnerdynamik nicht wertend zu betrachten. Es ist ein wichtiger Schritt, die Koabhängigkeit zu verstehen. Beide tragen die Verantwortung, nicht der Mann, der seine Frau schlägt, ist der Hauptschuldige, auch nicht der Abhängige. So unsympathisch auch die Komplizenschaft der passiv-aggressiven Frau sein mag, die provoziert und leidet, die ihren Partner aber nie verläßt und ihre Kinder nie verteidigt, man hat doch viel gewonnen. Das unproduktive Szenario vom »armen Opfer und dem schrecklichen Quäler« stellt sich in neuem Licht dar.

Ein Paar, das ich behandelte, ist ein gutes Beispiel für die Sackgasse, in die man mit der Bewertung Opfer, bzw. Täter, geraten kann. Sie war voller Wut und Schmerz und schimpfte, weil ihr Mann eine Affäre gehabt hatte. Allerdings konnte sie keinen Zusammenhang dazu erkennen, daß er, wie sie zugab, sich seit zwei Jahren beklagte, verletzt, einsam und ungeliebt zu sein, weil sie seine sexuellen Annäherungsversuche abzulehnen schien. Sie versagte ihm ihre Zuneigung weiterhin. Er wurde immer fordernder. Aber es war zwecklos, ob er bat, schmeichelte, drohte, er konnte ihre Aufmerksamkeit nicht erringen. Je aggressiver er wurde, desto mehr fühlte sie sich abgestoßen und desto weiter zog sie sich zurück.

Eines Tages fand sie ihn im Bett mit ihrer besten Freundin. Nun, ein Akt der Verzweiflung, und ganz sicher hatte er kein Recht, seine Frustrationen auszuagieren. Allerdings konnte er nun seine Botschaft vermitteln. Wenn es ihm nur um Sex oder Gesellschaft gegangen wäre, hätte er ohne Probleme eine diskrete Affäre haben können.

Aber sein Unbewußtes trieb ihn zu einem übereilten Akt, den sie provoziert hatte. Er entschuldigte sich später ausgiebig, voller Reue, doch er war ein verzweifelter Mann, dem Flehen nicht weiterhalf. Sie hatte allen Grund, wütend zu sein, spielte aber das Opfer und konnte ihre Rolle in dem Drama immer noch nicht erkennen.

Um dysfunktionales Verhalten wirklich zu verstehen, müssen wir auf einer tieferen Ebene untersuchen, was geschieht, wenn ein Mann seine Frau schlägt - oder wenn sie alles tut, um ihn zu provozieren. Ich möchte meinen alten Refrain wieder anstimmen: Im Grunde wollen wir alle uns vollständig lebendig fühlen. Wir wollen unser verlorenes Selbst wiederfinden, Freude und Vergnügen und unsere Ganzheit wiederbekommen. Wir wollen uns selbst zurück. Das Paar oben versucht, wenn auch in einer verkrüppelten und kontraproduktiven Art und Weise, nichts anderes.

Gewalt, Mißbrauch von Suchtmitteln, Provokation, depressiver Rückzug sind alles frustrierte, wütende, unangemessene Reaktionen auf Machtlosigkeit. Menschen, die das Gefühl haben, etwas bewirken zu können - daß ihnen zugehört wird, daß sie die Mittel haben, zu bekommen, was sie möchten -, müssen nicht zu Gewalt Zuflucht suchen, auch nicht zu Gewalt gegen sich selbst in Form von Depressivität. Untersuchungen zeigen, daß Hyperaggressivität nichts mit Macht zu tun hat, sondern dem Fehlen von Macht und daß das Erreichen wirklicher Macht einen weniger kriegerisch macht. Kriminell gewordene Teenager und Gewalttäter kommen fast ohne Ausnahme aus gestörten Familien.

Der Entzug von Liebe hat ähnlich verheerende Folgen. Die Deprivation körperlichen Vergnügens - der Mangel an Liebe und Zuwendung, die Unterdrückung von Sexualität - führt ebenfalls zu Gewalt. Kulturen, die sexuell repressiv sind, verehren oft militärische Glorie. Wer Kinder mißbraucht, lebt im typischen Fall notorisch ein Leben, dem jede Art von Vergnügen fehlt. Eine Untersuchung der Universität von Colorado zeigte, daß nur ein paar von hundert Müttern, die ihre Kinder mißbrauchten, je einen Orgasmus erlebt hatten, und daß die Eltern im allgemeinen von verarmten sexuellen Beziehungen berichteten.[5]

Viele Studien haben die Beziehung zwischen der Deprivation an Lustempfindungen und Gewalt hergestellt, wobei stillschweigend angenommen wird, Luststeigerung oder Bedürfnisbefriedigung würden zu weniger Gewalt führen. Es ist zwar sicher richtig, daß Frustrationen oft Gewalt auslösen, aber es gibt nur wenige Untersuchungen, die die Korrelation zwischen Deprivation von Lustempfinden und Apathie, bzw. Verzweiflung, herstellen. Auf der anderen Seite der Korrelation von Lustdeprivation/Gewalt steht die Korrelation Lustdeprivation/Apathie. Wieder sehen wir die beiden Reaktionen auf das Defizit: Der Minimierer, der sich mit Krankheit und Depression nach innen kehrt, und der Maximierer, der mit Gewalt und Rebellion nach außen geht. Wir hören nicht so viel über die Korrelation von Deprivation und Apathie, weil Gewalt häufiger in den Schlagzeilen erscheint und offensichtlich mehr Zerstörung anrichtet, während Apathie und Verzweiflung leichter zu ignorieren sind. Doch statistisch gesehen beeinflußt die Korrelation von Lustdeprivation und Apathie sehr viel mehr Menschen und hat größere wirtschaftliche Auswirkungen als ihr Gegenteil.

Lust- bzw. Bedürfnisbefriedigung bedeutet keinesfalls die gleichzeitige Heilung für Gewalt oder Apathie. Untersuchungen bei Paaren haben ergeben, daß es keine einfache Korrelation zwischen Bedürfnisdeprivation in der Kindheit und ihrer Befriedigung im Erwachsenenalter gibt. Der Grund dafür ist, wenn ein Bedürfnis lange frustriert wurde, dann wird *das Bedürfnis selbst*, nicht die Deprivation, zu einer psychischen Gefahr für das Individuum. Nun weiß es, wie es ohne das Bedürfnis leben kann. Folglich verteidigt sich die Psyche durch Gewalt oder Apathie als Reaktion auf die Bedürfnisfrustration. Perverserweise dient Gewalt oder Apathie als Schutz der Seele gegen die Erfüllung der Bedürfnisse, die es als gefährlich oder schrecklich wahrnimmt.

Diese Abwehr wird zum Teil der Charakterstruktur, die dazu dient, einen Gleichgewichtszustand in dem System aufrechtzuerhalten. Das Bedürfnis selbst wird, wenn es überhaupt bewußt bleibt, feindlich und verhaßt, oder es wird vollkommen geleugnet, vom Bewußtsein verbannt. In beiden Fällen wird direkte Erfüllung vermieden oder sabotiert.

Außerdem können sowohl Gewalt wie auch Apathie Reaktionen sein, die dem beobachteten Verhalten wichtiger Personen in der Kindheit nachgebildet und so als gelernte Reaktionen in die Charakterstruktur verinnerlicht wurden. Unabhängig davon, ob sie eine dynamische Basis haben oder von anderen übernommen wurden, sie sind Anpassungsmechanismen, die nur durch bewußtes Wahrnehmen und absichtsvoll verändert werden können. Sie gehorchen nicht dem Reiz-Reaktions-Mechanismus.

Trägt das Opfer die Schuld?

Nur das Kind ist völlig unschuldig. Es hat kein Bedürfnis nach sexuellem Kontakt zu seinem Vater, kein Bedürfnis, geschlagen zu werden, um Lust zu erfahren oder sich mit seinem Selbstbild auseinanderzusetzen. Es gibt nur einem System nach, das es seinem Gefühl nach vor dem Tod beschützt, das ihm erlaubt, mit den Eltern in Verbindung zu bleiben, und zu dem es keine Alternative sieht. Aber unbewußt ist es ein Akt von Selbstbetrug, für den es später bezahlen wird. Sein Verhalten wird Teil einer habituellen Überlebensreaktion, verfestigt sich in die Anpassungsmuster seines Charakters und zu einer rigiden Überzeugung, die sich nicht einfach durch widersprechende Lebenserfahrung verändern läßt. Jede neue Umgebung wird so wahrgenommen, als ob sie der ursprünglichen Umwelt gleicht. Roboterhaft wird es auf die neue Situation mit dem Verhaken reagieren, das ihm seinem Gefühl nach früher das Überleben sicherte. Das kann Unterwerfung unter Gewalt bedeuten oder Ausübung von Gewalt aus dem gleichen Grund. Das Kind identifiziert sich normalerweise mit dem Verhalten des einen oder anderen Elternteils, je nachdem, welches größeren Überlebenswert garantiert. Es kommt vielleicht zu der Schlußfolgerung: »Wenn du dich wehrst, wirst du getötet.« Beide Verhaltensweisen verändern seine Situation sehr nachhaltig, aber es gibt kaum eine andere Möglichkeit.

Oft spielt auch die Frage des Geschlechts eine Rolle. Die Tochter sieht, daß die unterwürfige Nachgiebigkeit der Mutter den Mißbrauch des Vaters leichter erträglich zu machen scheint. Unbewußt übernimmt sie dies schließlich als gültige Rolle einer Frau. Die Mutter überlebt, weil sie schlau genug ist, sich vor weiterem Schaden zu schützen. Der Sohn sieht vielleicht, daß sein Vater gemein und bedrohlich ist, weil er die Mutter schlägt. Doch er bekommt, was er will, und er wird nicht verletzt.

Aber die Rollen können sich in einem veränderten Kontext auch wandeln. So geht eine mißhandelte Frau dadurch Gewalt aus dem Weg, daß sie einen nachgiebigen, passiven Partner wählt. Ihm gegenüber verhält sie sich aggressiv und mißhandelnd. Seine Passivität ist für sie ebenso frustrierend, wie ihre es für ihren Vater war. In Familien gibt es oft eine Dreiecksdynamik - den Peiniger, das Opfer und den Retter. Aber die Mitspieler können die Rollen tauschen, jedoch in Abhängigkeit von dem Verhalten anderer.

Wie unschuldig das Kind auch ist, der Erwachsene, der die Verantwortung für einen Partner oder für Kinder übernimmt, muß sein Verhalten annehmen, egal wie tief verwurzelt das Kindheitstrauma ist, über das er keine Kontrolle hatte. Und der erste Schritt dazu besteht darin, die Störungen in seinem Elternhaus und ihre Auswirkungen in seinen gegenwärtigen Beziehungen zu erkennen.

Stammen Sie aus einer dysfunktionalen Familie?

Viele Kinder aus gestörten Familien wachsen mit einem gewissen Bewußtsein dafür auf, daß zu Hause irgend etwas falsch war. Manche versuchen jahrelang, zu verstehen, was mit ihnen geschehen ist, und den Schaden auszugleichen. Andere können sich ihrer Vergangenheit nicht stellen, weil sie den Schmerz nicht ertragen können. Sie vermeiden lieber jede Nähe und damit Gefahr. Wieder andere gehen durchs Leben, indem sie anderen Schmerz zufügen oder Schmerzen erleiden. Sie bemerken nicht, daß ihre Vergangenheit ein durch die Gegenwart bestimmtes Zwangsverhalten vergiftet.

Aber Unwissen ist alles andere als »selig«. Alkohol und Drogen oder Zwangsverhalten, wie obsessives Arbeiten oder Spielen, betäuben nur so lange den Schmerz, bis das Kartenhaus zusammenbricht und das Leben und die Beziehungen in Scherben daliegen. Der einzige Weg hinaus, so heißt es, ist der Weg *hindurch*. Heilung ist unmöglich, bis die Wahrheit offenliegt. Lassen Sie uns einige der Merkmale betrachten, die allen gestörten Familien gemeinsam sind.

1. Geheimnistuerei und Leugnen

Nicht nur der Schmerz macht es so schwer, sich mit einer gestörten Kindheit auseinanderzusetzen. Solange die Probleme nicht durch Mord, den Unfall eines betrunkenen Elternteils, eine Schlägerei auffällig wurden, sind Geheimhaltung, Verleugnung und Ablenkung die Kennzeichen eines schädigenden Elternhauses. Das hat mehrere Implikationen. Über das, was falsch war, Inzest, Gewalt, Alkohol, wurde geschwiegen. Das Kind, verstrickt in die Täuschungsmanöver der Familie, war verunsichert und beteiligte sich am Lügengespinst. Jeder Versuch, zur Wahrheit vorzustoßen, zu artikulieren, was geschah, machte es zum Ausgestoßenen.

Erwachsene aus gestörten Familienverhältnissen müssen sich oft mit einer Gedächtnisbarriere auseinandersetzen, die sie von der Erinnerung an ihre Kindheit trennt. Sie sind abgespalten von einem inneren Bewußtsein für ihr Trauma. Vielleicht können Sie die Erinnerung an Ihre Kindheit nicht ertragen? Idealisieren Sie Ihre Kindheit, obwohl Ihre Erinnerung der offensichtlichen Tatsache widerspricht und Ihr gegenwärtiges Leben und Ihre Beziehungen nicht funktionieren? Dann war Ihre Kindheit so schlimm, daß Sie sich nur an das Gute erinnern können. Haben Sie Ihre Kindheit als eine insgesamt schreckliche Zeit im Gedächtnis, ist auch das eine Verteidigung. Kinder aus ganz und gar schädlichen Familien befinden sich in entsprechenden Institutionen, Gefängnissen oder sonstigem Gewahrsam, oder sie sind bereits tot. Wenn Sie gesund genug sind, um dieses Buch zu lesen, hat es ein gewisses Maß an Funktionalität gegeben.

In meiner Familie war übermäßige Funktionalität ein Teil der Dysfunktion. Mein Vater war tot, und als ich sechs Jahre alt war, starb meine Mutter und hinterließ neun Kinder. Wir sprachen einfach nicht darüber. Es war nicht gerade ein Geheimnis, aber niemand machte irgendeine Bemerkung, und keiner weinte. Wir arbeiteten einfach von Sonnenaufgang bis Sonnenuntergang, beteten und füllten unsere Zeit aus. Wir erlaubten uns selbst nicht, zu trauern oder den Schmerz über unseren Verlust zuzugeben. Ich bezahlte für diese Leugnung mit einer Reihe von Beziehungen zu depressiven Frauen, die mir meine eigene uneingestandene Depression

»abnahmen«. Ohne Gefühl für mein eigenes Unglück konnte ich sie dann dafür kritisieren, daß sie unglücklich waren.

2. Sie haben ein verzerrtes Selbstgefühl

Kinder aus gestörten Familien, die nicht bekamen, was sie brauchten, und nicht so gesehen wurden, wie sie wirklich sind, erleben extrem das Gefühl, allein gelassen oder übertrieben bemuttert zu werden. Sie haben nie gespiegelt. Ihre Bedürfnisse wurden denen der Familie untergeordnet, und ihre Fähigkeit, eine eigene Identität zu entwickeln, wurde geleugnet. Um damit fertig zu werden, bilden sie bestimmte Charaktere oder Rollen aus.

Mäßigung und angemessenes Verhalten sind dem traumatisierten Kind fremd: der Minimierer/Maximierer-Motor läuft auf Hochtouren. Der Erwachsene fühlt sich entweder völlig wertlos oder hat ein übertriebenes Gefühl von seiner Wichtigkeit. Seine Grenzen sind viel zu durchlässig oder so eng, daß er fast erstickt. Entweder ist er übermäßig angepaßt, mit allem und jedem zufrieden, oder er rebelliert grundsätzlich gegen jede Forderung. Das traumatisierte Kind hat keine Möglichkeiten, Probleme zu lösen. Es reagiert eher, als es agiert. Denken und Planen werden überwältigt von Impuls und Instinkt. Da es sich nicht ohne Übertreibung oder Untertreibung erfahren kann, weiß es weder, was es will, noch hat es die Mittel, sich seine Wünsche zu erfüllen.

Auch hier spielt das Geschlecht eine Rolle und kompliziert die Dinge. Der Druck auf den Mann, stark zu sein, geht mit Verleugnung einher, was sein Rückzugsverhalten verstärkt. Außerdem wird die Neigung, selbst Gewalt anzuwenden, kulturell verstärkt. Frauen lernen, ihre Gefühle auszuleben, damit verschärft sich ihre Überempfindlichkeit gegenüber ihrer Umgebung. Und kulturell wird ihre Tendenz bestätigt, zu Koabhängigen zu werden.

Lebendigkeit wird beschnitten und unterdrückt, von uneingestandenen Regeln und Ängsten beherrscht, von engen Überzeugungen, magischem Denken und abgeschnittenen Gefühlen. Um zu überleben, wurde das innere Kind allein gelassen, aber dieses Kind schreit nach Aufmerksamkeit.

Ich fragte einmal eine Klientin, warum sie ihrem Partner gegenüber immer noch aus der Haut fuhr. Zuerst warf sie ihm sein Verhalten vor und behauptete, er verdiene, von ihr beschimpft zu werden. Ich drängte sie weiter und fragte, welchen Vorteil sie aus den Konflikten zöge, aber sie konnte darauf immer noch nicht antworten.

Doch jedes Verhalten dient einem Zweck: Es verhindert, sich einer Realität zu stellen, die als noch schrecklicher empfunden wird als die schreckliche Situation, die man damit schafft. »Wenn Sie einkaufen gehen, verhindern Sie damit, daß Sie verhungern, ganz egal, wie ungern Sie einkaufen«, sagte ich, um ihr das zu veranschaulichen. Da verstand sie, was los war. »Es ist meine einzige Möglichkeit, seine Aufmerksamkeit zu fesseln. Wenn ich nett bin oder ihn in Ruhe lasse, ignoriert er mich.

Rege ich mich aber auf und mache ihm Vorwürfe, dann streitet er mit mir, und ich habe das Gefühl, daß er sich auf mich einläßt. Streit ist leichter zu ertragen, als ignoriert zu werden. Dann habe ich das Gefühl zu sterben. Ich kenne keinen anderen Weg, ihm nahezukommen.«

3. Ihre Beziehungen wurden heimgesucht von dem Gespenst der Probleme Ihrer Kindheit

Der Drang, die Muster der Kindheit in Beziehungen zu wiederholen, ist für das traumatisierte Kind besonders unwiderstehlich. Seine Rigidität und sein festgefügtes Glaubenssystem geben ihm ein sehr festgelegtes Bild davon, was es in einer Beziehung erwarten kann. Wie unvollkommen unsere Vorbilder für Beziehungen auch sein mögen, wir kennen nichts anderes. Erfahrung muß von Erfahrung korrigiert werden, und es ist unvermeidlich, daß wir im Heilungsversuch dazu neigen, die Bedingungen der Kindheit wiederzufinden. Aber egal ob wir übermäßig abhängig oder distanziert sind, unsere innere Programmierung verwurzelt uns in der Vergangenheit. Wir sind nicht in der Lage, uns den Realitäten der Gegenwart zu stellen, Lösungen zu finden.

4. Sie erfahren nur selten Freude oder Vergnügen

So schwierig, belastend oder kompliziert das Leben sein mag, die meisten Menschen können dennoch über einen Witz lachen, ein Bad genießen, einen Sonnenuntergang betrachten oder sich lieben. Anhedonie jedoch, die Unfähigkeit, Vergnügen zu empfinden, ist bei Menschen, die aus dysfunktionalen Familien stammen, nicht ungewöhnlich.

Timothys Vater war Alkoholiker und arbeitssüchtig. Seine Mutter stellte zwar perfekt gekleidet und geschminkt nach außen hin die Dame aus besseren Kreisen dar, um ihren »guten Namen« in der Gesellschaft hochzuhalten, war aber chronisch depressiv. Timothy wurde selbst zum Workaholic, und mit Mitte Zwanzig, nach seinem Einsatz in Vietnam, drogenabhängig. Er kam zur Therapie, weil seine Freundin sich darüber beklagte, daß er nie mir ihr schlafen wollte. Er begründete sein Desinteresse damit, daß er beim Geschlechtsverkehr nie irgendwelche genußvollen Empfindungen erlebt hätte. Er behauptete nun, ohne Drogen mache ihm gar nichts mehr Spaß. Seine einzige Leidenschaft war seine Arbeit. Er kam zu der Schlußfolgerung, daß das zwanghafte Arbeiten anstelle der Drogen zum Betäubungsmittel geworden war.

Menschen wie Timothy haben den Kontakt zu ihrer eigenen Lebensenergie verloren, der Lebenslust, der größten Lust überhaupt. Für den traumatisierten Erwachsenen gibt es keine »einfachen« Vergnügungen. Sie empfinden Schmerz ebensowenig wie Spaß oder Lust. Die abgetöteten Lustrezeptoren können nur geweckt werden durch intensiven, zwanghaft betriebenen Sport, Trinken, zwanghaftes Einkaufen, Essen, Sex oder Gefahren.

5. Sie sind suchtabhängig
Wenn Sie trinken, Drogen nehmen, spielen oder sechzehn Stunden am Tag arbeiten, zwanghaft Sport treiben oder essen, füllen Sie ein klaffendes schwarzes Loch, das Sie zu verschlingen droht. Die Wahrscheinlichkeit, daß Sie aus dysfunktionalen Familienverhältnissen stammen, ist groß.

Wie kann ich das Muster durchbrechen?

Der Weg zu einer liebevollen, bewußten Beziehung ist immer gleich, ganz unabhängig, ob man aus einer dysfunktionalen Familie stammt oder weniger ernsthaft verletzt wurde. Sie brauchen Mut, um Ihre Kindheit zu untersuchen. Dabei helfen Ihnen die Fragebögen in den Kapiteln 5 bis 7. Die Übungen in Teil V, die dazu gedacht sind, Verhaltensmuster zu verändern, wirken auch bei Ihnen.

Aber der Prozeß wird länger sein, härter und schmerzhafter. Es gilt mehr zu heilen. Das verlorene Kind ist tiefer vergraben. Die Vergangenheit wird stärker geleugnet, die Angst, sich ihr zu stellen, ist größer. Überzeugungen und Verhalten sind rigider, die Wut und die Neigung zu Schuldzuweisungen größer. Die Scham wird vielleicht als lähmend empfunden. Aber besonders Sie müssen erkennen und annehmen, welches Unrecht Ihnen angetan wurde, Ihre Wut zum Ausdruck bringen und die Fähigkeit entwickeln, *Vorwürfe loszulassen* - Vorwürfe an sich selbst und Ihre Bezugspersonen. Wesentlich ist, daß Sie sich dem Prozeß anvertrauen.

Es gibt keinen Weg drum herum. Sie können nicht vermeiden, Partner zu wählen, die die gleichen verheerenden Probleme haben wie Sie. Sehr oft kamen nach meinen Vorträgen gequälte Menschen auf mich zu, die behaupteten, vom Schicksal dazu verdammt zu sein, die Probleme ihrer Kindheit zu wiederholen. »Gibt es denn keine Möglichkeit, wie ich vermeiden kann, einen Alkoholiker zu heiraten (oder jemanden, der körperliche Gewalt anwendet oder emotional frigide ist). Ist es nicht genug, daß ich in Therapie war, daß ich treulich zu den Anonymen Alkoholikern (oder Gruppen für Angehörige von Alkoholikern) gegangen bin?« Es bricht mir das Herz, ihnen sagen zu müssen, daß ihre Arbeit an sich selbst von ungeheurem Nutzen ist, daß sie es aber nicht vermeiden können, sich als Erwachsene mit genau diesen Problemen auseinanderzusetzen. »Sie können nur darauf hoffen«, muß ich ihnen sagen, »daß Sie jemand finden, der sich seiner oder ihrer Probleme bewußt ist und bereit ist, mit Ihnen die harte Arbeit zu leisten, die notwendig ist, um zu heilen.«

Ich hatte Klienten, die mir erzählten, sie wären in ihren Gruppen für Angehörige von Alkoholikern ermutigt worden, ihre trinkenden Partner zu verlassen. Das ist erschreckend ignorant. Die Vorstellung, den gestörten Partner einfach loswerden zu können, ist gefährlich und zerstörerisch. Bei Beziehungsproblemen handelt es sich um eine Dynamik zwischen zwei Menschen: Solange Sie selbst nicht perfekt sind, werden Sie keine perfekten Partner finden. Solange Sie das Verhalten, das Sie zu einer Koabhängigen macht, nicht korrigiert haben, werden Sie einen Suchtabhängigen zum Partner wählen. Und wenn Sie selbst abhängig sind, werden Sie nur einen Partner finden, der koabhängig ist.

Der Impuls, einer gestörten Beziehung zu entkommen, ist verständlich und menschlich. Ich selbst habe oft fortgehen wollen, nur um für eine Weile allein zu sein, eine Pause zu haben, um dem Konflikt auszuweichen, dem Nachtragen und den alltäglichen Reibereien, die in jeder Beziehung auftauchen. Aber die Beziehung selbst ist immer ein entscheidender Teil des Heilungsprozesses. Sie ist die Umgebung, in der ein frühes Trauma erfahren werden kann, in der es angegangen und *integriert* werden kann, so daß es seine Macht verliert und keinen Schmerz mehr verursachen kann. Fortlaufen ist keine Lösung, denn am Ende kommen wieder die gleichen Probleme auf Sie zu. Meiner Ansicht nach gibt es nur wenige Gesichtspunkte, unter denen man einen Partner verlassen sollte, unabhängig von der Schwere des Problems. Wenn klar ist, daß ein Partner sich seiner Probleme nicht bewußt oder nicht bereit ist, irgend etwas daran zu tun, gibt es möglicherweise keinen Weg, die Beziehung zu retten. Wie ich weiß, ist das bei chronischer Suchtabhängigkeit oder Gewalt oft der Fall. Wenn der Abhängige oder Gewalttäter bereit ist, das Problem zuzugeben und daran zu arbeiten, sollte meiner Ansicht nach der Versuch unternommen werden, die Beziehung zu retten.

Ihr Bewußtsein und Ihre Absicht machen den entscheidenden Unterschied. Sie müssen sich dem Prozeß anvertrauen in der Zuversicht, daß Ihre Bemühungen Sie der Ganzheit ein Stück näher bringen werden. Ich möchte Sie unbedingt ermutigen, so viel wie nur möglich *jetzt* zu tun. Sie können sich Ihrer Vergangenheit bewußt werden, eine Situation herstellen, in der Sie Unterstützung finden und wo Sie Ihre Verletzungen offenbaren können, wie schrecklich sie auch sind. Sie können anfangen, Erfahrungen zu machen, von denen Sie so lange abgeschnitten waren. Verändern Sie so viel, wie Sie allein verändern können - durch Therapie, Selbsthilfegruppen oder einige der Übungen in Teil V.

Weil Traumata so oft im Körper eingeschlossen sind, profitieren Menschen aus dysfunktionalen Familien oft von therapeutischer Körperarbeit, wie Tiefengewebsmassage oder anderen Körpertherapien. Aus meiner Erfahrung mit gestörten Paaren weiß ich, daß manchmal auch Medikamente helfen können, wenn Sie eine kurze Zeit unter ärztlicher Aufsicht eingenommen werden. Ich habe so festgefahrenes Verhalten bei Paaren gesehen, daß jeder Fortschritt in der Therapie unmöglich war. Erst Medikamente halfen ihnen, weniger übertrieben zu reagieren und nicht jedes Mal aus der Haut fahren zu müssen. Sie waren emotional *ansprechbar*, konnten an der Beziehung arbeiten. Die Arbeit muß auch dann noch getan werden, die Medikamente lassen die Probleme nicht verschwinden. Die Paranoia, die Selbsttäuschungen und die Verlassenheitsängste sind immer noch da, aber das lähmende Gefühl, ums Leben kämpfen zu müssen, ist weniger intensiv. Die Partner können sich normal fühlen und haben genug Luft, um in sich hineinzusehen, ohne das Gefühl, zu ersticken.

Auch wenn es großer Anstrengungen und vielen Mutes bedarf, wird es Ihnen möglich, einen gesünderen Partner zu finden, einen, der zwar ebenfalls mit schwerwiegenden Problemen fertig werden muß, aber bereit ist, an diesen Themen zu arbeiten.

Teil III

Das Imago-Puzzle:
2. Die Sozialisation in der *Kindheit*

Kapitel 9

»Zu deinem eigenen Besten«: Die Botschaften der Sozialisation

Dies vor allem: Zu deinem eigenen Selbst sei wahr.
Polonius in Hamlet

Ich habe vorher die unerfüllten Bedürfnisse der Kindheit dargestellt. Sie entstehen in unseren ersten Lebensjahren durch unangemessene Fürsorge. Sie haben großen Einfluß darauf, zu wem wir uns hingezogen fühlen. Das zu wissen ist eine wichtige Vorbereitung auf die Reise in eine Liebesbeziehung. Aber es gibt noch einen weiteren wichtigen Aspekt der Kindheit, den Sie verstehen müssen, um Ihre Selbsterkenntnis zu vervollständigen und Ihre Vorbereitungen zu vertiefen.

Wie mit uns in der Kindheit umgegangen wurde, ist nur ein Bestandteil der komplexen Zusammensetzung unserer Imago. Jenes innere Bild des anderen Geschlechts lenkt uns wie eine zielgesteuerte Rakete zu unserem zukünftigen Partner. Denn während wir gefüttert, liebkost und vor Gefahr beschützt wurden, waren unsere Bezugspersonen zusätzlich mit etwas beschäftigt, das ähnlich starkes Gewicht auf unsere Partnerwahl hat. Unsere Eltern erzogen uns der Umwelt entsprechend, damit wir uns auch außerhalb der Mauern unseres Zuhauses sicher fühlen könnten. Wir wurden *sozialisiert.*

Wie Ihnen sicherlich inzwischen aufgefallen ist, gibt es keine klaren Unterscheidungen zwischen Erziehung und Sozialisation. Die parallel verlaufenden Prozesse weisen viele Überschneidungen auf. Aber während Erziehung ein mehr innerlicher, privater und persönlicher Vorgang ist, bei dem es um die Wärme und die Verfügbarkeit unserer Bezugspersonen geht, ist das Thema der Sozialisation die Interaktion mit der Außenwelt. Als wir begannen, auf unsere Umwelt zu reagieren, zu gehen, zu sprechen und sie zu erforschen, wurden wir mit bestimmten Botschaften bombardiert - mit Anweisungen und Beispielen, Lob und Strafe, Regeln und Rollenmodellen. Diese Botschaften vermittelten uns genau, was wir sagen und tun sollten, wie weit und schnell wir gehen durften, was zu fühlen, denken und zu tun erlaubt war und was nicht. Uns wurde sogar beigebracht, ein bestimmtes Verhältnis zu unserem eigenen Körper zu entwickeln. Die Grenzen der Akzeptanz wurden festgelegt.

Die folgenden drei Kapitel beschäftigen sich mit den in der Sozialisation empfangenen Botschaften. Sie formen unsere Persönlichkeit, so daß wir bestimmte wesentliche Aspekte unserer selbst unterdrücken und ein Falsches Ich entwickeln, von dem wir hoffen, daß es akzeptiert und geliebt wird. Wir werden sehen, daß wir uns nicht nur ähnlich verletzte Partner aussuchen, sondern solche, die ihre komplementären Verteidigungsstrategien auch zum Ausdruck bringen.

Kind der Gesellschaft

Der Prozeß, in dem wir zu sozialen Wesen gestaltet werden, steht unter der Direktive des Überlebens. Aber während biologische Überlebensfähigkeiten in den Instinkten angelegt zu sein scheinen - ein genetisches Vermächtnis unserer evolutionären Geschichte -, wird gesellschaftliches Überleben gelernt. Mütter und Väter sind Repräsentanten der Gesellschaft. Sie tragen die Verantwortung dafür, daß ihre Kinder ihre Umgebung akzeptieren und von ihr akzeptiert werden. Ihre Ziele und Absichten sind ehrenwert: Sie wollen die Kinder vor äußeren Einflüssen beschützen, die ihnen Schaden zufügen könnten. Die Sozialisation hat zwei Voraussetzungen: daß die Gesellschaft für Sie gefährlich ist und daß *Sie*, ohne richtige Vorbereitung, eine Gefahr für die Gesellschaft darstellen. Nur durch die Institutionalisierung von genau bemessenen Einschränkungen kann die Gesellschaft sich vor Ihrer ungezügelten Lebensenergie schützen. Sie müssen, als wildes Geschöpf der Natur, gezähmt werden, um im Zoo leben zu können. »Da draußen sind wilde Tiere«, wird uns vermittelt, »aber sie sind abgerichtet, und du bist es nicht. Wenn du nicht lernst, dich anzupassen, werden sie dich umbringen oder zumindest ausschließen.«

Alle sozialen Systeme betrachten das Individuum als gefährlich und halten es deshalb für notwendig, es einzuschränken. Allerdings gibt es Unterschiede in den Methoden, wie es eingeschränkt wird. Sie sind abhängig von kulturellen Überzeugungen, dem religiösen Glauben an die Ursünde, der Theorie des selbstbezogenen Individuums oder einer politischen Ideologie, die manche Menschen als »anders« und damit minderwertig einstuft. Aus welchem Grund auch immer, derartige Betrachtungsweisen stimmen darin überein, daß wir zurechtgestutzt werden müssen, um in die Gesellschaft zu passen, und nicht anders herum. In diesem Prozeß wird unser ursprüngliches Ich unvermeidlich verletzt werden.

Aber die Formung des Individuums ist nicht notwendigerweise schlecht. Unsere Lebenskraft ist moralisch neutral und dient nur unserem eigenen Überleben. Wir haben kein inneres Wissen, wie wir mit anderen leben und sie mit uns leben lassen sollen. Alle Geschöpfe leben in einem Kollektiv, und auf allen Ebenen liegt die Sozialisation in der Verantwortung der Eltern. Wegen unserer Formbarkeit und Komplexität müssen wir Menschenwesen angeleitet und umgebildet werden, damit aus uns konstruktive soziale Wesen werden. Wir müssen lernen, für andere und das Kollektiv zu sorgen. Das ist überlebensnotwendig.

Schädigungen sind erst das Resultat der Methode und der Ideologie, die in sie eingeht. Leider hat noch keine Gesellschaft bisher eine Methode gefunden, die Ganzheit jeder Person zu erhalten. Es gelingt nicht, sie in das Kollektiv zu integrieren, ohne wesentliche Aspekte des Selbst zu unterdrücken und seine volle Lebendigkeit zu dämpfen. Bis wir diese Ebene erleuchteter Evolution erreicht haben, bleibt das Potential für Verletzungen groß.

Ironischerweise wird der Schaden weitgehend von jenen verursacht, die uns am meisten beschützen wollen. Unsere Eltern sind die Kanäle jeglicher sozialen Norm, die gerade angesagt ist. Aber sie tragen selbst die Verletzungen ihrer eigenen Sozialisation mit sich herum, die sich im Lauf ihres Lebens als Nebenprodukte von Ängsten, Überzeugungen und Enttäuschungen angesammelt haben und oft Überbleibsel einer rigiden oder schwierigen Erziehung sind. Da sie unvermeidlich ihre Verletzungen bewußt und unbewußt an uns weitergeben, erleiden wir das Schicksal ihrer Einschränkungen. Sie handeln in der ihnen eingeschärften Überzeugung, Konformität sei im besten Interesse des Kindes. Daher gibt es nur sehr wenige Eltern, die die potentiellen Gefahren sehen und aktiv gegen den Ich-Verlust des Kindes angehen. Noch seltener kommt es vor, daß die Einzigartigkeit des Kindes bestärkt wird. Außerdem ist unsere Gesellschaft, die sich angeblich zu der Autonomie und Würde des Individuums bekennt, nicht gerade eine Brutstätte für Toleranz, Flexibilität und Nachsicht für Eigenheiten. Die Gesellschaft hat von Natur aus die Tendenz, das Wohl des Kollektivs zu schützen, und wertet Anpassung und Konformismus als die wichtigsten gesellschaftlichen Eigenschaften.

Der Preis der Sozialisation

»Zu deinem eigenen Besten«, lautet der Schlachtruf der Sozialisation. Aber Konformität fordert einen hohen Preis. Die Sozialisation ist von Natur aus so angelegt, und das ist ihre Tragödie, daß sie unsere Individualität im Dienst des Überlebens zunichte macht, unsere Gedanken, Handlungen und Gefühle zensiert und versucht, sie zu bestimmen. In ihrem Eifer, uns anzugleichen, damit wir in die Gesellschaft passen, können unsere Bezugspersonen uns nicht in unserer Ganzheit belassen. Wir sind für Ekstase gemacht, aber unser Gefühl vollständig und lebendig zu sein, muß gebändigt, unsere ungehindert fließende Energie kontrolliert, unsere Spontaneität gedämpft werden.

»Du kannst nicht ganz du selbst bleiben und in dieser Welt leben«, vermitteln sie uns. Es ist ein heimtückischer Prozeß, in dem wir Teile unserer selbst aufgeben, um zu überleben.

Aber da uns der Trieb nach Ganzheit angeboren ist, verfolgt uns der Drang, unser wahres Selbst wiederzuerlangen, unnachgiebig unser ganzes Leben hindurch. *Ebenso wie der Grad und die Art unserer seelischen Verletzung aus der frühen Kindheit von den äußeren Gegebenheiten abhängig ist, ist es auch die Art unserer Sozialisation. Und in einem geringeren, aber dennoch wesentlichen Maß wirkt sich die Art unserer Sozialisation auf unser Imago-Bild aus.* Wenn wir verstehen, wie unserer Ganzheit Gewalt angetan wurde, wie wir beschnitten und eingeschränkt wurden - und wie diese Verletzungen unsere Beziehungen beeinflussen -, können wir beginnen, den Schaden zu beheben.

Der Kern der Energie

Der Sozialisationsprozeß wird in Abbildung B verdeutlicht. In dem Kreis wird der energetische »Kern« unseres Selbst dargestellt, drum herum die »Außenwelt« - die Natur, Gesellschaft, das kollektive Unbewußte. Um der Einfachheit willen unterteile ich den Kern des Ichs in vier Funktionen. Sie sind die Zugangsstraßen, über die wir in Verbindung mit der Außenwelt treten: Denken, Fühlen, Empfinden und Handeln. Solange unsere Gedanken frei sind, unsere Gefühle ungehindert fließen, unsere körperlichen Empfindungen intakt und unsere Muskeln flexibel sind, haben wir einen umfassenden Zugang zur Außenwelt und zu unserer inneren Erfahrung. Unsere Grenzen sind offen. Energie fließt frei ein und aus: Wir sind ganz. Aber all diese Funktionen sind Zielscheiben für die Sozialisation, und in dem Indoktrinationsprozeß des Lebens wird unsere Ganzheit bei jeder Gelegenheit gefährdet.

Bis wir erwachsen sind, tun wir, was uns gesagt wird. An strategischen Orten errichten wir Grenzzäune, um den Fluß der Energie zu kontrollieren. Entsprechend den Ermutigungen und Verboten, schließen wir selektiv unsere Grenzen, so daß der Energiefluß zu bestimmten Gebieten der Seele gehemmt wird. Die Verbindung zur Außenwelt bricht ab, wird verzerrt und unlebendig gemacht. Und unsere Interaktion mit der Welt wird eng und begrenzt. In dem Ausmaß, in dem wir von bestimmten Aspekten unseres Ichs abgeschnitten sind, fühlen wir uns von anderen und vom Kosmos abgeschnitten. Die Konsequenz ist ein Gefühl von Getrenntsein oder, im Extrem, von Entfremdung und Einsamkeit.

In meiner Praxis sehe ich zahllose Beispiele für die selektive Zensur der Sozialisation. Alice ist eine außerordentlich ausdrucksfähige Sängerin, die für alles tiefe Gefühle hat. Aber sie gerät völlig aus dem Häuschen, wenn es darum geht, ihre finanzielle Situation unter Kontrolle zu halten. Wenn ihr Steuerberater ihr die auf sie anzuwendenden steuerrechtlichen Bestimmungen zu erklären versucht, reagiert sie aufgeregt und verwirrt. Alice kann nicht *denken.* Susan, Professorentochter und erfolgreiche Bankangestellte hat keinerlei Vergnügen am Geschlechtsverkehr. Sie hatte noch nie einen Orgasmus. Für sie ist eine Massage der Gipfel des Verwöhnens. Ihre körperliche Empfindungslosigkeit geht so weit, daß sie kaum Schmerz empfindet, wenn sie sich verletzt. Susans *Empfindungsfunktionen* wurden verschlossen. George ist ein Computerfachmann, er kann sich nie entspannen und hat Schwierigkeiten, Zuneigung zu zeigen. Er ist kühl wie eine Gurke, er weint nie, und er ist stolz darauf, daß ihn nichts aus der Fassung bringt. Kein Wunder, daß die Frauen in seinem Leben ihn für kalt halten und ihn wegen seiner mechanischen Sexualität kritisieren. Georges *Gefühle* sind abgeschnitten. Harry ist ein Stubenhocker. Er bekennt, Sport zu hassen, es ist schwierig, ihn dazu zu bewegen, ein paarmal um dem Block zu gehen. Er stellt sich beim Tanzen ungeschickt und tölpelhaft an. Harry ist es unmöglich, spontan zu *handeln.*

Die Energie fließt ungehemmter in Gebieten, wo wir weniger eingeschränkt wurden. Doch die überschüssige, angestaute Energie aus den blockierten Gebieten wird in die zugänglicheren Funktionen abgeleitet und überlastet die Kanäle. Wir verbiegen uns und geraten aus der Form. Das Resultat sind bestimmte Persönlichkeitstypen, die häufig vorkommen: der Denker, der seinen Intellekt hoch entwickelt hat, aber wenig fühlt; der dramatische Gefühlsmensch, der nicht klar denken kann; die zwanghaft aktive Sportskanone, die nie liest; der hochsensitive Intuitive, der keine Pläne machen kann.

Abbildung B

Die vier Funktionen der Sozialisation

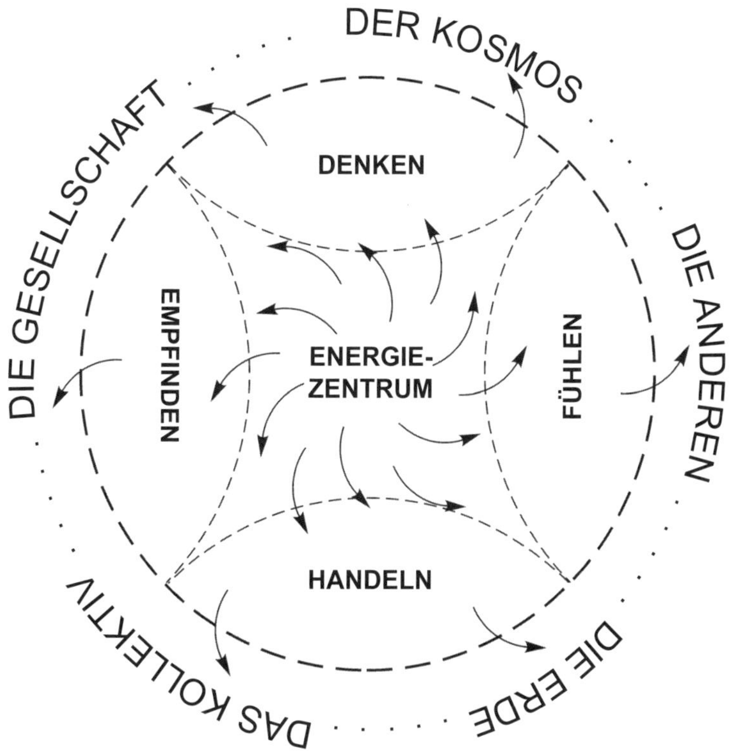

Die Botschaften der Sozialisation

Die Botschaften der Sozialisation werden in vielerlei Form vermittelt, ausgesprochen wie auch unausgesprochen: »Tu dies«, »Das darfst du nicht«, »Du solltest« und »Hör auf damit«. Darüber hinaus gibt es eine ausgeklügelte Hierarchie von Strafen und Belohnungen, Verboten und Ermutigung. In manchen Fällen - und in manchen Familien - sind die Strategien recht offensichtlich: Schimpfen und anbrüllen, tödliche Drohungen, Strafen und rigide Regeln stehen als Werkzeuge zur Wahl. Aber meist verläuft der Prozeß, in dem wir lernen, was von uns erwartet wird, weit subtiler, durchdringt aber alles. Er ähnelt der Osmose. Wir absorbieren unsere Lektionen. Wir sind einfach empfindende Wesen, hören und sehen alles, was unsere Eltern tun, Stunde für Stunde, Tag für Tag, in der Öffentlichkeit ebenso wie in der Abgeschiedenheit unseres Zuhauses. Wir sehen, wofür man Beifall erhält, womit man Kritik provoziert, wir sind Zeugen, wer aus einer Auseinandersetzung als Sieger hervorgeht und wie; wer gemocht und wer abgelehnt wird und warum, was bemerkt wird und womit man keine Aufmerksamkeit auf sich lenken kann. Wir entwickeln rasch Strategien, um Freunde zu gewinnen, ein neues Spielzeug zu bekommen, spät ins Bett zu gehen, unsere große Schwester in Schwierigkeiten zu bringen, Großmutters Liebling zu sein.

Das Ehe-Modell

Mit der Ehe unserer Eltern haben wir ständig ein einflußreiches Lehrwerkzeug vor Augen. An ihr lernen wir Verhalten in einer Beziehung. Sprechen sie miteinander, verbringen sie miteinander ihre Zeit, haben sie Spaß miteinander? Sind sie zärtlich zueinander? Vor den Kindern? Wer macht das Frühstück, sorgt dafür, daß die Kinder zur Schule kommen, wer geht zu Schulversammlungen, bringt die Kinder zum Zahnarzt? Wer verdient das Geld, und wie werden Entscheidungen getroffen? Wann kommt es zu Auseinandersetzungen, gibt es Diskussionen, in denen beide ruhig ihre Argumente und Ansichten vorbringen, oder schreien sie sich an, beschimpfen sich, gibt es Tränen, feindseliges Schweigen, verächtliche Blicke, Schuldzuweisungen? Wird Streit vor den Kindern ausgetragen, macht einer der Eltern den anderen vor den Kindern schlecht? Das Verhalten der Eltern zueinander ist eine unendliche Lektion über das Leben in der Welt. Auf die eine oder andere Weise nehmen wir das Zusammenleben unserer Eltern in uns auf. Wir bewerten es, ob wir damit einverstanden sind oder nicht, sie annehmen oder zurückweisen. Die Ermahnung »Tu, was ich sage, und nicht, was ich tue« ist gegenstandslos. Kinder orientieren sich immer am Verhalten ihrer Eltern. (Am Ende dieses Kapitels finden Sie eine Übung, die Ihnen helfen soll, sich zu erinnern, was Sie aus der Ehe Ihrer Eltern »gelernt« haben.)

Wenn wir über die Grenzen unserer Familien hinausgehen, finden wir weitere erfolgversprechende Verhaltensmodelle: die Beispiele unserer Lehrer, der Kirche, der Polizei, von Büchern und Musik, Filmstars und Fernsehen. Wir erweitern das Repertoire möglicher Verhaltensweisen, verfeinern unsere Körpersprache und Redeweise. Vermehrte Rückmeldungen der Außenwelt lassen uns unsere Vorstellungen anpassen an das, was für richtig befunden wird und was nicht. So modifizieren wir das, was die Eltern uns vermittelt haben.

Die Art, wie wir uns am Verhalten anderer orientieren, wird auf witzige Weise in einem meiner Lieblingsfilme, *The Last Starfighter*, gezeigt. Ein außerirdischer Androide wird zur Erde geschickt, um den Platz eines jungen Mannes einzunehmen, dessen außergewöhnliche Geschicklichkeit mit Videospielen gebraucht wird, um einen intergalaktischen Krieg zu führen. Der Androide findet sich bei einem Picknick mit »seiner« Freundin wieder, und obwohl er der exakte Klon des Erdlings ist, an dessen Stelle er tritt, fehlen ihm die gesellschaftlichen Fähigkeiten und Tugenden vollkommen, die er braucht, um sich als Mensch auszugeben. Als seine Freundin ihm spielerisch die Zunge ins Ohr steckt, weiß er nicht, wie er reagieren soll, und steckt seinerseits ungeschickt seine Zunge in ihr Ohr. Als sie sich darüber aufregt, sieht er einen Typ in der Nähe, dessen Freundin ihm ebenfalls den Rücken zugekehrt hat, und hört, wie er sagt: »O Liebling, es tut mir leid.« So sagt er das zu »seiner Freundin«, in genau dem gleichen Ton. Und es scheint zu funktionieren, also hört er mit seinen supersensitiven Ohren dem anderen weiter zu und prägt sich jede Geste in sein supersensitives Gehirn ein. Diese Strategie funktioniert perfekt, bis er eine andere Phrase seines Vorbilds ausprobiert: »Liebling, all die anderen Mädchen bedeuteten mir gar nichts, nur du bist mir wichtig.«

Wir bilden unser Verhalten in einem ähnlichen Prozeß von Versuch und Irrtum heraus. Wenn Sie als Kind mit Schreien und Beschimpfen dazu gebracht wurden zu gehorchen, werden Sie als Erwachsener vermutlich die gleiche Taktik übernehmen, so sehr sie es auch haßten und fürchteten. Wenn Ihre Mutter Sie mit steinernem, verletztem Schweigen einschüchterte, gelangten Sie zu der Überzeugung, daß das der wirksamste Weg ist, um zu bekommen, was Sie wünschen. Sie finden die Art, wie Ihre Eltern miteinander umgegangen sind, vielleicht furchtbar. Zu Ihrem Entsetzen stellen Sie aber fest, daß Sie, wütend auf Ihren Partner, ihm den gleichen vernichtenden Blick zuwerfen wie Ihre Mutter Ihrem Vater.

Je schlauer und sensibler wir werden, desto schneller und vollständiger kapitulieren wir meist gegenüber den Vorstellungen der Gesellschaft. Wir verdrängen und vernachlässigen alles, was unserer Sache hinderlich ist. Wir machen nicht nur das uns funktional erscheinende Verhalten nach, wir internalisieren auch die Einstellungen hinter dem Verhalten und schenken ihnen Glauben. Wir haben die Lektionen der Gesellschaft *verinnerlicht*. Wir brauchen keine Mutter mehr, die uns sagt, was wir tun oder lassen sollen. Eine Stimme in uns übernimmt diese Aufgabe. Meine Tochter Leah sagte eines Tages zu mir: »Wenn ich auf Hunter wütend bin, höre ich deine Stimme in meinem Kopf, die mir sagt, ich soll ihn nicht hauen.« Ab dem Alter von vier oder fünf Jahren sind die Botschaften von außen eingegraben in die Neuronen unseres Gehirns. Der Feind ist uns begegnet, wir sind es selbst.

Der Einfluß unserer Überzeugungen

Das führt uns zu dem Thema unserer Glaubenssysteme. Das Wissen über uns selbst ist unvollständig, ohne die Erkenntnis, wie wir von dem Gesehenen und Imitierten beeinflußt wurden. Ohne diese Einsicht kann man derart feste Vorstellungen von Beziehungen entwickelt haben, daß man in einer von den eigenen Vorstellungen abweichenden Partnerschaft nicht funktionieren kann.

Kürzlich machte ich eine Therapie mit einem verlobten Paar, das am Anfang der Beziehung genau bestimmte traditionelle Rollen spielte. Aber Maria war unglücklich über ihre untergeordnete Rolle und kam in die Psychotherapie. Sie bestand darauf, vor der Hochzeit bestimmte Dinge zu verändern. Ted hingegen sprach immer noch davon, was eine Frau tun »sollte«. Ich versuchte Ted zu erklären, daß *seine Vorstellungen* von dem Rollenmodell einer Ehefrau doch dem widersprachen, das er gewählt hatte. Maria hätte sich seinem Bild vielleicht angepaßt, aber sie hätte sich verändert. Ihr ist bewußt geworden, daß sie zuerst eine Person sei, nicht jemand, der eine Rolle spielt. Auch unter stärkstem Zwang könnte sie nicht zu ihrem Rollenspiel zurückkehren, es sei denn, daß ihr Überleben davon abhinge. Ted fühlte sich bedroht und war nicht fähig, über seine eigene Rolle hinauszuwachsen. »Entweder wir machen es so, wie ich will, oder aber wir blasen es ab«, beharrte er. Darauf antwortete seine Verlobte : »Nun, dann gibt es keine Hochzeit.«

Es ist traurig, aber nicht überraschend, daß Ted sich nicht der Beziehung entsprechend weiterentwickeln konnte. Seine Rollenvorstellungen waren Teil seines Glaubenssystems. Dieses Evangelium bestimmt, wie die Welt ist und die Menschen sich verhalten sollen, ein Katechismus, der ihm sein Leben lang eingehämmert worden war.

In gewisser Weise erfüllen unsere Glaubenssysteme einen wertvollen Dienst. Sie bändigen unsere Instinktnatur. Tiere leben weitgehend nach dem Reiz-Reaktions-Muster, wobei ihre Reaktionen und Anpassungen auf das Leben durch das Alte Gehirn genau festgelegt sind. Unser schlauer zerebraler Kortex befähigt uns, in unseren Reaktionen genauer zu unterscheiden. Wir bändigen die geistlosen Reaktionen des Alten Gehirns, indem wir eine Reihe von Überzeugungen entwickeln. Sie bringen Ordnung und Stabilität in eine chaotische Welt. Unsere wiederholten Erfahrungen werden in einen kodifizierten Kanon gefaßt. Der legt fest, ist stabil und logisch. »So verhält sich meine Mutter, wenn ...«, »Wenn ich dies tue, dann wird das geschehen ...«, »So verhält sich eine Familie, wenn jemand krank ist ...«, »Männer mögen nicht, wenn ...« Dank der Fähigkeit unseres Gehirns, bestimmte Muster auszubilden, können wir die Reizflut verdauen und Reaktionen formulieren, die wir für richtig und wirksam halten. So werden wir vor unseren primitiven Instinkten geschützt, die uns zur Flucht oder zum Kampf drängen. Und wir müssen nicht jedes Mal ganz von vorne beginnen und uns überlegen, wie wir auf jede Kleinstinformation reagieren.

Aber wir lassen uns von unseren Glaubenssystemen in die Falle locken. Sie werden mit der Zeit starr und unnachgiebig und funktionieren schließlich in uns wie Instinkte bei Tieren. Wir entwickeln Muster dafür, was wir tun und wie wir uns zu verhalten haben, wie die Menschen sind. Es sind die *Muster* und nicht jede einzelne Erfahrung, die wir als Wirklichkeit erfahren. Leider zeigen Untersuchungen, daß, je gestörter und dysfunktionaler eine Familie ist, um so stärkere Glaubenssysteme als Schutz vor Chaos und Ängsten entwickelt werden. Der tägliche Stress und die Unberechenbarkeit des Lebens mit einem abwesenden oder gewalttätigen Vater, einer alkoholkranken oder zurückgezogenen Mutter kann nur mit einem System von Überzeugungen bewältigt werden, das ihrem lieblosen Verhalten einen gewissen Sinn verleiht. Das Gehirn, sagt Robert Ornstein in »The Healing Brain«[1] sehnt sich nach Stabilität, insbesondere wenn wir uns in einer unbeständigen, gefährdeten Situation befinden. Das Gehirn muß Voraussagen treffen können und fürchtet das Unbekannte wie unberechenbares Verhalten. Deshalb kodifiziert und ritualisiert es seine Erfahrungen, um einen Sinn in ihnen entdecken zu können.

Feste Überzeugungen mögen in einer belastenden Umgebung sehr nützlich sein. Wollen wir aber Beziehungen eingehen und in ihnen funktionieren, dann müssen sie weniger rigide sein. Haben Sie gelernt, daß Männer ausschließlich an Sex interessiert sind, Anschreien in allen Familien üblich ist, man Beschimpfungen am besten still begegnet, Frauen nur am Verdienst des Mannes gelegen ist oder daß Sie einfach kein Glück mit Männern haben, wird dies ein Teil Ihres Glaubenskanons. Sie können nicht mehr differenzieren, Sie reagieren auf das, was Sie glauben, nicht auf das, was ist.

Glaubenssysteme verhalten sich ebenso wie der Mann, dessen Frau nach Hause kommt und ihn mit einer anderen Frau im Bett erwischt. »Wem willst du glauben?« fragt er sie. »Mir oder deinen lügenden Augen?«

In jeder Sekunde unseres Lebens schaffen wir mit unseren Gedanken und unserem Verhalten unsere Realität. Das System unserer Überzeugungen aber können wir nicht willkürlich verändern. Wir können uns aus Schmerz nicht herausdenken, und wir können uns nicht über unsere instinktiven Reaktionen hinwegsetzen. Wir müssen uns bewußt sein, welchen Preis wir für unser rigides Denken zahlen, welchen Schmerz das bedeutet. Als Alleinstehender besteht ein Teil Ihrer Vorbereitung für die Reise in die Beziehung darin, die Welt in Ihrem Kopf zu entdecken. Wenn das nicht die Welt ist, in der Sie leben möchten, müssen Sie die Verantwortung für eine Veränderung übernehmen. Sie brauchen Erfahrungen, die den alten widersprechen und sie im Lauf der Zeit verändern, eine bewußte Beziehung beispielsweise.

(Eine Übung, die Ihnen helfen wird, herauszufinden, welche Überzeugungen Sie entwickelt haben, solange Sie in der Ehe Ihrer Eltern lebten, finden Sie in Übung 9A.)

Die Heulsuse und die Zicke

Nun möchte ich auf die vier Zugangswege der Sozialisation zurückkommen, die auf Abbildung B (Seite 153) dargestellt sind. Anhand von Beispielen zeige ich, wie kulturelle Werturteile Unterdrücken und Zulassen lenken. Die Norm, zu der wir uns selbst verbiegen, sind die kollektiven Werte unserer Gesellschaft. In unserer Gesellschaft herrscht jedoch keineswegs ein vollkommenes Gleichgewicht. (So antwortete Gandhi, als er gefragt wurde, was er von der weltlichen Zivilisation halte: »Ich glaube, es ist eine gute Idee.«) »Normalität« an sich wird schon hoch bewertet, obwohl das, was für normal gehalten wird, zu einer unausgeglichenen Persönlichkeit führt, da jeder Versuch, man selbst zu sein, unweigerlich Konflikt bedeutet. Normalität in unserer Gesellschaft bedeutet, daß wir denken, aber nicht fühlen können, handeln, aber nicht empfinden - wobei bestimmte Zugeständnisse gemacht werden abhängig vom Geschlecht und der Umgebung. Wenn wir einmal überlegen, daß jede Form des Selbstausdrucks dem Sozialisationsprozeß unterworfen wurde, können wir die grausame Verzerrung unserer eigenen Identität erkennen.

Denken

Wenn wir »Lernkarten« für Säuglinge durch die Gitter ihrer Bettchen blitzen lassen und beten, daß sie die Sauberkeitserziehung hinter sich haben, bevor sie - im Alter von zwei Jahren! - in die Vorschule kommen, was geht da vor sich? *Denken* geht da vor sich - Analyse, Rationalisierung, Deduktion, Intellektualisieren, die Anwendung des mächtigen zerebralen Kortex. Denken ist, wozu wir abgerichtet wurden, wozu wir aufgefordert und wofür wir belohnt wurden. Es ist der Antrieb unseres ökonomischen und technologischen Fortschritts. »Ich kann mich daran erinnern«, sagte ein Klient, »daß mein Vater mir oft bei den Hausaufgaben half. Bekam ich ein neues Spielzeug, ließ er mich die Anweisungen lesen und ausprobieren, wie es funktionierte. Er war Chemiker in der Forschung und vertrat die Ansicht ›Sport ist Mord‹. In seinen Augen war jede Form körperlicher Übung Zeitverschwendung. Ballspielen, Eis- oder Schlittschuhlaufen, selbst Radfahren war verpönt. Als Heranwachsender war mir mein Körper fremd. Jede körperliche Anforderung setzte mich völlig lahm. Ich mußte gegen ein entsetzliches Gefühl von Unbeholfenheit und Leichtsinn kämpfen, nur um tanzen oder Volleyball spielen zu können.«

Die Erwartung an intellektuelle Leistungen wird jedoch nicht an alle geichmäßig gestellt. »Wenn wir unsere Zeugnisse aus der Schule nach Hause brachten«, erzählte mir eine Klientin, »bekamen meine Brüder für jede gute Note Geld. Ich bekam nichts, denn bei mir kam es ja nicht auf Klugheit an. Andererseits erinnerte ich mich, daß meine Eltern zum ersten Mal Wirbel um mich machten, als ich anfing, mit einem sehr süßen Freund ins Kino und zum Tanzen zu gehen. Sie hatten wohl Angst, ich würde eine Intellektuelle werden und keine Verehrer haben.« Kein Wunder, daß diese Frau schließlich ihr Leben weitgehend dem Ziel widmete, beliebt und hübsch zu sein, ihre Intelligenz verbarg und fortwährend mit entmutigenden »Blockaden« in ihren kreativen Bestrebungen kämpfte.

Fühlen

Dem Denken polar entgegengesetzt ist Fühlen. Emotionen genießen kein hohes Ansehen. Durch ruhiges und rationales Denken sollen sie unter Kontrolle gehalten werden. Denken wird zum Ventil für unterdrückte Gefühle: Wir denken uns heraus aus Traurigkeit und Wut, Verletzung und Trauer. »Was fühlten Sie«, fragte ich einen Klienten, »als Ihrer Firma die Zwangsvollstreckung drohte?« - »Nichts«, war seine Antwort. »Es war ein Problem, das gelöst werden mußte. Ich fing einfach an, härter zu arbeiten. Was hätte ich tun sollen, darüber weinen? Was hätte das genützt?«

Frauen werden auf diesem Gebiet ein bißchen weniger hart beurteilt. Ihnen wird zugestanden, zu weinen, Angst zu haben oder sentimental zu sein. Tatsächlich ist ein solches Verhalten der Zurschaustellung von Tapferkeit oder Stoizismus vorzuziehen. Eine Frau erzählte folgende Geschichte aus ihrer Kindheit: »Ich erinnere mich, daß ich fürchterliche Angst davor hatte, in einem Ballett aufzutreten. Meine Mutter nahm mich in ihre Arme und ermutigte mich zu weinen. ›Ist schon gut, laß die Tränen raus.‹« Obwohl das an sich von der Mutter sehr einfühlsam gehandelt war, beklagte sie sich, daß ihre Mutter sie *nur dann* hielt und unterstützte, wenn sie Tränen vergoß oder bedürftig war. Für sie wurde Weinen zum fast einzigen Mittel, Aufmerksamkeit zu erringen, eine Taktik, die sie in ihren Beziehungen immer noch anwendete.

Große Jungen weinen natürlich nicht. Sie verhalten sich »wie richtige Männer«. Während einer Therapiesitzung forderte ich Charles auf, seinen toten Vater in den Sessel gegenüber von sich zu setzen und ihm von seiner lebenslangen Traurigkeit zu erzählen. (Dieser »Stuhldialog« ist eine wichtige Methode in der Gestalttherapie.) Als er sich seinen Vater in Erinnerung rief, beschrieb er die Situation - das Begräbnis des Vaters - und wie er ihn in seinem Sarg betrachtete. Er fühlte sich bedrückt, aber es kamen keine Tränen. Als ich ihn aufforderte, die »Tränen fließen zu lassen«, wurde er steif und würgte seine Emotionen hinunter. »Ich sehe, wie mein Vater zu mir sagt: ›Hör auf zu weinen, sei keine Heulsuse.‹ Es gibt nur eine Gelegenheit, bei der ich weine«, gab er zu, »nämlich dann, wenn ich Filme über Väter und Söhne sehe. Dann weine ich für mich allein.«

Die Regeln für Wut lauten anders. In den meisten Familien gilt Wut als »unfein«. Vermutlich wurden Sie bemerkt und bestätigt, wenn Sie lachten oder lächelten. Es ist aber unwahrscheinlich, daß Sie Wut zeigen durften. Waren Sie wütend, sind Sie vielleicht ignoriert worden, bekamen Schläge oder wurden in Ihr Zimmer geschickt. Oder Sie wurden überredet, das Gefühl zu überspielen. Die Wahrscheinlichkeit, daß Gefühle von Ärger und Frustration zugelassen wurden, ist tatsächlich nur sehr gering. Ist es ein Wunder, daß es im Fernsehen, in Filmen, Videospielen, Comics und der Außenpolitik unserer »netten« Gesellschaft vor Gewalt nur so wimmelt? Wir räumen sie weg, stecken sie in eine Schublade, intellektualisieren und ritualisieren sie. Das geschieht auch in geringerem Ausmaß mit anderen Emotionen wie Liebe und Trauer. Nur so lernen wir auf sichere, akzeptierte Weise damit umzugehen.

Unter bestimmten Umständen wird Wut für eine angemessene männliche Reaktion gehalten, eine wütende Frau hat jedoch die Grenze der Akzeptanz überschritten. Sie gilt als »Zicke« oder »Xanthippe«. Das Verbot ist sehr wirkungsvoll, wie jede lächelnde, nachgiebige Frau schließlich einsehen muß. »Als ich klein war«, erklärte Felicia, »wurde ich auf mein Zimmer geschickt, wenn ich irgendwelche wütenden Gefühle zeigte. Ich mußte dort bleiben, bis ich mich wieder in der Gewalt hatte. Mir wurde gesagt, ich dürfe erst wieder herauskommen, wenn ich lächeln und mich entschuldigen könnte. Das war so erniedrigend, daß ich noch immer in mein Zimmer renne, wenn ich wütend werde, und die Tür zumache, damit mich niemand sehen kann. Ich werfe mich aufs Bett und schlage auf die Kissen ein, bis ich erschöpft bin. Ich bin mir nicht sicher, ob meine Mutter nicht recht hatte. Erst vor kurzem hat mich mein Freund verlassen, nachdem er gesagt hatte, daß er mich mag, wenn ich großzügig und witzig bin, diesen Teil von mir aber nicht ertragen kann.«

Handeln

Für eine Gesellschaft, in der Handeln, Leistung und die Einstellung »Ich mach das schon« belohnt werden, unterliegt unser Tun dennoch erheblichen Einschränkungen. Uns wird sogar vorgeschrieben, wie wir unsere Muskeln benutzen dürfen. »Geh, renne nicht«, »Wir tun so etwas nicht«, »Sitz still«, »Sieh hin, bevor du springst«. Bis wir die Kindheit hinter uns lassen, stellen wir diese Befehle nicht mehr in Frage. Ich erinnere mich, daß mir gesagt wurde, bei Tisch singe man nicht, und meine Kirche hielt Tanzen für eine Sünde. Aber was soll schon falsch daran sein, zu rennen, bei Tisch zu singen, sich um sich selbst zu drehen, bis man schwindlig wird und hinfällt? Das ausgeprägte Bedürfnis der Gesellschaft, daß wir uns benehmen, ruhig sind und nicht stören, vorausdenken, abwarten, bis wir an der Reihe sind, und unsere Wünsche denen der Gruppe unterordnen, läßt uns den Kontakt zu unserer Spontaneität und in das Zutrauen zu unserer Handlungsfähigkeit verlieren.

Erlaubt sind dagegen häufig der Geschlechtsrolle angemessen erscheinende Handlungen. Vor ein paar Jahren, bei dem jährlichen Kirchenausflug, wurde ich Zeuge eines solchen klassischen Beispiels. Ein Kollege von mir, ein hervorragender

Squashspieler, konnte seinen Ärger über seinen heranwachsenden Sohn kaum verbergen. Der hatte einigen der kleineren Kinder geholfen, Ballons aufzublasen, und las nun in einem mitgebrachten Buch. »Warum spielst du nicht Volleyball? Ich dachte, du spielst gern Volleyball. Drüben bei der Scheune ist ein Basketballspiel im Gang ...« Er redete sich mehr und mehr in Wut, und seine Bemerkungen wurden immer schärfer. »Ist irgendwas mit dir los?« Der Junge verkroch sich immer weiter in sich selbst und reagierte noch zaghafter. Am äußersten Punkt dieser Zerreißprobe erschien die zehnjährige Tochter, außer Atem, lächelnd und schmutzig. Sie verkündete, daß sie beim Softball den entscheidenden Schlag getan hatte. Ihr Vater explodierte. » Sieh dich nur an, benimmt sich so eine junge Dame? Warum bist du nicht mit den anderen Mädchen zusammen? Deine Mutter hat keine sauberen Kleider für dich mitgebracht.« Obwohl eine solche Szene im Zeitalter des Feminismus eher selten geworden ist, bestimmen derartige Botschaften in subtilerer Form immer noch sehr stark unser Verhalten und unser Selbstbild.

Empfinden

Im Reich der Sinne wird uns am meisten vorgeschrieben. Seit im fünften Jahrhundert der heilige Augustinus erklärte, der Körper sei schlecht und die Sexualität Sünde, wurde der Körper in der westlichen Welt zum Prügelknaben. Bei der Kombination von Schweigen und Ermahnung in der Sexualerziehung der Menschen sollte man meinen, wir hätten besser gar keine Körper. Wir sollten sie vollständig verhüllen und nur für unabdingbare Notwendigkeiten, wie zum Gehen und Essen zum Beispiel, benutzen, nie aber für Sex und andere körperliche Vergnügungen.

Eine Klientin erzählte eine sehr typische Anekdote zu diesem Thema: Sie besuchte, als sie etwa sechs Jahre alt war, ihre Großmutter. Lange hatte sie sich auf diesen Besuch gefreut. »Ich war mit meinem Bad fertig und rannte nackt durch den Flur zu ihrem Zimmer und sprang in ihr Bett. Sie war entsetzt. ›Bedecke deine Scham, junge Dame‹, schrie sie. ›Laß nie jemanden deinen nackten Körper sehen.‹ Bis zum heutigen Tag kann ich weder bei Licht lieben noch nackt schlafen. Ich höre immer noch die Stimme meiner Großmutter und sehe ihr konsterniertes Gesicht vor mir.« Diese Geschichte ist nicht ungewöhnlich. Einer meiner Klienten, der kein Vergnügen an der Sexualität empfinden kann, erzählte mir, seine Eltern ließen ihn im Bett Handschuhe tragen, damit er nicht masturbierte!

Wie unterdrückte Gewalt bricht sich unterdrückte Sinnlichkeit schließlich in entstellten Formen Bahn, von Sadismus bis zu Zölibat, von Pornographie zu Impotenz und Frigidität. Auf keinem Gebiet ist die Sozialisation von Männern und Frauen gegensätzlicher. Wegen der zentralen Bedeutung dieses Themas für Beziehungen behandelt das gesamte Kapitel 11 das Thema Geschlecht und Sexualität.

Unterschiedliche Sitten

Selbst in unserer Gesellschaft ist die Art der Sozialisierung merklich auch von regionalen Unterschieden abhängig. Ein Kind, das auf dem Land aufwächst, erhält vielleicht nur wenige Verbote, was den Körper oder die Sexualität angeht. In einem streng religiösen Heim ist dieses Thema wahrscheinlich mit Heimlichkeit und Tabus verbunden. Wut wird in der einen Familie schnell unterdrückt und bestraft, das nächtliche Gezänk von nebenan hingegen ist in der ganzen Nachbarschaft zu hören. Ein Kind aus einer Arbeiterfamilie wird für seine intellektuellen »Ambitionen« gescholten, der Sohn eines Akademikers hingegen findet in der besseren Gegend, wo er heranwächst, mit seinem Berufswunsch »Tischler« vielleicht nicht viele Freunde.

»Ich fühlte mich ›gerettet‹, als wir aus der Unterschichtsgegend, in der ich aufwuchs, in einen Stadtteil zogen, wo ich zur Oberschule ging und wo Angehörige der oberen Mittelschicht lebten«, erzählte mir einmal ein Freund. »Lesen oder Lernen galten da, wo ich aufwuchs, gar nichts. Es wurde von dir erwartet, ein harter Kerl oder ein hübsches Mädchen zu sein. Ich war ein besessener Leser, und ich zeichnete gern. Doch das behielt ich meist für mich. Meine Zeit verbrachte ich mit meinen Freunden auf der Straße, versuchte ›cool‹ auszusehen, kaute Kaugummi, rauchte nach der Schule hinter der Polizeiwache und hatte das Gefühl, ein Schwindler zu sein. Ich dachte, ich hätte einfach nicht, was man haben mußte. Dann zogen wir um, und am ersten Schultag erkannte ich, daß meine Klassenkameraden Spaß am Lernen hatten und hart arbeiteten, um voranzukommen. Ich werde nie das ungeheure Gefühl von Erleichterung vergessen, von Freude. Es gab hier eine ganz andere Welt, zu der ich mich zugehörig fühlen konnte. Ich konnte mehr ich selbst sein. Es zählten Dinge, die mir wichtig waren und in denen ich gut war.«

Wie können wir uns selbst treu bleiben, wenn vieles, was uns ausmacht, entwertet wird? Wenn wir unsere Gefühle und Empfindungen durch das Sieb einer puritanischen Gesellschaft gießen müssen? Einer Gesellschaft, die Jungen und Mädchen sehr unterschiedlich formt und dann von ihnen erwartet, eng und liebevoll zusammenzuleben, die Gefühle und Ansichten des anderen zu verstehen und zu schätzen? Besteht überhaupt Hoffnung für eine Beziehung, wenn Tränen einen Mann zur Heulsuse machen und Wutausbrüche eine Frau zu einer Zicke?

Das ganze Ich

Wir sollten unser Diagramm (Abb. C) neu zeichnen, damit auch die uns eingebleuten Botschaften dargestellt werden. Wir erkennen, daß der Effekt der Indoktrination alles in allem darin besteht, das freie Ein- und Ausströmen der Energie zu behindern, die in bestimmte Aspekte unserer selbst ging. Bestimmte Teile unseres

Ichs wurden abgetötet. Ihnen wurde Vitalität entzogen, sie wurden von der Außenwelt abgeschnitten. Unsere Energie wurde in Gebiete gelenkt, die relativ unbeschädigt blieben, in Kanäle, die den freien Fluß von Energie noch zulassen. Wenn Woody Allen sagt: »Ich bin zwei mit der Natur«, spricht er durch den Filter des urbanisierten Intellektuellen, den seine Gefühle und Empfindungen nicht durchdringen können. Wir haben zwar alle auf allen Gebieten gewisse Einschränkungen erfahren, aber es gibt fast immer ein oder zwei besonders unterdrückte Gebiete. Manche Menschen konnten relativ ungehindert sie selbst sein. Andere wiederum erfuhren in ihrer Sozialisation eine harte Hand. Sie sind auf allen Gebieten erheblich blockiert, Pulverfaß unausgedrückter Gefühle und Gedanken, gehemmten Handelns und gestörter Empfindungen. Sie sind entfremdet von sich selbst, von der Natur, von anderen.

In Kapitel 10 werden wir untersuchen, was mit dem unterdrückten und zersplitterten Ich geschieht und wie wir versuchen, den Schaden der Sozialisation in unseren Beziehungen zu reparieren. Aber nehmen Sie sich zunächst einmal Zeit, um die folgenden Übungen durchzuführen. Sie sollen Ihnen helfen, dem System Ihrer eigenen Überzeugungen auf die Spur zu kommen, insbesondere den Botschaften, die Ihnen durch die Ehe Ihrer Eltern vermittelt wurden.

Abbildung C: **Das von der Sozialisation blockierte Energiezentrum**

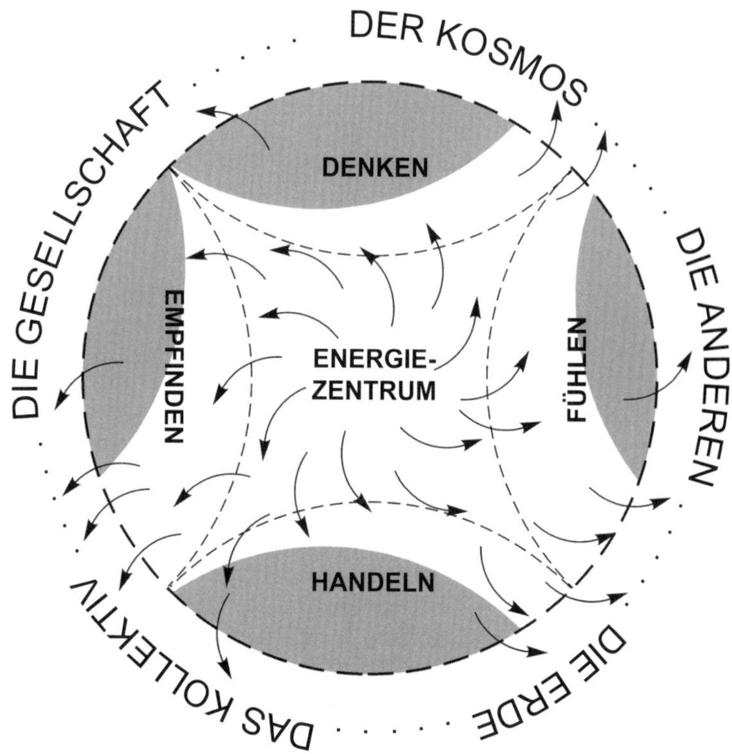

Übung 9A

Die Ehe Ihrer Eltern

1. Zeichnen Sie auf einem leeren Blatt Papier einen großen Kreis. Teilen Sie ihn vertikal in zwei Hälften. Schreiben Sie auf die linke Seite ein Pluszeichen (+) für positiv und auf die rechte Seite ein Minuszeichen (-) für negativ. Beschreiben Sie zuerst Ihre Mutter, dann Ihren Vater und schließlich die *Ehe* Ihrer Eltern, so wie sie Ihrer Erinnerung zufolge in Ihrer Kindheit und dann in der Adoleszenz war. Verwenden Sie Adjektive wie »warm«, »sinnlich«, »zärtlich«, »kalt«, »distanziert«, »angespannt« oder »feindselig«. Setzen Sie sie jeweils in die entsprechende positive oder negative Hälfte. Unterstreichen Sie, wenn Sie fertig sind, die Eigenschaften, die Sie insbesondere mit Ihrem Vater in Verbindung bringen. Kreisen Sie die Eigenschaften ein, die Sie mit Ihrer Mutter assoziieren.

2. Nehmen Sie nun ein anderes Blatt Papier, und teilen Sie es vertikal in zwei Hälften. Schreiben Sie über die linke Hälfte in die Mitte »Vater« und in die Mitte der rechten Hälfte »Mutter«.
   Listen Sie in der linken Spalte die *positiven Verhaltensweisen* auf, die Sie an Ihrem Vater Ihrer Mutter gegenüber beobachtet haben. Schreiben Sie in die rechte Spalte die positiven Verhaltensweisen, die Sie bei Ihrer Mutter gegenüber Ihrem Vater erlebten. (Zum Beispiel: »Vater legte seinen Arm um Mutter, wenn wir im Auto fuhren. Er hörte aufmerksam zu, wenn sie erzählte, wie ihr Tag verlaufen war. Er machte sonntags morgens für alle das Frühstück. Er rief an, wenn er später nach Hause kam.«) Wenn Sie fertig sind, zeichnen sie quer über die Seite eine horizontale Linie unter diese Aufzählungen. Stellen Sie nun unter die positiven Verhaltensweisen in der »Vater«-Spalte eine Liste mit den negativen Verhaltensweisen zusammen, die Sie bei Ihrem Vater im Verhalten zu Ihrer Mutter beobachteten. (Zum Beispiel: »Vater beklagte sich, wenn das Essen nicht pünktlich auf dem Tisch stand. Ich sah selten, daß er meine Mutter küßte oder etwas Zärtliches sagte. Vater explodierte, wenn Mutter lange telefonierte. Er half mir nie bei den Hausaufgaben, selbst wenn Mutter krank war. Er unterbrach Mutter oft.«) Wenn Sie fertig sind, zeichnen Sie unter beide Spalten eine Linie. Wiederholen Sie diesen Vorgang in der rechten Spalte für Ihre Mutter.

3. Nehmen Sie ein weiteres Blatt Papier, und teilen Sie es horizontal in zwei Hälften. Schreiben Sie oben auf die Seite »Vater« und in die Mitte »Mutter«. Teilen Sie nun die obere und untere Hälfte der Seite vertikal in vier Spalten.
   Bezeichnen Sie die Spalten folgendermaßen: Spalte 1: »Frustrationen«,
   Spalte 2: »Gefühle«,
   Spalte 3: »Reaktionen« und
   Spalte 4: »Meine Gedanken«.

Schreiben Sie in die erste Spalte all die *Frustrationen*, die Sie bei Ihrem Vater wahrnahmen oder von denen Sie glauben, daß er sie in bezug auf Ihre Mutter hatte. Schreiben Sie in die nächste Spalte die *Gefühle*, die Sie sahen oder hörten oder von denen Sie glauben, daß Ihr Vater sie hatte, wenn er diese Frustrationen erlebte. Schreiben Sie in die folgende Spalte die *Reaktion*, die sie beobachteten oder glauben, die Ihr Vater bei den Frustrationen aus der ersten Spalte empfand. Schreiben Sie in die letzte Spalte die *Gedanken*, die *Sie* damals oder heute hatten, wenn Sie sich an die Frustration Ihres Vaters, seine Gefühle und seine Verhaltensreaktion auf Frustrationen durch Ihre Mutter erinnern. Wiederholen Sie den gleichen Prozeß auf der unteren Hälfte der Seite, die »Mutter« überschrieben ist. (Zum Beispiel: »Meine Mutter war frustriert, weil Vater nach Hause kam und den ganzen Abend fernsah. Ich glaube, sie fühlte sich verletzt, daß er sie ignorierte, und war wütend, daß er sie für selbstverständlich ansah. Sie reagierte, indem sie ihn mit Schweigen bestrafte und sich uns Kindern gegenüber über sein Verhalten beklagte. Ich glaube, Vater war faul und kommandierte sie herum. Aber ich haßte es, wenn Mutter sich mir gegenüber beklagte und sich nicht mit ihm selbst auseinandersetzte, obwohl ich ebenfalls Angst vor ihm hatte.« Oder: »Mein Vater war frustriert, weil Mutter seine Zärtlichkeiten normalerweise abwies mit dem Hinweis, sie sei zu beschäftigt, oder die Kinder sollten es nicht sehen. Und er beklagte sich, daß sie sich nie für ihn schönmachte. Ich glaube, er hatte das Gefühl, für sie seien Sex und Zärtlichkeit tabu, und sie fühle sich von ihm abgestoßen. Vaters Reaktion bestand in einem kurzen Wutausbruch - und dann stürmte er in den Keller oder in sein Büro. Als Kind glaubte ich außerdem, er sei böse und sollte Mutter in Ruhe lassen. Heute erkenne ich, daß sie voll unterdrückter Wut und prüde war.«)

4. Zusammenfassung:
   1. Ich wuchs auf in einer Ehe, die ______________________________
   (etwas/weitgehend) (positive Adjektive aus der linken Hälfte des Kreises in Schritt 1)

   2. und außerdem ______________________________
   (etwas/überwiegend) (negative Adjektive aus der rechten Hälfte des Kreises in Schritt 1)

   3. In ihrer Ehe hat mein Vater ______________________________
   (manchmal/oft) (positives Verhalten von Schritt 2)

   4. und meine Mutter ______________________________
   (manchmal/oft) (positives Verhalten von Schritt 2)

   5. Manchmal/oft fühlte mein Vater ______________________________
   (negative Gefühle von Schritt 3, Spalte 3)

6. weil meine Mutter ihn frustrierte, indem sie ____________________
(Vaters Frustration von Schritt 3, Spalte 1)

7. Dann reagierte er, indem er ____________________
(Reaktion des Vaters von Schritt 3, Spalte 3)

8. und außerdem ____________________
(Vaters negatives Verhalten von Schritt 2)

9. Manchmal/oft fühlte meine Mutter ____________________
(Gefühle der Mutter von Schritt 3, Spalte 2)

10. weil mein Vater ____________________
(oft/manchmal) (Frustration der Mutter von Schritt 3, Spalte 1)

11. Dann reagierte sie, indem sie ____________________
(Reaktion der Mutter von Schritt 3, Spalte 3)

12. und außerdem indem sie ____________________
(negative Verhaltensweisen der Mutter aus Schritt 2)

13. Wegen dieses Verhaltens meiner Eltern kam ich zu dem Schluß, daß meine Eltern ____________________
(meine Gedanken von Schritt 3, Spalte 4)

14. und daß die Ehe (normalerweise/manchmal) ____________________

15. Ich beschloß außerdem, daß ein Ehemann ____________________

16. aber er sollte sein ____________________

17. Und eine Ehefrau ist ____________________

18. sollte aber sein ____________________

19. Ich habe jetzt das Gefühl, wenn ich je heiraten (oder wieder heiraten) sollte, werde ich ____________________:

20. Außerdem bin ich der Überzeugung, daß eine ideale Ehe ____________________

Übung 9B

Entdecken Sie Ihr Glaubenssystem

Unsere Überzeugungen können so mächtig werden, daß sie sich über unsere tatsächliche Erfahrung legen. Wir müssen unsere Glaubenssysteme kennen, um uns ihren Einfluß auf unser Verhalten bewußtzumachen. Die »Selbsterkenntnis-Inventur« (Übung 2A) und die Übung 9A liefern wichtige Informationen über Ihre Überzeugungen, besonders in Hinsicht auf Liebe, Ehe und Sexualität. Ich werde die Antworten auflisten, bei denen sie zur Sprache kommen, damit Ihnen Ihre Glaubenssätze deutlich werden. Lesen Sie noch einmal, was Sie geschrieben haben. Ich glaube, Sie werden überrascht sein, wie viele festverwurzelte Überzeugungen Sie haben. Vielleicht schreiben Sie Ihre Reaktionen auf. Sie können dann darauf zurückgreifen, wenn Sie in einer Beziehung »steckenbleiben«.

Wie ich über die Ehe denke:
Übung 2A: Antworten 11, 12, 72, 78, 80, 84, 86, 107
Übung 9A (oben): 20

Wie ich über Liebe denke:
Übung 2A: 57, 83, 105, 106, 108

Wie ich über Sexualität denke:
Übung 2A: 4, 5, 24, 55, 56, 67, 73, 75

Was ich von Frauen halte:
Übung 2A: 28, 44, 63, 90, 92, 94
Übung 9A: 17, 18

Was ich über Männer denke:
Übung 2A: 23, 37, 39, 59, 90, 94, 106
Übung 9A: 15, 16

Was ich über Familien denke:
Übung 9A: 13

Kapitel 10

Die Wiederentdeckung des Fehlenden Ichs: Das geheime Ziel der Liebe

Sie liebt sich selbst, doch andere hassen,
Was sie an sich selbst so hoch schätzt.
Sie lacht sie aus, und vergißt,
Sie ist es selbst, was sie verachtet.
William Congreve

Was geschieht mit unseren Anteilen, die in dem Sozialisationsprozeß vergraben oder verzerrt wurden? Wohin geht die blockierte Energie, das, was abgelehnt, unterdrückt, lächerlich gemacht oder nicht anerkannt wurde? Das Ich flüchtet, wie wir sehen werden, in den Untergrund, nur um in unseren Imago-Partnern und den Konflikten, die wir mit ihnen haben, wieder an die Oberfläche zu kommen.

Das Verborgene Ich

Wir alle haben ein »heimliches Leben« - Dinge die wir tun oder glauben und geheimhalten. Kinder lernen, nur dann mit ihrem imaginären Spielkameraden zu sprechen, wenn sie allein sind, weil Mutter und Vater finden, es sei kindisch. Wären wir beim Doktorspielen erwischt worden, hätten wir Schwierigkeiten bekommen. Deshalb taten wir es, wenn Mutter nicht aufpaßte. Tanzen war nur etwas für Mädchen. Ein Junge tanzte deshalb lieber allein in seinem Zimmer. Wenn wir nicht allzusehr von Schuldgefühlen geplagt wurden, konnten uns weder Drohungen noch Propaganda davon abhalten, uns selbst zu befriedigen - und es hoffentlich zu genießen. In diesen Beispielen haben wir uns den Forderungen der Gesellschaft widersetzt (vielleicht trotz Schuldgefühlen oder Scham). Wenn wir Glück hatten, lernten wir, daß unsere eigenen Maßstäbe manchmal auch von denen des Kollektivs abweichen können. Wir konnten das, was wir wollten und brauchten, erkennen, um unsere Ganzheit zu erhalten.

Wir gingen einfach mit den nicht angenommenen Anteilen unseres Ichs in den Untergrund, wir haben sie bewußt privatisiert.

Die Sportskanone schreibt heimlich Gedichte, aus Angst, seine Teamkameraden würden ihn sonst gnadenlos aufziehen. Aber er läßt einen Teil von sich nach außen dringen, der überleben muß. Eine junge Frau zählt die Tage, bis sie ihrem erstickenden Elternhaus entfliehen kann. Sie weiß um die Existenz einer anderen Welt, in der ihre »Verrücktheit« akzeptiert werden wird.

Auch als allein lebende Erwachsene schützen wir immer noch sorgfältig unser Privatleben. Vor Freunden halten wir unsere eigenartigen Eßgewohnheiten geheim, die Angewohnheit, zweimal in der Woche zu duschen, unsere Meditationen, die Schwärmerei für den Briefträger. Das bewußt unterdrückte »Verborgene Ich« schätzen wir als nicht akzeptabel ein. Daher verraten wir der Welt nichts davon. Trotzdem sehnen wir uns danach, daß jemand in unserem Leben diese verborgenen Anteile unseres Ichs annehmen wird.

Das Verlorene Ich

Andere Anteile von uns sind wiederum nicht vor anderen verborgen, sondern vor uns selbst. Wir haben das Bewußtsein für bestimmte Aspekte unseres Selbst verloren. Ihre Existenz ist vergessen. So stark wirkte das Verbot, das so unbequem und schmerzhaft für uns selbst war. Wenn Sie sich noch einmal das Diagramm »Die vier Funktionen der Sozialisation« (Abb. B, S. 153) ansehen, finden Sie wahrscheinlich die Bereiche heraus, in denen Ihre Energien, Talente und Interessen eingeschränkt und kritisiert wurden.

Unser imaginärer Spielkamerad ist uns verlorengegangen. Wir wurden entmutigt, schnitzen zu lernen, Geschichten zu schreiben, die verrückten Sachen zu tragen, mit denen wir uns verkleideten. Wir verdrängen, daß wir früher so gern zu eigenen Liedern tanzten, weil wir ignoriert oder ausgelacht wurden. Ich erinnere mich, daß ich in der neunten Klasse singen und Trompete spielen wollte. Aber mein Musiklehrer versicherte mir, ich könne nicht singen und sollte beim Sprechen bleiben, denn »darin bist du gut«. Ich versuchte nie wieder zu singen, außer in der Kirche. Eines Tages saß ich neben einem Freund, der Musiker ist. Zu meinem Erstaunen sagte er: »Du hast eine sehr schöne Stimme. Hast du je Unterricht genommen?«

Wir vergessen, wie gut es sich anfühlt, beim Einschlafen die Genitalien zu berühren, oder daß wir davon träumten, in weitentfernten Ländern Berge zu besteigen. Wir unterdrückten das Lachen, das aus dem Bauch gluckerte, schlugen die Augen nieder. »Mädchen mögen keine Jungen, die so sind wie ich«, war nun unsere Überzeugung. Was wir von den Eltern gesagt bekamen, sagen wir uns nun selbst und glauben es von ganzem Herzen: Tänzer *sind* weibisch; ich *werde* keine Freunde haben, wenn ich meine Wut zeige; ich *bin* zu dick; andere *mögen* mich *nicht*, weil ich zu intellektuell bin. Wir erinnern uns nicht an die Zeit, als das, was wir jetzt ablehnen, ein Teil unserer selbst und das ganz in Ordnung war. Diese unterdrückten und verbotenen Anteile unserer selbst sind das *Verlorene Ich*. Unseres unterdrückten und geheimgehaltenen *Verborgenen Ich* bleiben wir uns zwar auf einer gewissen Ebene bewußt, unser *Verlorenes Ich* aber verlieren wir aus den Augen *und* aus dem Sinn.

Das Verlorene Ich hat noch einen weiteren Aspekt, den ich erwähnen möchte. In Kapitel 9 sprach ich über die sexistischen Vorurteile unserer Sozialisation. Bei all den Verhaltensgeboten und -verboten für Männer und Frauen ist es unvermeidlich, daß unsere kulturell unakzeptierten Geschlechtsenergien und Interessen ebenfalls zum *Verlorenen Ich* gehören. Bei Männern können das Gefühle wie Sanftheit sein oder ein Interesse am Backen oder Einrichten. Bei Frauen werden wilde Konkurrenzgefühle und ihre Abenteuerlust geopfert, um angenommen zu werden. All diese Eigenschaften werden weder erinnert noch wahrgenommen. Dieser Teil des Verlorenen Ichs, den ich das »Geschlechtliche Ich« nenne, wird in Kapitel 11 ausführlich besprochen.

Das Verleugnete Ich

Über einen weiteren abgespaltenen Teil unserer selbst sind wir uns nicht bewußt, andere aber um so mehr. Das sind die Eigenschaften, deren Besitz wir leugnen. Eigenschaften, die viele Menschen durchaus akzeptabel oder lobenswert fänden - wären Sie ein Mitglied des anderen Geschlechts. Ein Mädchen zum Beispiel leugnet vielleicht allen Ernstes, ein »Superhirn« zu sein. Sie gibt sich als »Hohlkopf«. Doch in Wirklichkeit stellt keiner ihren analytischen Geist in Frage. Von uns als nicht geschlechtsspezifisch abgelehnte Eigenschaften, die aber andere in uns sehen, gehören ebenfalls zum »Gegengeschlechtlichen Ich«, das in Kapitel 11 besprochen wird.

Aber normalerweise bestreiten wir heftig den Besitz negativer Eigenschaften. Sie anzuerkennen wäre zu schmerzhaft. Manche dieser geleugneten Eigenschaften sind Aspekte unserer Eltern, die wir besonders verachten, aber verinnerlicht haben - ihre Wut oder Kleinlichkeit oder Gereiztheit. Und wir wollen doch nicht so sein wie unsere Eltern. Oft kompensieren wir unsere von den Eltern und der Gesellschaft nicht akzeptierten negativen Eigenschaften, leugnen und ersetzen sie. So paßten wir uns in unserer Kindheit an unsere Umwelt an und eigneten uns anstelle dessen Qualitäten an, die für unser Überleben wertvoll zu sein schienen. Ein kleines Mädchen, dem Sex als etwas Schmutziges dargestellt wurde, wird vielleicht enthaltsam oder frigide. Und ein Junge, dessen Weinen verspottet oder bestraft wurde, deckt seine sanften Stellen mit einem harten, kämpferischen Äußeren zu.

Aber diese Anpassungen verheißen Schwierigkeiten. Möglicherweise war unsere jugendliche Sexualität zu bedrohlich, um damit zu leben. Die Frigidität als Ersatz verursacht in Beziehungen jedoch ungeheure Konflikte. Das harte Äußere, das ein so guter Schutzpanzer zu sein schien, hält den Jungen später davon ab, enge Freundschaften einzugehen. Die Sparsamkeit, die uns mit dem mageren bißchen Liebe auskommen ließ, das für uns abfiel, wird von unseren Mitarbeitern kritisiert.

Das verwirrt uns. Wir benötigen unsere kompensatorischen Anpassungen, um mit ihnen unsere seelischen Verletzungen zu verdecken. Und doch wollen wir an einem guten Selbstbild festhalten. Unsere einzige Verteidigung besteht im Leugnen dessen, wofür wir beschuldigt werden. »Wie kannst du sagen, ich sei frigide? Was bist du, eine Art Sexbombe?« - »Ich bin nur sparsam, wenn ich es dir überlassen würde, würden wir keinen Pfennig sparen.« Das ist unser »Verleugnetes Ich«, die Anteile von uns, die die Menschen in unserer Umgebung nur zu gut kennen, die wir uns aber weigern anzuerkennen.

Das Falsche Ich

All diese enteigneten Anteile - das Verborgene Ich, das Verlorene Ich und das Verleugnete Ich - bilden gemeinsam, was ich das »Fehlende Ich« nenne und was oft auch als »Schatten« bezeichnet wird.

Es fehlen uns jetzt wichtige Anteile unseres ursprünglichen Ichs. Die Leere muß gefüllt werden, um dieses Fehlende Ich zu ersetzen. Wie gleichen wir unsere Fragmentarisierung und unsere Unvollständigkeit aus? Wir konstruieren ein »Ersatz-Ich«, das mehr mit den Forderungen der Gesellschaft in Übereinstimmung steht, ein öffentliches Bild von uns. Mit ihm bezwecken wir uns die Liebe, die Arbeit und die Zustimmung zu verschaffen, die wir für das Überleben brauchen. Es kanalisiert unsere Energie und lenkt sie in für gut befundene Richtungen. Wir kompensieren unsere Denkfähigkeit, indem wir unsere Gefühle übertreiben, und jeder scheint uns für unsere Überschwenglichkeit oder unsere Spontaneität zu mögen. Wir verdecken unseren Geiz, indem wir Freunden Geld leihen und uns unserer Freigebigkeit brüsten. Ein chronisches Lächeln und ein starrer Körper ersetzen die natürliche Lebendigkeit eines Kindes, das seine Wut nicht zeigen oder im Haus herumrennen durfte. Ein Kind, dem die spirituellen Sehnsüchte ausgetrieben wurden, wird Theologe, denn dann kann er denken und schreiben und analysieren, was er nicht mehr direkt fühlen und erfahren kann. Das ist unser »Falsches Ich«, der Teil, der das, was wir aufgegeben haben, überkleistern oder entschädigen soll. Das Falsche Ich hält die Illusion aufrecht, ganz zu sein.

Was bleibt uns übrig?

Was also ist uns geblieben? Die Anteile, die von unserer ursprünglichen, einzigartigen Natur unterstützt und akzeptiert wurden. Aber davon ist das meiste Fassade, zusammengesetzt aus unserem Falschen Ich und, ob es Ihnen gefällt oder nicht, dem Verleugneten Ich. Gemeinsam bilden sie das »Gesellschaftliche Ich«, ein Sammelsurium von Eigenschaften, das wir der Welt präsentieren. Aber unser wahres Ich ist weitgehend verlorengegangen. Es wurde abgetrennt, fiel in Scherben und wurde unter den Teppich der Konformität und gesellschaftlichen Ordnung gefegt.

Entstellt, aber lebendig

Die Sozialisation ist also im wesentlichen ein Prozeß der Verstümmelung. In ihrem Verlauf wird unsere Ganzheit beschnitten. Unerwünschtes oder Unpassendes wird verschleiert oder abgelegt. Dann wird hinzugefügt, was auch immer gerade für notwendig erachtet wird, um die Lücken zu verdecken. In diesem Prozeß verlieren wir den Kontakt mit der uns eigenen pulsierenden Lebensenergie, unserer Lebenslust, die unser Altes Hirn als gefährlich interpretiert. Wir werden eingeschränkt, gewarnt, ermahnt, zurückgewiesen, bestraft dafür, daß wir wir selbst sind. Die unserem Wesen eigene Einheit wird zerstört, die uns Menschen besondere Spiritualität verflüchtigt sich. Unsere Lebensenergie selbst, die die Griechen »Eros« nennen, wird als bedrohlich empfunden. Aus Angst vor unserer ursprünglichen Lebendigkeit werden wir zu Schattenfiguren, einem nicht wiederzuerkennenden Abklatsch des ursprünglichen einzigartigen und glücklichen Ichs. Übrig bleibt eine zusammengestoppelte Flickendecke von Verteidigungsstrategien und Anpassungen, durchsetzt mit dem Rest unseres wahren Ichs. Und doch, wir haben einen Weg gefunden, dazuzugehören und leben zu dürfen. Niedergeschlagen, einsam, stumm, ängstlich, abgestumpft, wütend, entfremdet, antisozial, rebellisch, soziopathisch, psychopathisch - aber lebendig.

Das bringt uns zurück zu unserer angeborenen menschlichen Sehnsucht. Unsere Suche nach Ganzheit ist fraglos zwanghaft. Wir sind süchtig nach Leben und werden alles tun, um uns vollständig lebendig zu fühlen. In unserer Kultur suchen wir unsere Lebendigkeit im allgemeinen in Besitztümern, Substitute für Liebe oder Sex oder Erfolg: Zahnpasta, guter Wein, ein Porsche, Prostituierte, sexuelle und kulinarische Orgien, Jogging, gewaltsame Sportarten und Filme, schnelles Fahren und Geschäftemachen und der Versuch, aus den byzantinischen Videospielen das Beste herauszuholen. Wir überwinden unsere Leblosigkeit zeitweilig mit Drogen oder anderen Aufputschmitteln. Wir werden süchtig nach allem, das unsere innere Lebenskraft ankurbelt: Arbeit, Religion, Menschen, Sport, selbst nach der Liebe. Der Schmerz muß betäubt oder unsere Sinne angeregt werden, egal um welchen Preis. Das ist unser Weg, nach dem heiligen Gral zu suchen, das moderne, aber irregeleitete Äquivalent von Kreuzzügen und Kämpfen mit wilden Ungeheuern und anderen Heldentaten. Der Gral wird nie gefunden, unsere Sehnsucht nie gestillt. Zwangsläufig kommen wir schließlich alle wieder heim zu uns selbst. Denn all unsere Sehnsucht richtet sich auf das Fehlende Ich, und das ist nicht »da draußen«. Wenn wir Glück haben, treffen wir allerdings jemanden, der uns zum Leben erweckt, jemanden, der uns das Gefühl gibt, daß die Reise vorbei ist. Wir verlieben uns - in unser Fehlendes Ich.

Verlieben: Wiederfinden, was verloren war

Wenn wir uns verlieben, fühlen wir uns wieder ganz. In unserem Geliebten eignen wir uns die Qualitäten an, die in uns schlummern oder die uns völlig fehlen. In der Liebe bricht unser innerer Trieb nach Ganzheit durch die Mauern des gesellschaftlichen Gefängnisses, in dem wir leben. Gerettet aus unserer Starre, vibrieren wir vor Lebendigkeit. Wir aalen uns im Glanz eines Liebhabers, der uns ganz und gar annimmt, werden plötzlich witzig, unser betäubter Körper öffnet sich für sexuelle Lust, unsere einfarbige Welt schillert in allen Regenbogenfarben.

Wir sind glücklich, aus unserer Apathie und Traurigkeit erlöst worden zu sein, aus unserer Wut und Entfremdung. Aber es ist nicht Glück, dieser Wahn hat Methode. Womit wir es hier zu tun haben, ist ein weiteres Stück des Imago-Puzzles: *Ebenso wie auf der Basis ihrer symmetrischen Verletzung in einer Entwicklungsphase fühlen Liebespartner sich auf der Basis komplementärer Anpassungen im Sozialisationsprozeß zueinander hingezogen.* Die Natur greift hier wieder in ihre alte Trickkiste. Mit verschlagener Weisheit verkuppelt sie Sie mit einem Partner, durch den Wachstum möglich wird.

Denken Sie an die Paare, die Sie kennen, und Sie werden reichlich Beweise dafür finden: Ein Freund, ein Mathematiker, den wir als kühlen Kopf kennen, hatte eine Reihe von Beziehungen zu hyperemotionalen Nervenbündeln. Ein Paar hat ständig sexuelle Konflikte: Sie genießt Massagen und alle sinnlichen Genüsse. Ihm dagegen ist es peinlich, Zärtlichkeit zu zeigen. Bei jeder Berührung scheint er zurückzuzucken. Ein Mann, mit dem ich gearbeitet habe, ist ein begeisterter Kajakfahrer und Bergsteiger. Er liebt Aktivität und körperliche Anforderungen jeder Art. Aber seine neue Verlobte ist eine Stubenhockerin, die gerne strickt und Musik hört und jede Betätigung in frischer Luft kategorisch ablehnt.

Höchstwahrscheinlich fühlen Sie sich von Menschen angezogen, die bewunderte und ersehnte Qualitäten besitzen, die in Ihrer Familie abgelehnt oder verachtet wurden. In der Nähe solcher Menschen fühlen Sie sich wohl in Ihrer Haut. Allein schon das Zusammensein vermittelt Ihnen ein Vollständigkeitsgefühl. Sie weinen nie im Kino, begleiten aber nur zu gern einen Freund, der bei sentimentalen Szenen anfängt zu schluchzen. Und sie tanzen und lachen gern, finden sich aber zu rationalen, zugeknöpften Partnern hingezogen.

Wie das unterirdische Ich im Partner zum Vorschein kommt, zeigt das Beispiel von Earl und Christine, die beide allem Anschein nach jeweils das ausgleichen, was dem anderen fehlt. Bei unseren Sitzungen hält sich Earl in seinem dreiteiligen Anzug aufrecht in seinem Stuhl. Mit seiner Regimentskrawatte, dem kurzgeschnittenen Haar und den polierten Fingernägeln sieht er aus wie das vollkommene Bild des Geschäftsmannes in gehobener Position. Christine lümmelt sich im Stuhl, die Knie übereinandergeschlagen, in einem lässigen, ärmellosen Sommerkleid und fährt mit den Fingern durch ein lose fallendes Gewirr dunkler Locken. Sie sind sich bei der Weihnachtsparty von Freunden begegnet. Earl erinnert sich, daß er sich auf den ersten Blick in Christines bohemehaftes Aussehen verliebt hat, ihr langes, wildes Haar und ihr übermütiges Lachen. Er forderte sie zum Tanzen auf und hatte das Gefühl, in eine Welt sinnlichen Vergnügens zu entschweben. Christine erinnert sich, daß sie fasziniert war von Earls Intellekt, seinen Kenntnissen in Philosophie und Geschichte, seiner Überlegenheit. Sie »hätte ihm stundenlang zuhören können«.

Was wollte Earl von Christine? Ihre körperliche Lässigkeit, ihre offene Sexualität, ihr unbändiges Lachen, ihre *Gefühle.* Und er bekam all das. Und was sah Christine in Earl? Unorganisiert und entscheidungsschwach, fühlte sie sich angezogen von Earls verantwortungsvoller Haltung, der effizienten Art, wie er sich um die Geschäfte kümmerte, seinen festen Meinungen - seinem Denken. Und sie wurde nicht enttäuscht. Betrachten wir wieder unser Diagramm (Abbildung D). Earl und Christine ersetzen das jeweils Fehlende durch den anderen. Sie schufen eine Einheit mit offenen Grenzen, die ihnen erlaubt, auf allen Gebieten Lebendigkeit zum Ausdruck zu bringen.

Warum also kamen sie noch vor der Hochzeit in meine Praxis? Es scheint so, als hätten sie einfach mehr bekommen als ausgemacht. Earl beklagt sich, Christine würde an nichts anderes denken als an Sex. Ihre »Anfälle« von Enthusiasmus über jede Kleinigkeit lassen ihn die Wände hochgehen. Christine sagt, sie würde bei der langsamen, ungeschickten Art Earls am liebsten schreien. Sie habe es satt, seine Meinungen als allgemeingültiges Evangelium vorgetragen zu bekommen. »Jeder Mann, dem ich begegne«, beklagte sich Christine, »erweist sich schließlich als Langweiler, als Computer ohne Gefühle«. Worauf Earl konterte: »Und du scheinst viele Schwestern zu haben, die nichts tun, als in ihren Gefühlen zu schwelgen und Forderungen zu stellen, und die scheine ich alle getroffen zu haben.«

Was sie einst beim anderen anbeteten, ist nun Quelle ihrer Klagen. Bis sie das, was wirklich los ist, bewältigen, werden sie es nicht vor den Altar schaffen.

Schlafende Hunde

Was ist hier los? Nun, sich lediglich in jemanden zu verlieben, der den Ausgleich schafft, ist keine Wunderkur. Denn wenn wir unsere verlorenen Eigenschaften wiederbekommen wollen, wecken wir schlafende Hunde: den Anteil unseres Ichs nämlich, den wir unbewußt für gefährlich halten. Was Sie an Ihrem Partner lieben, ist das, was Sie in sich selbst vergraben haben, um zu überleben. Was Sie zuerst zu ihm hingezogen und momentan befreit hat, wird schließlich das Verbotene zutage fördern. Ihnen wird folglich überaus unbehaglich. Christines Sinnlichkeit weckt Earls unterdrückte Sexualität, Earls durchdringender Geist weckt Christines schlafenden Intellekt. Denken Sie daran, es handelt sich hier nicht um eine zufällige Blockade. Sie wurde vielmehr mit voller Absicht errichtet. Die Mahnung der Gesellschaft, vermittelt durch Ihre Eltern, zur besonderen Vorsicht, haben Sie sich zu Herzen genommen. Ihr Altes Gehirn reagiert mit Alarm, Ihr Partner drängt sie über Ihre sicheren Grenzen hinaus. Sie greifen ihren Partner an, um nicht mit ihrem eigenen schlafenden Ungeheuer ringen zu müssen.

Es liegt in der Natur unserer Beziehungen, daß das Unbehagen wächst, je mehr auf dem Spiel steht. Eine Bindung irgendeiner Art - sei es die Entscheidung, miteinander zu gehen, zusammenzuziehen, eine Verlobung oder eine Eheschließung - versetzt das Alte Gehirn in Panik. Denn eine Bindung stellt Forderungen an die Anteile des Ichs, die blockiert wurden. Die Angst vor dem Verlorenen Ich, dem Überbleibsel unseres ursprünglichen Kerns, erklärt, warum viele Paare sich trennen, wenn allmählich Probleme an die Oberfläche kommen. Solange die Beziehung

Abbildung D

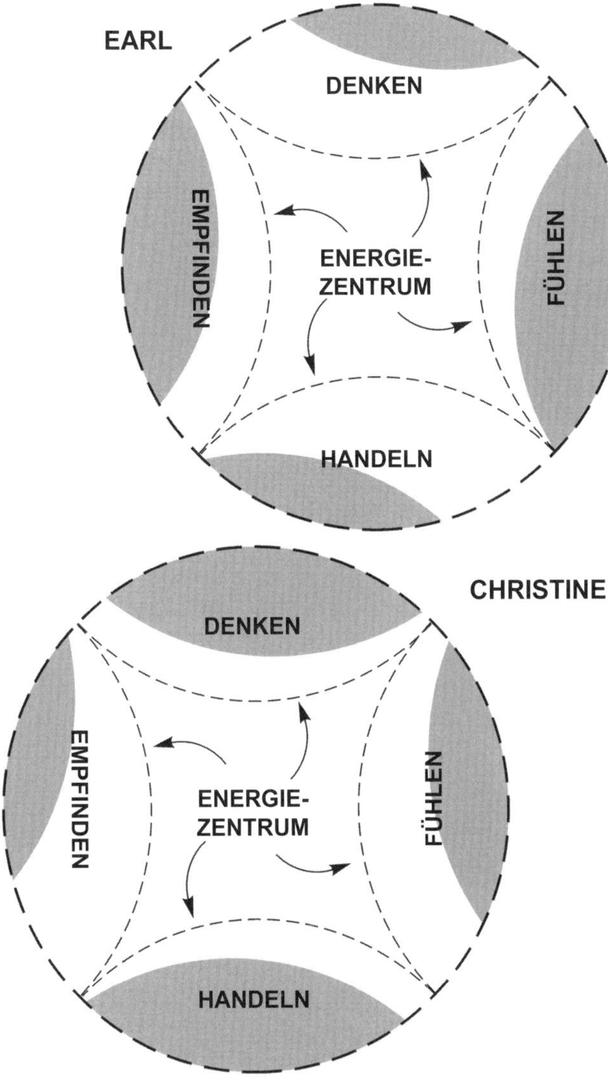
EARL
DENKEN
EMPFINDEN
ENERGIE-
ZENTRUM
FÜHLEN
HANDELN
CHRISTINE
DENKEN
EMPFINDEN
ENERGIE-
ZENTRUM
FÜHLEN
HANDELN

nicht sehr tief geht, ist wahrscheinlich alles wunderbar.

Aber eine intensivere Beziehung intensiviert auch die Angst. Die üblichen Erklärungen für die Trennung eines Paares - Angst, sich zu binden, sexuelle Unvereinbarkeit - sind oft vorgeschützt. Dahinter liegen viel tiefere Spannungen: die unbändige Angst davor, die Sicherheit des akzeptablen, wenn auch eingeschränkten, Falschen Ichs aufzugeben. Diese wiedergeweckte Angst erklärt, warum viele Paare innerhalb der ersten achtundvierzig Stunden ihrer Verlobung ihren ersten ernsthaften Streit haben. Sie ist außerdem der Grund für den »Flitterwochen-Blues«. Plötzlich kommen die vergrabene Frigidität, die Engstirnigkeit, die Hysterie, der Dogmatismus und die Passivität, die uns bisher so gute Dienste geleistet haben, unter den Palmen des Flitterwochenparadieses zum Vorschein.

Ellen und Jack waren sich einig, daß beim Kauf ihres Verlobungsringes etwas Entscheidendes geschehen war. Ellen hatte zur Bindung gedrängt. Ihre plötzlich auftretende Panik überdeckte sie mit Wut, als Jack den Preis für die Ringe mit einem unanständigen Wort bedachte. Jack kam ihr geizig vor, engstirnig und unsensibel, Eigenschaften, die denen ihres Vaters glichen, vor denen sie bei Jack die Augen verschlossen hatte. Jack, der von Ellens Leichtigkeit bezaubert war, sah sie plötzlich als fordernd und mäkelig, sie erinnerte ihn an seine Mutter. Sie kauften die Ringe und verließen das Geschäft in eisigem Schweigen, um das Trauma ihres neuen Bewußtseins zu vertuschen. Was war geschehen? Die Schuppen waren ihnen von den Augen gefallen, die stillschweigende Übereinkunft, einander als Fehlendes Ich zu dienen, war aufgeflogen, und sie standen unter Schock. Sie haben einen Vorgeschmack bekommen auf die Arbeit, die ihnen bevorsteht, um sich gegenseitig zu Ganzheit zu verhelfen.

Die Aneigung des Fehlenden Ichs

Kennen Sie die Beschaffenheit Ihres Fehlenden Ichs, läßt sich vorhersagen, in welche Art Partner Sie sich verlieben werden. Sie gewinnen aber auch Einblicke in einige Ihrer Probleme. Wir suchen uns zwar Partner aus, die die in uns vergrabenen *positiven* Eigenschaften besitzen, forschen aber auch danach, ob sie unsere abgespaltenen *negativen* Eigenschaften besitzen. Denn das Verleugnete Ich ist nicht wirklich ein Teil unserer ursprünglichen Natur, sondern eine Verinnerlichung von Identifikationen mit Eigenschaften unserer Bezugspersonen. Die stehen derart im Gegensatz zu unserem Selbstbild, daß wir sie nicht zugeben können. Das Verleugnete Ich repräsentiert die Diskrepanz zwischen Schein und Sein - eine Lücke in unserer Realität. Wir können nicht mit einem schlechten Selbstbild leben. Daher projizieren wir die negativen Eigenschaften, die wir nicht zulassen können, auf den Partner.

Es ist schrecklich, aber wahr: In dem, was Sie an Ihrem Partner so überaus unerträglich finden, erkennen Sie wenigstens teilweise das wieder, was sie an sich selbst leugnen. Der Grad emotionaler Reaktion auf die Eigenschaft eines anderen ist der

Grad, in dem diese Eigenschaft in Ihnen selbst existiert, negativ oder positiv. Ellen war, im oben angeführten Beispiel, in Jack ihrem verleugneten Geiz begegnet. Er fand sich konfrontiert mit seiner verborgenen Wut. Als sie das erkannten, empfanden sie es als nahezu unerträglich. Ertragen Sie die Faulheit Ihres Partners nicht, verschleiern Sie ziemlich sicher mit Ihrer ungeheuren Geschäftigkeit nur Ihre eigene Trägheit. Die Wut darüber, daß Ihr Parnter so nachtragend ist, verhüllt nur Ihre eigene Wut.

Das Verleugnete Ich tritt im ganz normalen Alltag zutage, aber auch in Träumen. Ein Kleriker, den ich behandelte, träumte von einer politischen Figur, die er als kalt, rücksichtslos und manipulativ wahrnahm. Den Gedanken, daß Träume als Projektionen von uns selbst interpretiert werden können, wies er entschieden von sich. »Schließlich bin ich ein Mann Gottes«, protestierte er, »ich darf wohl annehmen, ein gutes Herz zu haben.« In der folgenden Woche träumte er wieder von einer politischen Persönlichkeit, die er sogar noch weniger respektierte. Als ich diesen Traum hörte, sagte ich ihm scherzhaft, er hätte auf seinen ersten Traum hören sollen. Da er das nicht getan hatte, schickte ihm sein Unbewußtes eine noch stärkere Botschaft über den Teil von sich, den er verleugnete.

Ganz offensichtlich erschüttert von dem Traum und der Interpretation, begann er eine ernsthafte Selbsterforschung. In seiner Therapiegruppe bat er die Mitglieder, ihm eine ehrliche Rückmeldung zu geben, ob sie solche Eigenschaften an ihm entdeckt hätten. Die Gruppe hatte sich dazu verpflichtet, die Wahrheit zu sagen. Sie wies auf mehrere Situationen hin, in denen er die Gruppe in kalter und unsensibler Weise zu manipulieren versucht hatte.

Ob wir es zugeben oder nicht, Menschen, die uns nahestehen - Partner, Kollegen und Kinder -, kennen die Eigenschaften, die wir vor uns selbst verleugnen. Sie sind die »Spiegel«, in denen wir verborgene Aspekte unseres Ichs sehen können. In Kapitel 13 werden wir uns damit beschäftigen, wie unsere Projektion zum Kern des Machtkampfes in unseren Beziehungen wird und die Bühne vorbereitet für die Wiederaufführung unseres Kindheitsverhaltens mit unseren Bezugspersonen.

Der Wahrheit ins Auge

Eine enge Bindung zwingt uns, das wiederzuerlangen, was wir bei uns selbst verleugnen. Die unerwünschten, verschleierten Eigenschaften können wir nicht unendlich geheimhalten. Ob es Ihnen gefällt oder nicht, diese Eigenschaften sind Anteile des Fehlenden Ichs. Um ganz zu werden, *müssen* wir sie uns wieder aneignen und in unser Selbstbild aufnehmen. Unsere Ganzheit - unser vollständiges Ich - schließt den Schatten mit ein. So hatte ich früher keine Geduld mit Menschen, die niedergeschlagen oder traurig waren. Und doch räumte ich immer wieder traurigen, melancholischen Menschen einen besonderen Platz in meinem Leben ein. In einer meiner eigenen Therapiesitzungen schockierte mich mein Therapeut mit der Frage, wie lange ich schon depressiv sei. Nach mehreren Wochen, in denen ich meine Depression abstritt, sogar überlegte, wegen der ungewöhnlichen Diagnose nicht mehr zu diesem Therapeuten hinzugehen, entschloß ich mich, seiner Theorie nachzugehen. Ich wollte ihm beweisen, daß er falsch lag.

Als ich über meine Kindheit sprach, wurde klar, daß ich, als Kind, den Verlust meiner Mutter nicht betrauert hatte. Die Niedergeschlagenheit und Traurigkeit anderer Menschen weckten Gefühle in mir, die ich vor Schmerz nicht zulassen konnte. Aber ich hatte fortwährend Menschen in mein Leben gebracht, deren Depression als Spiegel meiner eigenen fungierte. So mußte *ich* sie in mir selbst nicht zugeben. Dann tat ich alles, um diese Menschen loszuwerden, um das Spiegelbild zu zerstören.

In der Erforschung meiner Kindheitserinnerungen kam die Depression als enorme Traurigkeit an die Oberfläche. Als ich mir erlaubte, nach siebenundzwanzig Jahren den Tod meiner Mutter zu betrauern, lüftete sich die verborgene Depression. Ich fühlte mich lebendiger als je zuvor. Die fühlende Seite von mir war wiederhergestellt.

Wieder ganz werden

Die Konflikte mit Ihrem Partner sind Veräußerlichungen der Konflikte in Ihrem Innern. Was Sie bei Ihrem Partner entweder idealisieren oder verachten, wird wahrscheinlich zu einem gewissen Grad auf Sie selbst zutreffen. In einem bestimmten Ausmaß verkörpert Ihr Partner Ihre geleugneten negativen Eigenschaften, mit denen Sie selbst nicht leben können, und Ihre positiven Eigenschaften des Verlorenen Ichs, ohne die Sie nicht leben können. Mit anderen Worten, es geht hier in Wirklichkeit um einen Selbstbetrug: Indem Sie ihre eigenen begrabenen Eigenschaften auf jemand anders projizieren, verleugnen Sie sich selbst. Das ist das gleiche wie die Bewunderung für Filmstars: Wir idealisieren sie für Qualitäten, die wir unterdrückt haben. Dabei berauben wir uns selbst, bleiben Teil-Persönlichkeiten, die stellvertretend durch andere leben. Wenn wir Mutter Teresa bewundern oder uns mit der Karriere eines Sporthelden identifizieren, ist es der fehlende Teil von uns selbst, der uns anzieht.

Wie kommen wir aus dieser Sackgasse heraus? Wie können wir unsere verlorenen Anteile zurückfordern, die guten und die schlechten, und uns selbst wieder zusammensetzen? Wir kommen immer wieder auf die gleiche Antwort zurück: durch die lange, mühsame Arbeit an einer bewußten Beziehung mit einem Imago-Partner. Was aussieht wie ein schmutziger Trick der Natur, ist in Wirklichkeit ein Segen: Es gibt eine wunderschöne Symmetrie in dem Heilungsprozeß ebenso wie in unseren seelischen Verletzungen.

Es heißt, es sei schwer, sich zu trennen. Aber das stimmt nicht. Es ist leicht fortzugehen, bevor es schwierig wird weiterzumachen. Schwierig hingegen ist *aufzuwachen.*

Das große Bild

Wir haben gerade ausführlich die komplexen Fragen der Erziehung und Sozialisation betrachtet. Es ist nicht leicht zu verstehen, wie der Prozeß einer fehlgeleiteten Erziehung funktioniert. Eine Reihe von Übungen wird Ihnen dabei helfen, herauszufinden, welche Anteile Ihres Ichs Produkte Ihrer Sozialisation sind. Zuvor betrachten Sie jedoch Abbildung E, in der der Zyklus von aufeinander einwirkenden Erziehungs- und Sozialisationsdefiziten zusammengefaßt wird, von der Geburt bis zum Alter von etwa neunzehn Jahren. Darin ist graphisch der Verlauf von Verlusten und Regressionen dargestellt, der zu den Ängsten und Anpassungen führt, die in jedem Stadium auftauchen.

Übung 10A

Ihr Verborgenes Ich

Nehmen Sie sich eine Stunde Zeit für diese Übung, in der Sie sich entspannen können und ungestört sind. Schließen Sie die Augen, atmen Sie ein paarmal tief durch. Denken Sie an die Eigenschaften und Aspekte, die Sie vor anderen verborgen halten, an Dinge, die nicht in das nach außen abgegebene Bild passen, Ihnen peinlich wären. Manche dieser Eigenschaften können Sie selbst vielleicht akzeptieren. Sie glauben jedoch, daß andere Sie dafür kritisieren oder ablehnen würden. Fragen Sie sich selbst: »Was würden die Leute denken, wenn Sie wüßten ...« Hier sind einige Beispiele: »... daß ich im Kino weine«, »daß ich ein Versteck mit pornographischen Zeitschriften habe«, »daß ich Liebesgedichte schreibe«, »daß ich eine Schwäche für den Bankangestellten habe«, »daß ich meinen Freund betrogen habe«, »daß ich häufig masturbiere«, »daß ich Kleider, die ich schon getragen habe, ins Geschäft zurückbringe«, »daß ich oft direkt aus der Büchse esse«.

Stellen Sie sich nun dieselbe Frage. Denken Sie dabei besonders an das andere Geschlecht: Was würden Männer/Frauen denken oder tun, wenn sie zum Beipsiel wüßten, daß ich »mystische Erfahrungen« gemacht habe, »an Ufos glaube«, »nackt schlafe«, »im Supermarkt klaue«, »träume, berühmt zu sein«, »manchmal meine Laken wochenlang nicht wechsle?« Schreiben Sie alle Einfälle und Bilder so rasch wie möglich nieder, in der Reihenfolge, in der sie auftauchen.

Zeichnen Sie auf einem leeren Blatt Papier ein Diagramm wie das auf Seite 181, Abb. F. Tragen Sie jede Eigenschaft Ihres Verborgenen Ichs in den entsprechenden Sektor des Kreises ein. Fügen Sie alles hinzu, das Ihnen beim Schreiben in den Sinn kommt. Jeder Gedanke, der nicht in eine der Kategorien paßt, sollte in den inneren

Abbildung E

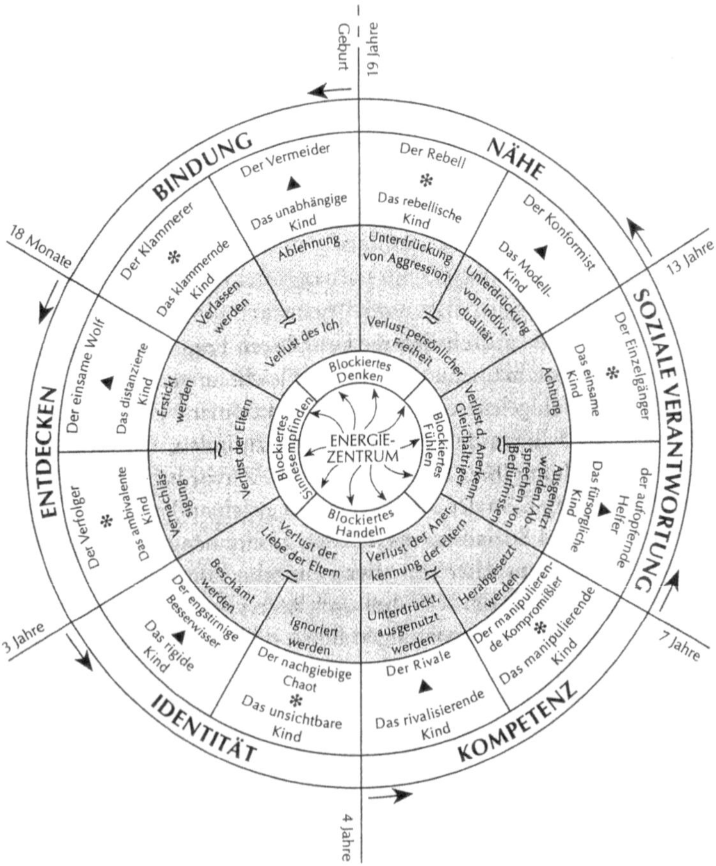

▲ Minimierer
✻ Maximierer
☐ Schattierte Zonen: die seelische Verletzung
~ Ängste

Kreis geschrieben werden. Nun haben Sie ein Bild Ihres Verborgenen Ichs. Um diese Aspekte unter Verschluß zu halten, sind Energie und Wachsamkeit vonnöten, die Ihre Lebenskraft beanspruchen. Manche dieser Eigenschaften sind Aspekte ihres authentischen Wesenskerns. Sie müssen in Ihr Selbstbild und vielleicht auch in Ihre Beziehungen zu anderen Menschen integriert werden. Das heißt aktive Angstüberwindung. Lassen Sie andere wissen, daß Sie Gedichte schreiben oder im Kino weinen. Suchen Sie eine Umgebung, in der solche Dinge akzeptiert werden. Andere Teile sind vielleicht Kompensierungen für unterdrückte Aspekte. Pornographie kann zum Beispiel Ersatz für Einsamkeit oder sexuelle Deprivation sein. Wirkliche Bedürfnisse müssen erkannt und erfüllt werden, damit sie ganz werden können. Vielleicht gelingt es Ihnen in zukünftigen Beziehungen so, verborgene Eigenschaften mit Ihrem Partner zu teilen. Er oder sie kann Ihnen helfen, angemessen mit ihnen umzugehen.

Abbildung F

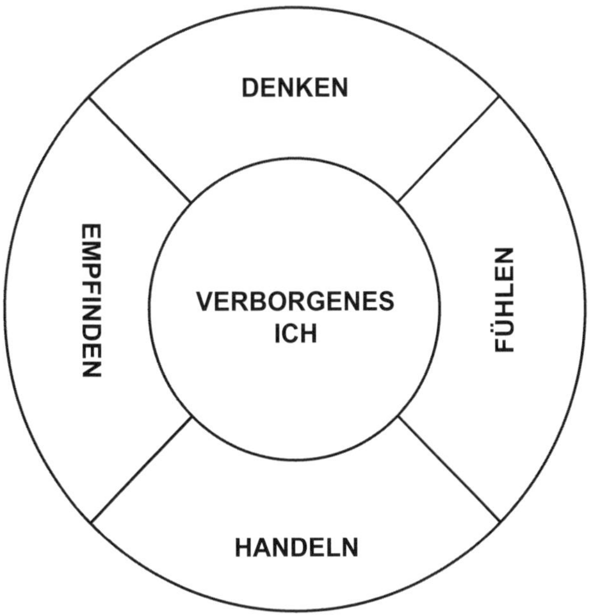

Übung 10B

Ihr Verlorenes Ich

An Informationen für diese Übung kommen wir nur über eine indirekte Methode, denn sie befinden sich nicht in Ihrem Bewußtsein. Wieder brauchen Sie eine Stunde, in der Sie ungestört sind und sich entspannen können. Sie müssen diese Übung vielleicht wiederholen, um alle wichtigen Informationen zu erhalten.

1. Entspannen Sie sich. Lassen Sie Kindheitserinnerungen fließen, in denen Ihre Eltern Ihnen Botschaften über Ihren Körper, Ihre Gedanken, Gefühle und Verhaltensweisen und über Ihr Ich vermittelten. Überlegen Sie, wann Sie Sätze hörten wie »Das darfst du nicht« oder »Hör auf damit«. Zum Beispiel haben Ihre Bezugspersonen vielleicht gesagt: »Faß dich da nicht an«, oder »Hör auf zu rennen«, oder »Große Jungen weinen nicht«, oder »In unserer Familie tut man so etwas nicht«, oder »Du bist böse«. Außerdem haben Sie vermutlich unausgesprochene Botschaften mitbekommen wie: »Du bist ein Störenfried«, oder »Du gehörst hier nicht hin«, oder »Du bist zu schlau«, oder »Niemand mag dich, wenn du traurig bist«, oder »Du solltest nicht existieren«. Wieder andere Botschaften empfingen Sie vielleicht von Spielkameraden oder Schulfreunden in der Kindheit und Adoleszenz, Freunden, Lehrern und anderen wichtigen Erwachsenen oder sogar aus dem Fernsehen oder aus Filmen. Schreiben Sie alles nieder, was Ihnen dazu einfällt.

2. Überlegen Sie nun, was Ihnen frühere oder gegenwärtige intime Partner direkt oder indirekt gesagt haben. Diese Botschaften können in zwei Formen vermittelt werden. Manche davon lauten: »Hör auf«, oder »Du darfst nicht«, ähnlich wie die, die Sie von Ihren Eltern hörten. Zum Beispiel: »Stör mich nicht, wenn ich lese«, oder »Du solltest dich vor den Nachbarn nicht so verhalten«, oder »Hör auf, wie ein Kind zu kichern«.
   Vielsagender ist aber, wenn Nahestehende Ihnen erklärten, was sie von Ihnen wollten, sich anders wünschten oder was sie an Ihnen vermißten. Vielleicht erinnern Sie sich an: »Ich wünschte, du würdest im Bett etwas Aufregendes tragen«, oder »Warum denkst du nicht nach, bevor du den Mund aufmachst?«, oder »Ich fände es so schön, wenn du einige der Bücher lesen würdest, die mich interessieren«, oder »Du sagst mir nie, wie du dich fühlst, wenn ich ...«, oder »Du führst mich nie zum Tanzen aus.« Schreiben Sie wieder alles nieder, was Ihnen dazu einfällt. Solche Botschaften sind vielsagende Hinweise auf Funktionen des Verlorenen Ich. Sie sind indirekte Bitten, Ihr Unterdrücktes zum Ausdruck zu bringen, und geben Information über das Ihnen Fehlende.

3. Zeichnen Sie einen weiteren Kreis, der mit dem in der vorangegangenen Übung identisch ist, schreiben Sie aber in den inneren Kreis »Verlorenes Ich«. Tragen Sie jede der Botschaften in eine der vier Kategorien ein. Auf ihre Wesensenergie bezogene Botschaften wie »Du sollst nicht existieren« schreiben Sie in den inneren Kreis. Vielleicht fallen Ihnen noch andere spezifische Funktionen ein, während Sie über diesen Teil von sich nachdenken. Nehmen Sie diese mit auf.
   Nun haben Sie einen Eindruck von Ihrem Verlorenen Ich. Die Kategorien, die wenige Botschaften enthalten, lassen darauf schließen, daß Sie diese Funktion nicht unterdrücken mußten. Die Kategorien, auf die sich die meisten Botschaften beziehen, bezeichnen die fehlenden Anteile Ihres Authentischen Ichs. In Ihrem Drang, ganz zu werden, werden Sie sich von einem Partner angezogen fühlen, der nicht die gleichen Funktionen unterdrücken mußte wie Sie. Später, in der Beziehung jedoch, neigen Sie zu Kritik an diesen »lebendigen« Teilen Ihres Partners, die ja bei Ihnen »tot« sind. Es ist unabdingbar, daß Sie die unterdrückten Funktionen entwickeln, um eine ganze, eigene/getrennte Person zu werden. Nur so können Sie Ihren Partner von dem Anspruch befreien, Ihre fehlenden Anteile für Sie zu »übernehmen«. Die Kritik Ihres Partners dient Ihnen zweifellos als Ansporn, jene fehlenden Teile zu entwickeln. Ich bin sicher, Ihnen sind bereits einige der Klagen bekannt.

Übung 10C

Ihr Verleugnetes Ich

Nun werden Sie den Teil von sich selbst betrachten, den zu akzeptieren Ihnen so schwerfällt, Ihr Verleugnetes Ich.

1. Zeichnen Sie auf ein leeres Blatt Papier einen großen Kreis, und teilen Sie ihn horizontal in zwei Hälften. Schreiben Sie ein Pluszeichen über den Kreis, darunter ein Minuszeichen. Stellen Sie eine Liste von Adjektiven zusammen, mit denen Sie sich selbst beschreiben würden. Tragen Sie die positiven Eigenschaften oben in den Kreis ein, unten die Ihnen bekannten negativen Eigenschaften. Tun Sie dies gründlich und mit Bedacht.

2. Zeichnen Sie auf fünf oder mehr Blätter Papier Kreisdiagramme wie oben. Bitten Sie wenigstens fünf Menschen, die Sie gut kennen, davon mindestens zwei, mit denen Sie eine intime Beziehung hatten (das heißt einen Ex-Liebhaber oder Ex-Partner), Sie nach der gleichen Methode wie oben zu beschreiben.

3. Wenn Sie die Antworten zusammentragen, *unterstreichen* Sie alle Beschreibungen, positiv und negativ, die mit einem Adjektiv, das Sie auf sich selbst anwendeten,

identisch oder ähnlich sind. *Umkreisen* Sie die positiven und negativen Eigenschaften, die *nicht* auf Ihrer Liste stehen.

4. Zeichnen Sie einen weiteren Kreis, der mit denen oben identisch ist, unterteilen Sie diesen Kreis jedoch auch vertikal, so daß er geviertelt ist. Übertragen Sie die positiven *unterstrichenen* Adjektive, die mehr als einmal erwähnt wurden, in das obere linke Viertel des Kreises. Schreiben Sie jeweils daneben, wie oft es erwähnt wurde. Übertragen Sie die unterstrichenen negativen Eigenschaften, die mehr als einmal genannt wurden, in das untere linke Viertel des Kreises. Übertragen Sie die positiven umkreisten Adjektive, die mehr als einmal erwähnt wurden, in den oberen rechten Quadranten des Kreises, die negativen umkreisten Adjektive, die wiederholt vorkommen, in den unteren rechten Quadranten.

5. Schreiben Sie »Eigenschaften, die ich und andere kennen« auf die linke Seite des Kreises. Überschreiben Sie die rechte Seite mit »Eigenschaften, die ich nicht kenne, die andere aber kennen«. Die Adjektive auf der rechten Hälfte des Kreises beschreiben Ihr Verleugnetes Ich. Menschen, die Sie gut kennen, sehen diese positiven Qualitäten an Ihnen, Ihnen aber sind Sie peinlich. Vielleicht befürchten Sie auch, Sie könnten sie sich aneignen. Sie verstecken ihren scharfen Verstand, da Ihre Eltern »Frauen sehen, aber nicht hören« wollten. Unbewußt sind Sie überzeugt, daß »sich Männer nur selten an Brillenschlangen heranmachen«. Oder Sie stehen immer noch nicht zu Ihrer künstlerischen Ader, die Ihre Jugendfreunde für »weibisch« hielten. Der störendste Teil Ihres Verleugneten Ichs jedoch sind die abgespaltenen negativen Eigenschaften. Mit großer Wahrscheinlichkeit projizieren Sie diese auf andere. In Streß- oder Krisenzeiten reagierten Sie auf ungewöhnliche Weise und dachten: »Das bin doch nicht ich.« Vor Wut explodierten Sie plötzlich und entschuldigten sich etwas fassungslos: »Ich weiß gar nicht, was über mich gekommen ist.«

Jetzt haben Sie ein recht vollständiges Bild Ihres Fehlenden Ichs. In Kapitel 11 werden Sie das Gegengeschlechtliche Ich näher untersuchen, dann in Kapitel 15 Übungen finden, die Ihnen helfen sollen, die abgespaltenen Anteile wieder anzunehmen. All die nicht zugelassenen Eigenschaften müssen wieder angeeignet und integriert werden, manche in veränderter Form, damit Sie wieder ganz werden können. In einer nahen Beziehung wird fast jeder nicht-integrierte Anteil des Ichs auf den Partner projiziert. Ein zerstörerischer Konflikt scheint dann unausweichlich. Mit diesem Wissen aber, das Ihrem Unbewußten zugänglich ist, werden Sie eine konstruktivere Beziehung entwickeln. Der Zündstoff für Konflikte verpufft wirkungslos. Außerdem kann Ihr zukünftiger Partner Ihnen bei Veränderungen helfen, um Ihrer Ganzheit willen.

Kapitel 11

Geschlecht und Sexualität: Make love, not war

Warum kann eine Frau nicht sein wie ein Mann?
Professor Higgins in »Pygmalion«

Beziehungskonflikte werden oft verschärft von der so offensichtlichen und daher so leicht übersehenen Tatsache, daß *Ihr Partner ein Mitglied des anderen Geschlechts ist.* »Nein, im Ernst«, werden Sie sagen, »mußte ich erst dieses Buch kaufen, um das herauszufinden?« Aber die biologischen wie kulturellen Unterschiede zwischen Mann und Frau - manche davon veränderbar, andere nicht - sind häufig Anlaß für Konflikte. Bei der Suche nach den Wurzeln Ihrer Schwierigkeiten wurden diese Unterschiede oft gänzlich außer acht gelassen. Doch Sie als Alleinstehender sollten versuchen, diese Unterschiede zu verstehen und *über sie hinauszugehen.* (Der gleiche Mechanismus von Drängen und Entziehen in den Geschlechtsrollen und geschlechtsspezifischen Energien, gefolgt von ähnlichen Konflikten, gilt für heterosexuelle wie homosexuelle Paare.)

Wenn wir Kinder zu »Männer« oder »Frauen« sozialisieren, kommt am Ende ein »Krieg der Geschlechter« dabei heraus. Beziehungen in unserer Gesellschaft sind tatsächlich inzwischen so polarisiert, so von Wut und Mißtrauen dominiert, daß sie oft einem Krieg gleichkommen. Wie bei den meisten Kriegen kann keiner als Sieger daraus hervorgehen. Alle in diesem aussichtslosen Konflikt Beteiligten bezahlen mit dem Verlust ihrer individuellen Ganzheit, da keiner von ihnen sowohl seine angeborene männliche als auch weibliche Energie zuläßt. Insbesondere der Alleinstehende verliert sich im Paarungstanz, gedrängt, den gesellschaftlichen Vorstellungen zu entsprechen, sich selbst als »Mann« oder »Frau« darzustellen. Das bedeutet, daß Ihre Beziehung von Anfang an auf brüchigem Fundament steht.

Gibt es trotz der langen Geschichte von Mißverständnissen einen Weg aus dem Geschlechterkrieg? Männer und Frauen geraten aneinander, weil sie einander buchstäblich nicht verstehen. Mißverstandene Interpretationen und fehlgehende Kommunikation stecken oft hinter der Verwirrung, den Verurteilungen und Verletzungen, die so viele Beziehungen heute charakterisieren. Welchen Ausweg gibt es daraus? Zuerst ist die Klärung der biologischen und psychologischen Unterschiede von Männern und Frauen erforderlich. Im zweiten Schritt dann ist zu erkennen, wie diese Unterschiede kulturell aufgeblasen und entstellt werden. Erst dann können wir verstehen, wie es zu Konflikten kommt. Wir lernen, sie mit Annahme und Sympathie zu lösen, nicht mit Schuldzuweisungen. Verstehen und schätzen wir die Energien und die Empfindlichkeiten des anderen Geschlechts, dann können wir uns unsere gegengeschlechtlichen Energien auch eingestehen. Sie gehören zu unserem Verlorenen und Geleugneten Selbst, den Opfern unserer Sozialisation. Erst dann können wir ausgeglichen und ganz sein.

Lassen Sie mich meine Begriffe verdeutlichen. »Männlichkeit« und »Weiblichkeit« beziehen sich nicht auf das biologische Geschlecht, sondern beschreiben bestimmte Eigenschaften und Energien. Biologisch gesehen sind alle Embryos am Anfang weiblich bis etwa zur sechsten Entwicklungswoche. Dann führt die Existenz eines Y-Chromosoms im genetischen Code zur Entwicklung männlicher Merkmale. Männer haben also bereits am Anfang ihrer Existenz eine transsexuelle Veränderung durchgemacht! (Die biologische Realität widerspricht auch dem Bibelwort, demzufolge die Frau aus der Rippe des Mannes gemacht wurde, was der Grund für die Unterordnung von Frauen war.) Menschen sind im Wesen sowohl männlich als auch weiblich: Die ursprüngliche Einheit des Selbst ist physiologisch angelegt. Wenn wir anfangen, die Barrieren zwischen unseren männlichen und weiblichen Energien aufzulösen, gelangen wir zurück zu unserer Ganzheit, der Entspanntheit und allumfassenden Freude am Anfang unseres Lebens.

Die Unterdrückung der gegengeschlechtlichen Energie, die C. G. Jung den »Animus« für die Frau und die »Anima« für den Mann nennt, findet aber erst im Sozialisierungsprozeß statt. Diese kulturell für unannehmbar erklärte und daher abgespaltene Energie geht über in das Verlorene und Verleugnete Ich. Unser Konflikt mit dem anderen Geschlecht ist demzufolge gleichzeitig auch ein Konflikt mit unserer eigenen, verleugneten maskulinen oder femininen Seite.

Ironischerweise fühlen wir uns von den gegengeschlechtlichen Energien unseres Partners angezogen, *weil* wir sie bei uns selbst nicht entwickelt haben. Allerdings ist auch gerade ihre »Fremdheit« der Grund für Angst, Mißtrauen und Konflikt. Solange wir unsere gegengeschlechtliche Energie weiterhin leugnen und unterdrücken, versuchen wir durch den anderen ganz zu werden, der verkörpert, was wir verachten. Jung nennt das die »Projektion auf das Gegenteil«. Frauen projizieren den *Animus*, ihre verleugnete maskuline Energie, auf die Männer in ihrem Leben. Männer übertragen ihre verleugnete weibliche Sensibilität, oder die *Anima*, auf ihre Partnerinnen. Unsere andersgeschlechtlichen Partner sollen die durch die Unterdrückung unserer gegengeschlechtlichen Energie geschaffene Leere füllen. Wir erwarten einen Ersatz für das Abgespaltene und die Übernahme der Verantwortung für die uns fehlenden Energien.

Leider erwarten wir zuviel. Unsere Partner müssen uns enttäuschen, wie wir sie enttäuschen. Wir müssen unsere rostig gewordene gegengeschlechtliche Energie aufwecken und sie uns selbst wieder aneignen. Unsere Partner sind nicht dazu da, unser fehlendes Selbst auszugleichen, sondern sie sollen unserem Erinnerungsvermögen auf die Sprünge helfen. Vergrabenes muß wieder hervorgeholt und vertraut gemacht werden. Dann braucht keiner mehr vom Partner das erwarten, was ihm selbst fehlt. Keiner ist mehr der Feind des anderen. Dies gelingt in dem Maße, in dem jeder Partner seine schlummernden polaren Aspekte in sich selbst integrieren kann.

»Immer beklagst du dich!«

Die Liste der Beschwerden von Frauen über Männer, und Männern über Frauen, erscheint endlos. Sie gibt zahllosen Büchern und Artikeln, Fernsehserien, soziologischen Studien und Therapiesitzungen Nahrung. Was »falsch« ist am anderen Geschlecht, bekommt man bei vertraulichen Gesprächen in Umkleideräumen und Schönheitssalons zu hören.

Frauen entdecken an Männern eine Reihe von Mängeln, die sie ihnen vorwerfen: Sie hören nicht zu, kommunizieren nicht, bringen ihre Gefühle nicht zum Ausdruck, übernehmen nicht ihren Anteil an Pflichten und Verantwortung, sind herablassend, dominant, und alles, was sie interessiert, ist das Aussehen. Außerdem sind sie sexuell fordernd, schlampig, unzuverlässig und unsensibel.

Es ist kein Wunder, daß wir auf der anderen Seite der Medaille die häufigsten Gründe finden, weshalb Männer sich über Frauen beklagen: Frauen sind zu emotional, sie reden zuviel, sie sind sexuell nicht ansprechbar, zu fordernd, zu sensibel und übermäßig mit ihrem Aussehen beschäftigt.[1]

Die meisten von Ihnen kennen vermutlich genau diese oder ähnliche Klagen. Als Therapeut höre ich sie immer wieder in der einen oder anderen Form, zahllose Male. Wut und Schuldzuweisungen nehmen zu, wenn die Zeit vergeht und sich »nichts verändert«. Die grundlegende Klage scheint zu sein: Warum kann ein Mann einer Frau nicht ähnlicher sein? Warum kann eine Frau nicht mehr so sein wie ein Mann? Und darin steckt ein Werturteil: Frauen sind »besser« als Männer, oder Männer sind Frauen »überlegen«. Die Frontlinie für den Kampf steht.

Die ungleiche Wertigkeit, die Männlichkeit oder Weiblichkeit in unserer Kultur zugeschrieben wird, verschärft diese Gegensätzlichkeit. In einer patriarchalischen Gesellschaft wie der unseren ist männliche Energie dominant und wird belohnt. Das Weibliche wird gleichzeitig entwertet. Die Unterordnung von Frauen hat zu einer begrenzten und verzerrten Auffassung der *gesamten* Menschlichkeit geführt. Unsere Kultur setzt Vernunft über Intuition, Wettbewerb über Kooperation, den Arbeitsplatz über das Zuhause usw. Es waren überwiegend Männer, die die menschliche Entwicklung und das menschliche Verhalten studierten und definierten. Daher bildete die männliche Biologie und Psychologie bis vor kurzem die »Norm«, den Maßstab für menschliche Entwicklung und menschliches Verhalten. Frauen wurden aus diesem Grund oft als Mängelwesen bewertet, ihre Entwicklung als »abnormal«, ihr Verhalten als »abweichend«. So gilt Stoizismus als »gut«, als »schlecht« dagegen, Gefühle zu zeigen. Autonomie ist »stark«, Abhängigkeit »schwach«. Pragmatismus ist der Intuition überlegen. Die neuere feministische Forschung hat zu Recht diese Binsenweisheiten entlarvt. Sie betonte nicht die »Gleichheit« der Geschlechter, sondern arbeitete die *Unterschiede* zwischen Männern und Frauen heraus. Danach kann die männliche »Norm« unmöglich als Beurteilungsgrundlage für Frauen angewandt werden.

Das erwachende Weibliche

Wahr ist, daß die menschliche Psyche, männlich oder weiblich, nicht statisch ist: Sie unterliegt einem *Evolutionsprozeß*. Und was wir gegenwärtig erleben, ist die Herausbildung des Weiblichen. Diese Entwicklung verläuft parallel und ist gleichzeitig die Fortsetzung der Evolution unserer Gesellschaft von der Monarchie zur Demokratie. Das ist eine parallele Erscheinung zu der Emanzipation des Individuums vom Kollektiv, von der ich im zweiten Kapitel sprach. Die relativ neue Vorstellung in unserer psychohistorischen Evolution der individuellen Freiheit hat in Wirklichkeit nur zu einer Befreiung des Männlichen geführt. Die Erschaffung der Frau in der Schöpfungsgeschichte aus der Rippe des Mannes spiegelt eine patriarchale Gesellschaft. Sie ist eine gesellschaftliche und nicht eine biologische Realität. Aber das Weibliche ist in das Männliche »eingebettet« geblieben. Nun löst es sich los und erhebt die Forderung auf eigene, aber gleiche Rechte.

Diese Herausbildung des Weiblichen hat beträchtlichen Alarm und viel Unbehagen ausgelöst, insbesondere auf Seiten rollenfixierter Männer. Die Unzufriedenheit der Frauen mit dem Status quo hat in der Frauenbwegung eine bestimmte und einflußreiche Stimme gefunden. Das Maß an Wut und Mißtrauen (und die Dezibel der Beschimpfungen) verstärkte sich. Die ohnehin bereits schwankenden Fundamente, auf denen die Mann-Frau-Beziehungen traditionellerweise ruhten, wurden noch wackeliger. Die Männer sind desorientiert. Ihnen wird ihrer Meinung nach die Schuld an den Schwierigkeiten der Frauen zugeschoben. Sie sehen ihre Machtbasis bedroht. Kein Wunder, daß sie sich zur Wehr setzen. Der Machtkampf gerät in eine Sackgasse, denn der Abgrund zwischen Männern und Frauen wird zu einem scheinbar unüberbrückbaren Gegensatz. Männer und Frauen ziehen sich in ihre jeweilige Ecke zurück.

Beide Geschlechter haben zwar traditionellerweise Möglichkeiten, in Gruppen des jeweils eigenen Geschlechts Unterstützung zu finden, Frauen in ihren Küchen und Männer nach der Arbeit in der Kneipe. Aber die Gruppen sind heute stärker polarisiert und politisiert und ausschließlicher. Es ist nicht überraschend, daß die sich gegenwärtig bildende Männerbewegung darauf konzentriert, Männern zu helfen, mit dem »Krieger« in sich in Kontakt zu kommen, dem »wilden Mann« oder ihrer »tiefen Männlichkeit«.

Gleichzeitig versammeln sich Frauen in Gruppen, um der »Göttin« zu huldigen und Rituale aufzuführen, die weibliche Prinzipien und Sensibilitäten überhöhen. Jetzt haben wir es mit *weiblicher* Überlegenheit zu tun. Die Eigenschaften, mit denen sich einst die Männer brüsteten - Macht, Aggression, lineares Denken -, werden verunglimpft. Das fürsorgliche, beziehungsorientierte Denken und die Friedlichkeit von Frauen dagegen werden angebetet. »Wenn Frauen die Welt regieren würden«, so lautet das neue Denken, »gäbe es keine Kriege mehr.« Ich hörte kürzlich eine Politikerin sagen, Frauen seien *von Natur aus* »kooperativ« und »beziehungsorientiert«, Männer hingegen *von Natur aus* »wettbewerbsorientiert« und »ausschließend«. Dies ist feindselige Scheinlogik, und davon hatten wir wirklich genug. Solange eine Partei als »gut« gilt und die andere »böse«, ist keine Annäherung möglich. Heute tauschen die Geschlechter nur die Plätze, halten aber die Gegensätzlichkeit aufrecht. Dabei wäre es doch eigentlich notwendig, eine Synthese herzustellen. Obwohl in der Sozialisation von Männern und Fauen eine Dominanz des einen über den anderen zu erkennen ist, sind alle Aspekte in beiden Geschlechtern vorhanden. Beide Geschlechter haben ohne Einmischung der Kultur die Fähigkeiten, sowohl kooperativ als auch wettbewerbsorientiert zu sein.

Parolen wie »Frauen gemeinsam sind stark« oder ähnliche Schlachtrufe der Männerbewegung bieten zwar Fürsorge und Unterstützung, die etwas durchaus Positives und Gesundes haben können. Manchmal ist es allerdings notwendig, vor den Geschlechterkämpfen Zuflucht zu suchen. Meine Sorge ist jedoch, daß jeweils nur einem Geschlecht vorbehaltene Orte leicht zum Forum für eine noch weitere Polarisierung der Geschlechter werden können. Mir scheint, wir haben einen Rückschritt gemacht. Vielleicht ist es an der Zeit, daß Frauen das Männliche in sich feiern und Männer stolz sind auf ihre Weiblichkeit!

Sowohl die Frauen- als auch die Männerbewegung müssen sich für die Zukunft andere Rollen ausdenken. Getrennte Männer- und Frauenbewegungen zu bilden ist so, als wenn Partner jeweils eine Einzeltherapie machen, anstatt zu einem Paartherapeuten zu gehen. Beide mögen sich weiterentwickeln, aber getrennt, und das führt oft zu weiterer Entfremdung. Ich glaube, wenn Männer und Frauen auf diesem Weg weitermachen, wird sich der Gegensatz noch weiter verschärfen. Notwendig wäre der Dialog, so daß Männer und Frauen sich endlich »kennenlernen« können, und damit auch die zurückgedrängten Anteile ihrer selbst.

Es ist dringend notwendig, daß wir *mit der Evolution der Psyche zusammenarbeiten*. In unserer Zeit bedeutet das die Ausbildung des Weiblichen. Dafür gelten nicht nur soziale und politische Gründe. Dieser Prozeß trägt schließlich auch zu der Ganzheit aller menschlichen Wesen bei, männlichen und weiblichen. Wir aber verweigern uns dem Fortschritt, der letztlich doch unvermeidlich ist. Wir tragen zu unserer eigenen Unterdrückung bei, unserer eigenen Stagnation.

Die Frage des Geschlechts hat auch einen *ethischen* Aspekt. Ungleichheit verstößt gegen die Ethik. Wir Menschen haben einen angeborenen Trieb zu Gleichheit, parallel zu dem Trieb nach individueller Freiheit. Unsere demokratische Verfassung ist kein Zufall. In ihr manifestiert sich der gegenwärtige Stand unserer Evolution, die zur Gleichheit führt. Da Ungleichheiten mit individueller Freiheit unvereinbar sind, ist der Trieb des Weiblichen nach Gleichheit ein natürliches Phänomen. Es ist der menschliche Geist, der sich hier selbst zum Ausdruck bringt. Der nächste Schritt im Prozeß zu einem höheren Entwicklungsniveau der menschlichen Psyche kann nur zu einer Partnerschaft von Gleichen führen. Wir alle nehmen an diesem psychohistorischen Prozeß teil. Als Gesellschaft und individuell bewegen wir uns auf eine Integration des Männlichen und des Weiblichen zu. Auch wenn wir uns gegenwärtig in einem schwierigen Übergangsstadium befinden, werden wir und unsere Beziehungen davon ungeheuer profitieren.

Es lebe der Unterschied!

Warum also kann eine Frau nicht sein wie ein Mann? Weil Männer und Frauen in manchen entscheidenden und grundlegenden Dingen unterschiedlich *sind.* Geschlechtsunterschiede, biologische und kulturelle oder irgendeine Verbindung aus beidem, sind real. Trotz aller Absichten und aller Entschlossenheit widersetzen sie sich der Veränderung. Ob sie sich im Lauf der Zeit als Reaktionen auf Veränderungen der Umwelt oder Kultur oder durch direkte Bemühungen wandeln können, wird später erörtert. Die meisten wirklichen Geschlechtsunterschiede verändern sich im Gegensatz zu Geschlechtsrollen und -stereotypen im Lauf einer Beziehung nicht signifikant. Daher können sie nicht ignoriert werden. Das Erkennen der Geschlechtsunterschiede ohne Wertunterschiede macht ein Arbeiten mit ihnen statt gegen sie möglich. Wir können entwickeln, was uns selbst fehlt, unabhängig von den Zuschreibungen zu einem Geschlecht.

Der Hinweis auf Geschlechtsunterschiede ist in Zeiten, wo um Gleichheit gekämpft wird, nicht besonders populär. Ich fühle mich etwas wie der Narr, der in den Porzellanladen gerannt kommt, den weise Menschen nicht zu betreten wagen. Dennoch möchte ich meinen Standpunkt in der Debatte über die Gründe und Konsequenzen der Unterschiede zwischen Männern und Frauen klarlegen. Biologen und Soziologen, die sich mit Geschlechtsunterschieden befassen, Therapeuten, die mit den Folgen zu tun haben, und den um Liebesbeziehungen Kämpfenden wird allerdings immer klarer, daß Männer und Frauen tatsächlich vom *Wesen her verschieden sind.* Nicht nur in ihren Fortpflanzungsorganen. Im Mittelpunkt der Debatte stehen der Grad der Unterschiedlichkeit und die Gründe für den Unterschied - die alte Debatte über »Anlage oder Erziehung«.

Körperliche Unterschiede

Ich möchte einige der nachweisbaren Unterschiede zwischen Männern und Frauen aufzählen. Dabei kann die übermäßige Vereinfachung nur als Basis für Diskussionen gedacht sein. Einige der Unterschiede sind offenbar rein eine Frage der Physiologie: Männer sind im Durchschnitt 10 Prozent größer als Frauen, haben einen deutlich höheren Prozentsatz an Muskelgewebe und mehr und stärkere Körperbehaarung. Frauen haben beweglichere Gelenke, einen signifikant höheren Prozentsatz (und eine andere Verteilung) von Körperfett und eine längere Lebenserwartung (allerdings macht 60 Prozent dieses Unterschieds in der Lebenserwartung das höhere soziale Risiko für Männer aus).[2] Viele dieser rein körperlichen Unterschiede - insbesondere die Körperkraft und die Gebärfähigkeit - hatten vor der Industrialisierung und der Geburtenkontrolle sehr viel deutlichere Auswirkungen auf die Geschlechtsrollen und die Arbeitsteilung. Andere Unterschiede jedoch haben offenbar einen entscheidenden Einfluß darauf, wie Männer und Frauen die Welt wahrnehmen, mit ihr in Kontakt treten und in ihr funktionieren.

Entwicklungsunterschiede

Unterschiede in der Entwicklung von männlichen und weiblichen Kindern treten im frühen Kleinkindalter und jedem darauffolgenden Stadium auf. Kleine Mädchen sitzen, krabbeln, gehen und sprechen im Durchschnitt früher als Jungen. Es gibt einige Hinweise dafür, daß sie bereits »sensibler« sind für Berührungen, Gerüche und Geräusche. Mädchen zeigen bereits früh ihre Überlegenheit in verbalen Fähigkeiten, die in der Adoleszenz noch weiter entwickelt werden. Die Jungen entwickeln früher eine visuelle und räumliche Wahrnehmung. In der Pubertät übertrumpfen sie die Mädchen in mathematischen Fähigkeiten. Zwar verstärkt unsere Kultur diese Unterschiede durch das, was erwartet, ermutigt oder gelehrt wird. Das wird aber weitgehend übersehen.

Hormone und Gehirn

Ein weiterer entscheidender Unterschied zwischen Männern und Frauen ist hormonell bestimmt: Frauen haben einen entscheidend höheren Gehalt von Östrogen im Blut, Männer einen höheren Gehalt von Testosteron. Diese Hormone haben einen Einfluß auf die Gesundheit und die Hirnentwicklung. Östrogen schützt zum Beispiel die Arterien, Testosteron stärkt die Muskeln. Männliche und weibliche Gehirne entwickeln sich unterschiedlich. Damit werden immer häufiger Differenzen in Wahrnehmung und Verhalten in Verbindung gebracht. Die Hirnfunktion bei Männern wird mehr in der linken Hemisphäre angesiedelt, womit ihre Führungsrolle in Logik, Vernunft und rationalem Denken erklärt wird. Die weiblichen Gehirne haben ein viel dickeres *Corpus callosum*, das ist der Nervenstrang, der die linke und die rechte Gehirnhälfte miteinander verbindet. Ihre Fähigkeiten sind also gleichmäßiger verteilt, und sie sind besser in der Lage, links- und rechtshemisphärisches Denken miteinander zu verbinden.[3] Da zu den Funktionen der rechten Gehirnhälfte auch das abstrakte Denken und die Kommunikationsfähigkeiten gehören, erklärt der offene Kanal zwischen der linken und rechten Hälfte der weiblichen

Gehirne vielleicht ihre größere Fähigkeit zu kommunizieren. Sie können ihre eigenen Gefühle besser ausdrücken und die anderer intuitiv erfassen.

All diese biologischen Unterschiede in Verbindung mit kultureller Verstärkung und Stereotypisierung haben voneinander abweichende Formen der Wahrnehmung und des Umgangs mit der Welt zur Folge.[4] Und diese Unterschiede spielen die bedeutendste Rolle in Mann-Frau-Beziehungen, selbst unter Kindern. Untersuchungen zeigen, daß Mädchen sich schon sehr früh mehr zu Menschen als zu Gegenständen hingezogen fühlen (für Jungen gilt das Umgekehrte). Mädchen verstehen unausgesprochene Hinweise anderer Menschen leichter. Jungen sind, vielleicht wegen ihres höheren Testosteronspiegels, körperlich aggressiver und stärker zielorientiert.[5]

Man muß nur Kindern beim Spielen zusehen, um diese Unterschiede zu erkennen: Jungen neigen dazu, in großen, hierarchisch strukturierten Gruppen zu spielen. Sie rivalisieren miteinander, bei ihren Spielen gibt es Gewinner und Verlierer. Mädchen spielen eher in kleinen, intimen Gruppen. Bei ihren Spielen geht es weniger häufig um ein besonderes Ergebnis. Selbst in ihrer Art zu reden gibt es auffällige Unterschiede. Wissenschaftler, die Vorschulkinder untersuchten, beobachteten, daß kleine Jungen häufiger Befehle formulieren (»Tu dies« und »Hol das«), kleine Mädchen hingegen Vorschläge oder Anregungen (»Laß uns dies tun« und »Warum holen wir das nicht?«).[6]

Diese nachweisbaren Unterschiede in der Interaktion und Kommunikation zeigen, wie unterschiedlich Männer und Frauen mit der Welt umgehen. Ein Mann nähert sich ihr, wie die Linguistin Deborah Tanner es formulierte, »als Individuum in einer hierarchischen gesellschaftlichen Ordnung, in der einer entweder oben oder unten ist. Unterhaltungen sind in dieser Welt Verhandlungen, in der Menschen versuchen, etwas zu erreichen und, wenn sie können, die Oberhand zu behalten, und sich vor den Versuchen anderer zu schützen, sie niederzumachen und herumzuschubsen. Das Leben ist dann ein Wettbewerb, ein Kampf, um die eigene Unabhängigkeit zu erhalten und Versagen zu vermeiden.« Die Frau hingegen verhält sich »als Individuum in einem Netz von Verbindungen. Unterhaltungen sind in dieser Welt das Aushandeln von Nähe, in der Menschen versuchen Bestätigung und Unterstützung zu bekommen und zu geben und einen Konsens zu finden. Sie versuchen sich vor den Versuchen anderer zu schützen, sie fortzustoßen. Das Leben ist dann der Versuch, Gemeinsamkeit herzustellen, ein Bemühen, Nähe zu erhalten und Isolation zu vermeiden.«[7]

Diese Unterschiede drängen sich in die alltäglichen Beziehungen zwischen Männern und Frauen, insbesondere auf dem Gebiet der Kommunikation. Meiner Erfahrung nach kommunizieren die meisten Männer, indem sie Informationen weitergeben oder empfangen oder Probleme lösen. Für Frauen sind Gespräche viel häufiger ein Mittel des Austauschs und Ausdrucks ihrer Gefühle.

Ein typischer Fall dafür sind George und Andrea. Wenn George von der Arbeit nach Hause kommt, tischt Andrea ihm alle Einzelheiten ihrer Tageserlebnisse auf: Die Waschmaschine ist kaputtgegangen, der Wäschekeller wurde überschwemmt, der kleine George hat Fieber. George reagiert, indem er aktiv wird: »Ich ruf den Klempner an«, und »Warum hast du den Arzt nicht angerufen?« Andrea erklärt, der Klempner habe die Waschmaschine bereits repariert, und sie habe mit dem Arzt über Klein-George gesprochen. Aber sie ist verletzt. In Wirklichkeit will sie, daß er sie mitfühlend anhört. Sie will Anteilnahme und Unterstützung. Sie möchte ihre Frustrationen ausdrücken und George wissen lassen, wie ihr Tag war. George ärgert sich. Er kann nicht verstehen, warum sie ihn mit den von ihr bereits gelösten Problemen belästigt. Für ihn ist es belangloses Geschwätz.

George liest dann wie üblich die Zeitung. Andrea fühlt sich ausgeschlossen. Sie fährt mit ihrem Versuch fort, ihn in ein Gespräch zu verwickeln. Sie möchte eine Verbindung mit ihm. Sie möchte fühlen, daß sie gemeinsam in der Sache stecken, indem sie mit ihm darüber spricht. George sieht das nicht und schon gar nicht ein. Er ist frustriert über die unnötige »Störung«. Sie ist über den Mangel an Nähe frustriert. Dieser Konflikt demonstriert, was Joe Tanenbaum in »Male and Female Realities«[8] die »ausschließende« Orientierung von Männern nennt. Sie können sich nur auf eine Sache zur Zeit konzentrieren. Frauen dagegen haben eine »einschließende« Orientierung. Sie könnten lesen und gleichzeitig auf Fragen oder Kommentare ihres Partners antworten.

Hat die Kultur schuld?

In welchem Ausmaß sind Geschlechtsunterschiede genetisch oder kulturell bedingt? Die Beobachtung kleiner Kinder bietet einen hervorragenden Einstieg in die mysterösen Ursprünge geschlechtsspezifischen Verhaltens. Sind Ihnen je das flirtende Verhalten, die niedergeschlagenen Augen, die Lust am Verkleiden bei sehr kleinen Mädchen aufgefallen? Oder die lautere Stimme, das großspurige Herumstolzieren mit den Händen in den Taschen, die Entschlossenheit, eine Aufgabe zu Ende zu bringen, bei einem kleinen Jungen? Und das unabhängig von Umwelt oder Familie? Haben Sie je heimlich einen »Kaffeeklatsch« eines kleinen Mädchens beobachtet, bei dem es perfekt das Verhalten Erwachsener nachahmt, bis hin zur Körpersprache Erwachsener, den Tischmanieren und der wortgetreuen »erwachsenen« Konversation? Die Biologie legt eindeutig die Grundlagen, aber ihr Einfluß ist unentwirrbar verknüpft mit unserer Kultur.

Das menschliche Gehirn bildete sich in einer Gesellschaft von Jägern und Sammlern heraus. Männer und Frauen hatten Rollen, die sehr unterschiedliche Fähigkeiten von ihnen forderten. Beim Sammeln und Zubereiten von Nahrung, Gerben von Fellen und Herstellen von Kleidung, Nähren und Erziehen von Kindern benutzten Frauen regelmäßig links- und rechtshemisphärische Hirnfunktionen. Sie jonglierten mit mehr als einer Aufgabe gleichzeitig, versetzten sich in die Bedürfnisse anderer und erfüllten sie. Männer jagten in einer objektiven, zielorientierten Welt, in der Stärke, Aggression, Strategie und nichtverbale Fähigkeiten erforderlich waren.

Als die Männer während der industriellen Revolution zum ersten Mal das Haus verließen, um in Fabriken zu arbeiten, während die Frauen zu Hause blieben, wurden die Geschlechtsrollen auf nachhaltige Weise festgeschrieben. Die Botschaft, die die Kinder erhielten, lautete: Die Mutter (Frau) trug nahezu die vollständige Verantwortung für ihre Erziehung und Versorgung; der Vater (Mann) trennte sich von der Familie, um seine Pflichten zu erfüllen.

Es ist gut möglich, daß das *Corpus callosum* von Männern ähnlich groß wäre wie das der Frauen, ihr Zugang zu ihren rechtshemisphärischen Hirnfunktionen größer wäre, hätten sie immer schon die Organisierung der Gemeinschaft und die Verantwortung für das Aufziehen der Kinder mit der Frau geteilt. Mit anderen Worten: Kulturelle Muster werden mit der Zeit in unsere Gene einkodiert, ebenso wie unsere aufrechte Haltung und unsere veränderte Körperbehaarung als Anpassung an die Lebensumstände. Schließlich kommt biologisch zum Ausdruck, was ursprünglich kulturell war, als Rivalität bei Männern oder Zusammenarbeit bei Frauen.

Wenn Männer sich heute aktiver an der Kindererziehung beteiligen, ihre fürsorglichen Instinkte geweckt werden, und wenn Frauen mit Autorität, Durchsetzungsfähigkeit und dem Erarbeiten von Strategien vertrauter werden, dann gleichen sich möglicherweise im Lauf einer jahrhundertelangen Evolution die *genetischen* Fähigkeiten und Eigenschaften von Männern und Frauen einander an. Selbst kurzfristige Untersuchungen haben gezeigt, daß kleine Jungen, wenn sie sich um ihre Geschwister kümmern, auf Dauer fürsorgliche Fähigkeiten entwickeln.[9] Wahrscheinlich beeinflußt die Kultur die Biologie ebenso, wie die Biologie die Kultur beeinflußt. Meiner Ansicht nach sind die beobachteten Unterschiede, die normalerweise der Biologie zugeschrieben werden, tatsächlich ein Vermächtnis der Evolution und der Zivilisation.

Aber wo die Biologie aufhört und die Kultur anfängt, ist eine akademische Frage. Klar ist nur, daß an diesem Punkt die Schwierigkeiten beginnen, denn biologische Unterschiede werden von der Sozialisation in dem Ausmaß verstärkt, in dem in unserer Kultur kleine Jungen ihre »weiblichen« Aspekte und kleine Mädchen ihre »männlichen« Energien leugnen. Doch wir sind keine Jäger und Sammler mehr - *wir verhalten uns nur so.*

Selbst die bewußtesten und liberalsten Eltern können kulturelle Einflüsse nicht ausschließen. Das haben alle Eltern erfahren, die je versucht haben, ihrer Tochter den sehnlichen Wunsch nach einer Barbie-Puppe oder ihrem Sohn den nach einem Spielzeuggewehr auszureden. Kleine Kinder definieren sich über und identifizieren sich mit den in ihrem Umfeld ausgelebten Rollen. Außerdem läßt sich das unbewußte, archetypische, angeborene Erbe unseres Geschlechts nicht leugnen.

Weiterhin müssen wir berücksichtigen, daß die meisten Kinder überwiegend von Frauen erzogen werden. Mädchen bleiben verbunden mit ihrer primären Bezugsperson und identifizieren sich weiter mit ihr. Jungen hingegen müssen sich schließlich vom Weiblichen loslösen und unabhängig werden. Die Notwendigkeit der psychischen Trennung der männlichen Kinder von der Mutter kommt hinzu. Auch hier kann eine gemeinsame Kindererziehung langfristig vielleicht die gegengeschlechtlichen Rollen abmildern und die Notwendigkeit, daß Jungen das Weibliche ablehnen, überflüssig machen.

Rollenspiele - Verlust des Ichs

Ohne Zweifel wirken jedoch die bewerteten kulturell determinierten Geschlechtsrollen und Stereotype und nicht die biologischen Unterschiede zerstörerisch auf das individuelle Wachstum und die Beziehungen zwischen den Geschlechtern. In Wirklichkeit entwickelt sich das Geschlecht entlang einem Kontinuum. Wir sprechen von »maskulinen« Männern (richtigen Männern) oder »femininen« Frauen (*wirklichen* Frauen) - oder auch von »maskulinen« Frauen und »femininen« Männern. Damit meinen wir den Grad, in dem geschlechtsspezifische Merkmale erkennbar sind, die durch Erziehung oder Propaganda gesellschaftlich vermittelt werden. Mitglieder des gleichen Geschlechts weisen bekanntermaßen einen weiten Spielraum von Merkmalen *aller Art* auf. Das Spektrum sogenannter Geschlechtsmerkmale bei Angehörigen des gleichen Geschlechts ist nicht größer (oder kleiner) als die Bandbreite von, sagen wir, Intelligenz oder Gewicht.

Eng gefaßte Geschlechtsrollen oder Stereotypen wirken sich auf das Individuum zerstörerisch aus. Sie halten das Verlorene und Verleugnete Ich kulturell aufrecht. Sklavisches Festhalten an Rollenerwartungen läßt kein aus dem Repertoire fallendes Gefühl oder Verhalten zu. Rollen bestimmen, welche Anteile unseres Ichs wir verändern oder verbergen müssen, um jemanden vom anderen Geschlecht anzulocken. Sie beeinflussen die Art unserer Selbstpräsentation. Im Lauf der Zeit werden diese gesellschaftlich diktierten Vorstellungen über das Geschlecht Teil unserer Imago. Sie geben dem Bild unseres Idealpartners durch Einschränkungen und Erwartungen Konturen. So betrachten wir den Zukünftigen oder die Zukünftige nicht nur aus der unterschiedlichen biologischen Perspektive, sondern auch durch die Linse der Kultur und ihrer Stereotype. Rollenspiele aber sind sowohl für das Individuum als auch für die Beziehung zerstörerisch.

Frauen haben in der jüngsten Geschichte große Schritte gemacht, um aus stereotypen Rollen auszubrechen. »Weiblich« identifizieren sie daher nicht mehr so stark mit bestimmten Rollen oder einem bestimmten Verhalten. Frauen sind in die traditionellen »Männerdomänen« eingedrungen, haben »männliche« Aufgaben übernommen. Ihre eigenen Fähigkeiten erfuhren eine Erweiterung um die als »männlich« geltenden. Folglich fühlen sie sich im allgemeinen in einer weniger streng definierten Rolle wohler. Sie haben gelernt, daß die von ihnen gespielte Rolle keineswegs festlegt, wer sie sind. (Trotzdem unterliegen sie enormem kulturellem Druck, bei Übertretungen stoßen sie sogar auf Ablehnung. Schuldgefühle oder Selbstzweifel sind an der Tagesordnung.)

Der Fall der Männer liegt anders. Unsere patriarchale Kultur hat die männlichen Rollen derart festgeschrieben, daß viele Männer große Schwierigkeiten haben, die Rollenerwartung von der »Männlichkeit« selbst zu unterscheiden. Männer, die in eine als »weiblich« angesehenene Rolle schlüpfen müssen, fühlen sich oft entmannt und in ihrer Identität verunsichert. Sie identifizieren sich so stark mit ihrer Rolle, daß sie mit ihrem wahren Selbst nicht in Berührung kommen.

Ohne die auferlegte Rollenstruktur fühlen sie sich unvollständig. Kurz, sie erleiden eine Identitätskrise. Frauen wechseln vom Mutterdasein zum Geschäftsleben, ohne dabei ihr »Frausein« zu verlieren. Männer hingegen denken: »Wenn ich diese Windel wechsle, bin ich kein Mann.«

Mit der stärkeren Betonung des Weiblichen wird sich die Identitätskrise der Männer zwangsläufig weiter verstärken. Männer werden mit der Notwendigkeit konfrontiert, ihre weibliche Natur anzunehmen. Sie müssen die Frauen und Partnerinnen als gleichwertig akzeptieren, auf die sie bislang ihre zurückgedrängte, verleugnete weibliche Energie projizierten. Diese Krise kann zur Wiedereingliederung des Verdrängten führen. Möglich ist aber auch weitere Abspaltung und noch stärkere Antipathie zwischen den Angehörigen beider Geschlechter.

Frauen funktionieren besser außerhalb ihrer Rolle als Männer. Das mag damit zu tun haben, daß Frauen von gesellschaftlichen und ökonomischen Kräften in die »Männerwelt« gedrängt wurden und sich anpassen mußten. Außerdem werden die »männlichen« Fähigkeiten, die von Frauen entwickelt wurden, in unserer Gesellschaft geschätzt und für wünschenswert erachtet, die »weiblichen« Fähigkeiten, die von Männern vermieden werden (Fürsorge, Gefühle ausdrücken) dagegen nicht.

Frauen werden zudem in ihrer Rolle traditionellerweise untergeordnet gehalten (so daß sie heraus *wollen*). Männerrollen wiederum verleihen Macht. Daher das verständliche Interesse der Männer, den Status quo zu erhalten. Die Rollen haben Männer auf den Thron gesetzt und ihnen Macht verliehen. Es fällt schwer, den Thron aufzugeben. Aber diejenigen, die an der Macht sind, erleiden zumindest ebensolchen seelischen Schaden wie die, über die Macht ausgeübt wird.

Historisch gesehen haben Männer und Frauen die zur Ganzheit benötigte gegengeschlechtliche Energie »annektiert«. In den meisten westlichen Kulturen gibt es nur wenige Vorbilder für Menschen, die beide Aspekte entwickelten. Beifall erhielten sie nur wenig. Der Don Juan und die Femme fatale als Paar, der dominierende Mann und die unterwürfige Frau, der Brötchenverdiener und das Hausmütterchen. Als psychisch Fremde, aber durch eigene Fehlbestände abhängig voneinander, führten solche symbiotischen Beziehungen schließlich zu Konflikten und Entfremdung.

Sie warfen jeweils dem anderen das vor, was ihnen selbst fehlte. In einer stabilen Ehe gleichen beide die Unterschiede gegenseitig irgendwie aus. In einer Vereinigung von zwei *ganzen* Personen dagegen übernimmt keiner die unentwickelten oder unerkannten Teile des anderen. Beide leben ihre eigene natürliche Vollständigkeit aus. Aus der Erfahrung der Ganzheit heraus setzen sie sich zueinander in Beziehung. Zwei vollständige Menschen fühlen sich in die Erfahrung des anderen ein. Die Erfahrungen des polarisierten, symbiotischen Paars aber stehen in fortwährendem Konflikt zueinander.

Die Aneignung des Gegengeschlechtlichen Selbst: Gegen den Strom schwimmen

Um dieses Muster zugunsten der Ganzheit zu durchbrechen, ist Ihr Gegengeschlechtliches Selbst vonnöten. Sie müssen die kulturell definierten Partnerbilder vergessen: 1. Werden Sie sich sowohl der genetischen Unterschiede als auch der kulturellen Vorurteile bewußt, die das Männliche und das Weibliche trennen; 2. erkennen Sie die männlichen und weiblichen Energien als gleichwertig an; 3. entwickeln Sie Ihre eigenen gegengeschlechtlichen Energien, um von dem Angebot Ihres Partners unabhängig zu sein.

Ihr Partner ist nicht Sie!

Die Akzeptanz des »anderen« scheint so einfach und ungefährlich. Die Andersartigkeit des Partners allerdings wird zumeist mit Werturteilen belegt. Etwas an dem anderen ist falsch, etwas, das *geändert* werden muß. »Du meinst, du magst keine Opern?« - »Du magst keinen oralen Sex?« - »Was soll das heißen, ißt du nie Austern?« - »Findest du das vielleicht komisch?« Selbst die einfachsten Geschmacksunterschiede werden verächtlich heruntergemacht, von grundsätzlicheren Unterschieden im Temperament oder bei den Ansichten ganz zu schweigen.

Es ist schwierig, die Welt des anderen mit ihrer eigenen Sichtweise, deren Folgerichtigkeit und Berechtigung anzuerkennen. Eine eingeengte Sichtweise mit Urteilen und Schuldzuweisungen macht Kommunikation und Nähe unmöglich. Hoffen Sie auf eine erfolgreiche Partnerschaft, dann bleibt Ihnen nur, zuerst und vor allem eine schockierende Wahrheit zu akzeptieren: *Ihr Partner ist nicht Sie*, aber ebenso gültig und wertvoll. Diese Wahrheit basiert schlicht und einfach auf der Tatsache, daß er (oder sie) ein Mann (eine Frau) ist und Sie nicht.

Oberflächlich betrachtet, klingt das idiotisch. Worum es aber geht ist Folgendes: Wir alle haben unsere eigene innere Welt, unsere ganz besondere Art, die Dinge zu sehen, und unsere besondere Geschichte, die uns einzigartig macht. In der Regel jedoch gehen wir davon aus, daß andere ebenso denken wie wir. Tun sie es nicht, dann haben sie unrecht. Eine Bekannte war wie vom Donner gerührt, als sie erkannte, daß die Meinungen ihres Freundes sich oft radikal von ihren unterschieden. »Ich dachte, wenn ich etwas herausgefunden hatte«, sagte sie in vollem Ernst zu mir, »dann würden alle anderen es ebenso sehen.« Aber so etwas wie »Objektivität« gibt es nicht. Wir haben alle unser eigenes Wahrnehmungsmuster, unsere eigenen Erfahrungen und die daraus resultierenden Überzeugungen. Wir sind alle voreingenommen. Im günstigsten Fall kommen wir zu einem »gültigen Konsens«, was allerdings wesentlich in einer Beziehung ist. Männer und Frauen erfahren die Welt verschieden. Um Ihren Partner und seinen Standpunkt verstehen und schätzen zu lernen, müssen Sie über sich hinausgehen. Sie müssen die Logik Ihres Partners als gleichberechtigt neben Ihrer eigenen anerkennen.

Als ich Oliver darauf hinwies, wurde er zornig. Er faßte meine Aussage als Zweifel auf, Zweifel an seiner Behauptung, daß seine Freundin Alexandra zu gefühlsbetont und übertrieben arbeitswütig sei. Ich erklärte ihm, daß er aus seiner berechtigten Sichtweise nicht nur persönliche Meinungen, sondern Werturteile abgegeben hatte. Sie beschrieben nicht Alexandras Erfahrung. Oliver war immer noch zornig. Weiterhin beharrte er darauf, daß Alexandra frigide sei, da sie nur zweimal in der Woche mit ihm schlafen wollte. Nach seiner Theorie waren Frauen übermäßig emotional, sexuell gehemmt, anfällig für Übertreibungen und unzuverlässig. Im Verlauf von mehreren Sitzungen gab er schließlich zu, daß er seine Erfahrung mit seiner Mutter beschrieb, nicht seine heutige Erfahrung. Es dauerte Monate, bis er wirklich akzeptieren konnte, daß Alexandra ein ganz anderer Mensch war als seine Mutter, auch als er selbst. Er mußte ihre Realität also berechtigt anerkennen auf dem Wege zu einer bewußten, gleichberechtigten Beziehung.

Diese Art von ausschließendem Denken bereitet den Boden nicht nur für Geschlechterkämpfe, sondern für Bigotterie, Nationalismus und jede Form religiösen Eifers. Es ist engstirniger Provinzialismus. Unfähig, die schädigenden Stereotype zu überschreiten, klagen wir über die Unverschämtheit des anderen, anders zu sein. Aus Furcht und Unbehagen vor dem Fremden bauen wir Barrieren, um dem anderen nicht nahezukommen.

Tatsache ist, daß wir egozentrische Geschöpfe sind, jeweils in unsere eigene, besondere Welt eingeschlossen. Unser Denken bezieht sich auf sich selbst, wir sehen uns als das Zentrum des Universums. Die Gleichberechtigung eines anderen anzuerkennen bedeutet, diese Egozentrik aufzugeben, das Zentrum zu *teilen*.

Dialog

Wir müssen uns mit dem anderen Geschlecht anfreunden, von ihm lernen, um so mit unserer gegengeschlechtlichen Energie in Berührung zu kommen. Wenn wir offen sind für die Andersartigkeit des Partners, für die andere Perspektive, werden unsere Beziehungen zum anderen Geschlecht zum Übungsfeld für Selbsterfahrung und Wachstum. Indem wir diese Andersartigkeit erforschen, bereichern wir uns durch einen vergrößerten Bestand an Informationen. Wir erweitern demnach unseren Horizont. Freundschaft mit dem anderen Geschlecht bedeutet gleichzeitig Freundschaft mit unserer Schattenseite, sofern wir die Andersartigkeit als Spiegel des unbekannten, unentwickelten und abgelehnten Ichs anerkennen.

Das wichtigste und vielleicht einzige uns zur Verfügung stehende Mittel für die Reinstallation dieser Verbindung ist der Dialog. Durch den Dialog mit dem anderen gewinnen wir Zugang zu einer größeren Wahrheit. Denn in einem wirklichen Dialog wird dem anderen vermittelt: Ich respektiere deine Andersartigkeit und möchte daraus lernen. Ich möchte dir meine Andersartigkeit zeigen, etwas von mir vermitteln. Dialog setzt Gleichheit voraus, und Gleichheit ruft nach Dialog.

Das Ziel des Dialogs ist nicht Bekehrung und Überzeugung durch eigene überlegene Ansichten. Ziel eines Dialogs ist Verständnis. Stellen Sie sich vor, Sie seien ein Abenteurer in einem fremden neuen Land. Darin hat das andere Geschlecht - Ihre Freunde und Partner - sein ganzes Leben lang gelebt. Was für Sie ein Geheimnis ist, ist für die anderen ganz alltäglich. »Zeig mir, wie die Welt für dich aussieht«, bittet der Dialog. »Sag mir, wie du diesen Film fandest, warum hat er dich zum Weinen gebracht?« - »Hast du manchmal Angst vor dem Tod?« - »Wie fühlst du dich, wenn dich ein Freund kritisiert?« - »Was tust du, wenn du Angst hast?« - »Weihe mich in deine Geheimnisse ein.«

Seien Sie aufmerksam. Geben Sie acht auf Einzelheiten, auf Nuancen. Ich erinnere mich, wie ich mit meinem Schwager zum Angeln ging. Er war nicht besonders gebildet, besaß dafür aber eine außerordentliche Geschicklichkeit beim Angeln. Die Größe der Wellen, ihre bestimmten Geräusche, all das vermittelte ihm Bände von Informationen. Ich saß neben ihm, benutzte seine Köder und seine Ausrüstung, beobachtete, wie er sich bewegte und atmete, wie seine Hände sich in bestimmter Weise bewegten, doch tat sich nichts. Das einzige, das er mir je direkt sagte, war: »Du hältst deinen Mund nicht richtig.«

Beobachtung und Dialog lösen Unterschiede auf. Wir sehen das am Beispiel von George und Andrea. Wenn George sich bemüht hätte, Andreas Geheimnisse zu verstehen, hätte er ein besseres Verständnis für das Weibliche. Er würde erkennen, daß Andrea mit ihm in Verbindung zu treten versucht, indem sie ihm von ihrer Mühsal erzählt. Er aber hat das Gefühl, ihm würde die Schuld an etwas gegeben. Ohne die angenommene Zuweisung, daß er etwas tun muß, könnte er ihr vielleicht mitfühlend zuhören, ihr die benötigte Unterstützung geben, bevor er die Zeitung liest. Vielleicht würde er lernen, daß sie sich geliebt und respektiert fühlen würde, wenn er ihr von den belanglosen Ereignissen seines Tages berichten würde.

Hätte Andrea ihrerseits Georges männliche Orientierungsstruktur zu durchdringen versucht, hätte sie George verstanden. Er hätte ihr helfen wollen, doch sie hatte das Problem bereits gelöst. Ihre Erzählung verwirrte ihn. Daher las er Zeitung, allerdings ohne die Absicht, sie auszuschließen. Möglicherweise könnte sie dann eine andere Art der Intimität genießen, nur zusammenzusitzen und zu lesen, ohne zu reden.

Sie könnten sich in ihren Eigenheiten annehmen, ohne das Verhalten des anderen als unangemessen oder veränderungsbedürftig zu verurteilen. Im Lauf der Zeit entstünde größeres Vertrauen und mehr Nähe.

Dialog bereichert. Das Verständnis für den anderen wie auch für sich selbst wird besser. Dieser Prozeß ist symmetrisch: Das erweiterte Bewußtsein für das andere führt zu größerer Empathie mit dem anderen. Durch den andersgeschlechtlichen Partner entsteht die Möglichkeit, sich das eigene abgespaltene Ich wieder anzueignen. Dialog macht den Abgrund zwischen uns kleiner, reduziert unsere Angst, dämpft unsere feindselige Haltung. Durch Dialog kommen wir zusammen und heilen einander. (Eine Übung zur die Verbesserung der Dialogfähigkeit finden Sie auf Seite 291, Übung 15H).

Die Entwicklung des »anderen« in sich selbst

Der Dialog lehrt Verständnis für das andere Geschlecht und beseitigt das Unbehagen vor dem anderen. Für Beziehungen ist jedoch ebenso wichtig, das »andere« in sich selbst zu erkennen und zu entdecken. Lassen Sie die unterdrückte »Männlichkeit« oder »Weiblichkeit« zu Wort kommen. Versuchen Sie, diese Anteile durch eine Beziehung mit einem Angehörigen des anderen Geschlechts stellvertretend wiederzugewinnen.

Das ist leichter gesagt als getan. Die Tabus der Gesellschaft sind stark, ihr Unbehagen, wenn jemand gegen den Strom schwimmt, ist groß. Wir müssen uns daher bewußt über die gesellschaftlichen Einschränkungen hinwegsetzen und uns weigern, die uns auferlegten Stereotype zu übernehmen. Wir sind von der gegengeschlechtlichen Energie in uns selbst ebenso blockiert, wie wir gegen die damit verbundenen Merkmale, die wir an anderen wahrnehmen, voreingenommen sind. Dazu ist Charakterstärke und Überzeugung erforderlich. Männer und Frauen müssen sich trotz ihrer Angst vor Ablehnung als »Zicke« oder »Memme« dem Anpassungsdruck gegen die kulturelle Norm stellen.

Wir müssen die Plätze mit dem »anderen« tauschen, ein Verhalten ausprobieren, das sich unbehaglich anfühlt. Das bedeutet, die *Rolle* vom *Geschlecht* zu trennen. Aber das wird sich auszahlen. Sie werden ausgeglichener sein und sich zu Partnern hingezogen fühlen, deren Energien nicht so stark polarisiert sind.

Gegen den Strom zu schwimmen bedeutet, das eigene Tun als *unnatürlich* zu empfinden, wobei Widerstand, Angst und Unbehagen zu überwinden sind. Für einen Mann bedeutet das: Verletzlichkeit zuzugeben, über etwas zu sprechen, das er bisher für sich behalten hat, ein Gedicht zu schreiben, freiwillig mit Kindern zu arbeiten. Eine Frau muß sich vielleicht bemühen, tapfer zu sein, einen Berg allein zu besteigen oder Fallschirmspringen auszuüben. Sie muß vielleicht ihre Angst vor Zahlen überwinden, ihr Konto selbst verwalten. Ihr Schweigen vor einer Gruppe durchbrechen. (Es ist interessant, daß trotz des Stereotyps »Frauen reden zuviel« es die Männer sind, die in der Öffentlichkeit häufiger und längere Zeit sprechen.[10]) Wenn Sie mit einem Fußballfan ausgehen, dann versuchen Sie, etwas über die Spielregeln und Strategien herauszufinden. Machen Sie einen ernsthaften Versuch, die Attraktivität der Sportart zu begreifen, anstatt die Nase in die Luft zu stecken oder vor Gewaltäußerungen zurückzuzucken. Versuchen Sie, sich die Fernsehserie anzusehen, die Ihre Freundin regelmäßig guckt, versuchen Sie Dankeschönbriefe zu schreiben oder Weihnachtsgeschenke einzukaufen. Auf diese Weise wecken Sie schlummernde Energien; sie machen sich selbst *lebendiger*. (Eine Übung am Ende dieses Kapitels wird Ihnen helfen zu erkennen, wie Ihre Geschlechtsenergien verteilt sind und wo sie entwickelt werden müssen.)

Sie experimentieren, müssen sich aber nicht identifizieren. Sie erweitern Ihren Horizont, überschreiten Ihre Grenzen und bewegen sich auf Ihre ursprüngliche Ganzheit zu. Als Frauen zum ersten Mal versuchten, Fuß in der Öffentlichkeit zu fassen (keine leichte Aufgabe), bestand ihre Strategie darin, ihre Weiblichkeit zu begraben, ihre Verletzlichkeit zu verbergen und hinter einer Maske zu leben.

Das ging sogar so weit, daß sie Männerkleider trugen - dunkle Anzüge mit Schneiderblusen und weichen »Krawatten«. Dann gewannen die Frauen mehr Zutrauen in ihre Fähigkeiten, ihre Position wurde stärker, sie hörten auf, die Männer nachzuahmen. Sie besannen sich auf ihre eigenen Stärken wie Intuition, Kooperation, verbanden sie mit ihren neu entdeckten Fähigkeiten, Durchsetzungsfähigkeit und Geschäftssinn, sie wurden doppelt wirkungsvoll und attraktiv.

Gemeinsame Versorgung der Kinder

Ich möchte mich nun einer prekären Kernfrage im Verhältnis von Männern und Frauen zuwenden. Der Bereich, in dem die Rollenfixierung sehr stark der Veränderung bedarf, ist die tägliche Versorgung und die fürsorgliche Zuwendung in Beziehungen. Frauen brauchen die Fürsorge, die sie in der Kindheit nicht bekommen haben ebenso wie Männer, aber es sind die Frauen, denen die Sorge um andere *beigebracht* wurde. Als Erwachsene wandeln sie im typischen Fall ihre ungestillten Bedürfnisse um in das Bedürfnis, andere zu versorgen. Kein Wunder also, daß verheiratete Männer signifikant höhere Überlebensraten haben und zufriedener sind als unverheiratete Männer. Für verheiratete und unverheiratete Frauen trifft das allerdings nicht zu.[11] Wahre Liebe ist in solchen unausgewogenen Beziehungen nicht möglich. Dieses Ungleichgewicht kann korrigiert werden. Männer sollten absichtlich und bewußt daran arbeiten, ihre fürsorglichen Fähigkeiten zu entwickeln. Frauen wiederum müssen dieser Entwicklung Raum geben.

Um ein Gleichgewicht herzustellen, müssen die Haushaltspflichten geteilt werden, besonders dann, wenn beide Partner außer Haus arbeiten. Jede neuere Untersuchung von Paaren zeigt, daß Hausarbeit heute ein wichtiges Konfliktthema zwischen Männern und Frauen ist. Die dabei entstehende Frustration und Wut schlägt sich unvermeidlich in allen anderen Aspekten einer Partnerschaft nieder.[12] Selbst Männer, die meinen, sie würden im Haushalt »helfen«, übersehen völlig die an arbeitende Mütter gestellten Anforderungen. Manchmal ist diese Ignoranz nur vorgetäuscht oder gespielt. Häufig aber wissen sie es einfach tatsächlich nicht besser. Väter, die mit ihren Kindern zurückgelassen wurden, während ihre Frauen am Persischen Golf in der Armee dienten (ein bemerkenswerter Rollentausch!), gaben an, keine Ahnung von der ungleichen Verteilung der Verantwortung für die Kindererziehung gehabt zu haben. Sie waren überwältigt von der Doppelbelastung, ihrem Beruf nachzugehen und gleichzeitig einen Haushalt zu führen. Einer sagte, wenn seine Frau nach Hause käme, würde er sich zuerst bei ihr »bedanken«.[13]

Nur das Festhalten an traditionellen Machtverhältnissen ist der Grund dafür, warum in erster Linie Frauen für den Haushalt und die Versorgung anderer zuständig sein sollten. Eine Freundin von mir jonglierte mehrere Jahre lang mit drei kleinen Kindern und einer Ganztagsstelle. Ihr Ehemann beteiligte sich nur minimal, arbeitete oft spätabends noch oder war unterwegs. Sie erzählte mir eine sehr vielsagende Anekdote. Eines Abends, nachdem sie ihre Kinder gefüttert, gebadet, ihnen vorgelesen und sie ins Bett gesteckt hatte, räumte sie die Küche auf, wusch die Wäsche und erledigte andere Hausarbeiten, wie so häufig. Während sie auf ihrem Bett Wäsche faltete, schlief sie ein. Ein paar Stunden später wachte sie auf und sah ihren fünfjährigen Sohn neben ihrem Bett stehen. Er war aufgewacht, um zur Toilette zu gehen, und in ihr Zimmer gekommen, als er das Licht brennen sah. Dort fand er sie schlafend vollständig angezogen mitten in einem Haufen Wäsche.

»Was ist los, Mami?« fragte er besorgt.

»Oh, nichts Liebling. Ich war nur müde und bin eingeschlafen, das ist alles.«

Er setzte sich neben sie und legte seine kleine Hand auf ihre. »Du brauchst eine Ehefrau«, sagte er. »Wir müssen dir eine Frau besorgen.«

Neugierig, was er wohl meinte, fragte sie: »Was meinst du damit?«

»Oh, weißt du«, antwortete er, »jemand, der all die Arbeit für dich tut ... und Spaß daran hat!«

Und das aus dem Mund eines Kindes! Tatsache ist, jeder braucht eine Ehefrau! Es ist eine Rolle, nicht eine Person eines bestimmten Geschlechts. In einer heilenden Beziehung übernehmen beide Parteien abwechselnd den Part. Alleinstehende Männer müssen gesellschaftlich implizierte Privilegien aufgeben. Und Frauen müssen risikofreudig auf die Verteilung der Pflichten bestehen. Sie müssen ihren Partnern beibringen, ihnen bei der Hausarbeit zu helfen, und sie dann auch machen lassen.

In meinem Workshop für Alleinstehende springt an diesem Punkt todsicher jedes Mal ein Junggeselle auf und fragt wutentbrannt: »Und was habe ich davon?« Eine

Frau, die ihren Mann nicht versorgt? Warum sollte er sich mit einer von diesen emanzipierten Typen abgeben, die von ihm das Abendessen und die frische Wäsche erwartet? Nein, es gibt doch haufenweise richtige Frauen.

Verständlicherweise sind viele Männer wütend über diese neuen Regeln und Erwartungen, besonders wenn sie in traditionellen Beziehungen gelebt haben. Doch diese Beziehungen haben nicht funktioniert. Deshalb sind sie ja in meinen Workshop gekommen! Meistens geben sie zu, daß es viele Auseinandersetzungen gab und einen ständigen, untergründigen Groll über die ungleich verteilte Hausarbeit. Dann muß ich diesen Männern sagen, daß sie verletzt worden sind, genau wie die Frauen, nur nicht so offensichtlich. Es ist ihre dominante Rolle, die ihnen Verletzungen beigebracht hat. Ich sage ihnen, daß es keine Heilung gibt, keine Hoffnung auf Ganzheit in einer ungleichen Beziehung. Sie müssen schon selbst erleben, wie sich ihnen die Welt öffnet, wenn sie Fürsorge ebenso geben wie nehmen können.

Frauen haben oft Schwierigkeiten, ihr geschlechtsbezogenes Rollenverhalten aufzugeben. Zumal sie in dem Glauben erzogen wurden, Männer seien stärker und zwangsläufig dominant. Frauen dagegen müßten fürsorglich sein und die Kinder erziehen. Das Selbstwertgefühl vieler Frauen beginnt und endet damit, was sie für andere tun. Manchmal grollt eine Frau, die dringend der Fürsorge bedarf, aber nur gibt. Selbst dann ist sie selten bereit, ihre Position als Lieferantin der Dienstleistungen aufzugeben. Sie befürchtet, nur für ihre instrumentale Funktion geliebt zu werden. Trotzdem ist die Aufgabe der Fürsorgerolle manchmal der einzige Weg, um zu erkennen, daß wir um unserer selbst willen geliebt werden wollen.

Wie wir in Rußland und Osteuropa sehen, reagieren viele Menschen auf plötzlichen Freiraum ängstlich. Sie klammern sich an die alten Formen. Sie haben nicht gelernt, mit Unabhängigkeit umzugehen. Deshalb wollen sie auch weiterhin vom Staat versorgt werden, wollen gesagt bekommen, was sie tun sollen, und nach strengen Regeln und Richtlinien leben. Eine Gesetzesinitiative, die Frauen in Amerika gleiche Rechte geben sollte, kam nicht durch, teilweise weil viele Frauen Angst vor der damit verbundenen Freiheit hatten. Marabel Morgans Buch »Total Woman« verkaufte sich in der lautstärksten Phase der Frauenbewegung wie heiße Semmeln. Es beruhigte die Frauen, die nicht wußten, wie sie überleben sollten und ob sie noch geliebt würden, wenn sie ihren Mann nicht im Neglige mit einem eisgekühlten trockenen Martini in der Hand an der Tür erwarteten.

Hin zur Androgynität

Um die Ganzheit unseres Ichs erfahren zu können, müssen wir kulturelle Stereotype überschreiten. Das drängt uns zur Androgynität. Wir sind von Natur aus androgyne Geschöpfe und verkörpern sowohl männliche als auch weibliche Energien. Aber die von der Kultur herbeigeführte Spaltung ist tief. Bestimmte Anteile unserer selbst bleiben unterernährt. Der Begriff »Androgynität« ist vorbelastet. Er wurde oft fälschlicherweise gleichgesetzt mit asexuell, bisexuell oder hermaphroditisch, unmännlich oder unweiblich. Androgynität aber ist unser natürlicher Zustand. Es bezieht sich auf ein *inneres* Gleichgewicht und eine Ganzheit. Wir können stark und sanft sein, logisch und emotional, je nachdem. Wir benötigen die gesamte Bandbreite menschlicher Verhaltensweisen, um uns wohl zu fühlen. Eine androgyne Person ist ein Mann, der sich seiner Männlichkeit sicher genug ist, um die weiblichen Anteile seiner Persönlichkeit hervortreten zu lassen, eine Frau, die sich ihrer Weiblichkeit sicher genug ist, um die männlichen Aspekte ihrer Persönlichkeit zuzulassen. Wenn wir uns mit unseren gegengeschlechtlichen Energien auseinandersetzen und sie uns aneignen (ohne uns jedoch mit ihnen zu identifizieren), werden wir vollständiger. Uns einschränkende und schwächende Stereotype lösen sich auf. Eine Frau, die sich mit dem Weiblichen identifiziert und Zugang zu ihrer männlichen Energie hat, ist sehr stark. Und es gibt etwas unglaublich Anziehendes an einem maskulinen und doch sanften Mann.[14]

Der Schritt hin zur Androgynität bringt Männer und Frauen wieder zurück auf gemeinsamen Boden. Wir können ihn auch in dem gesellschaftlichen Kontext, in dem wir sozialisiert wurden, erreichen. Dazu müssen wir uns *bewußt* machen, wer wir sind, wie wir uns verhalten und welche Ziele wir damit verfolgen. Wenn wir im Laufe der Zeit neue Verhaltensweisen praktizieren, wird uns eine Entwicklung in uns selbst bewußt, die uns zu ganzheitlichen Partnerschaften führen wird. Neue Erfahrungen werden neue innere Bilder voneinander erzeugen, die ihrerseits neue Erfahrungen schaffen werden. Damit wird sich die Nähe vertiefen und unser Drang zu Ganzheitlichkeit. So schwer es ist, gegen den Strom zu schwimmen, so notwendig ist es für unser persönliches Wachstum. Es ist Ihre Entscheidung, ob Sie ein Pionier sein und an der vordersten Front der Veränderung mitkämpfen wollen. Aber wenn Sie nicht selbst an der Lösung teilhaben, sind Sie Teil des Problems. Im folgenden Kapitel wird die bewußte/androgyne Beziehung beschrieben. Aber zuerst möchte ich darstellen, wie Geschlechtsrollen und Stereotype in der Sexualität Nähe sabotieren.

Sexualität: Ich Tarzan, du Jane

Unsere Sexualität ist ein hochgradig persönlicher und zentraler Aspekt unserer Identität und spielt in unseren Beziehungen eine besondere Rolle. Wir denken gern, Sexualität sei so »natürlich«, daß wir nicht darüber nachdenken oder gar daran arbeiten müssen. Aber tatsächlich ist Sexualität, wie das Geschlecht, weitgehend ein kulturelles Konstrukt. Unser Sexualverhalten wurde uns anerzogen. Reines, unverfälschtes sexuelles Vergnügen, jede reine, unverfälschte Emotion, ist außer in vorübergehenden, unbewachten Augenblicken völlig undenkbar. Wie Jamake Highwater in »Myth & Sexuality« bemerkt, sind selbst unsere Gefühle hinsichtlich der Sexualität kulturell determiniert.[15]

Die Auswirkungen unserer lustfeindlichen, Sexualität verleugnenden Kultur auf das Scheitern von Beziehungen würden ein weiteres Buch füllen. Die stärksten Einflüsse auf unsere Einstellung zur Sexualität haben biblische Epen und die Theorie der Ursünde, die dem heiligen Augustinus zugeschrieben wird. Anstatt die menschliche Natur als im wesentlichen gut und Sexualität als lebensbejahend anzusehen (wie das in manchen östlichen Kulturen der Fall ist), reden wir von Fleischessünden, dem von Grund auf schlechten Menschen. Sex ist dann der moralisch verwerfliche Akt eines bösen Wesens. Selbst das Kind als Produkt eines Geschlechtsverkehrs wird »in Sünde geboren«.[16] So erhielten die sexualfeindlichen religiösen Verbote und Vorschriften wie das Zölibat und das Gebot zum ausschließlich auf Fortpflanzung zielenden Geschlechtsverkehr ihre bestimmende Rolle in unserer Kulturgeschichte. Noch subtiler wirken Angst, Scham, Schuldgefühle und andere psychische und politische Verästelungen dieser kulturell übermittelten Werte auf unseren angeborenen Sexualtrieb.

Es war vielleicht unvermeidlich, daß die rigiden sexuellen Wertvorstellungen in der sogenannten sexuellen Revolution und der »sexuellen Befreiung« gekippt wurden. Revolutionen wirken aber auch zerstörerisch, vergleichbar den Naturkatastrophen. Und die Natur gehorcht ihrem eigenen Zeitplan, ihrem eigenen Tempo. Sicher, die Sexualität ist in der jüngsten Geschichte aus dem Verborgenen hervorgetreten: Heranwachsende experimentieren immer früher mit Sex, sexuelle Aufklärung ist weiter verbreitet, Schwangerschaftsverhütung mehr akzeptiert und leicht erhältlich, und vorehelicher Sex ist eher die Norm als die Ausnahme. Manche sehen in der Verbreitung von Pornographie einen Hinweis auf die Befreiung von sexueller Unterdrückung. In der Pornographie wird allerdings gerade die Repression deutlich: Übermäßige Geilheit ist die Kehrseite des Puritanismus. Ist der normale Selbstausdruck blockiert, dann kommt die aufgestaute Energie oft in übertriebener und entstellter Form an die Oberfläche. So kann das Gleichgewicht wiederhergestellt werden. Doch das alles verstärkt negative Einstellungen nur. Die Tatsache einer Unterdrückung wird deutlich, doch die Wirkung von Orgien und sexuellen Marathons sind keineswegs befreiter als Sex in der Missionarsstellung ohne Licht. Selbst die scheinbar harmlosen Liebesromane mit süchtigen Frauen, heimtückischen Männern, die unschuldige Opfer in ihre Gewalt bringen, oder hübschen errettenden Prinzen sind kulturelle Verzerrungen von Sex und der Pornographie zuzuordnen.

Eine Kultur, die Lust verleugnet, züchtet geradezu die Verzerrungen der Erscheinungsformen von Lust: grassierenden Drogen- und Alkoholmißbrauch zum Beispiel - und Gewalt. Insbesondere Vergewaltigung hat nichts mit sexuellem Vergnügen zu tun, dafür um so mehr mit dem Mangel oder der Verleugnung von Lust. Die Entpersonalisierung des anderen in der Vergewaltigung zeigt ein gespaltenes Ich. Es ist der verzweifelte Versuch, mit dem gehaßten Gegenteil in sich selbst in

Verbindung zu kommen. Ein Vergewaltiger leidet an sensorischer Deprivation, an der Repression des Eros. Der tiefe Selbsthaß wird an einem verhaßten Objekt ausagiert. Das ist die perfekte Formel für Gewalt. Sexuell permissive Kulturen sind im typischen Fall nicht gewalttätig.[17]

Die negative sexuelle Programmierung in unserer Kultur ist heute nach der angeblichen »Befreiung« noch verbreiteter. Sichtbar wird sie in dem vermehrt auftretenden Syndrom gehemmten sexuellen Begehrens. Dies ist eine Klage, von der ich und andere Therapeuten nur zu oft hören. Heute, wo uns erlaubt wird, sexuelle Lust zu empfinden, haben viele Menschen zwar scheinbar häufiger Geschlechtsverkehr, jedoch weniger Genuß. Lust ist zur Pflicht verkommen. Ohne jahrelange Erfahrung mit dem Gefühl von Freiheit und Genuß entstehen ungeheure Versagensängste.

Sexuelles Vergnügen ist schwer faßbar. Sexualität ist wie nichts sonst etwas Privates und Persönliches. Wie sollen wir sie genießen können, wenn die eigenen Erwartungen und die unserer Partner Ergebnis sozialer Voreingenommenheiten sind? Sex soll enthemmt und leidenschaftlich sein, zügellos und überwältigend, ein sinnliches Erlebnis. Wie aber können wir Sex genießen, wenn andererseits Lust Sünde ist. So leicht lassen sich die Bande der Repression nicht abschütteln. Sex ist in unserer Kultur zum Mittel für viele Zwecke geworden (körperliche Entspannung, Amüsement, Macht, Erniedrigung, Kontrolle, Bindung), nur selten geht es um rein sexuelle, körperliche Lust.

Sex gegen Liebe

Die kulturell aufoktroyierten Geschlechtsrollen und Stereotype wirken sich auf sexuellem Gebiet besonders verheerend aus. Die sexuelle Repression von Männern und Frauen geht recht unterschiedliche Wege. Frauen werden in unserer Gesellschaft gehindert, körperliches Vergnügen zu empfinden. Männer sind von dem *emotionalen* Vergnügen an der Sexualität abgeschnitten. Frauen »vergeben« angeblich ihre sexuelle Gunst, Männer »nehmen« sich ihr Vergnügen. Frauen haben im wesentlichen wenig Zugang zu abgekürztem Sex, Männer zu einer umfassenden Sexualität.

Wir alle haben diese Stereotype gehört: Männer wollen immer nur das eine (nämlich Sex), und Frauen wollen immer nur das eine (nämlich Liebe oder Zärtlichkeit). Männer haben Spaß an Sex, Frauen nicht. Außerdem *sollen* Männer immer nur Sex wollen (nur Memmen verlieben sich und lassen eine Frau Macht über sich gewinnen). Frauen dürfen nur Liebe wollen (Frauen, die Sex genießen, sind Nymphomaninnen oder Huren). Jungen werden erzogen, Sex als Eroberung zu betrachten, Mädchen als etwas, auf was sie sich einlassen, um Liebe zu bekommen. Eine angelernte emotionale Ignoranz macht es manchen Männern schwer, Sex als Vehikel für eine Vielzahl von Gefühlen und Bedürfnissen zu betrachten. In ihrer Sozialisation erfahren sie ihre Gefühle und Empfindungen nicht vollständig. Deshalb projizieren sie diese dann oft in den Genitalbereich. Aber zwischen einer Ejakulation und einem Orgasmus des ganzen Körpers besteht ein gewaltiger Unterschied.

Frauen hingegen wurde orgasmische Lust verweigert. Beharrlich hieß es, sie hätten gar keine Orgasmen oder würden keine Lust dabei empfinden. Physiologisch können Frauen viele Orgasmen haben, aber nur dann, wenn sie ihre sexuelle Lust offen zum Ausdruck bringen (oder aktiv suchen). Doch dann sind sie die verächtlichen »Nutten« oder »Huren«. Trotz Pornographie, der sexuell aktiven Frau also, und der Aussage vieler Männer, sie wünschten sich aktive Partnerinnen im Bett, begegnen die meisten handelnden Frauen Ablehnung oder Impotenz. Sex ist für Männer ein Machtinstrument. Sexuell aktive Frauen können sie daher nur als bedrohlich empfinden.

Insbesondere für Frauen ist Sexualität ein weiteres Gebiet kultureller Ungleichheit. Die sexuelle Sprache und die sexuellen Praktiken in unserer Kultur sind für Frauen weitgehend erniedrigend, fern von Nähe und Verbindung. Sex wurde Ausdruck von Eroberung und Machtausübung, sogar von Feindseligkeit und Gewalt gegenüber Frauen. (Gloria Steinern antwortete auf die Frage, warum sie nie geheiratet habe: »Ich kann mich in Gefangenschaft nicht paaren.«) In einer Atmosphäre von Unterwerfung oder Vergegenständlichung, in der Sex als Waffe benutzt wird, gibt es weder Geborgenheit noch Lust. Dieser Konflikt zwischen Männern und Frauen ist ebenfalls kein »natürliches« Nebenprodukt der Biologie oder der Natur, sondern Ausdruck patriarchaler Macht. Die Unterwerfung von Frauen ist nicht kulturübergreifend. In Kulturen, in denen eine größere Gleichheit zwischen den Geschlechtern herrscht, gibt es weniger sexuelle Spannungen. Sexuelle Nähe erfordert - wie alle Intimität - Gleichheit.

Wahre sexuelle Lust

Damit wir werden, was wir sein durften, wurden wir, was wir nicht sind. Und was sind wir, sexuell gesprochen? Wir sind sexuelle Wesen, und unsere Sexualität ist ein Teil der pulsierenden Lebensenergie. In unserer Sehnsucht nach sexueller Vereinigung offenbart sich im tiefsten Innern unser Trieb, uns durch unsere Partner mit dem Universum zu verbinden. Wahre Sexualität ist natürlich. Und wir wollen zu einer reineren Wahrnehmung und Erfahrung unseres körperlichen Vergnügens zurückkehren, zu den sexuellen Freuden und Lüsten. Sexualität ist das spirituelle Zentrum der Partnerschaft und das Fundament von Vertrauen und Bindung. Andrew Greeley, ein katholischer Theologe und Schriftsteller, schreibt:

»Wenn Mann und Frau im Bett keinen Spaß miteinander haben, werden sie weder die Motivation haben noch den Mut, die komplexeren Probleme in einem Persönlichkeitskonflikt anzugehen ... Wenn zwei Menschen versuchen zu wachsen, indem sie sich gegenseitig Lust geben, entwickelt sich in ihrer Beziehung psychologisch ein Ton, der ihre Attraktivität füreinander weitgehend verstärkt ... Vertrautheit löst nur bei jenen Geringschätzung aus, die aufgehört haben zu wachsen. Bei treuen Liebenden führt Vertrautheit sowohl zu höherem Genuß, und sogar auch zu größerem Geheimnis.«[18]

Um D. H. Lawrence zu zitieren: »Der Instinkt der Treue ist vielleicht der tiefgreifendste Instinkt in dem großen Komplex, den wir Sex nennen. Wo es wirklichen Sex gibt, gibt es eine grundlegende Leidenschaft für Treue.«

Wir erlangen unsere Sexualität in der gleichen Weise wieder, wie wir die Barrieren der Geschlechtsrollen und Stereotype überwinden: Dadurch daß wir uns ihrer *bewußt* werden und die kulturellen Beschränkungen *überschreiten.* Dies ist nicht nur ein persönliches Ziel, sondern ebenso moralisch wie politisch. Die wahre sexuelle Revolution ist die Revolution sexueller Gerechtigkeit zwischen den Geschlechtern, die Frauen das Recht auf sexuelle Lust und Männern das Recht auf emotionalen Ausdruck gibt. Da unsere Einstellungen zur Sexualität eher von der Gesellschaft als von der Biologie bestimmt sind, können sie überschritten werden.

Damit es zu einer wirklichen sexuellen Revolution kommen kann, müssen wir zu »erotischen Verrätern« werden, wie John Stoltenberg das nennt. Wir müssen eine neue sexuelle Identität schaffen, indem wir eine *Entscheidung* treffen, wie wir handeln und uns verhalten.[19] Identität wird durch Verhalten geschaffen, nicht umgekehrt. Sex als bloße Eroberung oder als eine Möglichkeit, sich einen Mann zu angeln, ist die Verleugnung der spirituellen Verbindung und der vollständigen Lebendigkeit, die wirkliche Sexualität schafft. Eine Beziehung, in der ein Mann nicht sanft sein darf und eine Frau nicht aggressiv, ist gefährdet, die Partnerschaft ist begrenzt. Unser Ziel ist es, ganze Partner in ganzen Beziehungen zu werden.

Was können Sie tun, solange Sie allein sind, um Ihre eigene, angeborene Sexualität zu entdecken und das Potential für sexuelle Intimität zu vergrößern? Wir sprachen bereits von einem wesentlichen Schritt, den Sie unternehmen können: Entwickeln Sie Ihr Gegengeschlechtliches Ich. Sie müssen sich außerdem Ihrer sexuellen Biographie bewußt werden, Ihre vergangenen Beziehungen Revue passieren lassen und analysieren. (Eine Übung am Ende des Kapitels wird Ihnen dabei helfen.) Sie müssen sich der Wirkung von sexuellen Mythen und Stereotypen auf Ihr Verhalten und Ihre Gefühle bewußt werden, und sich ihnen verweigern. Für Männer bedeutet das, dem Bedürfnis nach Zärtlichkeit nachzugeben, offen zu sein für das *emotionale* Vergnügen am Sex. Für Frauen bedeutet es, dem Bedürfnis nach sexueller Erfüllung Raum zu geben, offen für das *körperliche* Vergnügen am Sex zu sein. Es geht nicht um Technik, Ausdauer und Akrobatik. Es geht darum, Partner zu finden, bei denen Sie sich sicher fühlen, bei denen Sie Ihre Verletzbarkeiten, Ihre Wünsche und Phantasien ausleben können, Partner, bei denen Sie sowohl geben als auch nehmen können. Es bedeutet, die Rollen zu tauschen und auszuprobieren, was Ihnen unvertraut oder unangenehm ist: die aggressive Frau sein, der passive Mann. Sicherlich bedeutet es, den Sinn für Humor zu bewahren und spielerisch zu sein, nicht alles so ernst zu nehmen. Es bedeutet Lust *zuzulassen*, einschließlich der Lust, über sich hinauszugehen in der Wahrnehmung des anderen.

Und es bedeutet Dialog. Kommunikation mit Ihrem Sexualpartner ist der Schlüssel zum *Wissen*, um in das Mysterium des anderen einzudringen. Paare müssen über Sex sprechen, was *genau* sie möchten, mögen und was nicht. Dieser Dialog dient einem doppelten Zweck: Er bringt *Ihre* Wünsche und Bedürfnisse zum Ausdruck und erlaubt, fordert sogar die Berücksichtigung der Bedürfnisse und Wünsche des anderen. Gespräche über Sex sind an sich schon erotisch und stellen Nähe her, setzen Gleichheit voraus, Anerkennung und Respekt.

Das alles läuft auf *Safe Sex* hinaus, Sex, der wahrhaft im gegenseitigen Einverständnis stattfindet. Niemand sollte sich einem Geschlechtsverkehr hingeben, bei dem es nicht um gegenseitige Lust geht, der Eroberung oder Unterwerfung, Feindseligkeit, Wut oder Maniplulation meint. Sex reicht weit über die bloße Begegnung von zwei Körpern und das Loslassen von Spannung hinaus. Um noch einmal Andrew Greeley zu zitieren:

»Wenn ein Mann und eine Frau ihre gegenseitigen Verlockungen aneinander praktizieren, ahmen sie nach, wie Gott auf uns wirkt ... sie kooperieren buchstäblich mit Gottes sanften Verführungen ... Es ist eine Schande für (Gottes) Anhänger, sich miteinander zu paaren, es sei denn in der leidenschaftlichsten, erotischsten Form. Je größer die Lust, die Mann und Frau einander geben - im Bett und jeder anderen Dimension ihrer Beziehung -, desto mehr ist Gott in ihnen gegenwärtig.«[20]

Unsere Sexualität kann den spirituellen Kern unserer Beziehungen entflammen. Bewußt und mit voller Absicht können wir Etiketten wie »Männlichkeit« und »Weiblichkeit« fallenlassen und stattdessen von »Menschlichkeit« sprechen.

Übung 11A

Ist Ihre Geschlechtsenergie im Gleichgewicht?

Absicht dieser Übung ist, einen Eindruck vom Gleichgewicht (oder Ungleichgewicht) Ihrer männlichen und weiblichen Energien zu bekommen. In zwei Spalten werden Eigenschaften aufgeführt, die in unserer Kultur als typisch männlich oder weiblich angesehen werden. Jede Nennung auf der Liste kann eine Eigenschaft beschreiben, die bei Angehörigen beider Geschlechter angetroffen werden könnte. Die Eigenschaften in der linken Spalte aber werden im allgemeinen eher Männern zugeschrieben, die Eigenschaften in der rechten Spalte hingegen gelten bei Männern als rezessiv. Das Gegenteil trifft auf Frauen zu: Die Eigenschaften in der rechten Spalte sind eher bei Frauen dominant und die in der linken Spalte rezessiv. Alle Eigenschaften sind in bestimmten Situationen bei beiden Geschlechtern wünschenswert. Bei einer androgynen Person halten sich die Eigenschaften mehr oder weniger die Waage. Sie kann jede »Geschlechtseigenschaft« willentlich annehmen oder ablegen, ohne in Konflikte zu geraten oder Angst haben zu müssen, die Identität zu verlieren.

Bewerten Sie jede Eigenschaft auf einer Skala von 1 bis 5, wobei fünf anzeigt, daß Sie Ihrer eigenen Wahrnehmung nach diese Eigenschaft im höchsten Grad besitzen. Sie können in jeder Zeile zwei Eigenschaften ankreuzen, was bedeutet, daß Sie beide Eigenschaften in einem gewissen Grad besitzen, jede Eigenschaft, die Sie Ihrer Ansicht nach gar nicht besitzen, sollte eine Null bekommen.

Um Ihre »männliche« Punktzahl zu bestimmen, addieren Sie die Gesamtpunktezahl Ihrer Antworten links von der Null. Um Ihr »weibliches« Ergebnis festzustellen, rechnen Sie die Summe Ihrer Antworten rechts von der Null aus. Um eine Vorstellung davon zu bekommen, in welchem Gleichgewicht Ihre Geschlechtsenergien sich bewegen, betrachten Sie den *Unterschied* der beiden Punktezahlen. Bei einer androgynen Person wird es zwischen beiden Punktzahlen nur wenig Unterschied geben. Wenn Ihre Punkte stark in eine Richtung tendieren, ist das ein Hinweis darauf, daß Sie daran arbeiten müssen, Ihre gegengeschlechtlichen Energien zu wekken. Achten Sie besonders darauf, welche Eigenschaften zu entwickeln für Sie wünschenswert wäre. In Kapitel 15 werden Sie die Gelegenheit haben, auf diese Übung zurückzukommen; dort soll Sie Ihnen helfen, Ihr Verhalten so zu verändern, daß sich Ihr androgyner Quotient verändern wird. (Hinweis: Beachten Sie: Es kann sehr erhellend für Sie sein, wenn Sie ein paar Freunde oder enge Partner bitten, Sie ebenfalls zu bewerten, Rückmeldungen von anderen können außerordentlich wertvoll sein.)

	5	4	3	2	1	0	1	2	3	4	5	
aggressiv												passiv
unabhängig												gegenseitige Abhängigkeit
rational												emotional
objektiv												subjektiv
dominant												unterwürfig
rivalisierend												kooperativ
logisch												intuitiv
abenteuerlustig												vorsichtig
entscheidungsstark												ambivalent
ehrgeizig												sicherheitsorientiert
der Öffentlichkeit zugewandt												häuslich
Führungsqualitäten												folgend
durchsetzungsfähig												taktvoll
analytisch												integrativ
stark												sanft
sexuell												sinnlich
philosophisch												praktisch
rational												empfindsam
gut in Mathematik												gut in Künsten
gut in Naturwissenschaften												gut in Literatur

	5	4	3	2	1	0	1	2	3	4	5	
verläßt sich auf sich selbst												fragt andere um Rat
individualistisch												beziehungsorientiert
zielorientiert												prozeßorientiert
ausschließend												einschließend
instrumentell												ausdrucksfähig
Disziplin												Fürsorge
tut, was ihm gefällt												macht es anderen recht
ergreift Initiative												rezeptiv
ist gern allein												ist gern mit anderen zusammen
sieht Teile männlich												sieht das Ganze weiblich
rebellisch												Konformist
theologisch												religiös
unterscheidet												sieht Zusammenhänge

Übung 11B

Ihr Sexuelles Ich

Teil I: Frühe sexuelle Erfahrungen

Nehmen Sie ein Blatt Papier, unterteilen Sie es in vier Spalten, und schreiben Sie Ihre ersten sexuellen Erfahrungen auf, von der Kindheit bis zum Alter von zwölf Jahren. Dazu gehören vermutlich: Selbstbefriedigung, Doktorspiele oder andere Spiele, Tieren bei der Begattung zusehen, sexuelle Aufklärung in der Schule oder andere Botschaften über Sex, Sexspiele mit Gleichaltrigen des gleichen oder des anderen Geschlechts, inzestuöse Erfahrungen, Vergewaltigung. Schreiben Sie Ihre Erfahrungen in die Liste, das Gefühl, das Sie dabei hatten, wie Sie sich als Reaktion darauf verhalten haben und welche Schlußfolgerungen Sie aus dieser Erfahrung zogen. Nehmen Sie die Beispiele und die Tabelle unten als Muster.

Erfahrung	Gefühl	Reaktion	Entscheidung
Bekam mit fünf Jahre beim Baden eine Erektion	Aufregend	Meine Mutter regte sich auf, deshalb wußte ich, daß es falsch war	Ich behielt meine Gefühle für mich
Versteckte mich mit meiner Cousine Sally unter einer Decke, wir umarmten uns, erzählten uns Gruselgeschichten	Gemütlich, liebevoll, glücklich	Suchte nichtsexuelle Zärtlichkeit bei Frauen	Es ist gut, Frauen zu Freunden zu haben
Masturbierte mit meinem besten Freund in unserem »Clubhaus«	Erregt, ängstlich	Schämte mich, weil das, was ich tat, verboten war	Nicht erwischt werden

Setzen Sie ein Pluszeichen (+) neben die Erfahrungen, die Sie als positiv, und ein Minuszeichen (-) neben die Erfahrungen, die Sie als negativ erlebten. Füllen Sie nun im nachfolgenden Text die Lücken aus.

1. Infolge meiner positiven frühen sexuellen Erfahrungen sind meine Gefühle zur Sexualität ______________________________,
(fassen Sie die positiven Gefühle von oben zusammen)
aber wegen meiner negativen sexuellen Erfahrungen habe ich außerdem das Gefühl, ______________________________
(fassen Sie die negativen Gefühle von oben zusammen).

2. Das wirkt sich darauf aus, daß ich in sexuellen Situationen manchmal reagiere, indem ich ______________________________
(fassen Sie die positiven Reaktionen von oben zusammen)
manchmal aber auch, indem ich ______________________________
(fassen Sie die negativen Reaktionen von oben zusammen).

3. Als Ergebnis meiner ersten sexuellen Erfahrungen beschloß ich, daß Sex ______________________________
(fassen Sie die Entscheidungen von oben zusammen).

Teil II: Sexuelle Erfahrungen in der Jugend und im Erwachsenenalter

Stellen Sie nun die denkwürdigen positiven und negativen sexuellen Erfahrungen von der Adoleszenz bis zum Erwachsenenalter zusammen, gefolgt von den Gefühlen, die von der Erfahrung ausgelöst wurden, wie Sie sich als Reaktion verhalten haben und zu welcher Schlußfolgerung Sie durch die Erfahrung kamen, oder welche Ansichten verstärkt wurden. Eine Tabelle und ein paar Beispiele werden unten als Muster angegeben.

Erfahrung	Gefühl	Reaktion	Entscheidung
Schmusen mit Amy auf dem Rücksitz von Chucks Auto	Wollte aufs Ganze gehen	Absichtlich »die Notbremse gezogen«	Sex ist mächtig, gefährlich
Ein Typ in der Toillette einer Bar entblößte sich	Erregt, abgestoßen	Verhielt mich beleidigt, Macho	Homosexuelle sind widerlich

Erfahrung	Gefühl	Reaktion	Entscheidung
Impotenz beim ersten Geschlechtsverkehr	Scham, Angst, schwul zu sein	Vermied Sex zwei Jahre lang	Ich bin sexuell nicht gut genug, kein richtiger Mann
Lynn sagte mir, ich sei »toll« im Bett	Erleichtert, erregt	Schlief mit vielen Frauen	Sex macht Spaß, ich bin ein großartiger Liebhaber

Markieren Sie wieder die positiven Erfahrungen mit einem Pluszeichen (+) und die negativen mit einem Minuszeichen (-). Füllen Sie dann die Lücken unten aus.

1. Als Ergebnis meiner positiven sexuellen Erfahrungen sind meine Gefühle zur Sexualität ______________________________ ,
   (fassen Sie die positiven Gefühle von oben zusammen)
   aber meine negativen Erfahrungen geben mir das Gefühl ______________
   ____
   (fassen Sie die negativen Gefühle von oben zusammen).

2. Folglich reagiere ich in sexuellen Situationen manchmal, indem ich ________
   ______________________________ ,
   (fassen Sie die positiven Reaktionen zusammen)
   manchmal aber auch, indem ich ______________________________
   (fassen Sie die negativen Reaktionen zusammen).

3. Wegen dieser Erfahrungen glaube ich, daß Sex ______________________

Vergleichen Sie diese Aussage mit dem, was Sie oben über Ihre sexuellen Erfahrungen in der Kindheit gesagt haben. Vervollständigen Sie dann den Satz unten:
Die Ähnlichkeiten zwischen meinen sexuellen Erfahrungen als Kind und den Frustrationen als Erwachsener sind ______________________________
____

Zu den wichtigsten Unterschieden gehört ______________________________
____

Die wichtigsten Dinge, die sich verändert haben, sind ____________________
____

Teil III: Die Vision sexueller Beziehungen

Nun ist es Zeit, daß Sie über Ihre sexuellen Wünsche nachdenken. Welches Trauma, welche Peinlichkeit, Angst oder Scham wir auch erlebt haben, wir haben alle Träume, Phantasien und Hoffnungen auf sexuelle Erfüllung. Ich möchte, daß Sie diese Vision in Form einer Liste aufschreiben, und zwar so detailliert wie möglich. Es gibt verschiedene Quellen, auf die Sie sich beziehen können: die obigen Übungen, Ihre geheimen Träume und Phantasien, Ihre Frustrationen und Lüste mit vergangenen Partnern und deren Lust mit Ihnen. Ein paar Beispiele stehen unten. In Kapitel 15 wird gezeigt, wie Sie lernen können, diese Wünsche zu verwirklichen.

- »Ich hätte gern das Gefühl, im Bett nicht so aggressiv sein zu müssen.«
- »Ich würde gern heimlich an einem öffentlichen Ort Liebe machen, ohne erwischt zu werden.«
- »Ich würde gern meinem Liebhaber sagen können, wie ich mich fühle, wenn wir Liebe machen.«
- »Ich würde mich gerne frei fühlen, Geräusche zu machen, wenn wir miteinander schlafen.«
- »Ich hätte gerne, daß mein Liebhaber mit meinen Füßen spielt.«
- »Ich würde gern unter der Dusche Liebe machen.«
- »Ich würde gern sehr lange Liebe machen, ohne das Gefühl zu haben, einen Orgasmus bekommen zu müssen.«
- »Ich würde gern mit Tantra-Sex experimentieren.«
- »Ich hätte gern ein erotisches Gemälde im Schlafzimmer.«
- »Ich hätte gern einen Platz, wo ich draußen nackt herumlaufen kann.«
- »Ich würde gern mit meinem Liebhaber über meine Angst vor Impotenz sprechen können.«
- »Ich hätte gern weniger Hemmungen, weil mein Körper so behaart ist.«
- »Ich würde gern zusehen, wenn mein Liebster sich selbst befriedigt.«
- »Ich hätte gern, daß meine Liebste mir ihre Phantasien erzählt.«
- »Ich möchte gern, daß mein Liebhaber/meine Liebhaberin aggressiver ist, mich verführt und passiv sein läßt.«

Vervollständigen Sie den folgenden Satz:

1. Wenn ich all meine sexuellen Wünsche erfüllen könnte, hätte ich das Gefühl
____
2. und würde auf sexuelle Situationen reagieren, indem ich ______________
____
3. denn meine Angst vor/daß ______________________________
____

4. Dann würde ich Sex als etwas betrachten, das ______________________

____

und hätte das Gefühl, ein vollständiges sexuelles Wesen zu sein.

(HINWEIS: Es kann interessant sein, Ihre Antwort auf Frage 4 mit Ihrer Überzeugung über Sex von Übung 9B, Seite 167 zu vergleichen. Gibt es irgendwelche Ähnlichkeiten?)

Teil IV

Die Reise der *Partnerschaft*

Kapitel 12

Die Imago: Das Rezept für Verliebtheit!

Aber Liebe ist blind, und Liebende können die entzückenden Verrücktheiten nicht erkennen, die sie selbst begehen.
William Shakespeare

Nach dieser Detektivarbeit können wir nun die Auswirkungen Ihrer Kindheitserfahrungen auf Ihre Partnerwahl genauer untersuchen. Wir werden Ihre Imago demaskieren: *Ihr unbewußtes Bild von der Person, in die zu verlieben Sie in Ihrer Kindheit programmiert wurden.*

Programmiert? Wir weisen diese Vorstellung empört von uns, wissen wir doch zu gut Bescheid über die Schmerzen und Desillusionierung einer fehlgeschlagenen Liebesbeziehung. Aber die Vorstellung, wir hätten bei der Partnersuche die freie Wahl, ist reines Wunschdenken. Die schmerzhaften Wunden unserer frühen Kindheit sind nach wie vor vorhanden. Sie bilden unsere »Mitgift«, die wir in Erwachsenen-Beziehungen einbringen. Zu unserem Schrecken brachten diese Partnerschaften nicht die Liebe und Heilung, die wir am Anfang so vertrauensvoll erhofften. Im Gegenteil, Schmerzen der Vergangenheit brachen unversehens wieder auf. Es ist unsere vergrabene Imago, die uns zu Wiederholungen treibt, in die Arme eines wütenden, unerreichbaren Workaholic, einer erstickenden Nörglerin, eines heimlichen Trinkers. Es sind die Abziehbilder der schlimmsten Eigenschaften unserer primären Bezugspersonen. Wenn Sie das Muster durchbrechen wollen, müssen Sie die Imago ans Licht bringen und verändern.

Die Imago: Die Quintessenz unserer Kindheitserfahrung

Die Bestandteile der Imago werden deutlich, wenn wir noch einmal Revue passieren lassen, was wir über unsere Erziehung und Sozialisation gelernt haben.

1. *Ihr Imago-Partner ähnelt den Bezugspersonen Ihrer Kindheit.* Es ist keine sehr angenehme Vorstellung, daß wir uns jemanden aussuchen, der so ist wie unsere Eltern - und auf den wir wie auf unsere Eltern reagieren. Dabei versuchen wir doch gerade, eine Wiederholung vergangener Schwierigkeiten zu vermeiden.

Ich bekomme von meinen Klienten erschreckende Geschichten von Enttäuschung und Desillusionierung erzählt. So stolzierte der Freund einer Klientin nach mehreren romantischen Abenden beim ersten Hauch einer Auseinandersetzung aus dem Restaurant. Eine verhängnisvolle Neuauflage des Verhaltens ihres Vaters, der in seine Kellerwerkstatt hinabkletterte in dem Augenblick, in dem ihre Mutter ihn um etwas bat. Der frühere Ehemann einer anderen Patientin wurde mürrisch, wenn er trank, genau wie früher ihre Mutter. Als Reaktion rannte sie voll Wut um das Haus, Spiegelbild der Reaktion ihres Vaters. Marys Liebhaber trank zwar nicht (wie ihr Vater es getan hatte) - bis sie heirateten. Traumatisiert von den Ausbrüchen ihrer Mutter, die bei der kleinsten Provokation die Beherrschung verlor, fühlte sich Elaine sicher durch die ruhige, freundliche Art von Carl. Aber an dem Tag, an dem sie zusammenzogen, »explodierte« er dreimal. Amanda übernahm abwechselnd die Rolle des traumatisierten Kindes und die der wütenden Mutter und brach wütend mit ihrem nörgelnden, ständig Werturteile aussprechenden Freund, der sie an ihre Mutter erinnerte. Jetzt muß sie feststellen, daß ihr neuer Liebhaber angefangen hat, an ihrer Kleidung herumzumäkeln, und kritisiert, daß sie keine Lust hat, sich eine neue Wohnung zu suchen.

Sie haben versucht zu vergessen, erleben aber immer wieder genau das gleiche. Wenn Sie feststellen, daß Sie sagen »genau wie meine Mutter (mein Vater)«, haben Sie einen Imago-Partner getroffen.

Wenn Ihr Partner Sie mit einem oder beiden Eltern vergleicht, haben Sie etwas über Ihr Verleugnetes Ich erfahren.

Die Imago ist zwar ein Bild der positiven wie auch der negativen Eigenschaften Ihrer Bezugspersonen, aber wenn Sie sich von jemandem angezogen fühlen, geben die negativen Eigenschaften den Ausschlag. Weil die Erfahrungen von Vernachlässigung, Gewalt, Kritik oder Gleichgültigkeit unser Überleben beeinflussen, sind sie sehr viel tiefer in unsere Imago-Schablone geprägt als unsere Erinnerungen an Fürsorge und Aufmerksamkeit. Sie sind die schmerzenden Stellen, die wir geheilt haben wollen. Das ist frustrierend, denn bewußt suchen wir bei einem potentiellen Partner nur die positiven Eigenschaften. Aber ohne die negativen Eigenschaften würden wir uns überhaupt nicht für diese Person interessieren. Es steckt eine perverse Logik darin, denn das Alte Gehirn sorgt dafür, daß wir finden, was wir brauchen, um zu heilen. Unvermeidlich ähnelt die dazu benötigte Person der, von der Sie verletzt wurden. Nur von einer solchen Person wird Ihr Unbewußtes das annehmen, dessen Sie bedürfen.

Sie sehen also, warum Menschen aus gestörten Familien besonders übermächtige Imago-Bilder haben. Sie wurden überflutet von bestimmten negativen Bildern, die sich immer wiederholt haben und so traumatisch waren, daß sie tief verwurzelt sind. Der Zwang, an die Quelle ihrer Verletzung und Ihrer Scham zu kommen, entzieht sich Ihrer Kontrolle. Wie ein Soldat mit einer Schockneurose, reagieren Sie übermäßig auf alle Auslöserreize.

2. *Ihr Imago-Partner besitzt einige der Eigenschaften Ihres Verleugneten Ichs.* Wie wir in Kapitel 10 sahen, sind viele Eigenschaften Ihres Verleugneten Ichs verinnerlichte negative Eigenschaften Ihrer Eltern. Eigenschaften unserer Bezugspersonen, die wir bei

unseren Imago-Partnern wiederfinden, können *außerdem* auch Eigenschaften sein, die wir selbst besitzen.

Die Wut, die Sie bei Ihrem Partner so verstört, wurde von Ihnen unbewußt gewählt. Sie erinnert Sie einerseits an Ihre Mutter, andererseits ist sie Ersatz für die eigene, nicht zugelassene Wut. Die Wahrnehmung der Wut Ihres Partners ist zumindest teilweise davon bestimmt, daß sie eine Projektion dieser eigenen Wut ist. Wenn Sie Ihren Partner beschuldigen, geizig zu sein, ist es in Wirklichkeit vielleicht Ihr eigener geleugneter Geiz. Mit den Vorwürfen Ihres Partners, Sie seien übermäßig abhängig, verschleiert er vielleicht seine eigenen Ängste vor dem Verlassenwerden und der Abhängigkeit. Indem Sie einen Partner wählen, der Eigenschaften Ihres Verleugneten Ichs besitzt, können Sie »ganz« werden, ohne die Verantwortung für die Seiten an sich selbst zu übernehmen, die Ihnen zuwider sind oder Unbehagen bereiten.

3. *Ihr Imago-Partner besitzt einige der Eigenschaften Ihres Verlorenen Ichs.* Die Imago verkörpert in erster Linie die negativen Eigenschaften Ihrer Bezugspersonen (und damit auch Ihre eigenen geleugneten Eigenschaften). Aber sie enthält auch die positiven Eigenschaften, deren Sie bedürfen, um ganz zu werden. Dieser Imago-Anteil erzeugt das Gefühl: »Du bist alles, was ich immer schon wollte.« Obwohl das Falsche Ich an die Stelle der ungültig gemachten, abgespaltenen Anteile unserer selbst getreten ist, wird der Verlust nicht vergessen. Wir sind unvollständig. Wir sahen in Kapitel 10, wie Earl versuchte, seine verlorene Sinnlichkeit bei Christine wiederzufinden, während Christine bei Earl ihren vergrabenen Intellekt wiederentdeckte. Wir suchen im anderen, was unterdrückt und in uns selbst begraben wurde. So gesehen sind unsere romantischen Bindungen eine Form der Selbstliebe. Unsere Imago - und damit das, in das wir uns verlieben - ist zum Teil unser Verlorenes Ich.

4. *Die Imago besitzt einige Eigenschaften des Gegengeschlechtlichen Ichs, die Ihnen fehlen.* Die Imago ist ein Bild des gegengeschlechtlichen Partners. Daraus folgt, daß Ihre Imago-Partner die gegengeschlechtlichen Eigenschaften besitzen, die unsere Gesellschaft Ihnen verwehrt, wie wir in Kapitel 11 sahen. Auch hier gibt es Überschneidungen, insofern als die gegengeschlechtlichen Eigenschaften tatsächlich Anteile des Verlorenen und Verleugneten Ichs sind.

Zusammenfassend läßt sich sagen, daß die Imago einer sensorisch gesteuerten Rakete gleicht. Sie führt uns zu dem, der so wie unsere Bezugspersonen ist, aber auch einige Eigenschaften des Fehlenden Ichs besitzt. Es ist ein Bild, das sich im Lauf der Zeit zusammengesetzt hat, Stück für Stück, als Reaktion auf die Wahrnehmungen und Erfahrungen in unserer Kindheit. Ein Imago-Partner ist eine komplizierte, raffinierte Mischung aus dem, was unser Unbewußtes als Heilmittel für unsere verborgenen Wunden betrachtet. In vieler Hinsicht aber ist er auch das letzte, was wir uns bewußt wünschen.

Gibt es keine andere Möglichkeit, als sich ausgerechnet in einen Imago-Partner zu verlieben? Ich fürchte, wenn Ihr Partner nicht gerade vom Dorfältesten gewählt wird oder Sie sich per Post eine Braut aussuchen lassen, lautet die Antwort »nein«. Um die Imago verstehen und begreifen zu können, daß wir ihr scheinbar völlig wehrlos ausgeliefert sind, müssen wir wieder zu unserer ursprünglichen These zurückkehren: Unser Ziel im Leben ist, zu dem ursprünglichen Zustand von Entspannung und umfassender Freude zurückzukehren. Dazu müssen wir an den Ort des Verbrechens zurückkehren, dorthin, wo wir verletzt wurden. Wir müssen herausfinden, wo der Schaden liegt, was verlorengegangen ist. Aus der Perspektive unseres Alten Gehirns muß das Verlorene von der Person oder den Personen kommen, die es uns ursprünglich hätten geben sollen - oder von einer möglichst genauen Nachbildung.

Aber die Kindheit ist vorbei. Wir können nicht zu unseren Eltern zurückrennen. Deshalb suchen wir nach der nächstbesten Möglichkeit - einer Beziehung. In ihren entscheidenden Aspekten wiederholt sie die komplexen, individuell besonderen Muster unserer Verletzung und unseres Verlusts. Dazu benutzt unser Unbewußtes die Imago.

Wie wirkt sich die Imago auf die Partnerwahl aus?

Sie sind eine wandelnde Enzyklopädie von allem, was Ihnen in Ihrer Kindheit widerfahren ist. Jeder Blick und jede Handlung, jedes Essen und jedes Gespräch, jede Umarmung und jede Strafpredigt ist irgendwo in Ihrem Gedächtnis gespeichert. Sie haben Informationen über das leichte Lispeln Ihrer Mutter gespeichert, ihre tiefe, ruhige Stimmlage, die ungeschickten Umarmungen, mit denen Ihr großer Bruder Sie zu zerquetschen drohte, seinen schlendernden Gang und seine Gewohnheit, über die Schulter zu gucken. Sie erinnern sich, was bei Auseinandersetzungen und Versöhnungen gesagt wurde. Sie haben nie den unverwechselbaren Geruch Ihres Vaters und sein charakteristisches Schnüffeln vergessen. Im Geist können Sie noch die Musik hören, die am Weihnachtsabend gespielt wurde. Das mag Ihnen unwahrscheinlich vorkommen. Wir erinnern uns doch oft nicht einmal, was wir am gleichen Tag zum Frühstück aßen oder im gerade betretenen Warenhaus kaufen wollten. Aber es ist alles säuberlich abgeheftet und wartet darauf, mit dem richtigen Reiz verbunden zu werden. (Denken Sie daran, wie ein bestimmter Duft oder eine Filmszene Erinnerungen an einen Freund oder einen langvergessenen Vorfall auslösen kann.)

Jede kleinste Information wurde gespeichert - jedes Wort, jede Handlung, jedes Verhalten. Unser Gehirn bildet Muster und organisiert diese unzähligen Kleinigkeiten in ein komplexes, schattenhaftes Bild, einem Computerbild nicht unähnlich. Jeder kleine Rasterpunkt hat darin einen Platz. Eindrücke werden verbunden und aufeinandergeschichtet in das flimmernde Bild von »der Person, die mich ganz machen wird«.

Draußen in der Welt sucht ein Teil von uns fortwährend die Umgebung nach einem Partner ab. Es ist eine Aufgabe, die für unser Überleben wichtig ist. Das Alte Gehirn ist an dem Ergebnis ungeheuer interessiert. Wir untersuchen jeden neuen Anblick auf Übereinstimmung. Fast sofort rechnen wir aus, wie er auf unser vorgefertigtes Bild paßt. Fluten von ankommender Information werden zusammengesetzt und gegen das Bild gehalten. Jeder »Treffer«, jede »Niete« wird registriert. Unser Radar funktioniert, indem es bestimmte Zeichen auffängt und aussondert: schiefes Lächeln = ja; buschige Brauen = ja; niedergeschlagene Augen = nein; Turnschuhe = nein; Zigarette = ja; Bier = nein; leichte Nervosität = ja; schmaler Schlips = ja. Vermutlich bilden Sie sich, wie ich, unmittelbar Urteile über Menschen, an denen Sie auf der Straße vorübergehen: Den würden Sie gerne kennenlernen; der ist sehr intelligent; sie hat ja keine Ahnung, wie dumm sie aussieht; er hat einen verantwortungsvollen Beruf, ist aber sicher langweilig; sie ist sexuell verklemmt; er verhält sich wie ein zu groß gewordener Junge; sie sehen aus wie ein glückliches Paar.

Bei einer genügenden Anzahl Treffer fühlen wir uns angezogen. Wenn nicht, wird die Person als potentieller Partner abgehakt, bevor wir auch nur »hallo« sagen. Manchmal verabreden wir uns mit jemandem, bei dem die Anzahl nicht ausreicht. Doch nach ein paar Begegnungen fragen wir uns, warum es nicht »gefunkt« hat.

Als ich nach meiner Scheidung alleinstehend war, suchte ich bewußt nach der idealen Partnerin. Idiotischerweise hielt ich mich bei meinem Wissen für immun gegen den Prozeß, zu dem andere verdammt waren. Ich stellte eine Liste auf von den Eigenschaften, die ich suchte: Herzenswärme, Lebendigkeit, Intelligenz, Lachen, emotionale Stabilität, Sinnlichkeit und Sex. Ich fand mehrere potentielle Kandidatinnen, die all diese Qualitäten besaßen. Aber sie berührten nichts in mir. Es waren alles interessante Menschen, mit denen ich gern zusammen war. Trotzdem war ich gelangweilt. Ihnen allen fehlten die wesentlichen Eigenschaften, die mit der Depression meiner Mutter korrespondierten, meine Verlassenheitsängste wurden nicht aktiviert.

Sie machen sich vielleicht Sorgen, ob Sie je jemanden finden werden, bei dem es mit Ihrem Imago-Bild »funkt«. Ich kann Ihnen jedoch versichern, daß es da draußen viele potentielle Partner gibt, die Ihrer Imago entsprechen. Und egal wie intensiv Sie suchen, eine vollständige Übereinstimmung mit Ihrem inneren Bild werden Sie nie finden. Die Bezugspersonen und Situation im Elternhaus sind einzigartig in ihren unzähligen kleinen Eigenheiten. Auf der Grundlage der eigenen Wahrnehmungen ist eine komplexe Collage von unendlicher Subtilität entstanden. Diese ursprüngliche Situation aber muß wiederhergestellt werden, um Verhalten wiederholen zu können, in der Hoffnung, dieses Mal die erwünschte Reaktion zu bekommen.

Zum Glück ist die Imago selbst nur eine Fälschung. Sie gleicht mehr einem impressionistischen Bild als einer Fotografie des Originals. Normalerweise wird Ihr Imago-Partner eine grobe Ähnlichkeit mit dem Original haben und wenigstens ein paar der entscheidenden negativen Eigenschaften verkörpern. Um die unvollendete Arbeit vervollständigen zu können, wird das Bild umgearbeitet, Ähnlichkeiten werden übertrieben, Unterschiede verkleinert, Verschönerungen und Schattierungen vorgenommen.

Die Illusion der Liebe

Die Imago ist also nicht nur ein Bild des anderen, sondern der Ganzheit. Sie kombiniert die Defizite unserer Erziehung und Sozialisation mit dem Bild unseres Fehlenden Ichs. Wenn wir Vögel singen und Geigen klingen hören, wenn unsere Herzen einen Schlag aussetzen und das Gehirn Endorphine ins Blut pumpt, haben unsere mächtigen Sensoren jemanden ausgemacht. Der besitzt das einzigartige Potential, uns wieder zur Ganzheit zu verhelfen. Hier ist die Person, mit der wir die ungelösten Angelegenheiten unserer Kindheit zu Ende führen können, mit ihr können wir zurückfordern, was verlorengegangen ist.

Kein Wunder, daß es nichts anderes gibt, das auch nur annähernd so gute Gefühle auslöst. Wenn wir uns verlieben, verändern wir uns und verändert sich die Welt. Wir sind plötzlich erfüllt von Energie und Optimismus, wir sind hingerissen, bezaubert, erhoben. Einst waren wir allein und hatten das Gefühl, uns verteidigen zu müssen. Jetzt fühlen wir uns verbunden mit der Welt und in ihr aufgehoben. Von meinen Klienten höre ich, wie ihre Welt sich durch die Liebe veränderte. Nachdem Peter Veronika begegnet ist, fiel es ihm schwer, zur Arbeit zu gehen. Alles, was er tagsüber ohne sie tat, empfand er als unwirklich. Martha, die kaum den Bettler in ihrer Nachbarschaft bemerkt hatte, ertappte sich dabei, wie sie jedem Penner Geld gab. Klienten berichteten mir, in der Umarmung der Liebe sei die Migräne verschwunden, die lebenslange Depression verflüchtigte sich, die kreativen Blockaden lösten sich in Luft auf. Die Lebensenergie vibriert in einer höheren Frequenz. Die ganze Welt ist offenbar plötzlich besser geworden.

Die Sprache der Liebe

Alle Liebenden glauben, sie hätten jemand ganz Besonderen gefunden. »Niemand hat je gefühlt, was ich fühle«, glauben sie, »niemand hat die Liebe so erfahren«. In gewisser Weise stimmt das, denn jede Imago-Verbindung ist ein kompliziertes genaues Ineinanderpassen der unbewußten Bilder von zwei Menschen. Die Imago-Partnerin des einen Mannes ist für den anderen nichts als eine kurze Liebelei, deren Ende er schon fast mit Ungeduld erwartet. »Was sieht sie nur in ihm?« Genau darum geht es bei einer Imago-Verbindung.

Inwiefern spiegelt der Liebespartner tatsächlich die eigene Kindheit wider? Wie paßt er in die verlorengegangenen Aspekte des Ichs? Betrachten wir die vier folgenden Phänomene.

Das erste dieser Phänomene ist *Wiedererkennen.* Viele Liebenden haben schon bei ihrer ersten oder zweiten Begegnung das unheimliche Gefühl, »irgendwie kenne ich dich schon seit langem, obwohl wir uns eben erst begegnet sind«. Dieses Gefühl von Vertrautheit hat seinen Grund in der Ähnlichkeit der neuen Liebe mit dem unbewußten Bild von den primären Bezugspersonen.

Weil Steve mit einer depressiven, emotional nicht erreichbaren Mutter aufwuchs, sah er sich nach einer Frau um, die ein Lächeln auf dem Gesicht hatte und gern schmuste. Aber immer wieder zog es ihn zu einem bestimmten Typ: einer ernsten Frau mit abwesendem Blick. Dann stellte er fest, daß er in ihrem Gesicht fortwährend nach Hinweisen auf ihre Gefühle suchte und auf ein Lächeln wartete. Wenn sie lächelte, war er sofort überglücklich und erleichtert.

Das zweite ist *Zeitlosigkeit.* »Ich kann mir nicht vorstellen, daß ich dich je nicht gekannt habe«, sagen Liebende, obwohl sie vielleicht erst seit Tagen oder ein paar Wochen zusammen sind. Ihre Alten Gehirne haben das Bild des Geliebten mit der Bezugsperson verschmelzen lassen, die Gegenwart mit der Vergangenheit verknüpft. Sie befinden sich wieder in den allumsorgenden Armen ihrer Phantasiemutter, und alles wird vollkommen sein.

Ich erinnere mich, wie mir eine Klientin erzählte, sie hätte jegliches Zeitgefühl verloren. Die gemeinsamen Abende mit ihrem neuen Liebhaber schienen in ein Gefühl von Ewigkeit gehüllt zu sein. Sie lag stundenlang in seinen Armen, verschmolz mit seinem Körper, tauchte in seine Gefühle ein, als wären sie eins, und es schien, als seien nur Minuten vergangen.

Das dritte ist die *Wiedervereinigung.* Wenn Liebende mehr und mehr Zeit miteinander verbringen, sagen sie: »Ich fühle mich nicht mehr leer oder einsam. Mit dir fühle ich mich ganz und verbunden, eins mit allen Dingen.« Sie haben einer im anderen gefunden, was ihnen bei sich selbst fehlte. Zwei unvollkommene Menschen sind ganz gemacht worden - für eine gewisse Zeit.

Alice erzählte mir, sie hätte nie wirklich sich selbst gefühlt, bevor sie Alex traf. »Er ist der perfekte Ausgleich für mich. Wenn wir unterwegs sind, weiß ich nie, in welche Richtung ich gehen soll. Aber Alex hat alles in allen Einzelheiten vorher geplant. Er ist wie meine rechte Hand. Es ist einfach wunderbar, mit jemandem zusammen zu sein, der mich so gut ergänzt. Ein Teil von mir fehlte, bevor Alex kam. Es ist, als wären wir eine Person.«

Schließlich gibt es noch das Gefühl von *Zwangsläufigkeit.* Das scheint eine fast universelle Erfahrung zu sein. Ein Element von Sucht schleicht sich in die Beziehung ein. Der Geliebte wird entscheidend für das Gefühl von Sicherheit und Überleben. »Ich kann mir nicht vorstellen, wie es ohne Jack wäre«, sagte Melissa. »Ich glaube nicht, daß ich ohne ihn leben könnte oder wollte.« Dieses Thema wird in zahllosen Liebesliedern besungen und ist Gegenstand des größten Teils der Liebespoesie der

Welt. Darin kommt die unbewußte Verbindung des Geliebten mit den Eltern zum Ausdruck, die Macht über Leben und Tod ausübten. Hat man denjenigen wiedergefunden, der einst für einen gesorgt hat, scheint die Bedürfnisbefriedigung garantiert. Die alte Angst vor dem Tod läßt nach. Jetzt wollen Sie leben, Sie wollen bekommen, was Sie zum Überleben brauchen.

Auch wenn das so nicht wortgetreu ausgesprochen wird, Liebende sagen: »Ich habe gefunden, wonach ich immer gesucht habe. Du bist alles, was mir in meinem Leben gefehlt hat. Du wirst meine Bedürfnisse befriedigen. Ich fühle mich wieder selbst. Ich bin nicht mehr einsam. Du wirst mich nie verlassen. Du hast mich gerettet, und ich werde nicht sterben.«

Die Vorteile der Illusion

Eine Weile ist alles wunderbar zwischen den Liebenden. Sie fühlen sich tatsächlich lebendiger. In der Verzückung der Liebe sind sie fähig, ihre Selbstbezogenheit ein Stück weit aufzugeben. Sie verzichten auf die zerstörerischen Gewohnheiten, mit denen sie ihren Schmerz zu kompensieren versuchen. Er gibt das Rauchen auf und geht jeden Abend um sechs Uhr aus dem Büro nach Hause. Ihre Freßanfälle gehören der Vergangenheit an. Sie gibt nicht mehr den überwiegenden Teil ihres Geldes für Make-up und Schuhe aus. Im sicheren Kokon ihrer neuen Liebe gehen sie über sich hinaus, können ehrlicher und vertrauter sein und mehr Nähe zulassen als je zuvor. In der Wiege der Liebe schmelzen sexuelle Hemmungen fort, Witz sprudelt an die Oberfläche, vordem starre Körper bewegen sich zur Musik. Weil ihre Partner sie unterstützen und so mitfühlend sind, können sie ihnen ihren Schmerz anvertrauen, ihre Schuldgefühle, ihre Ängste und Hoffnungen. Peinliche Geheimnisse und empfindliche Wunden werden offenbart und angenommen. Die Liebenden verbringen mehr und mehr Zeit miteinander. Sie fangen an, Pläne für die Zukunft zu schmieden. Und dann ... geht plötzlich alles schief.

Die Illusion der Verliebtheit besteht darin, daß sie uns für die negativen Aspekte unserer Imago-Partner blind macht. Verzweifelt um den Erhalt unseres neugefundenen Empfindens von Freude und Rettung ringend, blenden wir Störendes mit aller Kraft aus. Wenn der Tag auf die Nacht folgt, die Wahrheit den Nebel der Leugnung durchdringt, zerreißt die Illusion. Wir stehen dem letzten und zerstörerischsten Teil des Imago-Puzzles gegenüber. Ich werde die traurige Geschichte, was geschieht, wenn die Verliebtheit vergeht, für die Darstellung der unbewußten Beziehung in Kapitel 13 aufheben. Hier möchte ich aus der Perspektive der Imago-Verbindung unserem Bild von der romantischen Liebe einen neuen Rahmen geben.

Die Liebe: Das Betäubungsmittel der Natur

Heutzutage ist es angesagt, sich zynisch über die romantische Liebe zu äußern. Ich aber will das Verliebtsein in keiner Weise herabsetzen oder kleiner machen. Nicht nur ist es ein wunderbares Gefühl, es setzt außerdem das Potential für Heilung und Veränderung frei. Die Natur würde etwas so Großartiges nicht für triviale Zwecke erfinden. Liebe macht blind für die Wirklichkeit. Damit leistet sie einen wertvollen Dienst. Ohne es zu wollen, wählen wir jemanden wie unsere Eltern, von dem wir erwarten, daß er uns liebt, wie sie uns nie geliebt haben. Paradoxerweise ist der Geliebte aber auf einzigartige Weise dazu geeignet, unsere alten seelischen Wunden wiederaufbrechen zu lassen. Das sieht eher nach dem todsicheren Rezept für Katastrophen und Herzschmerz aus. Wären wir nicht im Liebesrausch, wir würden schreiend in die entgegengesetzte Richtung davonlaufen. Tatsächlich haben wir uns nämlich eine Person ausgesucht, die uns enttäuschen wird, wie unsere Bezugspersonen uns enttäuscht haben. Aber außerdem hat sie, was wir zur Heilung brauchen. Das hat niemand sonst, zumindest nicht ein anderer Männer- oder Frauentyp.

Auch wenn die Liebe schiefgeht, sie vermittelt uns einen Schimmer von unserem besseren Ich und eine Erinnerung an unser Potential, ganz zu sein. Sie kann das Versprechen nicht einhalten. Doch sie versetzt uns in den verlorenen Zustand von Entspanntheit und umfassender Freude, den wir als Säuglinge erlebt haben und nach dem wir uns seither sehnen. Die meisten Menschen haben trotz ihrer Verletzungen liebevolle Erinnerungen an die guten Zeiten. Die meisten wollen die damit verbundenen Gefühle wiederhaben.

Wir verlieben uns in einen Imago-Partner, um zu erkennen, ob wir etwas zum Funktionieren beitragen. Die Verliebtheit gibt uns die Stärke für das endlose Unternehmen der Selbstheilung und die mühsame Arbeit an einer bewußten Beziehung. Verliebtsein drängt uns, etwas zu tun. Sonst würden wir lieber in Sicherheit bleiben, auch wenn wir allein oder in einem sicheren »Arrangement« unerfüllt wären. *Verliebtsein ist das Betäubungsmittel der Natur.*

Im Verliebtsein ist keine Liebe

Die Vorstellung, daß wir andere Menschen um ihrer selbst willen lieben, so wie sie sind, mit ihren besonderen Bedürfnissen und Eigenheiten, ist eine Illusion. Das Verliebtsein ist keineswegs, was es zu sein scheint. Wir sind verliebt in die Projektion unseres Fehlenden Ichs.

Die Imago-Verbindung schafft eine falsche Ganzheit. Unser Versuch, durch einen anderen zu bekommen, was uns selbst fehlt, funktioniert nie. Die Leerstellen einer Persönlichkeit können nicht durch einen Partner gefüllt werden. Wäre die Verschmelzung erfolgreich, hätten wir keine Chance, Ganzheit anzustreben.

Das Verliebtsein ist eine Zeitbombe. Sie trägt den Samen ihrer eigenen Zerstörung in sich. Es ist dazu bestimmt, zu Ende zu gehen. Unvermeidlich zerbricht die Realität auf rüde Weise unsere Illusion. Ich sage das äußerst ungern, *aber es ist keine Liebe im Verliebtsein.* Wahre Liebe ist etwas vollständig anderes und Besseres - wie Sie in Kapitel 13 und 16 sehen werden. Aber wirkliche Liebe stellt sich nur bei Paaren ein, die mit ihren Dämonen ringen und während des Machtkampfes bei der Stange bleiben.

Warum ist es wichtig, die Imago zu verstehen und an ihr zu arbeiten?

Wir brauchen einen Imago-Partner, um zu wachsen und zu heilen. Paradoxerweise erfordern die ungelösten Aufgaben des Ich eine Beziehung, um gelöst werden zu können. Die Partnerschaft selbst ist der Prozeß, durch den wir zurückfordern, was fehlt. Kennen wir unsere Imago, wissen wir, wie die Person sein muß, mit der wir die unerfüllten Aufgaben der Kindheit zu Ende bringen können. Unsere Probleme sind unklar. Wir verstehen, was in der Partnersuche mit uns geschieht. Wir bewältigen die Tatsache, daß wir uns unvermeidlich den alten Wunden der Kindheit stellen müssen. Der »gewählte« Partner wird einem Katalog von Kriterien entsprechen, der uns hoffentlich bei der Schmerzvermeidung hilft. Wenn wir jemandem begegnen, der in das Rasterbild paßt, sind wir auf das Kommende vorbereitet.

Ein Imago-Partner hat das Potential, uns noch tiefer zu verletzen oder uns zu heilen. Wir können unsere Augen nicht vor der Imago verschließen. Wir müssen konzertiert mit ihr zusammenarbeiten, damit wir nicht von ihr getrieben werden. Bis wir uns mit der Imago vertraut gemacht haben, uns sogar mit ihr anfreunden, schlafen wir im Wachzustand. Wir sind dazu verdammt, immer und immer wieder die gleichen Fehler zu machen. Wir werden die Person los, die uns verletzt hat, behalten aber die Probleme.

Wenn Sie die Details Ihrer Imago kennen, wird Ihnen das deutlich zeigen, um welche Themen es bei Ihrer Selbstvervollkommnung geht. Sie bringt Sie auf die Spur dessen, was verändert oder woran gearbeitet werden muß. Sie wird genau aufzeigen, wie Sie das erreichen können. Wenn Sie fähig sind, einige der abgespaltenen Ich-Anteile zurückzufordern, solange Sie alleinstehend sind, werden Sie sie nicht im anderen suchen müssen. Sie können den negativen Eigenschaften Ihrer Imago die Schärfe nehmen. Fangen Sie an, bei Freunden und Mitarbeitern, durch Gruppentherapie oder oberflächliche Beziehungen ein gewisses Maß von der Fürsorge und Wertschätzung zu suchen, die Sie brauchen, um die seelischen Verletzungen Ihrer Kindheit zu heilen. Es wird weniger Leerstellen geben, die zu füllen sind, weniger fehlende Teilchen, für die ein Ausgleich geschaffen werden muß. Die Imago wird sich buchstäblich wandeln, zu einem Bild von jemandem, der, wie Sie, sich weiterentwickelt hat und vollständiger ist. Sie werden sich in einen gesünderen Partner verlieben. Ein gesünderer Partner wird sich in Sie verlieben.

Demaskieren der Imago

Jetzt haben Sie Ihre Kindheit mit einem feingezahnten Kamm durchgekämmt. Sie haben viel darüber nachgedacht, wie Ihre Familie funktionierte und wie Sie auf Ihre Umwelt reagiert haben. Wir haben Ihre Vergangenheit und Ihre gegenwärtigen Beziehungen untersucht. Nun werden wir das Bild Ihrer höchstpersönlichen Imago zeichnen. Dabei werden wir uns der Hinweise bedienen, die Sie aus den Antworten und Überlegungen der bisher von Ihnen bearbeiteten Übungen zusammengetragen haben. Außerdem ist Ihnen inzwischen bewußt geworden, um welche Themen es jetzt in Ihrem Leben geht.

Sie sind vielleicht entsetzt von dem Bild, das durch all diese mühsame Detektivarbeit herausgekommen ist. Die Hartnäckigkeit, mit der sich Ihre Beziehungskonflikte und Enttäuschungen scheinbar endlos wiederholen, hat Sie entmutigt. Ich kann jedoch nicht genug betonen, daß es *erlösend* wirkt, über die Imago Bescheid zu wissen. Dieses Wissen hat die Macht, Sie zu heilen. Die Imago ist der Schlüssel zu Ihren Beziehungen und der Grundstein für Selbst-Integration. Sie ist wie eine Landkarte, die anzeigt, wo der vergrabene Schatz liegt.

Übung 12A

Demaskieren der Imago

Die meisten Informationen, die Sie brauchen, um die Leerstellen unten auszufüllen, finden Sie in den Übungen, die Sie bereits gemacht haben. Die Hinweise in Klammern sagen Ihnen, an welcher Stelle Sie sie finden.

1. Mit größter Wahrscheinlichkeit fühle ich mich von jemandem angezogen, der

   ____

   (positive Qualitäten Ihrer Bezugspersonen, Übung 9A, Schritt 2, linke Hälfte des Kreises, Seite 164), aber auch folgende Eigenschaften hat ____________________
   (negative Eigenschaften der Bezugspersonen, Übung 9A, Schritt 1, rechte Hälfte des Kreises).

2. Mein Partner erweist sich möglicherweise auch als ____________________
   (positive Eigenschaften anderer Menschen, die starken Einfluß auf Ihr Leben hatten - Geschwister oder Großeltern oder Liebhaber eines Elternteils)
   und ____
   (negative Eigenschaften der Person oder Personen, die oben genannt sind).

3. Ich habe Hinweise dafür bereits in meinen vergangenen Beziehungen erhalten, die ____
   (positive Eigenschaften aus Übung 2B, Schritt 7, Seite 43, obere Hälfte des Kreises, in dem die

Eigenschaften aus Schritt 1 und 2 wiederholt sind)
und ____________________
(negative Eigenschaften von Übung 2B, Schritt 7, unterer Teil des Kreises, der die weiter oben ermittelten Eigenschaften wiederholt).

4. Ich sollte außerdem darauf vorbereitet sein, daß mein Partner ____________
(geleugnete Eigenschaften, Übung 10C, Schritt 4, unteres rechtes Viertel des Kreises, Seite 184; diese Eigenschaften können negative Eigenschaften der Eltern von oben wiederholen).

5. Wie ich wird mein Partner verletzt worden sein in der Phase ____________
(Übung 7D, Seite 126), er oder sie ist jedoch ein ____________
(Minimierer oder Maximierer, aber das Gegenteil von Ihnen) und ein ____________
(Gegenteil Ihrer Bewältigungsstrategie in der gleichen Phase. Wenn Sie also zum Beispiel ein »Helfer« sind, der in der Phase sozialer Verantwortung verletzt wurde, wird Ihr Partner vermutlich ein »Einzelgänger« sein).
Seine oder Ihre Herausforderung zu wachsen besteht also darin, ____________
____
(sehen Sie unter der entsprechenden Phase nach).

6. Mein Partner wird außerdem Eigenschaften besitzen, die mir fehlen. Er oder sie wird wahrscheinlich stark sein auf den Gebieten ____________
(Übung 10B, Schritt 3, Seite 183, Eigenschaften des verlorenen Selbst)
und Mängel aufweisen auf den Gebieten ____________
(Übung 10B, Schritt 3, Gebiete, auf denen Sie nicht unterdrückt wurden).
(Sie können eine Zeichnung nach dem Muster »Die vier Funktionen« für Ihren theoretischen Partner anlegen, so daß Sie am Ende ein Diagramm haben, das dem von Earl und Christine in Abbildung D auf Seite 175 ähnelt.)

7. Da ich mir meinen Partner außerdem deswegen ausgesucht habe, damit er/sie meine vergrabenen gegengeschlechtlichen Energien ausgleicht, wird er oder sie wahrscheinlich ____________
(entgegengesetzte Geschlechtsenergien, in denen Sie am schwächsten sind, Übung 11A, Seite 210, noch nicht erwähnt in Schritt 5).

Nun haben Sie einen vollständigen Eindruck Ihrer Imago - Ihres inneren Bildes des anderen Geschlechts. Die positiven Eigenschaften werden für Ihr Bewußtsein von Interesse sein. Die negativen, die mit Ihren Frustrationen verbunden sind, werden Ihr Unbewußtes anziehen. Die Anästhesie der Natur wird Sie zwar daran hindern, die negativen Anteile in dem zukünftigen Partner zu sehen. Aber diese Eigenschaften werden Ihre tiefsten Gefühle aktivieren, was später in der Beziehung die meisten Schwierigkeiten verursachen wird.

Wenn Sie die Eigenschaften Ihres Imago-Partners kennen, können Sie außerdem auf die Natur ihrer oder seiner Verletzung schließen und die Themen, die er oder sie für die Heilung präsentieren werden. In Kapitel 15 werden Sie Gelegenheit haben, einige Übungen zu machen, die Ihnen helfen werden, bewußte Persönlichkeitsveränderungen vorzunehmen. Sie können im Lauf der Zeit die problematischsten Aspekte Ihres Imago-Bildes abmildern, was Ihnen helfen wird, besser mit der Konfliktkonfrontation umzugehen.

Übung 12B

Kindheitsfrustrationen

Nehmen Sie ein Blatt Papier, und zeichnen Sie darauf das folgende Diagramm:

	A. Mutter	B. Vater	C. Andere
1. Frustrationen			
2. Negative Gefühle			
3. Positive Verhaltensweisen			
4. Positive Gefühle			

Schreiben Sie unter »Mutter« alle frustrierenden Verhaltensweisen Ihrer primären weiblichen Bezugsperson auf, an die Sie sich aus Ihrer Kindheit erinnern können. In der Spalte »Vater« schreiben Sie alle frustrierenden Verhaltensweisen nieder, an die Sie sich im Zusammenhang mit Ihrer primären männlichen Bezugsperson erinnern können. In der Spalte »Andere« schreiben Sie alle frustrierenden Verhaltensweisen nieder, die Sie bei einer anderen älteren Person erlebt haben oder bei Personen, die eine fürsorgende Rolle für Sie spielten. Umkreisen Sie nun Ihre drei tiefsten Frustrationen. Unter »negative Gefühle« schreiben Sie das schlimmste Gefühl bei jeder der Bezugspersonen. Unter »positives Verhalten« sammeln Sie alle Verhaltensweisen Ihrer Bezugspersonen, die Sie als positiv betrachten. Unterstreichen Sie nun die drei wichtigsten positiven Verhaltensweisen auf der Liste. Unter »positive Gefühle« schreiben Sie Ihre angenehmsten Gefühle bei jeder Bezugsperson.

Schreiben Sie nun auf ein weiteres Blatt Papier die folgenden Satzfragmente. Beachten Sie, daß am Ende jedes Fragments in Klammern Hinweise stehen, wo Sie in den vorangegangenen Übungen Informationen finden können, um die Sätze zu vervollständigen. Füllen Sie die Lücken mit Hilfe der Informationen aus, die Sie bereits gesammelt haben. Verändern Sie die Informationen nur insoweit, daß ein lesbarer Satz entsteht, verändern Sie nicht den Inhalt.

Übung 12C

Die unbewußten Wünsche aus der Kindheit

1. In meiner Kindheit lebte ich mit Bezugspersonen, die ____________________
(Übung 9 A, Schritt 1, linke Hälfte des Kreises, Seite 164)

2. bei denen ich oft das Gefühl hatte, ____________________
(negative Gefühle aus Übung 12B, Schritt 2)

3. weil sie mich frustrierten, indem sie ____________________
(Frustrationen aus Übung 12B, Schritt 1 - nehmen Sie die umkreisten Frustrationen auf).

4. Das bewirkte, daß ich ____________________
wurde *(verleugnete Eigenschaften des Ichs aus Übung 10C, Schritt 5, unterer rechter Quadrant des Kreises, Seite 184)*

5. und meine ____________________
verbarg oder unterdrückte *(Eigenschaften des verlorenen Selbst aus Übung 10B, Schritt 3, Seite 183).*

6. Wenn sie mehr ____________________,
gewesen wären *(Übung 9A, Schritt 1, linke Hälfte des Kreises, Seite 164)*

7. und mir mehr ____________________
gegeben hätten *(unterstrichene Nennungen von Übung 12B, Schritt 3),*

8. damit ich immer das Gefühl hätte haben können ____________________
(Nennungen von Übung 12B, Schritt 4),

9. dann würde ich ______________________________
(positive Qualitäten von Übung 12A, Schritt 1, Seite 231)

10. und würde meine ______________________________
mehr zum Ausdruck bringen können *(Eigenschaften des Partners, Übung 12A, Schritt 5, Seite 232).*

Nun haben Sie einen Eindruck von den unbewußten Wünschen, die Sie in Ihrer Kindheit bewegt haben und die Sie in Ihre Partnerschaft einbringen werden. Ich nehme sie hier auf, damit Sie sie vergleichen können mit Ihrer unbewußten Beziehung, Übung 2D, Seite 46. Sie erkennen, wie Ihre gegenwärtige Situation mit Ihrer Kindheit verknüpft ist.

Kapitel 13

Partnerschaft: Der Weg zur Bewußtheit

Unser ganzes Leben lang bieten sich Gelegenheiten
für neue Integrationen und Adaptionen.
Harry Stack Sullivan

In diesem Buch geht es darum, wie Sie Ihr gegenwärtiges Alleinleben nutzen können, um sich auf die Reise zu einer gesunden, heilenden Partnerschaft und wirklichen Liebe vorzubereiten. In den vorangegangenen Kapiteln haben wir den Auswahlprozeß untersucht. Sie haben herausgefunden, welche Eigenschaften eine für Sie anziehende Person hat und mit welchen Themen Sie Ihr Imago-Partner konfrontieren wird. Wie aber wird Ihre Beziehungsreise wahrscheinlich aussehen? Das Wissen um die Art der zu erwartenden Schwierigkeiten wie die konkrete Hoffnung gibt Ihnen den Mut, die Reise überhaupt anzutreten.

Es ist nun wohl eindeutig, daß Sie bezüglich eines Partners kaum Wahlmöglichkeiten haben. In der Ehe sammeln sich die Kindheitsschäden. In keiner Weise überraschend ist deshalb das extreme Auseinanderklaffen von Anfang und Ergebnis. Nur zu oft verrät uns gerade der Mensch, in den wir als unser Idol wahnsinnig verliebt waren. Am Ende lassen wir uns voll Bitterkeit von ihm scheiden.

Dieses unbewußte Auswahlverfahren verheißt für die Ehe als Lebensform nichts Gutes. Dennoch bin ich davon überzeugt, daß die negativen Imago-Eigenschaften Ihres Partners als Katalysator für persönliche Veränderungen auf der tiefsten Ebene dienen. Eine bewußte Beziehung, in der die Partner unterdrücktes Potential ihres jeweiligen Ichs durch den anderen wiederentdecken, ist tatsächlich der wirksamste Weg zu seelischer und spiritueller Ganzheit. Unbefriedigte Kindheitsbedürfnisse zu leugnen, sie auf eigene Faust oder durch Freundschaften, nichteheliche Beziehungen oder eine Reihe von Liebhabern zu befriedigen zu suchen, bleibt unwirksam. Die Liebe, die für unsere Heilung wesentlich ist, *muß* von einem Imago-Partner kommen. Und das ist nur in einer verbindlichen, kontinuierlichen und beständigen Partnerschaft möglich. Sie läßt erst den Prozeß zu, durch den unsere Verletzungen heilen und wir unsere ursprüngliche Ganzheit und vollständige Lebendigkeit wiedererlangen.

Zum Glück haben wir die Wahl, was für eine Form von Ehe wir führen. Die meisten Ehen versagen, weil die unbewußten Aspekte der Beziehung nicht bewußtgemacht werden. Jede ungelöste Problematik, die wir mit unseren Bezugspersonen hatten, stellt sich mit unseren Partnern neu und drängt nach Lösung. Allerdings werden sich die Partner nur selten der verborgenen Bedürfnisse bewußt, die ihre Beziehung antreiben. Nie erlangen sie die notwendigen Fähigkeiten, um mit diesen

Bedürfnissen besser umzugehen. Daher sollten Sie als Alleinstehende zu verstehen trachten, was eine *bewußte* Ehe ausmacht. Nur so können Sie die Voraussetzungen schaffen, Ihre Schäden der Kindheit und die Ihres zukünftigen Partners aufzulösen und Ihr wahres Ich wiederzufinden.

Die unbewußte Beziehung

Als Ehewilliger sollten Sie sich darüber klar sein, daß eine Ehe entsprechend der Kindheit eine »natürliche Geschichte« hat: Sie entwickelt sich in bestimmten Phasen parallel zur Kindheit. Der Zusammenhang zwischen Ihren Kindheitsthemen und denen Ihrer Beziehungen ist keineswegs so unheimlich, wie es auf den ersten Blick scheinen mag. Beide entwickeln sich von der Bindungsphase zur Unabhängigkeit, durch die Phase der Identität und Kompetenz zu sozialer Verantwortung und Nähe. In der Beziehung stellen sich unbewußt unsere ungelösten Kindheitsprobleme neu und harren einer Lösung.

Jede Phase geht aus der vorangehenden hervor. Jede neue Phase trägt die Errungenschaften oder das Versagen der vorhergehenden Phase weiter. Im Verliebtsein spiegelt sich die Bindungsphase. Im folgenden Machtkampf wiederholen sich die Themen und die harte Arbeit der Entdeckerphase sowie der Identitätsfindungs- und Kompetenzphase. Wenn ein Paar sich der Vorgänge bewußt ist, wird jeder Partner danach streben, ein integriertes Selbst zu werden. Dann können sie zusammen eine gut funktionierende Beziehung mit einer einzigartigen Identität erreichen. Dies entspricht der Identitätsfindung der Kinder, die dabei die notwendigen Fähigkeiten erwerben, um mit ihrer Umwelt umzugehen. Entwickelt sich die Beziehung darüber hinaus, erreichen die Partner einen Zustand der aufrichtigen Sorge um das Wohl des anderen und tiefer Intimität. Aus einer solchen Beziehung geht wirkliche Liebe hervor. Sie erfüllt das Versprechen, das im Stadium des Verliebtseins seine Schatten vorausgeworfen hat. Eine solche Verbindung bildet eine wichtige Einheit in der Welt. Über die Grenzen von Fürsorge und Zuwendung hinaus wird sie sich erneut den Aufgaben der Phase sozialer Verantwortung widmen.

Die Phasen einer Beziehung verlaufen aber eher in Zyklen, nicht nach dem Muster eines gradlinigen Fortschreitens. Im Verlauf des Lebenszyklus können wir viele Male zur Verliebtheit zurückkehren, zum Machtkampf, dem Identitäten- und Kompetenzgerangel. Immer wieder werden wir zu sozialer Verantwortung vordringen, als Reaktion auf die Umstände und Krisen jedes Lebensstadiums. Ein neuer Zyklus kann ausgelöst werden durch die Geburt eines Kindes, eine ernste Krankheit oder finanzielle Einbußen oder wenn ein Kind das Zuhause verläßt.

Wenn das Verliebtsein stirbt: die Flugbahn der unbewußten Beziehung

Als wir unsere Liebenden in Kapitel 10 zuletzt sahen, knabberten sie am Ohr des anderen und sagten einander, sie könnten ohne einander nicht leben. Bedauerlicherweise ist das Verliebtsein der Gipfel des Nicht-Bewußt-Seins, verstärkt durch die Idealisierung des Partners und die utopische Hoffnung auf Erfüllung.

Verliebtsein kann ein paar Wochen oder sogar ein paar Jahre anhalten. Doch unfehlbar platzt die Seifenblase, der Schleier der Illusion wird sich lüften, und wir werden enttäuscht von der Wirklichkeit. Wie kommt es dazu? In der Phase der Verliebtheit, angetrieben von Hoffnung und Endorphinen, bietet jeder Partner dem anderen freiwillig, was er möchte und braucht. In der Wirklichkeit besitzt also die Vorstellung von der erfüllten Beziehung durchaus eine gewisse Grundlage. Aber mit einer Bindung, nicht selten der Hochzeit, verändert sich das. Die Hölle bricht los. Die Hoffnung wird zu Erwartung. Das bedingungslose Geben beider Partner, das die Anfänge der Beziehung charakterisiert hat, erfährt wenigstens in einem gewissen Maß Einschränkungen. Nun beherrschen Sie Erwartungen (oder sogar Forderungen, weil Sie ein Recht zu haben meinen). Die Fehler Ihrer Partner entsprechen aber denen Ihrer primären Bezugspersonen. Es ist wahrscheinlich, daß der Partner ebenfalls versagt, in der gleichen zerstörerischen Weise. Jeder ist dazu verdammt, den anderen zu enttäuschen.

Jede Ehe bewegt sich unerbittlich von der romantischen Illusion zu der Desillusionierung, die den Beginn des Machtkampfes ankündigt. Und genauso hat es die Natur beabsichtigt. Und doch wird uns beigebracht zu glauben, Verliebtsein sei ein Hinweis auf die richtige Wahl des richtigen Partners. Wenn die Romantik schwindet, nehmen viele das als Hinweis dafür, daß die Beziehung den Bach hinunter ist. Menschen, die in meine Workshops kommen, sagen manchmal: »Meine Liebe ist gestorben, ich bin einfach nicht mehr verliebt, ich empfinde nicht mehr das gleiche.« Es scheint mir meine unangenehme Pflicht zu sein, ihnen die traurige Wahrheit mitzuteilen. »Sie muß sterben«, sage ich ihnen.

Wenn Sie in der Phase des Verliebtseins verharren, bleiben Sie in der Bindungsphase stecken. Damit die Beziehung sich weiterentwickeln kann, müssen Sie in die Entdeckerphase weitergehen und darüber hinaus. Die Verliebtheit ist nur das Sprungbrett. Um wirkliche Liebe zu bekommen, müssen Sie sich an die Arbeit machen und sich Unbewußtes bewußtmachen. Solange die Endorphine im Körper herumsausen, »arbeitet« niemand an einer Beziehung. Es gibt ein schwerwiegendes Mißverständnis über die Natur von Liebe und Verliebtheit, und Sie, als Alleinstehender, tun gut daran, das vorher zu begreifen.

Verliebtsein muß enden. Es ist der Kitt der Natur, der zwei unvereinbare Menschen zusammenbringt zum Zweck gegenseitigen Wachstums. Es befähigt Sie, die Desillusionierung zu überleben, nicht den perfekten Menschen geheiratet zu haben. Obwohl das Verliebtsein ein Vorgeschmack auf das Potential einer Beziehung ist, kann dieses Potential nur erreicht werden, wenn man durch das Tal der Verzweiflung geht, das heißt den Machtkampf. Wenn wir die Beziehung nicht benutzen, um die Kindheit zu beenden, wird sich unsere Ehe da festfahren, wo wir schon als Kinder steckenblieben. Wenn die Verliebtheit stirbt, macht das den Weg frei für die wahre Liebe.

Die Illusion des Verliebtseins verfliegt, wenn unsere Partner unseren Erwartungen nicht gerecht werden. Sie fangen an, uns wohlbekannte negative Eigenschaften erkennen zu lassen: die unserer Bezugspersonen und unseres Verleugneten Ichs, für die wir zuerst blind waren. Unsere Partner verkörpern zwar nur einige dieser negativen Eigenschaften in einem nur gewissen Maß, dennoch projizieren wir alle auf sie. Wir behandeln unsere Partner so, als wären sie Blaupausen unserer Bezugspersonen. Auf diese Weise provozieren wir genau entsprechende Reaktionen von ihnen. Wir fangen an, unsere Beziehung zu unseren primären Bezugspersonen wiederaufzuführen, nun allerdings in der Liebesbeziehung.

Denken Sie daran, daß die negativen Eigenschaften unserer Imago-Bindung oft unsere eigenen geleugneten Eigenschaften sind, und die sind wiederum verinnerlichte Eigenschaften unserer Eltern. Mit anderen Worten, wir selbst besitzen die negativen Eigenschaften der Eltern, die wir an unserem Partner kritisieren. Während des Machtkampfes gehen wir von der Position des Kindes über zu der Position der Eltern. Bei Nichterfüllung unserer Bedürfnisse gehen wir mit unseren Partnern genauso um, wie unsere Eltern uns behandelten. Schlimmer noch, wir übernehmen unseren Partnern gegenüber das Verhalten des Elternteils, mit dem wir in unserer Kindheit die meisten Schwierigkeiten hatten. Normalerweise betrachteten wir diesen Elternteil als den mächtigeren. Wir identifizieren uns mit diesem Elternteil, denn vom Gesichtspunkt des Alten Gehirns aus besaß er oder sie die größere Überlebensfähigkeit. Wir haben vielleicht das Jammern und Nörgeln unserer Mutter gehaßt, aber es schüchterte Vater ein, und er gab auf. Oder Vaters Wut war vielleicht brutal und einschüchternd, aber normalerweise bekam er, was er wollte. Wenn wir uns verhalten wie unsere Mutter oder unser Vater, nehmen wir den Partner wahr, als sei er das Kind. Wenn unser Partner sagt, wir seien »genau wie unsere Mutter (oder Vater)«, sind wir schockiert. Unbewußt identifizieren wir uns mit den negativen Eigenschaften unserer Eltern. Genau das aber leugnen wir. Vehement weisen wir einen derartigen Vorwurf zurück, führen trotzdem unbewußt die alten Szenarien mit unserem Partner wieder auf.

Zu anderen Zeiten fühlen wir uns dem Partner gegenüber wie ein Kind. Schließlich sehen wir ihn als den Schatten unserer Eltern. Wir reagieren auf die Wut unseres Partners ähnlich wie auf die Wut unserer Mutter, auch bei nur geringer Ähnlichkeit zwischen beiden. Wir verschafften uns mit einem endlosen Redeschwall darüber, was in der Schule los war, mit wem wir gespielt haben, was wir im Fernsehen sahen, die Aufmerksamkeit unseres Vaters. Daher glauben wir wahrscheinlich, wir müßten ein unerbittlich lebhafter und unterhaltsamer Partner sein, um das Interesse des anderen wachzuhalten. In Sekunden können wir von dem umschalten, wie wir uns als Kind fühlten, zu dem, wie sich der Elternteil verhielt, den wir am wenigsten mochten. Das ist das Kernstück des Machtkampfes.

Außerdem müssen wir uns mit dem Wiedererscheinen des Verlorenen Ichs abfinden, zumal wir einen entsprechenden Partner gewählt haben. Für eine Weile geht das gut, und wir schwelgen in unserer Pseudoganzheit. Aber früher oder später werden die Eigenschaften, die die Partner ursprünglich attraktiv aneinander fanden, plötzlich zum Ärgernis. Das Verlorene Ich fängt an, unbehaglich zu werden. Was ein Ehemann durch die rosarote Brille der Verliebtheit als die Unabhängigkeit seiner Frau sah, sieht er jetzt als Mangel an Aufmerksamkeit oder Einlassen auf die Beziehung. Was die Ehefrau als seine humorvolle Natur betrachtete, sieht sie jetzt als Unbeherrschtheit. Plötzlich ist unser Partner zu logisch, zu emotional, zu sexy, zu unbeschwert.

Auch das wird vergehen

Die meisten Ehen bleiben in dem Machtkampf stehen, aber das ist nicht der Weg, den die Natur vorgesehen hat. Der Machtkampf ist, wie das Verliebtsein, eine weitere Station auf dem Weg zum Eigentlichen. Er ist ein sicheres Zeichen, daß wir es mit der richtigen Person zu tun haben. Wir können ein Maximum an persönlichem Wachstum erreichen, sofern wir richtig damit umgehen.

Aber auch der Machtkampf ist ein Übergangsphänomen, ein Zugangsweg. Er bringt beide Partner dazu, an sich selbst und an der Beziehung zu arbeiten. Denn auch sie hat eine einzigartige Identität. Sie ist anders als die Ehe unserer Eltern und von ihr getrennt. Ein Verharren in der Phase der Verliebtheit oder dem Machtkampf bedeutet, einen natürlichen Prozeß zu verhindern. Auch hier wirkt der großartige Plan der Natur: Die Konzentration auf das Ich mag eine Voraussetzung für persönliches Überleben sein. Über das Ich hinauszugehen zu der Sorge für und Nähe zu anderen aber ist wesentlich für das Überleben unserer Gattung. Die Schaffung wahrer Liebe ist der Weg der Natur, sich wiederherzustellen und zu vervollständigen.

Aber ohne das Bewußtsein bleiben die meisten Paare in den Fragen von Identität und Kompetenz gefangen. *Bewußtheit* ist der Schlüssel zu Freude und Ganzheit.

David und Sarah

Für das Funktionieren dieser windungsreichen Theorie gebe ich Ihnen das Beispiel eines Paares, das bei mir eine Therapie machte. David und Sarah schienen unentwirrbar in den Machtkampf verstrickt zu sein, als sie zum ersten Mal zu mir kamen. Sie waren seit zwölf Jahren verheiratet und hatten drei Kinder. Sarah hatte eine

Teilzeitarbeit in einem Kunstmuseum, widmete sich aber in erster Linie dem Heim und der Familie. Lautstark brachte sie ihre Klagen über David vor: Er sei kaum zu Hause, er kümmere sich fast ausschließlich um seine Arbeit, er kommuniziere nicht, er sei selbstbezogen. David hatte vor kurzem einen Posten im Management einer mittelgroßen Firma aufgegeben und seine eigene Firma gegründet, die fast sofort erfolgreich war. Er schien überwältigt von Sarahs Klagen und Emotionen. Er verstand sie nicht. Seine Arbeit würde ihn sehr fordern, sagte er. Deshalb könne er gut für Sarah und die Kinder sorgen. Er sei darauf bedacht, seine Geschäftsprobleme nicht mit nach Hause zu bringen. Zu Hause wollte er sich nur entspannen. Sarah aber »zerrte« immer an ihm herum. Sie war, wie er zugab, zärtlich und liebevoll. Allerdings ließ ihr Interesse an Sex sehr zu wünschen übrig. Frustrierend für ihn.

Es dauerte nicht lange, bis wir die Eigenschaften erkannt hatten, die David und Sarah zu Imago-Partnern füreinander machten. Davids Mutter war eine gefühlsbetonte und nachgiebige Frau, eine liebevolle, aber auch sehr erstickende Mutter. David war ihr jüngstes Kind und der einzige Sohn. Bisweilen fühlte er sich von ihrer Aufmerksamkeit geradezu erdrückt. Sein Vater war oft arbeitslos. Er war amüsant. Es machte meist Spaß, mit ihm zusammenzusein. Doch hatte er ein launisches Temperament. In den langen Zeiten von Arbeitslosigkeit ließ er seine Wut an seiner Familie aus, kritisierte besonders die Kinder hart. David erinnert sich, daß er die Ausbrüche seines Vaters in seiner Teenagerzeit als sehr peinlich empfand. »Ich schwor, ich würde nie wie er«, sagte er mir. Trotz der Probleme seines Vaters schienen Davids Eltern jedoch überwiegend glücklich miteinander zu sein. Seine Mutter ertrug die Ausfälle des Vaters, und sie waren offen zärtlich zueinander.

Sarahs Eltern ließen sich scheiden, als sie noch ziemlich klein war. Ihr Vater, ein erfolgreicher Kaufmann, war sogar schon vor der Scheidung viel unterwegs. Sarah erinnert sich an ihn als klug und lustig. Seine Aufmerksamkeit zu erringen war aber nicht leicht. Sie hatte ihn als Heranwachsende und als junge Erwachsene selten gesehen. In dem Jahr unserer ersten Sitzung war er an einem Herzanfall gestorben. Sarah stand ihrer Mutter sehr nah, die sie und ihre beiden jüngeren Schwestern allein großgezogen hatte. Sarah beschrieb sie als aufopfernd und liebevoll. Ihre Mutter war ungeheuer wütend und kritisch gegenüber Sarahs Vater, wegen seiner vielen Arbeit, weil er sie verließ und sich wieder verheiratete. Sarahs Mutter hatte nach der Scheidung nie wieder einen Freund, heiratete auch nicht wieder. Alle Frauen, mit denen Sarahs Vater vor seiner Wiederverheiratung zusammen war, lehnte sie heftig ab.

Als Sarah und David sich begegneten, war ihnen keineswegs klar, wie sehr sie in vieler Hinsicht den jeweiligen Bezugspersonen des anderen ähnelten. Sarah ist liebevoll und zärtlich und emotional wie Davids Mutter. Gleichzeitig ist sie spielerisch, aber auch offen wütend und kritisch wie Davids Vater. David ist klug und lustig und erfolgreich wie Sarahs Vater und ähnlich unerreichbar. Wie Sarahs Mutter ist er loyal und sorgt für sie, aber etwas rigide. Ich befand, daß Davids und Sarahs primäre seelische Verletzungen in der Entdeckerphase auftraten, aber auf komplementäre Weise: Sarah ist ein Verfolger und ein Maximierer, David ist ein Vermeider und ein Minimierer. Bis sie zu mir kamen, fanden sie, sie seien wie Feuer und Wasser, tatsächlich aber waren sie eine fast perfekte Verbindung.

David und Sarah waren sich begegnet, als sie anstanden, um sich am College für das Wintersemester einzuschreiben. Sie studierte Kunst und er Wirtschaftswissenschaften. Sie fanden heraus, daß sie sich beide für Geologie einschrieben, um das geforderte naturwissenschaftliche Fach zu belegen. Sie begannen, zu Arbeitstreffen zusammenzukommen, und waren beide überrascht, wie gut sie sich auf Anhieb verstanden. »Wir bezeichneten uns selbst als die Mondeinheit«, vertraute mir David an, »denn wir zogen uns oft in unsere eigene kleine Welt zurück, fühlten uns beieinander geborgen und waren uns selbst genug. Wir empfanden manchmal Mitleid für unsere Freunde, die nicht so eine Liebesbeziehung gefunden hatten.«

David fühlte sich zu Sarah hingezogen, weil sie lebhaft und ausdrucksstark war. Es machte Spaß, mit ihr zusammenzusein. Er bewunderte die Tatsache, daß sie so stark mit ihrer Mutter und ihren Schwestern verbunden war und freiwillig mit unterprivilegierten Kindern arbeitete. Er konnte sich nicht erinnern, in den ersten Jahren ihrer Beziehung irgendwelche Anzeichen von Wut oder Kritik bei ihr entdeckt zu haben. Er glaubt, Sarah habe sich seit der Geburt der Kinder »verändert«. Als ich ihnen begegnete, hatte sie außerdem das Interesse an der Sexualität verloren.

Sarah erinnert sich, daß David im College ruhig war, aber unbeschwert und lustig. Sie bewunderte seinen Intellekt und wie hart er arbeitete, um sein Studium zu finanzieren. Er war sehr aufmerksam zu ihr, während er um sie warb, besonders körperlich, und wie sie es beschreibt: »Ich konnte mit ihm ich selbst sein. Ich fühlte mich sicher. «

David und Sarah heirateten kurz nach dem Examen. Sarah arbeitete ein paar Jahre als Kunstlehrerin, während David sein Studium weiterführte. Die ersten paar Jahre ihrer Ehe waren relativ glücklich. Wie die meisten Paare ignorierten sie oder rationalisierten sie jedes Warnzeichen fort, daß sich nicht alles wie erhofft gestaltete. David maß Sarahs emotionalen Ausbrüchen keine Bedeutung bei, wenn er sich mehr mit seinem Studium oder seinen Freunden als mit ihr beschäftigte. Er akzeptierte ihre Entschuldigungen, warum sie nicht oder später mit ihm schlafen wollte. Sarah redete sich ein, David würde nach dem Examen weniger von seiner Arbeit in Anspruch genommen sein. Sie hoffte auf deutlichere Zuneigung, wenn der Druck erst einmal vorbei wäre.

Zur Krise kam es aber erst nach Davids Examen und der Geburt ihres ersten Kindes. Als David sich auf die gleiche Weise wie in das Studium in seinen Beruf stürzte, fühlte Sarah sich verlassen. Ihre Wut war kaum noch zu übersehen. »Du bist nie zu Hause«, beklagte sie sich. »Alles, worum du dich kümmerst, ist deine Arbeit. Du bist so selbstbezogen, daß du nie an mich denkst - außer wenn du mit mir schlafen willst.« David hörte zweifellos das Echo des Zorns seines Vaters und zog sich folglich sogar noch mehr in seine Arbeit und seine Wochenend-Hobbys zurück. »Sarah ist so kritisch«, beklagte er sich mir gegenüber. »Ich arbeite hart. Sie hat alles, was sie braucht. Ich weiß nicht, weshalb sie so wütend ist. Sie ist nie zufrieden.«

Schuldzuweisungen und Kritik sind charakteristisch für das Stadium des Machtkampfes in einer Beziehung. Was wir hier sehen, ist die Kehrseite der Medaille des Verliebtseins: Es sind die gleichen Aufgaben, aber gegenteilige Taktiken. Wir versuchen nicht mehr, um die Erfüllung unserer Bedürfnisse zu werben, wir versuchen, sie zu erzwingen. Statt dessen tritt der Konflikt ein. Die Angst, nicht das zu bekommen, was wir so verzweifelt brauchen, wird immer größer.

David, der nicht so werden wollte wie sein Vater, leugnete seine eigene Wut und projizierte sie auf Sarah und provozierte sie bei ihr. Es stimmte, Sarah zeigte ihre Wut. Trotzdem war sie nicht die wütende Person, als die David sie sah. In seiner Phobie vor Wut zog sich David nun vor Sarahs Zorn zurück, wie er sich vor der Wut seines Vaters und der erstickenden Aufmerksamkeit seiner Mutter zurückgezogen hatte.

Sarah hingegen, die ihre eigenen Karrierewünsche und ihren Ehrgeiz aufgegeben hatte, setzte jetzt Davids Erfolg herunter und untergrub ihn. Sie hatte gesehen, wie der Ehrgeiz ihres Vaters ihre Familie zerstört hatte. Von ihrer Mutter hatte sie gelernt, Ehrgeiz als Egoismus zu betrachten. Sie projizierte diese Art von selbstbezogenem Ehrgeiz auf David, der tatsächlich schwer arbeitete und ehrgeizig war, aber nicht besonders Ich-bezogen.

Während Davids Sexualität relativ unbeschädigt geblieben war, hatte er, wie viele Männer, die in seiner Generation sozialisiert wurden, seine Gefühle streng zu beherrschen gelernt. Besonders sein Vater hatte jedes Zurschaustellen von Gefühlen kritisiert. Weinte David, bezeichnete er ihn manchmal als »Memme«. In Sarahs emotionaler Natur sah David die Reflexion seines eigenen Verlorenen emotionalen Ich, das bei ihm Angst und Unbehagen auslöste. - Er zog sich weiter vor Sarahs Zugriff zurück. Davids aktive und unbeschwerte Sexualität war zwar zuerst attraktiv für Sarah, stieß aber schließlich auf ihre eigene tabuisierte Sexualität. Indem Sie Davids sexuelle »Besessenheit« kritisierte, lenkte sie die Aufmerksamkeit von ihrem eigenen inneren Konflikt ab. Sie warfen sich nun das vor, für was sie selbst kritisiert worden waren - und was sie in sich selbst verloren hatten. David fand Sarah »zu emotional« und »zu fordernd«. Für Sarah war David »nur interessiert an Geld und Sex«.

Die Entwirrung des Machtkampfes

Was geschieht als nächstes? Die meisten Ehen bleiben in einer bestimmten Phase stecken. Doch kann der Machtkampf sechs Phasen durchmachen, die den Stadien der Trauer ähnlich sind. Elisabeth Kübler-Ross hat sie in ihren bekannten Büchern über das Sterben identifiziert: Schock, Verleugnung, Wut, Verhandeln, Verzweiflung, Annahme.[1] Was wir betrauern, ist der Verlust der Illusion. Im Verliebtsein fühlten wir uns sicher. Wir glaubten, mit dem Geliebten schmerzlos und auf wunderbare Weise von den Verletzungen der Kindheit geheilt zu werden und die ursprüngliche Lebendigkeit wiederzufinden.

Zuerst kommt wie gesagt der Schock. Der Schleier der Illusion zerreißt durch die Entdeckung, daß der Partner nicht vollkommen ist. Dann das Leugnen, wenn wir versuchen, die negativen Eigenschaften des Partners zu ignorieren oder wegzurationalisieren. Dann kommt die Wut über unsere vergeblichen Bemühungen, sie in Luft aufzulösen. Die Existenz dieser Eigenschaften bedeutet für uns, daß unser Partner uns nicht geben kann, was wir brauchen. Im Unbewußten löst das Alte Gehirn Alarm aus. Nicht nur unsere schönsten Hoffnungen werden zunichte gemacht, sondern unsere ganze Existenz wird in Frage gestellt. Unsere Lebenskraft verwandelt sich in negative Energie und greift unseren Partner als Gefahrenquelle und damit als Feind an. Es kommt zu offener Aggression, heftigem Rückzug oder passiver Feindseligkeit. Kämpfen, fliehen, unterwerfen oder einfrieren: Wir bedienen uns des Anpassungsverhaltens, das nach unserer Kindheitserfahrung Erfolg verspricht.

Viele Ehen zerbrechen im Wutstadium des Machtkampfes oder bleiben dort stecken. Oft wird die Ehe durch Schachern in der Wutphase festgehalten. Jeder Partner versucht zu bekommen, was er will. Er verhandelt: Wenn du das tust, tue ich das. Wenn du früher von der Arbeit kommst, werden wir häufiger miteinander schlafen. Wenn du mich den ganzen Abend ohne Unterbrechung fernsehen läßt, werde ich die Kinder am Samstag mit in den Park nehmen. Die herkömmliche Paartherapie verlängert dieses Stadium unwissentlich. In ihr lernen Partner Verhandlungstechniken. Sie werden ermutigt, Abmachungen und Verträge auszuhandeln, ohne die darin verborgenen ungelösten Kindheitsprobleme zu erkennen oder anzusprechen. Das Resultat ist, was ich eine »Quid-pro-quo«-Ehe nenne, und in gewissem Maß funktioniert das Rezept bei vielen Paaren. Bei den meisten Paaren jedoch führt Verhandeln zu Resignation und Verzweiflung, das ist die fünfte Phase des Machtkampfes. Sie bleiben verheiratet, obwohl sie schließlich die Hoffnung aufgeben, je die Liebe zu finden, die sie brauchen. Sie richten sich ein in einer erträglichen funktionierenden Beziehung, leben nebeneinander her, gehen getrennte Wege. Sie wissen nicht, was sie sonst tun sollen. Manche Paare resignieren an diesem Punkt in ihrem Unglück. Andere bleiben freundschaftlich, herzlich und fürsorglich, trotz einer uneingestandenen Sehnsucht nach dem, was fehlt. Sie haben das letzte Stadium des Machtkampfes erreicht: Annahme. Was sie akzeptiert haben, ist eine unbefriedigende, aber erträgliche Ehe.

Viele andere Paare verlassen die Ehe im Stadium der Verzweiflung und suchen die wahre Liebe anderswo. Leider, denn sie werden sich ihrer Kindheitsverletzungen nie bewußt, und noch viel weniger können sie sie lösen. Sie werden ihre Partner los und nehmen das Problem mit sich in die nächste Beziehung. Der Kreislauf beginnt erneut.

Aus der Sackgasse herausfinden: Das Ende des Verhandelns

David und Sarah waren mehrere Jahre in einer herkömmlichen Paartherapie gewesen, bevor sie zu mir kamen. Sie hatten Verhandlungstechniken entwickelt, mit denen sie ihre Beziehung am Leben erhielten. Die meiste Zeit über funktionierte ihre Ehe auf einer erträglichen Ebene. Sie verließen sich auf eine komplizierte Struktur von Übereinkünften, durch die jeder von ihnen scheinbar bekam, was er wollte: Sarah mehr Zuwendung von David, David weniger Forderungen und mehr Sex von Sarah. Sie verharrten im Machtkampfstadium ihrer Ehe. Auf diese Jahre zurückblickend, sagte Sarah zu mir: »Wir entsprachen beide im Grunde unseren Vereinbarungen, aber es schien einfach keinen von uns glücklich zu machen. Ich dachte immerfort: ›Was ist los mit mir, ich bin kein Kind mehr, ich sollte aufhören, von Herzen und Blumen zu träumen. Wieso bin ich so wütend? Vielleicht hat David recht, vielleicht bin ich einfach ein wütender Mensch.‹« David erinnerte sich: »Wir kamen eine Weile prima miteinander aus, und dann brachte die kleinste Kleinigkeit Sarah auf die Palme. Ich kam eine halbe Stunde später als versprochen oder vergaß anzurufen, wenn ich außerhalb der Stadt zu tun hatte. Sie explodierte, als habe ich die ganze Nacht mit einer anderen Frau verbracht. Ich hatte das Gefühl, daß ich jede Woche all diese Prüfungen über mich ergehen lassen mußte, um am Wochenende mit meiner eigenen Frau schlafen zu können.«

Es war offensichtlich für mich, daß Davids und Sarahs Beziehung langsam in Verzweiflung versank. Nicht nur führten ihre Verhandlungen auf der Seite des »Gebenden« zu Groll, sie befriedigten nicht einmal den »Nehmenden«. Sie verfolgten beide wachsam, was der andere gab und nahm. Freude aber bezogen sie nur wenig oder gar keine daraus. »Er kommt nur zum Abendessen heim, weil er sich etwas davon verspricht«, behauptete Sarah. »Und dann ist er immer noch nicht zufrieden, was soll's also?« - »Unsere sexuelle Beziehung«, sagte David und zog eine Grimasse, »ist wie der Mond. Er erscheint regelmäßig auf dem Kalender, aber ohne jede Überraschung.«

Als David und Sarah an mich überwiesen wurden, ließ sich der Konflikt nicht mehr mit Hilfe dieses Spiels unter den Teppich kehren. Davids neues Geschäft forderte einen großen Teil seiner Zeit und Energie, und er wurde immer ungeduldiger mit Sarahs Forderungen. Ihr jüngstes Kind war in die Schule gekommen, und Sarah hatte die Gelegenheit, ihren Teilzeitjob im Kunstmuseum auszudehnen auf eine volle Stelle. Sie stellte jedoch fest, daß sie sich seltsam gelähmt fühlte. Davids Unerreichbarkeit machte es ihr unmöglich, ihrem Job mehr Zeit und Energie zu widmen. Sie fürchtete auch, die Kinder würden leiden, wenn sie den ganzen Tag arbeitete. David zufolge neigte sie seit dem Tod ihres Vaters immer mehr zu emotionalen Ausbrüchen und wütenden Angriffen auf ihn. »Es macht nicht viel Spaß, zu ihr nach Hause zu kommen«, gab er zu.

Verhandeln hatte den Machtkampf in David und Sarahs Beziehung nur verlängert, nicht aber gelöst. Sie waren immer noch frustriert und wütend und unbefriedigt mit ihrer Ehe, nicht weil sie keine Vereinbarungen treffen und halten konnten, sondern weil das Unbewußte davon auf einzigartige Weise unbeeindruckt bleibt. Wie Kleinkinder braucht es *bedingungslose* Liebe und wird nur damit zufrieden sein. David und Sarah waren überrascht, als ich ihnen erzählte, daß wir an dem arbeiten würden, was wirklich in ihrer Ehe los ist. Und an den Fähigkeiten, die sie brauchen, um einander zu heilen.

Bewußt werden: Der Wendepunkt

Die meisten Partner bleiben in ihrer Ehe unbewußt. Sie entwickeln sich nie über den Machtkampf hinaus. Sie gehen durch die Stadien von Schock, Verleugnung, Wut, Verhandeln und Verzweiflung wie Roboter, ohne ihre ungelösten Kindheitsprobleme auch nur zu sehen. Schließlich enden sie in einer Scheidung oder der Annahme einer unbefriedigenden Beziehung. Aber Verzweiflung kann ein Wendepunkt für Paare sein, so wie für David und Sarah. Es kann dazu führen, daß die Beziehung einen neuen Rahmen erhält, so daß die ungelösten Probleme beider Partner abgeschlossen werden können.

Um das Stadium wahrer Liebe zu erreichen, müssen die unbewußten Antriebe zu einer bewußten Absicht werden. Wir müssen unser »Neues« Gehirn - unsere kognitiven Fähigkeiten - aufbieten. Es muß mit unserem Alten Gehirn zusammenarbeiten, das die seelischen Verletzungen heilen und Ganzheit herstellen will. Das ist der Grund, warum ich Alleinstehende dazu dränge, sich mit ihrer Imago vertraut zu machen. Wenn Sie beginnen, sich das Verlorene und Verleugnete Ich wieder anzueignen, machen Sie Ihr Reisegepäck in die Beziehung leichter. Sie verändern die Imago und können eine gesündere Partnerwahl treffen. In dem unvermeidlichen Machtkampfstadium Ihrer zukünftigen Beziehungen werden sich Ihre Fähigkeiten und Ihr Bewußtsein als unschätzbar erweisen.

David und Sarah hatten nicht die Möglichkeit, *vor* der Ehe das Bewußtsein und die Fähigkeiten dazu zu erwerben. Sie verschanzten sich schließlich in ihrem Machtkampf. Selbst ihre scheinbar *bewußten* Bemühungen, ihre Ehe zu »verbessern«, waren *ohne Bewußtsein:* Ihre Verhandlungen bezogen sich auf die Symptome ihrer Konflikte, ohne die darunterliegenden Ursachen zu verstehen oder anzusprechen. Sie hatten eine Menge Arbeit vor sich, um ihr unbewußtes Verhältnis in ein bewußtes umzuwandeln. Und zuerst mußten sie sich selbst verändern.

Es ist schwierig zu begreifen, daß man, *um geliebt zu werden, zuerst ein Liebender werden muß.* Das ist eine der Wahrheiten, die die meisten Paare lernen müssen. Sie müssen bereit sein, zu wachsen und sich zu verändern, und sich zuerst und vor allem dazu verpflichten, Ihren Partner zu heilen. Der richtige Partner zu sein ist wichtiger für eine gute Beziehung, als den richtigen Partner zu *finden.*

Das ist leichter gesagt als getan. So sehr Menschen das denken oder sagen, so deutlich haben sie in Wirklichkeit Widerstand gegen Veränderung, der in dem häufig zu hörenden Spruch gipfelt: »Menschen verändern sich nicht, man muß sie so akzeptieren, wie sie sind.« Diese Binsenweisheit ist so trivial, daß die meisten Menschen sie nicht einmal in Frage stellen. Aber sie ist falsch, auch wenn sie Sicherheit und Trost verspricht und die Angst abwehrt, die von Veränderung ausgelöst wird.

Die schwierige Wahrheit lautet: *Wir müssen uns verändern, wenn wir eine heilende Ehe führen wollen, um der Mensch zu werden, den unser Partner zu seiner Heilung braucht.* Der Mensch, den Ihr Partner brauchen wird, um die Kindheit abzuschließen, ist etwas anders als seine oder ihre Eltern. Mit anderen Worten, Sie müssen dem inneren Kind Ihres Partners der Vater oder die Mutter werden, die er nie hatte. Das erfordert, den Anteil von sich zu verändern, der den negativen Eigenschaften der Eltern Ihres Partners ähnlich ist.

Dies scheint eine schier unlösbare Aufgabe zu sein. Nicht einfach Eigensinn lähmt Ehen, obwohl es oft so aussieht. Es ist Angst. Wir fürchten uns vor der Befriedigung unserer lange geleugneten oder verachteten Bedürfnisse. Uns die geleugneten »bösen«, nicht liebenswerten Eigenschaften aneignen? Wir widerstehen der Veränderung. Wir wollen uns nicht mit unserem eigenen internalisierten Selbsthaß konfrontieren. Nicht wir wollen verantwortlich dafür sein, daß wir uns nicht liebenswert fühlen. Veränderung fühlt sich *gefährlich* an. Bei unserem Verlorenen und Verleugneten Ich handelt es sich um Überlebensmechanismen, die Angst, wir müßten sterben, wenn wir das Nicht-Annehmbare zurückfordern. Und zusätzlich werden wir behindert, weil uns die Fähigkeiten fehlen, Beziehung und Nähe herzustellen und zu erhalten.

Die Veränderungen, die von uns gefordert werden, um zu heilenden Partnern für unsere Liebsten zu werden, sind oft die schwierigsten für uns. Wenn Sie an die vier Funktionen des Sozialisationszyklus denken (Abb. B, Seite 153), werden Sie sich erinnern, daß der Partner unvermeidlich das von uns erwarten wird, was in uns unterdrückt ist. David wollte von Sarah mehr Sexualität, sie mehr emotionale Zuwendung von ihm. Das Paradoxe ist: Haben wir den Wunsch, unserem Partner das zu geben, was er oder sie zur Heilung braucht, müssen wir uns auf unsere unterdrückten Anteile beziehen. Gelingt es uns, über die Grenzen unseres gewohnten Verhaltens hinauszugehen, heilen wir nicht nur den anderen, sondern auch uns selbst. Wir reaktivieren unseren eigenen Entwicklungsprozeß, der zur Ganzheit drängt. Das Wunderbare daran ist, daß wir feststellen, daß wir die gleichen Bedürfnisse haben wie unser Partner, denn wir wurden ähnlich verletzt. Das, was wir dem Partner geben, ist gleichzeitig ein Geschenk an das eigene Alte Gehirn. Um Sarah zu geben, was sie brauchte, mußte David wieder mit seinen Emotionen in Berührung kommen und seine verleugnete Wut zugeben. Sarah mußte ihre unterdrückte Sexualität wiederfinden und sich ihren Ehrgeiz wieder aneignen. Es ist eine wunderschöne Symmetrie in diesem wechselseitigen Heilen.

Bewußtheit kann schmerzhaft sein. Es bedeutet, etwas Nicht-Gewolltes bewußt wahrzunehmen. Sie geben ein automatisiertes Ich auf und verhalten sich Ihrem Empfinden nach unnatürlich. Aber um ganz zu werden, müssen wir uns das Fehlende Ich ins Bewußtsein holen. Wir müssen die falsche Fassade loswerden, die wir der Welt präsentieren. Uns selbst und unserem Partner müssen wir die unangenehmen Details unseres Verleugneten Ichs eingestehen.

Unsere Partner sind Spiegel. In ihnen sehen wir jene Seiten unserer selbst reflektiert, die wir abgespalten haben. Diese Eigenschaften kommen in den Vorwürfen des Partners zum Vorschein: wie wir ihn behandeln, was wir ihm vorenthalten, und in dem, was er von uns will, von dem wir behaupten, daß es nicht existiere. Die Bedürfnisse unserer Partner rufen unser Verlorenes Ich wieder ins Leben zurück. Ihr Schmerz fordert uns heraus, die eingefrorenen Anteile unserer Charakteranpassungen aufzutauen. So entdecken wir unser ursprüngliches Ich wieder, das Ich, das wir vor unserer Anpassung an das waren, was unsere Eltern für gut befanden.

In einer unbewußten Beziehung projizieren wir unser Verleugnetes Ich auf unsere Partner. Sie besitzen die unerwünschten Eigenschaften ja in gewissem Ausmaß. Dann provozieren und kritisieren wir es an ihnen. Wir leugnen Vorwürfe, wütend oder faul, geizig oder ehrgeizig zu sein. In Davids und Sarahs Fall galt *er* als der Ehrgeizige, *sie* als die Wütende. »Auch David ist zornig. Er verschwindet einfach und bestraft mich mit seinem Schweigen«, behauptete Sarah, während David das rundweg abstritt. »Sarah hat etwas gegen meinen Erfolg«, sagte David. »Sie wäre gern inzwischen Kurator des Kunstmuseums, anstatt Teilzeitassistentin in der Verwaltung.« - »Das ist doch lächerlich!« war Sarahs Reaktion.

Verändern sich unsere Partner jedoch, wird es immer schwieriger, unsere Projektionen aufrechtzuerhalten. Es gibt keine Realität, an der wir sie festmachen können. Wenn unsere Partner unser Verleugnetes Ich nicht mehr vollständig übernehmen, sind wir gezwungen, es uns selbst wieder anzueignen. Das bereitet uns großes Unbehagen. »Jetzt, wo David mehr zu Hause ist, bin ich nicht annähernd so wütend auf ihn, daß er so in seiner Arbeit aufgeht«, sagte mir Sarah, nachdem sie in ein größeres Haus umgezogen waren. David konnte nun sein Geschäft von seinem Büro zu Hause leiten. »Aber *er* ist öfter wütend! Wenn ich spät aus dem Museum komme, läßt er mich seinen Unwillen spüren.« Sarah schien darüber mehr amüsiert zu sein. David gab das als wahr zu. »Der Gedanke erbittert mich, daß ich mich wie mein Vater verhalte«, sagte er schüchtern. Als Sarahs Ärger abnahm, wurde es für David schwieriger, seine Wut auf Sarah zu projizieren. Außerdem machte Sarah sich eine wesentliche Fähigkeit zunutze, an der wir zusammen arbeiteten (und die ich ihnen in Übung 15I, Seite 294 beibringen will). Sie lernte, Davids Projektionen »festzuhalten«. Wenn David ihr zum Beispiel vorwarf, wütend zu sein, versuchte sie nun, ihm zuzuhören, ohne wegen seiner unbegründeten Vorwürfe wütend zu werden. Sie *spiegelte*, was er sagte, *billigte* seinen Standpunkt und zeigte *Mitgefühl* mit seinen Gefühlen. Anstatt wie üblich mit Ärger oder Sarkasmus zu reagieren, lernte sie etwa zu sagen: »Du hast das Gefühl, daß ich jetzt wütend bin und deshalb deine saubere Wäsche nicht abhole. Ich sehe ein, daß du das denken kannst, angesichts meines Verhaltens in der Vergangenheit. Es macht Sinn, und ich erkenne, wie sehr du dich deshalb aufregst. Es muß ein schreckliches Gefühl sein, zu glauben, daß du mit einer wütenden, rachsüchtigen Person lebst.«

Diese Art von Reaktion ist das Gegenteil der Reaktion des wütenden Vaters. Im Lauf der Zeit hatte David keine Leinwand mehr für seine Projektion. Es dauerte eine Weile, bis er erkannte, daß er Sarah benutzte, um seine Wut zu spiegeln, und daß Ärger nicht immer »böse« ist. Als er sich seine Wut jedoch erst einmal *eingestanden* hatte, konnte er seine Pose unerschütterlicher Ruhe fallenlassen. Es war ihm möglich, angemessen und in nicht zerstörerischer Art wütend zu sein.

Der Prozeß, in dem man das Verlorene Ich wiederfindet und sich aneignet und das Verleugnete Ich in das eigene Selbstbild aufnimmt, kann verwirrend und manchmal beängstigend sein. Tatsächlich löst es Angst aus. Plötzlich steht man bloßgelegt, ohne die üblichen Verteidigungsstrategien in den Augen der Person da, auf die man zählt, um zu überleben und glücklich zu sein. Selbst Klienten, die um die Heilsamkeit der Veränderungen wissen, versuchen den Status quo aufrechtzuerhalten und dehnen den Prozeß oft überraschend in die Länge. Die alten Konflikte sind unangenehm, aber auf beruhigende Weise vertraut - sie sind das, was wir als Liebe erkennen.

Als Sarahs Wut sich weitgehend aufgelöst hatte, vermißte David ihre Ausbrüche geradezu. »Ich begann, dann und wann bis zum Abendessen durchzuarbeiten, nur um sie auf die Palme zu bringen«, gab er zu. »Es machte mich nervös, daß sie sich nicht beklagte. Ich hatte fast das Gefühl, daß sie mich nicht mehr so sehr liebte wie damals. Nicht nur das. Ein Teil von mir fürchtete, sie könnte ›gesund‹ werden, während ich immer noch an meinen alten Mustern klebte. Ich wollte sie auf meinem Niveau halten, um nicht wachsen zu müssen.«

Aber dieser Trick funktionierte nicht. Sarah hatte ihren geleugneten Ehrgeiz zurückerobert und integriert. Sie verbrachte öfter zusätzliche Stunden im Kunstmuseum. Sie hatte nun mehr Sympathie für die Anforderungen von Davids Arbeit. Sie dachte nicht länger zwangsläufig, er würde sich ihr absichtlich entziehen, wenn er gelegentlich bis zum Abendessen arbeiten mußte. Als David erst einmal erkannt hatte, daß er versuchte, den alten Konflikt zu provozieren, weil es ihm Unbehagen bereitete, sich zu verändern, konnte er ihn loslassen.

Die Verpflichtung zu heilen

Die Reise von David und Sarah war weder kurz noch immer leicht und angenehm. Es gab viel Unbehagen, Schmerz und fast ebenso viele Rückschläge wie Triumphe.

Es ist schwierig, eine unbewußte Beziehung zu verwandeln, wenn sie erst einmal das Stadium der Verzweiflung erreicht hat. Daher sollte Bewußtheit geschaffen werden, bevor Verzweiflung und Unglück die notwendige Energie erschöpfen. Das ist der Grund, warum Alleinstehende, die dieses Buch *vor* der Ehe lesen und daraus lernen können, diese schwere Aufgabe einfacher meistern werden. Vermeiden aber läßt sie sich nicht: Eine erfolgreiche Ehe bedeutet Arbeit, und zwar jede Menge. Die Vorstellung, eine gute Ehe sei etwas »Natürliches« oder Einfaches, ist reine Phantasie. Für David und Sarah begann die Reise mit drei Abmachungen, sie waren die Voraussetzungen für den Prozeß der Verwandlung ihrer unbewußten Beziehung in eine bewußte. Sie erklärten sich bereit:

1. *Schuldzuweisungen und Kritik auszuschalten*, die ihre Beziehung so durchsetzte. In einem Wort: STOP. Die Kritik an unserem Partner zeigt in Wirklichkeit weitgehend unsere eigenen Bedürfnisse. Sie ist die erwachsene Version von Weinen des Kindes. Als Erwachsene übersetzen wir unser gellendes, mitleidheischendes, forderndes Schreien in Sprache. In einem fehlgeleiteten Bemühen, den Partner zur Befriedigung unserer Bedürfnisse zu bringen, bürden wir ihm den Schmerz auf. Dahinter steht ein Wunsch oder eine Sehnsucht. In einer unbewußten Beziehung erwarten wir von unseren Partnern, daß sie, wie unsere Eltern in der Kindheit, unsere Bedürfnisse intuitiv erfassen. Geschieht das nicht, machen wir ihnen Vorwürfe. In bewußten Beziehungen erkennen die Partner selbst, welche Bedürfnisse in ihrer Kritik verborgen sind. Sie äußern sie ihren Partnern gegenüber als Wünsche, gefolgt von einer Bitte um Erfüllung. (Übung 15J auf Seite 296 wird Ihnen zeigen, wie man das tut.)

2. *Lassen Sie sich auf die Beziehung und den Prozeß ein.* Das bedeutet, geben Sie »Hintertürchen« auf, die kleinen Fluchtwege, die Partner benutzen, um einander und ihren Konflikten aus dem Weg zu gehen. Für David bedeutete das: weniger Zeit für die Arbeit, weniger Verpflichtungen, weniger Fernsehen und weniger Zeit am Wochenende in seiner Kellerwerkstatt. Für Sarah bedeutete das: keine Drohungen mehr, ihn zu verlassen, weniger Zeit für Telefongespräche mit ihren Freunden und die Kinder früher zu Bett bringen. Für alle Paare muß, zum allermindesten, die Tür verschlossen sein für Trennung, Scheidung und Affären. Auch die Abhängigkeit von den verschiedenen Suchtmitteln ist ein Ausweg. Suchtabhängigkeit aber wirkt sich hochgradig zerstörerisch aus und ist schwierig zu durchbrechen.

3. *Lernen Sie neue Fähigkeiten, und verändern Sie negatives, unproduktives Verhalten.* (Siehe Kapitel 15.)

An den Phasen einer Beziehung zeigt sich, daß wir zuerst unsere Partner idealisieren, sie dann kritisieren und Unterschiede zu Gegensätzen machen, dann integrieren wir das Positive und das Negative an uns selbst. Unsere Beziehung wird eine Paarbeziehung, die einmalig ist. Wir entwickeln das Zutrauen, den Prozeß, verheiratet zu sein, bewältigen zu können, und zeigen unsere neugefundenen fürsorglichen Fähigkeiten auch anderen gegenüber. Das Resultat ist eine verwandelte Beziehung, die bewußt das seelische und spirituelle Wachstum beider Partner fördert und der Welt im großen etwas gibt. Im Verlauf dieser Verhandlung schaffen und bringen wir wirkliche Liebe zum Ausdruck.

Wirkliche Liebe könnte auch »Liebe in Wirklichkeit« genannt werden. Sie beruht nicht auf der Illusion des Verliebtseins und der Phantasie, daß unser Partner uns jeden Wunsch und jede Sehnsucht intuitiv von den Augen ablesen wird. Im Unterschied zum Verliebtsein, das von Kindheitsbedürfnissen geschaffen wird, die in romantischen Sehnsüchten verborgen sind, basiert wirkliche Liebe auf Bewußtsein, Respekt und Verbindlichkeit. Eine solche Liebe erschafft nicht eine Beziehung, sie wird in der Beziehung geschaffen.

Bedingungslose Liebe, genauer, bedingungsloses Geben, ist unmodern. Zu oft folgen wir einem wirtschaftlichen Denken, in dem wir Buch führen: ob wir die Liebe von jemandem verdienen oder ob er oder sie unsere Liebe verdient. »Bedingungslos lieben«, das klingt, als solle man jemanden lieben, ganz egal was er oder sie tut, selbst wenn er oder sie uns vernachlässigt oder mißbraucht. »Dem kann ich nicht zustimmen«, denken wir. Aber den Partner bedingungslos zu lieben bedeutet einfach, sich zu verpflichten, ihm zu geben, was er braucht, ohne um Gegenleistung zu bitten, ohne eine Rechnung für unsere Dienste auszustellen. Anstatt: »Ich komme früher nach Hause, wenn du häufiger mit mir schläfst«, sagen wir: »Ich komme früher nach Hause, weil du das Bedürfnis hast, daß ich mehr Zeit mit dir verbringe.«

Wie bereits vorher erörtert, ist unser Unbewußtes nicht zufrieden mit einer Beziehung, die nach dem Motto funktioniert: »Wie du mir, so ich dir«. Unser Altes Gehirn will reine Liebe, ohne Bedingungen, ähnlich der, die ein Neugeborenes von seinen Bezugspersonen erhält. Es will diese Liebe nur von unseren unvollkommenen ursprünglichen Bezugspersonen oder einer brauchbaren Kopie. Nur was wir wirklich schenken, wird sich heilsam auswirken. Als David zum Essen heimkam, weil Sarah es forderte oder weil sie ihm mehr Sex dafür versprach, empfand sie es nicht als »liebevoll«. Aber als er selbst entschieden hatte, sein Büro nach Hause zu verlegen und jeden Abend mit der Familie zu essen, hatte sie das Gefühl, daß er für sie sorgte, sich um sie kümmerte. Ihre Wut löste sich auf, und der Machtkampf ließ nach.

»Das Komische ist«, sagte mir David etwa sechs Monate, nachdem sie umgezogen waren, »ich bin gern zu Hause zum Abendessen. An manchen Tagen, wenn ich wirklich viel zu tun habe, bietet Sarah mir an, mir etwas zu essen an den Schreibtisch zu bringen. Aber ich fühle mich ausgestoßen, wenn ich da draußen esse! Selbst mit den Kindern abzuwaschen ist ein Ritual geworden, das wir alle lieben und hassen!« Indem er Sarahs Bedürfnissen entgegengekommen ist, hat David einen verlorenen Anteil seines Ichs wiedererweckt, sein eigenes Bedürfnis nach Nähe und dem Geben von Fürsorge. Es ist kaum überraschend, daß auch das Sexleben von David und Sarah sich entscheidend verbessert hat. David verstand, daß Sarahs Unbehagen mit ihrer Sexualität Teil ihrer Kindheitsverletzung war. Und Sarah begriff Sexualität als etwas, womit sie ihre Liebe für David zum Ausdruck bringen konnte. Mit Davids spielerischer Ermutigung eignete sich Sarah ihr Sexuelles Ich wieder an. Sie versuchte, für die Bedürfnisse Davids zu sorgen.

Paare, die wie David und Sarah im Machtkampf steckengeblieben sind und zum Verhandeln Zuflucht genommen haben, müssen ihre Beziehung bewußt wieder romantisieren. Dazu ist notwendig, die Bedürfnisse des anderen zu erkennen und sich auf fürsorgliche Verhaltensweisen einzulassen. Das fängt leicht an: Er kann seine Partnerin massieren oder ihr eine Tasse Tee bringen oder jeden Tag anrufen, wenn er geschäftlich unterwegs ist. Sie kann darauf achten, dem Geliebten zu sagen, was sie an ihm liebt, oder sein Lieblingskleid tragen.

Aber das Maß der Schwierigkeiten und das Unbehagen wird immer größer, denn Ihr Partner braucht das am meisten, was für Sie am schwierigsten zu geben ist. Um Ihrem Partner zu helfen, müssen Sie oft über sich selbst hinausgehen. Sie müssen Verhaltensweisen annehmen, die Ihnen zuerst schwierig und unangenehm vorkommen. (Männer müssen zum Beispiel oft über sich hinausgehen, um Fürsorge zu geben, und Frauen, sie anzunehmen.) Dabei ist es manchmal notwendig, sich um entscheidende Veränderungen zu bemühen. Sarah muß auch manchmal von sich aus mit David schlafen wollen. Diese Verhaltensänderungen aber müssen wirklich auf die Bedürfnisse des *anderen* eingehen und *bedingungslos* sein.

David und Sarah mußten sich erst einmal der zugrundeliegenden Themen und Zwecke ihrer Beziehung bewußt werden. Dann konnten sie die notwendigen Fähigkeiten und Veränderungen entwickeln, um ihre Ehe aus dem Machtkampf herauszuführen. Im Lauf der Zeit konnten sie sich gegenseitig eine Reihe neuer Erfahrungen ermöglichen, die dem System von Überzeugungen aus der Kindheit widersprachen. Schließlich begriffen ihre dickköpfigen Alten Gehirne, worum es ging. Sie konnten ihre unbewußte Beziehung in eine bewußte verwandeln und damit in einen heilsamen Prozeß.

Die Früchte der harten Arbeit von David und Sarah an ihrer Ehe waren für mich deutlich sichtbar, als sie die Therapie beendeten. Nicht nur hatten sie an ihren eigenen Verletzungen gearbeitet, sie waren sich auch eines höheren Zwecks ihrer Verbindung bewußt. Sie gaben ihre Ichbezogenheit weitgehend auf zugunsten der wirklichen Fürsorge um das Wohlergehen des anderen. Als sie eine Organisation gründeten, um benachteiligten Heranwachsenden zu helfen, Sommerjobs zu finden, wußte ich, daß sie ihre Fühler hinausstreckten in die Welt. Ihre Liebe würde über die Türen ihres Heims hinaus eine Wirkung haben. In ihrer harterkämpften Ganzheit und Sicherheit hatten sie Energie und Liebe übrig für die größere Gemeinschaft.

Die Eigenschaften einer bewußten Beziehung

Wie sieht eine Beziehung aus, die auf wirklicher Liebe beruht - eine *bewußte* Beziehung? Wir haben bereits eine unbewußte Beziehung betrachtet. Die meisten von Ihnen haben sicher Erfahrungen damit. In einer unbewußten Beziehung sind sich die Partner der Bedürfnisse und Antriebe, die ihren Konflikten Nahrung geben, nicht bewußt. Eine bewußte Beziehung unterscheidet sich von einer unbewußten in unzähligen wichtigen Einzelheiten. Ihre entscheidenden Merkmale aber sind:

1. Die Partner in einer bewußten Beziehung erkennen, daß der Zweck ihrer Beziehung darin besteht, ihre Kindheitsverletzungen zu heilen. Sie verpflichten sich, die Antriebe und Direktiven ihres Unbewußten zu erkennen und ihre Beziehung so zu gestalten, daß sie mit diesen Antrieben zusammenarbeitet. Sie erkennen, daß die Bedürfnisse des Partners sie dazu bringen, selbst zu wachsen. Sie wissen, daß dieser Weg mühsame Arbeit bedeutet. Aber sie lassen sich verbindlich auf diesen Prozeß ein. *Das grundlegende Prinzip einer bewußten Beziehung ist Absichtlichkeit.*

2. Die Partner in einer bewußten Beziehung arbeiten miteinander an den seelischen Verletzungen aus der Kindheit. Sie erkennen die Bedürfnisse und Wünsche ihrer Partner und verpflichten sich, diese zu erfüllen. Sie beziehen Anregungen aus der Phase der Verliebtheit und bieten ihrem Partner bedingungslose Liebe. Sie fordern keine Gegenleistung. *In einer bewußten Beziehung geben die Partner bedingungslos.*

3. In einer bewußten Beziehung akzeptieren die Partner die absolute Getrenntheit des anderen. Sie erkennen seine einzigartige Art, die Wirklichkeit wahrzunehmen, wie die Unantastbarkeit der inneren Welt des anderen. Sie betrachten sich gegenseitig als gleichberechtigt. Sie erforschen und spiegeln die Welt des anderen, nehmen seine Erfahrung an und fühlen sich in seine Gefühle ein. *In einer bewußten Beziehung sind die Partner getrennt, aber gleich. Dialog ist der Kern der Kommunikation.*

4. Die Partner in einer bewußten Beziehung reservieren alle Energie für sie. Wenn sie sich unbehaglich fühlen oder wenn ihre Bedürfnisse nicht erfüllt werden, wenden sie sich mit ihren Sorgen an ihren Partner. Sie ziehen sich nicht von der Beziehung zurück und befriedigen ihre Bedürfnisse nicht außerhalb der Beziehung. Anstatt sie auszuagieren, verwandeln sie ihre Gefühle in konstruktive Kommunika-

tion. *In einer bewußten Beziehung gibt es keine Hintertürchen.*

5. Die Partner in einer bewußten Beziehung teilen einander ihre Bedürfnisse und Wünsche in konstruktiver Weise mit. Sie kritisieren nicht und schieben einander nicht die Schuld zu. Sie versuchen nicht, mit Provokation oder Zwang den Partner zur Erfüllung ihrer Bedürfnisse und Wünsche zu bringen. *In einer bewußten Beziehung gibt es keine negative Kritik.*

6. Die Partner in einer bewußten Beziehung nehmen alle Gefühle des anderen an, insbesondere Wut. Sie erkennen Wut als einen Ausdruck von Schmerz und dessen Kindheitswurzeln. Bewußte Partner bringen Wut oder Frustration nie spontan zum Ausdruck. Sie wissen, daß es zerstörerisch ist, negative Gefühle einfach »abzuladen«. Sie lernen konstruktive Wege, mit Wut und anderen negativen Emotionen umzugehen, urteilen nicht und helfen ihren Partnern, das ebenso zu tun. Wut in einer beherrschten Weise zum Ausdruck zu bringen, führt zu ihrer Verwandlung in Leidenschaft und tiefere Verbindung. *In einer bewußten Beziehung wird Wut nur auf Verabredung zum Ausdruck gebracht.*

7. Die Partner in einer bewußten Beziehung lernen, sich ihre eigenen negativen Verhaltensweisen anzueignen (ihr Verleugnetes Ich), anstatt sie auf ihre Partner zu projizieren und sie so beim anderen zu provozieren. Sie akzeptieren die Verantwortung für jene Anteile ihres jeweiligen Ichs, auf die sie nicht stolz sind, und lernen, mit ihnen umzugehen und sie zu integrieren. *In einer bewußten Beziehung sind beide Partner verantwortlich für alle Aspekte ihres Ichs und tragen die Verantwortung dafür selbst.*

8. Die Partner in einer bewußten Beziehung entwickeln ihre eigenen verlorenen Stärken und Fähigkeiten. Sie verlassen sich nicht darauf, daß ihr Partner das ersetzt, was ihnen selbst fehlt oder verlorengegangen ist. Sie sind deshalb vollständiger, und sie fördern die Ganzheit bei ihren Partnern. *In einer bewußten Beziehung fordert jeder Partner den anderen, ganz zu werden.*

9. Die Partner in einer bewußten Beziehung entwickeln ihre eigene gegengeschlechtliche Energie und ermutigen die Entwicklung der gegengeschlechtlichen Energie bei ihrem Partner. Sie verhalten sich nicht nach den Geschlechtsstereotypen und erwarten nicht, daß ihre Partner sich danach verhalten. Sie teilen die Verantwortung ebenso wie die Hausarbeiten und die Fürsorge für die Kinder. Sie richten sich nach den Interessen, Fähigkeiten und Zeitplänen beider Partner anstatt nach einem Kodex gesellschaftlicher Erwartung. *In einer bewußten Beziehung strebt jeder Partner zur Androgynität.*

10. Die Partner in einer bewußten Beziehung sind ganz und ausgeglichen und in

Kontakt mit dem Empfinden, eins zu sein mit der Welt. Wie Kinder, die erfolgreich die Entwicklungsphasen gemeistert haben, verfügen sie über persönliche Macht und Kompetenz, sind fürsorglich und zu Nähe fähig. Aus diesem Grund sind sie bereit, ihre überschüssige Energie auf die Welt außerhalb ihrer Beziehung richten zu können. Sie werden altruistischer und haben ihrer Gesellschaft etwas zu geben. *In einer bewußten Partnerschaft sorgen die Partner für andere und für die Welt.*

Eine bewußte Beziehung ist eine Reise, die sich in einem ständigen Prozeß der Evolution befindet. Sie kommt nie ans Ziel. Die Ehe von David und Sarah ist jetzt eine bewußte. Das bedeutet nicht, daß sich nicht Konflikte entwickeln oder daß es ihnen immer leichtfallen wird, angemessen damit umzugehen. »Wir haben immer noch viel zu lernen«, sagt Sarah. »Aber jetzt verfügen wir über die Werkzeuge, mit denen wir arbeiten können. Unsere Verpflichtung für diese Arbeit oder füreinander stellen wir nie in Frage. Es ist ein sehr tröstliches Gefühl zu wissen, daß da diese Person ist, mit der ich Ich selbst sein kann und die immer für mich da sein wird.«

»Ganz plötzlich machte unser Heiratsgelöbnis Sinn«, fügt David hinzu. »Es sind nicht mehr einfach nur Worte.«

Leider sind die Worte »Bis daß der Tod euch scheidet« heutzutage für zu viele Paare immer noch eine hohle Formel. Sie hoffen, ihre Ehe wird für immer halten. Aber sie wissen, daß sie sich jederzeit auch scheiden lassen können. Es ist meine Hoffnung und meine Absicht, Alleinstehende zu überzeugen, daß Heiratsversprechen gehalten werden müssen. Die Gründe sind nicht moralisch. Es geht um Ihr emotionales Wohlergehen, Ihre körperliche Gesundheit und Ihre spirituelle Entwicklung. (Es ist inzwischen wohldokumentiert, daß Verheiratete länger leben und glücklicher sind.) Es ist eine revolutionäre Sicht von Ehe: Anstatt sich selbst zu finden, indem Sie aus der Ehe gehen, finden Sie sich in ihr. Die Ehe selbst ist ihrem Wesen nach Therapie, und die Bedürfnisse Ihres Partners weisen Ihnen den Weg zu seelischer und spiritueller Ganzheit.

Teil V

Der bewußte *Single*

Kapitel 14

Von der Einsicht zur Integration: Grundlegende Strategien der Veränderung

Eine flexible Mentalität bleibt das
größte Hindernis für Veränderung.
Michael Gorbatschow

In den vorangegangenen Kapiteln haben wir erörtert, welche Gelegenheit Ihr gegenwärtiges Alleinsein Ihnen bietet, ein »bewußter Single« zu werden. Außerdem wurden einige der Methoden beleuchtet, wie Sie sich die Gebiete bewußtmachen können, in denen Sie wachsen müssen. Sie haben eine lange gedankliche Reise zurückgelegt: von der Einsicht in Ihre kosmischen Ursprünge und Ihr evolutionäres Vermächtnis, das sich auf Beziehungen auswirkt, bis zu einem tiefen Verständnis der psychologischen und sozialen Faktoren, die aus Ihnen die Person gemacht haben, die Sie sind. Sie hatten Gelegenheit, Ihre Selbsterkenntnis zu vertiefen. Und Sie konnten einen Eindruck von Ihrer Imago gewinnen. Dieser vorweggenommene Blick macht klar, zu was für einer Art von Partner Sie sich hingezogen fühlen werden, um eine enge Beziehung einzugehen.

Inzwischen werden Sie sich der Wurzeln Ihrer Beziehungsprobleme wohl bewußt sein. Aber Einsicht ist wertvoll, doch kein Heilmittel. Mit bloßem Verständnis ändert sich noch nichts. Es kann Ihnen nur vermitteln, wieviel Arbeit auf Sie zukommt. Damit es zu Veränderungen kommen kann, muß Einsicht in Handeln umgesetzt werden. Was von Erfahrung geschaffen wurde, muß von Erfahrung korrigiert werden. Damit Ihre Einsichten in Ihre Persönlichkeitsstruktur aufgenommen werden können, müssen Sie sich neuen Situationen aussetzen und neue Verhaltensweisen lernen und praktizieren. Diese können durch Wiederholung frühere Verhaltensweisen und Überzeugungen verändern. In diesem Teil geht es um diesen Veränderungsprozeß. Im folgenden Kapitel werden Sie Methoden lernen, mit denen Sie unproduktives Verhalten verändern können. Aber zuerst möchte ich über einige der grundlegenden Strategien sprechen und über den Veränderungsprozeß selbst.

Beginnen Sie jetzt

Die Zeit zu handeln ist jetzt, solange sie allein sind. Jetzt können Sie üben für eine bleibende Beziehung. Die Zeit, die Sie allein zubringen, bietet Ihnen in einer relativ risikolosen Umgebung die Möglichkeit, neue Fähigkeiten und Verhaltensweisen auszuprobieren. Praktizieren Sie bestimmte Verhaltensweisen mit Freunden oder oberflächlichen Bekanntschaften. Dabei riskieren Sie nicht, jemanden wirklich

Wichtigen abzuschrecken, indem Sie das Falsche sagen oder sich entgegen den Erwartungen verhalten. Noch wichtiger aber ist, daß alles, was Sie jetzt in diese Richtung tun, die harten Kanten ihrer Imago abrunden wird. Das wird sich auch darauf auswirken, welche Person Sie attraktiv finden werden. Sie werden automatisch die Auswahl an potentiellen Partnern vergrößern.

Nun, ich möchte das nicht überschätzen, was Sie außerhalb einer engen Beziehung zu erreichen hoffen können. Sie kennen meine Überzeugung, daß es falsch ist, von »Selbsthilfe« oder »Selbstheilung« zu sprechen. Es gibt Grenzen für das, was Sie allein zustande bringen können. Damit will ich keineswegs sagen, Sie müßten erst »perfekt« sein, bevor Sie sich auf eine langfristige Beziehung einlassen. Ganz und gar nicht - eigentliches Wachstum und tiefgreifende Veränderung wird nur dort stattfinden. Denn letztlich ist eine bewußte, kontinuierliche und fürsorgliche Beziehung das einzig wahrhaft wirksame Heilmittel.

Ohne Zweifel spielen manche Probleme in all unseren Beziehungen eine Rolle: das chronische Zuspätkommen, die Verteidigungshaltung, die Gewohnheit, eine heitere Maske aufzusetzen, die Dünnhäutigkeit gegenüber Kritik. Die tiefsten Verletzungen aber werden zwangsläufig nur in der Intimität einer langdauernden Beziehung neu geöffnet. Es gibt einfach keinen Ersatz für die Art von Wachstum, die von der stündlichen, täglichen Interaktion intimer Partner ausgelöst wird, das fortwährende Aneinanderreihen zweier Steine. Außerhalb einer engen Partnerschaft wird niemand sonst Ihr wahres Ich erkennen - und es Ihnen sagen.

Aber Sie können jetzt mit dem Prozeß der Selbstintegration anfangen, gerüstet mit dem Wissen, das Sie inzwischen erworben haben. Sie können erkennen, welche Veränderungen Sie machen wollen. Beginnen Sie, neue Verhaltensweisen und die Fähigkeiten des Partnerdialogs zu praktizieren. Wenn Sie einen guten Start haben und an den Themen arbeiten, die für Sie persönlich wichtig sind, wird in Ihrer zukünftigen Partnerschaft sehr viel weniger zu tun bleiben.

Wozu die Eile?

Sie sind vielleicht ungeduldig, die als notwendig empfundenen Veränderungen umzusetzen, um den Wunschpartner zu finden. Ich möchte Sie jedoch davor warnen, zu schnelle Veränderungen zu erwarten oder zu provozieren. In unserer Kultur der schnellen Lösungen sind wir geradezu abhängig geworden von raschen, drastischen Resultaten, besonders wenn wir in der gegenwärtigen Situation frustriert und entmutigt sind. Aber Veränderung muß allmählich vor sich gehen, sie braucht Zeit. Persönlichkeitsveränderungen sind ein natürlicher Prozeß und folgen ihrem eigenen Zeitplan. Sie sind ein Teil der Natur. Zu viel, zu schnell ist zerstörerisch - wie ein ausbrechender Vulkan. Sich kopfüber in drastische Änderungen zu stürzen, kann in Beziehungen zu anderen ungeheuren Aufruhr verursachen. Das habe ich bei meinen Klienten nur zu häufig gesehen, die vor Begeisterung über ihr neues

Wissen all ihre neuen Tricks an ihren unwissenden Partnern ausprobierten und dabei nur dramatische, zerstörerische Ergebnisse ernteten.

Außerdem kann das umständliche Alte Gehirn sich nur langsam anpassen. Verfrühte Veränderung wird nicht registriert, das Unbewußte wird sie nicht verarbeiten. Wenn Sie einer unvorbereiteten Psyche neue Verhaltensweisen aufzwingen, bleiben Sie an der Oberfläche. Es ist manchmal schockierend, wie undurchlässig das Unbewußte ist, wenn es um Veränderung geht. Meine Klienten beklagen sich oft über die Wiederholung alter Muster, die scheinbare Hartnäckigkeit bestimmter Probleme, die sie glaubten verändert zu haben. Im typischen Fall sind sie aus einer unglücklichen Beziehung herausgekommen, haben die Schmerzen und den Verlust durchlitten, jahrelang Therapie gemacht, sich sehr darum bemüht, zu verstehen, was falsch lief, und aus ihrer Erfahrung gelernt. Dann gehen sie mit anderen Partnern aus, vielleicht jahrelang. Es sieht ganz so aus, als hätten sie die alten Probleme hinter sich gelassen. Doch dann lassen sie sich wieder auf eine »ernste« Beziehung ein. Und stürzen kopfüber in die gleichen Konflikte.

Andy, der typische schusselige Professor, hatte den Mut verloren. Er war wütend auf sich selbst. Mit scheinbar unfehlbarer Sicherheit landete er immer wieder bei einer depressiven Frau. Zwei Jahre zuvor war er aus einer achtjährigen Ehe ausgebrochen, entschlossen, sich nie wieder mit einer ähnlichen Frau einzulassen. Er hatte, auch mit Hilfe einer Therapie, in seiner Biographie die Gründe erkannt, die solche Frauen so attraktiv für ihn machten. Und doch konnten ihn die heiteren, lebhaften Frauen, um die er sich bemühte, nie »fesseln« oder sein Interesse wachhalten. Und die Frauen, die ihm zunächst optimistisch und positiv erschienen waren, erwiesen sich, wenn die Beziehung enger wurde, schließlich als depressiv. Dann war er wütend auf sich selbst, weil er sein Muster wiederholt hatte. Im Lauf von mehreren Jahren und vielen Beziehungen, in denen er an seinen eigenen Problemen und seiner Bedürfnisstruktur arbeitete, wurden solche Frauen sehr viel weniger verführerisch für ihn. Schließlich ging er wieder eine Beziehung ein, aber diesmal mit einer Frau, die ihre depressive Geschichte bereits weitgehend aufgearbeitet hatte. Er lernte ihre Depression auszuhalten und sie in ihren Veränderungsversuchen zu unterstützen. Schließlich brauchte und wollte er ihre Depressivität nicht mehr, damit sie für ihn attraktiv war.

Sie müssen lernen, den langsamen Prozeß auszuhalten. Denken Sie an das Moratorium, das Sie sich gesetzt haben. Es hat ein Leben lang gebraucht, bis Sie das Verhalten und die Muster entwickelt haben, die Sie zu verändern suchen. Evolution wirkt viel weiter als Revolution.

Ein unsanftes Erwachen

Zu beschreiben, wie man Veränderung und Integration erreicht, ist tatsächlich recht einfach. Der Prozeß ist um so schwieriger. Es ist etwas anderes, als abzunehmen oder zu lernen, bei Cocktailpartys Konversation zu treiben. Ein ausgesprochener Wille ist notwendig, nicht nachlassende Aufmerksamkeit und das gewissenhafte tagtägliche Üben neuer Fähigkeiten und unvertrauter, unangenehmer Verhaltensweisen.

Es gibt jedoch keinen anderen Weg. Das Bedürfnis des Unbewußten nach Ganzheit und Lebendigkeit läßt sich auf keine Diskussion ein. Die Psyche drängt zu ihrer eigenen Vervollständigung. Jedes lebende Wesen will sein volles Potential erreichen. Jeder, der versucht, die harte Arbeit der Selbstintegration zu umgehen, gerät in eine Sackgasse. Mir scheint es offensichtlich zu sein, daß Drogen, Drachenfliegen, spirituelle Wochenenden, schnelle Autos oder das Eingehen vieler oberflächlicher Beziehungen nicht helfen. Aber viele Menschen suchen weiter nach einer magischen Abkürzung zum Nirwana.

Widerstand ist natürlich, die Veränderung des eigenen Charakterpanzers und des zur Gewohnheit gewordenen Verhaltens kann Angst machen. Wir identifizieren uns mit unserem Charakter und unserem eingefrorenen Verhalten, selbst wenn das unserem Glück im Weg steht. Es ist wichtig, daran zu denken, daß die zur Gewohnheit gewordenen Muster *nicht Ihr Ich* sind. Sie sind Ihre Abwehrstrategien.

Wenn Sie sich wirklich ändern wollen, müssen Sie hart daran arbeiten und dabei bleiben. Sie müssen sich den negativen Anteilen Ihrer selbst stellen, sie sich aneignen und sie in Ihre Persönlichkeit integrieren. Dann können Sie Ihre Ganzheit und das Gefühl umfassender Lebendigkeit wiederfinden. Der Versuch, im Endspurt um die harte Arbeit der Selbsterkenntnis und Verhaltensänderung herumzukommen, ist eine Form der Selbstverstümmelung.

Die meisten Menschen schlafen im Wachzustand. Sie sind sich ihres inneren Lebens völlig unbewußt. Sie tun, was ihnen notwendig erscheint, um satt, gekleidet und ohne Schmerz zu sein. Um aber lebendig und ganz zu werden, müssen wir aufwachen. Das ist jedoch sehr schwierig, wenn wir betäubt sind und schlafwandeln und keinen Kontakt zu den unser waches Verhalten bestimmenden Bereichen haben. Aufwachen und sich der Realität stellen, erscheint bedrohlich. Ihr Altes Gehirn glaubt, es sei zu gefährlich, Sie selbst zu sein. Deshalb haben Sie ja die Aspekte vergraben, die Sie nun wiederentdecken wollen. Der Sozialisationsprozeß funktioniert wie ein Gefängnis. Er bietet einen Widerstand, der mächtiger ist als unser innerer Trieb zu Ganzheit. Wenn wir aufwachen, stellen wir den Kontakt zum Verlorenen Selbst wieder her und den Wünschen und Bedürfnissen, von denen wir abgeschnitten sind. Wir kommen mit unserem vergrabenen Schmerz in Berührung. Und damit kommt die Angst: vor der Ganzheit, vor der Befriedigung der Bedürfnisse, von denen wir glaubten, daß sie uns töten würden. Die vergrabenen Anteile unserer selbst drängen unser Leben lang danach, wieder aktiviert zu werden. Aber wir blockieren sie, denn es bedroht sowohl den Status quo als auch unser Überleben, sie uns wieder anzueignen. Wir wehren uns und errichten raffinierte Widerstände. Wir haben gelernt zu glauben, wir könnten auf die Befriedigung all unserer Bedürfnisse verzichten. Wir haben gelernt, mit unseren Verlusten zu leben. Warum dann das Boot erschüttern, in dem wir sitzen?

Ergebung in die Veränderung

Der entscheidende erste Schritt ist, sich dem Prozeß zu überlassen. Nehmen Sie Ihr Herz in die Hand, und verpflichten Sie sich der Selbstveränderung. Wir müssen uns mit unserem unbewußten Antrieb, ganz zu werden, unser wahres Ich wiederzufinden und vollständig lebendig zu werden, zusammentun.

Selbst als junger Prediger gefiel mir die Vorstellung von Ergebung überhaupt nicht. Sie erschien mir dogmatisch, eine autoritäre Rationalisierung. Wir sollten uns in der Kindheit den Diktaten und Regeln unterwerfen und damit einer Realität, die ich weder mochte noch irgendwie beeinflussen konnte. Ergebung erschien mir wie eine Art von Tod. Als Kinder bauten wir Verteidigungsstrategien gegen die Auflösung des Ichs.

Aber jetzt sehe ich, welche psychologische Wahrheit diesem alten religiösen Begriff zugrunde liegt. Mir ist bewußt geworden, daß die Liturgie weiser ist als ich. Wir müssen das Schreckliche in uns erkennen, unsere Schwächen und Mängel eingestehen und uns unsere geleugneten, abgespaltenen Anteile aneignen. Das ist die Voraussetzung, der erste Schritt zum Heilen, um *ganz* wir selbst zu werden. Wir müssen aufhören, unsere negativen Eigenschaften auf andere zu projizieren. Dann haben wir einen wichtigen Schritt getan.

Der moderne psychologische Begriff »Aneignung« ist nur ein neuer Ausdruck für Bekenntnis. Es ist ein Teil des Heilungs- oder Erlösungsprozesses. Ohne uns die Wahrheit über uns selbst anzueignen, ohne *Bekenntnis*, kann es keine Veränderung geben. Ebenso wie es ein Axiom des Strafvollzugs ist, daß ein Gefangener Reue empfinden muß, wenn er wieder in die Gesellschaft eingegliedert werden soll, so ist es auch bei uns. (Reue ist ein weiteres religiöses Wort, das wir losgeworden sind und das jetzt aus psychologischer Perspektive Sinn macht.) In Kapitel 8 sprach ich von einer Frau, deren Ehemann eine Affäre mit ihrer besten Freundin hatte, als er keine andere Möglichkeit sah, von ihr Liebe zu bekommen. Er bereute zutiefst, er entschuldigte sich, aber weil sie nicht ihren Anteil an dem, was geschehen war, erkennen und annehmen konnte, empfand sie keine Reue. Soweit es sie betraf, gab es nichts zu beichten. Sie blieb stecken, und ihre Beziehung kam zum Stillstand. Veränderung war nicht möglich.

Bekennen ist frei von Schuld oder Urteil. Es ist reines Anerkennen der Wahrheit. Unsere verletzten, negativen, verzerrten Ich-Anteile müssen *ohne Urteil* ins Bewußtsein geholt und einem anderen zu Bewußtsein gebracht werden, um geheilt werden zu können. Sie müssen Vertrauen haben, daß Sie noch immer geliebt und akzeptiert werden, wenn alles von ihnen ans Licht gekommen ist.

Die Konfrontation mit unseren negativen Anteilen steht offenbar im Widerspruch zu der psychologischen Konvention des bedingungslos positiven Denkens in unserer heutigen Zeit. Aber lassen Sie mich meine Begriffe erklären. Es bedarf keiner Erwähnung, daß ein Anerkennen und Wertschätzen der positiven Anteile unserer selbst für unsere Ganzheit notwendig ist. Aber nur zu viele Menschen empfinden gnadenlose Verachtung gegen sich selbst. Möglicherweise ist es eine Reaktion darauf, daß heute persönliche Heilung nur von der positiven Seite angegangen wird. Die negativen Seiten werden verdrängt. Dies ist potentiell gefährlich, denn die Leugnung unserer Schattenseite kann die innere Spaltung vertiefen.

Wir können keine neuen Wege gehen, solange wir die wackligen Fundamente von Selbsthaß und Leugnung nicht aus dem Weg geräumt haben. Wir müssen die negativen *und* positiven Seiten nebeneinander sehen, um ganz zu sein.

So wie Beichte und Aneignung zum Prozeß der Ergebung gehören, so auch die Vorstellung von Sühne oder Versöhnung. Auch hier klingt die religiöse Vorstellung von Strafe an. Die wahre Bedeutung des Wortes aber ist die Wiederherstellung von Ganzheit, die Vereinigung mit Gott. Versöhnung, Vereinigung ist das natürliche Ergebnis, wenn wir *alle* unsere Seiten erkennen, annehmen und uns aneignen.

Der Selbsthaß

All das ist leichter gesagt als getan. Ich fragte mich früher ständig, warum der Widerstand gegen Heilung und Veränderung so stark ist, warum es so schwer ist, schlecht angepaßte Verteidigungsstrategien aufzugeben. Diese Menschen hatten so viele Schwierigkeiten, zu akzeptieren, daß ihre Partner sie wirklich liebten, soviel Mißtrauen in meine Sorge für sie. (Ich erinnere mich, daß ein Klient sagte: »Sie kümmern sich zuviel.«)

Das klingt schockierend, aber es kommt eine harte Wahrheit darin zum Ausdruck: Wir hassen uns selbst, weil wir scheinbar übertriebene oder unangemessene Bedürfnisse haben. Und dafür, daß wir Eigenschaften haben, die wir bei unseren Bezugspersonen haßten. Wir hassen alles, was abgelehnt wurde: unsere Bedürfnisse, unsere Sexualität, unsere Gefühle, unsere Verletzbarkeit, unser Rivalitätsdenken. Wegen dieses *Selbsthasses* können wir nicht glauben, daß wir liebenswert sind. Das bringt uns zu einer noch härteren Wahrheit. *Wenn Selbsthaß es Ihnen unmöglich macht, sich für liebenswert zu halten, ist es unmöglich für die Liebe eines Partners, Ihre Wunden zu heilen.*

Um Liebe zulassen zu können, müssen Sie Mitleid mit sich selbst haben. Sie müssen erkennen, daß Ihr Selbsthaß im Interesse Ihrer Selbsterhaltung arbeitete. Sie wurden vor einem noch schlimmeren Geschick bewahrt, dem Mord Ihrer Seele durch Ihre Eltern oder die Gesellschaft. Der Haß und der Widerstand, die Sie empfinden, sind innen, nicht außen.

Selbsthaß steckt hinter allen Abwehrstrategien. Er kommt von dem »schlechten« Objekt in Ihnen, der Verinnerlichung des negativen, ablehnenden Elternteils. Wir empfinden sowohl Loyalität als auch Angst gegenüber diesem »bösen« Elternteil. Wenn wir die Anteile unserer selbst akzeptieren, die sie ablehnten, oder wenn andere uns lieben, wie wir von ihnen nicht geliebt wurden, fühlen wir uns unloyal. Veränderung, Liebe zuzulassen, weckt gleichzeitig die Angst vor weiterer Ablehnung. Dahinter lauert das ominöse Gespenst des Todes. Kein Wunder, daß wir genau den notwendigen Veränderungen widerstehen. Und genau diesen Widerstand werden wir auch bei unseren zukünftigen Partnern erfahren.

Wir verteidigen uns gegen die Liebe, weil wir fürchten, daß die strafenden Stimmen der Vergangenheit wieder laut werden. Wir hassen bereits die Aspekte unserer selbst, wie unsere Eltern und die Gesellschaft sie ablehnten. Wenn wir mit jenen verachteten Eigenschaften Kontakt aufnehmen, liefern wir uns der Todesdrohung wieder aus, die in der Ablehnung unserer Eltern enthalten war. Der Selbsthaß kommt unserer Angst vor dem Haß anderer zuvor. Um uns in der Kindheit die Liebe der Eltern zu erhalten und jetzt die Liebe des Partners, müssen wir unseren Selbsthaß intakt lassen. Es ist ein selbstzerstörerisches Paradoxon.

Um Liebe zuzulassen, müssen wir uns selbst lieben. Wir müssen die abgelehnten Anteile von uns selbst lieben. Als Alleinstehende *besteht die beste Möglichkeit, diese Aufgabe abzuschließen, darin, die gehaßten Anteile von uns selbst, die wir auf andere (einschließlich des Partners) projiziert haben, in ihnen zu lieben.* Selbstliebe ist nur möglich, wenn wir die projizierten Anteile von uns selbst annehmen und lieben.[1] Das zu lieben, was wir bei anderen hassen, ist eine Form von Selbstliebe. Denn das schlichtgestrickte Alte Gehirn akzeptiert die Liebe, die wir anderen geben, als Selbstliebe. *Die Mauer gegen Liebe ist Selbsthaß, um Liebe zuzulassen, muß die Mauer durchbrochen werden.*

Die Bedingungen für Veränderung

Eine wichtige Aufgabe für den Prozeß der Veränderung besteht darin, eine unterstützende Umgebung zu schaffen. Diese Unterstützung kann ein Netz von Familienangehörigen, Freunden, Mitarbeitern oder gegenwärtigen Liebespartnern sein, eine Therapiegruppe oder eine Einzeltherapie. In all diesen Beziehungen gibt es ein unterschiedliches Maß an Risiko: Scham, das Gefühl, sich auszuliefern, Lächerlichkeit, Angst. Es fällt Ihnen vielleicht nicht leicht, sich einem Mitarbeiter anzuvertrauen, oder Sie haben Widerstände, eine neue Verhaltensweise an einem Flirt auszuprobieren. Der fand Sie ja vermutlich deshalb anziehend, weil Sie sich auf eine bestimmte Weise verhalten haben. Die Verbindung ist vielleicht zu zerbrechlich, die Beziehung zu zweckbezogen, die vergangene Geschichte zu schmerzhaft oder konfliktbeladen. Sie sind vielleicht zu verletzlich, um Ihre Unvollkommenheiten zuzugeben, selbst Ihrem besten Freund gegenüber.

Veränderung kann unangenehm sein. Die Menschen in unserer Umgebung fühlen sich unbehaglich, wenn wir uns nicht wie erwartet verhalten, wenn wir aus den

Rollen heraustreten oder die Grenzen höflicher Konversation überschreiten. Es besteht außerdem das Problem der Gegenseitigkeit: Sie werden neue Dialogformen üben und bestimmte Verhaltensweisen in einer einseitigen Weise ändern müssen. In manchen Fällen können Sie nicht einmal Ihren Mitarbeiter oder Liebhaber wissen lassen, was Sie im Sinn haben, ohne sie direkt einzubeziehen. Und doch ist es nicht möglich, diese Veränderungen in der Abgeschiedenheit Ihres Zuhauses zu machen. Es geht um Beziehungsfähigkeiten, und die müssen im Zusammensein mit anderen gelernt werden.

Die Vorzüge einer Gruppentherapie

Weil der Prozeß der Erkenntnis und Veränderung so mit Angst befrachtet ist, empfehle ich insbesondere Alleinstehenden therapeutische Gruppen. Die Gruppe bietet Ihnen eine Umgebung, in der Sie Unterstützung finden und Gleichgesinnte mit den gleichen oder entsprechenden Interessen. Sie gehen eine *gewisse Zeit* einen gemeinsamen Weg. (Wenn die Gruppe einen Leiter hat, hat dieser nur eine strukturierende Funktion.) Eine Gruppe ist ein ideales Forum für Veränderung ohne das Risiko eines Verlustes. Da Sie mit den Gruppenmitgliedern keine gemeinsame Geschichte verbindet, können diese Sie mit unbefangenen Augen sehen, ohne die Vorurteile früherer Überzeugungen oder Konflikte. Sie werden neue Rückmeldungen über Ihr Leben und Ihr Verhalten bekommen. Ein neuer Gesichtspunkt, ein neues Selbstbild wird sich herausbilden.

In einer Gruppe können Sie aktiv neue, unvertraute unangenehme Verhaltensweisen »ausprobieren«. Sie können ein anderer Mensch sein. Obwohl auch das mit Angst verbunden ist, erweist sich die Intensität dort als geringer gegenüber »dem wirklichen Leben«.

Wenn Sie im Lauf der Zeit eine Bindung an die Gruppe entwickeln, wird diese zu einer neuen, sicheren Ersatz-Familie. In ihr können Sie sich neu erfahren, auf Ihrem Weg Liebe und Hilfe erhalten. Auf Ihre Probleme wird die Gruppe mit Unterstützung reagieren, nicht mit Abwehr. Die Gruppe sorgt sich um Sie. Daher wird sie sehr gewissenhaft in ihrer Reaktion sein. Wenn Sie sich in der sicheren, aber auch kritischen Umgebung der Gruppe verändern, werden Sie Zutrauen und neue Einsichten gewinnen. Auf Ihre Veränderung hin werden Sie nicht abgelehnt. Glauben Sie an die Reaktionen der Gruppe. Verändern Sie Ihr Selbstbild entsprechend. Allmählich fangen Sie an, mittels Erfahrungen aus erster Hand zu agieren. Gruppentherapie ist die Erfahrung einer neuen Sozialisation.

Wenn es in Ihrer Gegend keine Therapiegruppen gibt, dann empfehle ich Einzeltherapie. Ihr Therapeut wird im Lauf der Zeit ein »gutes« Objekt werden. Sie werden ihn oder sie als väterliche oder mütterliche Figur sehen können, auf die Sie Ihr Verleugnetes Ich projizieren. Dieser Vorgang wird als »Übertragung« bezeichnet. Ein guter Therapeut bleibt neutral, fällt keine Urteile und unterstützt Sie, ganz egal, was Sie fühlen, tun oder sagen. Schließlich werden Sie entdecken, daß das »schlechte« Ich und das »schlechte« Objekt innen ist und nicht außen. Und Sie lernen, die abgespaltenen Anteile Ihres Ichs, die der Therapeut akzeptiert, zu mögen, die Anteile zu verändern, die dem Therapeuten nicht »passen«. Sie konfrontieren sich mit Ihrem ganzen Ich. Sie werden mit Ihrem Therapeuten nicht fähig sein, Ihre seelischen Verletzungen aus der Kindheit zu heilen - seine oder ihre Persönlichkeit ist nicht eine Imago-Figur für Sie. Deshalb wird er oder sie nicht an die tiefsten Schichten Ihrer Wunden rühren und sie zur Veränderung drängen. Aber Sie werden einen guten Begriff davon bekommen, was Sie in Ihre zukünftige Partnerschaft einbringen.

Übungspartner

Als Übungspartner bezeichne ich Partner, mit denen Sie eine Zweckgemeinschaft verbindet, um neue Fähigkeiten und Verhaltensweisen einzuüben. Vielleicht klingt der Begriff zynisch oder distanziert, wenig liebevoll und aufrichtig. Aber ich habe den Verdacht, daß ohnehin bisweilen selbstsüchtige Motive hinter Beziehungen stecken: Sie gehen mit jemandem aus, damit Sie den Samstagabend nicht allein zu Hause verbringen müssen. Sie gehen mit jemandem zu einer Party, in den Sie nicht gerade wahnsinnig verliebt sind, in der Hoffnung, neue Menschen kennenzulernen. Sie sind pleite und froh, daß Ihnen jemand ein Abendessen spendiert. Sie haben seit sechs Monaten mit niemandem mehr geschlafen.

Wenn ich von Übungspartnern spreche, meine ich damit jedoch ein bißchen etwas anderes. Ich schlage Ihnen ein neues Modell für eine Zweckgemeinschaft vor, in der Sie eine eher unverbindliche Beziehung aktiv nutzen als Übungsfeld für Ihre zukünftige Partnerschaft. Ich spreche davon, die Beziehungsfähigkeiten und die neuen Verhaltensweisen anzuwenden, die bisher in Ihrem Repertoire fehlten. Sie können sie mit jemandem ausprobieren, in den sie nicht wahnsinnig verliebt sind, bei dem Sie nicht Angst haben müssen, ihn zu verlieren.

Lassen Sie uns sehen, wie das funktionieren kann. Als Anfang bieten sich die geschlechtsspezifischen Eigenschaften an, die in Kapitel 11 erörtert wurden. Anstatt in Ihrer fixierten Geschlechtsrolle festzustecken, haben Sie nun die Chance, herauszufinden, wie die andere Hälfte lebt. Fragen Sie Ihren »Übungspartner«: »Wie ist das Leben für dich? Wie fandest du diesen Film, diese Party, das Fußballspiel, den schmutzigen Witz?« Versuchen Sie ein offenes Gespräch über Sex anzufangen, über Gefühle, Ihre Hoffnungen, Unsicherheiten, Erwartungen, Phantasien. In dieser Situation geht es nicht um alles oder nichts. Stellen Sie intime Fragen. Beantworten Sie intime Fragen. Hören Sie zu, um zu lernen, ohne Urteil.

Wagen Sie, aus Ihrer Rolle herauszutreten. Durchbrechen Sie das Muster. Betrachten Sie es als Abenteuer, was Sie tun. Wenn Sie eine Frau sind, die noch nie einen Mann angerufen hat, um sich mit ihm zu verabreden, *tun Sie es*. Sie wissen, daß es nicht das Ende der Welt bedeutet, wenn Sie abgelehnt werden. Kochen Sie *nicht* für ihn zum Abendessen, wenn Sie das üblicherweise tun. Versuchen Sie, sich *nicht* schönzumachen oder ständig Ihr Make-up nachzumalen. Fürchten Sie sich nicht davor, zuzugeben, daß Sie einen Reifen wechseln können.

Wenn Sie ein Mann sind, dem es unbehaglich ist, wenn eine Frau für das Abendessen zahlen will: Entspannen Sie sich, und genießen Sie es. Versuchen Sie, im Bett die passive Rolle zu spielen. Machen Sie das Frühstück. Haben Sie keine Angst, zuzugeben, daß Sie nicht wissen, wie man einen Reifen wechselt, daß Sie Fußball hassen, daß Sie immer vor Faustkämpfen davongelaufen sind.

Alison, die Tochter eines Freundes, eine freiberufliche Fotografin, mit der ich diese Vorstellungen diskutiert habe, schrieb mir:

»Im vergangenen Herbst hatte ich eine ideale Gelegenheit, Ihre Vorstellungen von einer Zweckgemeinschaft mit einem ›Übungspartner‹ auszuprobieren. Ich war drei Monate für einen Auftrag in Minneapolis, ausgerechnet, und traf fast sofort Joel. Er wurde, wie ich, vor zwei Jahren geschieden. Wir fühlten uns zueinander hingezogen, und obwohl es keine starke Imago-Energie zwischen uns gab, war es offensichtlich, daß wir für die Dauer dieses Projekts zusammensein wollten. Aber es war auch klar, daß wir beide anderswo hingehen würden, wenn das Projekt vorüber wäre. Ich entschied mich bei der ersten Verabredung, daß ich mich bemühen würde, aus dieser Beziehung zu lernen.

Meine ersten Versuche waren sehr unsystematisch. Ich achtete darauf, in unseren Gesprächen das ›Spiegeln‹ zu üben, von mir zu sprechen und eindeutig meine Ansichten darzulegen. Das war schwierig, denn normalerweise versuche ich zu gefallen und überlasse anderen die Führungsrolle. Ich erkannte auch, daß es eine wirkliche Anstrengung bedeutete, seinen Ansichten wirklich zuzuhören, mich zu bemühen, seine Gefühle zu verstehen und aus ihnen zu lernen, anstatt sie zu beurteilen oder abzuwerten. Wir hatten zum Beispiel sehr unterschiedliche Meinungen über den Krieg am Golf, aber ich konnte seinen Gesichtspunkt erkennen. Früher hätte ich ihn einfach für falsch erklärt - und den, der ihn vertritt, verurteilt. Er führte mich in Science-fiction ein, eine seiner großen Leidenschaften. Ich war selbst überrascht, wieviel Spaß ich daran fand. Und wir gingen zelten - ich, die für Zimmerservice schwärmt! Ich begann mich sexuell mehr durchzusetzen und ihm genau zu sagen, was mir gefiel. Joel veranlaßte mich sogar, Reizwäsche zu tragen, weshalb ich Gewissensbisse hatte, persönliche wie auch ›politische‹. Weil wir einander so sehr unterstützten, hatte ich das Gefühl, daß es ganz in Ordnung war, obwohl ich nervös war und mich zuerst unbehaglich fühlte. Joel und ich kamen uns sehr nahe.

Als ich mehr Zutrauen gewonnen hatte, nahm ich mein ›Programm‹ ernster. Ich machte eine Liste von Verhaltensänderungen, an denen ich arbeiten wollte - nicht ihm zu Gefallen meine Pläne umzustoßen, wenn er anrief, um eine Verabredung zu treffen, ihn nicht auszufragen, wo er gewesen war, ihm Dinge über mich zu erzählen, die ich nie jemandem erzählt hatte -, und ich fing an, sie eine nach der anderen auszuprobieren.

Nach etwa einem Monat erzählte ich Joel zögernd von Ihrem Workshop. Er war sehr fasziniert davon - er hatte bereits gesehen, wie es funktionierte -, und von da an machten wir einige der Übungen gemeinsam und übten uns im Dialog. Wir machten sogar einen Paar-Workshop in der dortigen Gemeinde. Ich habe unschätzbar viel über mich selbst und über Männer im allgemeinen herausgefunden. Ich lernte schließlich, offen zu sein, ohne das Gefühl haben zu müssen, daß ich dadurch verletzt werden würde. Und ich konnte etwas von meinem eher ›klammernden‹ Verhalten aufgeben. Indem ich mein Verhalten änderte, änderte ich schließlich mich selbst.«

Versuchen Sie in Ihrer Übungsbeziehung die Dynamik zu verändern, wer drängt und wer sich entzieht. Wenn Sie eher vor Nähe fortlaufen, zwingen Sie sich, stillzusitzen, wenn das Gespräch, oder die Liebe, intensiver wird. Wenn Sie wissen, daß Sie zu bedürftig sind, versuchen Sie, mehr Distanz zuzulassen, mehr Raum. Wenn Sie immer der Gebende sind, versuchen Sie zu nehmen, und umgekehrt. Wenn Sie daran gewöhnt sind, umsorgt zu werden, übernehmen Sie die Rolle des Fürsorglichen. Wenn Sie eine scharfe Zunge haben, halten Sie sich mit Ihrer Kritik zurück. Wenn Sie nie für das einstehen, was Sie denken, eignen Sie sich eigene Meinungen an. Anstatt mit »Oh, ich weiß nicht, was möchtest du denn gern tun?«, versuchen Sie es mit »Ich würde gern zu dem neuen indischen Restaurant gehen«. Und bleiben Sie dabei. Wenn Sie gewohnt sind, Anweisungen zu geben (»Ich nehme dich Weihnachten mit nach Jamaica«), versuchen Sie, jemand anders Pläne machen und Entscheidungen treffen zu lassen. Es kommt darauf an, das zu tun, was Ihnen *unnatürlich* vorkommt, wobei Sie sich *unbehaglich* fühlen. Und machen Sie weiter so, trotz Zweifel und Angst, bis es sich richtig anfühlt.

Sie können das in Zweckverbindungen allein üben. Aber Sie müssen es nicht geheimhalten. Ich schlage Ihnen sogar ausdrücklich vor, ein gemeinsames Unternehmen daraus zu machen, wenn das möglich ist. Erzählen Sie Ihrem »Übungspartner« von diesem Buch und an was Sie arbeiten. Dabei wird die Beziehung automatisch intimer, und Sie gewinnen einen Komplizen. Auf diese Weise kann es zu einem wechselseitigen Wachstumsprozeß kommen. Manche Singles, die meine Workshops mitgemacht haben, trafen mit ihren gegenwärtigen Freunden die Übereinkunft, gemeinsam an ihren Problemen zu arbeiten - und manchmal wurde aus diesen Beziehungen wegen ihrer Aufrichtigkeit und Offenheit mehr.

Um Ihnen zu zeigen, was ich mit Aufrichtigkeit meine, wenn es um Zweckverbindung geht, möchte ich Ihnen die Geschichte von Douglas erzählen. Er besuchte, nachdem er sich von seiner Frau getrennt hatte, eins meiner Wochenenden für Alleinstehende. Er hatte vor kurzem eine Kontaktanzeige aufgegeben und wurde überschwemmt mit Antworten - Fotografien inbegriffen - von Dutzenden von scheinbar tollen Frauen. Er hatte angefangen, eine Liste anzulegen und sie durchzuarbeiten.

Das Problem bestand darin, daß viele dieser Frauen an einer ernsthaften Beziehung interessiert waren, nicht aber an jemandem, der frisch aus einer gescheiterten Ehe kam und erst anfing, das Terrain zu sondieren. Douglas fühlte sich ein bißchen unbehaglich, denn seine hauptsächlichen Ziele waren zu diesem Zeitpunkt Sex und weibliche Gesellschaft. Und als er es mir erklärte, wurde deutlich, daß er die Frauen mit der ausweichenden Wortwahl seiner Anzeige und der Art, wie er Fragen nach Bindung aus dem Weg ging, zumindest in die Irre führte, wenn man es nicht als Ausbeutung bezeichnen möchte.

Ich drängte ihn, seinen Freundinnen zu erzählen, um was es für ihn ging. Ihnen zu sagen, daß er Zuwendung und Gesellschaft und Sex wollte, zu diesem Zeitpunkt aber definitiv keine feste Beziehung. Ein paar Frauen, berichtete er, waren schokkiert über seinen Freimut. Die meisten aber schienen seine Aufrichtigkeit zu respektieren. Damit war der Weg offen für mehr Direktheit und Verständnis auf beiden Seiten. Als er eine Form gefunden hatte, mit einigen dieser Frauen Kontakt zu haben, konnte er ihnen von seinem Versuch erzählen. Eine Frau war besonders interessiert. Die Beziehung ging zwar nie über eine tiefe Freundschaft hinaus, doch sie benutzten einander als Forum und Übungsfeld für ihre neuen Fähigkeiten. Douglas erzählte mir: »Mein Leben als Single in dieser Weise anzugehen, machte *alle* meine Beziehungen enger und angenehmer für mich. Ich habe das Gefühl, als hätte ich mich selbst und Frauen ein großes Stück mehr kennengelernt. Und ich kann eher ich selbst sein. Dazu lernte ich schließlich, mit Frauen befreundet zu sein.«

Wenn Sie sich verlieben ...

Doch was passiert, wenn Sie Ihrem Imago-Partner begegnen und sich verlieben? Wie Sie sich auch verändert haben, wieviel zusätzliches Wissen Sie auch erworben haben, nichts wird Sie vor dem Kampf mit dem Partner bewahren. Die Seifenblasen des Verliebtseins *werden* platzen, und Sie *werden* sich in einen Machtkampf verstrickt sehen. Aber jetzt kennen Sie sich selbst und wissen, was Sie erwarten dürfen. Sie sind *vorbereitet* auf das, was kommt. Sie haben nun neue Möglichkeiten, damit umzugehen.

Lassen Sie mich Ihnen ein paar Richtlinien geben für die ersten Stadien Ihrer Beziehung:

1. Binden Sie sich nur an jemanden fest, der sich seiner oder ihrer Probleme bewußt ist und zu Wachstum und Veränderung bereit ist. Sie haben keine Wahl, zu wem Sie sich hingezogen fühlen werden. Aber Sie *können* sich dafür entscheiden, mit jemandem zusammenzusein, der eine bewußte Ehe will und zu schätzen weiß. Das läßt sich in dem frühen Stadium einer Beziehung schwer feststellen, wenn wir blind sind vor Liebe. An einem gewissen Punkt - wenn Ihr Kopf nicht in den Wolken ist, müssen Sie die Wünsche, die Fähigkeit des anderen abschätzen. Eine Beziehung ist zwar

auch dann möglich, wenn nur eine Person bereit ist zu arbeiten, aber es ist schwer. Denken Sie daran, daß die Abwehrstrategien im Charakter Ihres Partners verhindern werden, daß Sie geheilt werden, bis er oder sie sich verändert. Auch Sie müssen Ihre Verteidigungsstrategien verändern, um die seelischen Verletzungen Ihres Partners zu heilen. Alles ist sehr viel schwieriger, und Sie werden vielleicht nicht die Ganzheit und Intimität erreichen, von der Sie träumen.

2. Wenden Sie das erworbene Wissen und die Fähigkeiten in jeder möglichen Situation an. Sie sind sich Ihrer eigenen Wunden bewußt geworden, und Sie haben eine gewisse Vorstellung davon, wie die seelischen Verletzungen Ihres zukünftigen Partners aussehen werden. Sie sind jetzt hellhörig geworden für die Themen, die zwangsläufig auftauchen werden. Und Sie können mit Ihrem Neuen Gehirn reagieren anstatt mit ihrem Alten Gehirn.

Zum Beispiel wissen Sie jetzt, daß Sie dazu neigen, die ersten Anzeichen der negativen Eigenschaften Ihres Partners zu leugnen oder zu übersehen, bis Sie wütend und desillusioniert sind. Anstatt davon überrascht zu werden und mit Kritik oder Rückzug zu reagieren, werden Sie nicht in Panik verfallen. Sie werden die negativen Eigenschaften vorausgesehen haben. Sie werden wissen, welche Themen bei Ihnen selbst aktiviert werden. Und Sie werden fähig sein, den Prozeß des »Intentionalen Dialogs« (Kapitel 15) anzuwenden, um mit Ihrem Partner darüber zu sprechen, wie Sie gemeinsam daran arbeiten können. Sie werden die Projektionen Ihres Partners erkennen und fähig sein, sie »festzuhalten«, bis sie sich auflösen.

3. Machen Sie Ihren Partner mit diesem Buch bekannt, damit Sie *beide* vorbereitet sind, bis Sie heiraten. Wenn Sie beide die Selbsterkenntnis-Übungen gemacht haben, können Sie die Reise der Partnerschaft gemeinsam antreten. Versuchen Sie, soviel voneinander zu erfahren, wie Sie nur können. Erzählen Sie einander, wie Sie als Kinder gelebt haben, erzählen Sie von Ihrem Elternhaus und von der Ehe Ihrer Eltern. Erzählen Sie einander, wie Sie verletzt wurden, erforschen Sie Ihre Glaubenssysteme und Ihre Hoffnungen auf Ganzheit und Heilung in der Ehe. Beginnen Sie, die Fähigkeiten, die Sie lernen, in Ihrem Alltagsleben anzuwenden.

4. Die Fähigkeit eines Paares, zu kommunizieren und Probleme vor einer Ehe zu lösen, ist die beste Voraussetzung für Erfolg. Ich empfehle, daß Sie Workshops oder Seminare für Alleinstehende mitmachen. Machen Sie eine Paartherapie, wenn Sie auf Konflikte stoßen, die Sie allein nicht lösen können. Mein früheres Buch *So viel Liebe wie Du brauchst* wird Ihnen mehr verraten, was Sie von einer Ehe erwarten können, und es werden einige nützliche Beziehungsfähigkeiten darin dargestellt. Außerdem finden Sie dort eine Reihe von Übungen, die auf Paare zugeschnitten sind.

»Meine Güte, hast du dich verändert!«

Lang eingefahrene Muster zu verändern kann schwierig und frustrierend sein. Die Resultate all dieser Bemühungen und das Unbehagen, das sie bereiten, wird nicht sofort zu erkennen sein. Es ist etwas anderes, als einen neuen Anzug zu kaufen oder sich radikal eine andere Frisur schneiden zu lassen. Es ist schwierig, Veränderungen in sich selbst zu überprüfen. Sie kommen nicht über Nacht, sondern entwickeln sich langsam, von Tag zu Tag. Aus unserer eigenen Perspektive scheint es oft so, als habe sich die Außenwelt verändert und nicht wir selbst. Wir haben keine Ahnung, warum unser Boss plötzlich sein Herz für uns entdeckt hat. Vielleicht ist er zu Hause glücklicher, hat eine Gehaltserhöhung bekommen. Doch möglicherweise ist es nur unsere eigene positivere Einstellung zur Arbeit, sind es unsere neu erworbenen Fähigkeiten der direkten Kommunikation, die den Unterschied ausmachen.

Ich erinnere mich, daß ich schockiert war, als ich einmal zu dem Haus ging, in dem ich aufwuchs. Es war so klein. Als Kind fand ich dieses Haus groß und geräumig, der Hof reichte so weit, wie ich gehen wollte oder mußte. Jetzt war es winzig, fast eine Baracke, und saß auf einem briefmarkengroßen Grundstück. Es hatte sich natürlich kein bißchen verändert, ich hatte mich verändert.

Die Wirkungen von Veränderungen sind kumulativ. Je mehr Sie erreichen, desto schneller verläuft der Prozeß, desto mehr Energie und Möglichkeiten werden Sie haben, um zum nächsten Schritt überzugehen. Und Sie müssen nur 51 Prozent der Arbeit tun: An einem bestimmten Punkt werden Sie den Gipfel des Berges überschritten haben, und weitere Fortschritte werden in einem schnelleren Tempo folgen. Andere werden vor Ihnen bemerken, was sich verändert hat. Sie erkennen es vielleicht zuerst an deren Einstellung und Verhalten Ihnen gegenüber. Wenn Sie bemerken, daß sich Ihre Bemühungen auszahlen, werden Sie sich sehr wohl in Ihrer Haut fühlen.

Wenn Sie Fortschritte machen, wird die Energie, die jetzt gebunden ist in Ihren Abwehrstrategien und Anpassungen, allmählich wieder frei werden. Sie strömt dann wieder ins Universum zurück, in die energetischen Ströme der Welt, in *Eros*. Sie werden ganz natürlich und mühelos einen heilenden Partner anziehen.

Kapitel 15

Neue Fähigkeiten, neue Verhaltensweisen: Schritte zur Selbstintegration

Eine Reise von tausend Meilen beginnt mit einem einzigen Schritt.
Altes chinesisches Sprichwort

In diesem Kapitel finden Sie eine Reihe von Übungen. Sie helfen Ihnen, Ihre bisher gemachten Erfahrungen in einen Arbeitsplan zur Einübung von Verhaltensänderungen umzusetzen. Ich möchte Ihnen am Anfang eine kurze Orientierung für dieses Kapitel geben.

Wir gehen zurück auf das, was Sie in den vorherigen Übungen über sich erfahren haben. Sie arbeiten heraus, in welchen Bereichen bei Ihnen Veränderungen notwendig sind. Dann werden Sie eine Bildmeditation lernen, die Sie bei der Arbeit an den Veränderungen unterstützen wird. Es folgt eine Reihe von Übungen, die dazu gedacht sind, Ihr Gefühl von Lebendigkeit wiederzufinden. Die nächste Übung soll Ihnen helfen, Abwehrstrategien aufzulösen, indem Sie negatives, unproduktives Verhalten ablegen. In den letzten drei Übungen werden Sie wichtige Beziehungsfähigkeiten erlernen: den »Intentionalen Dialog«, das »Festhalten von Projektionen« und »Bitten um Verhaltensänderung«.

Lassen Sie mich kurz skizzieren, wie ich mir Ihre Arbeit an diesen Übungen vorstelle. Ich schlage vor, daß Sie zuerst Übung 15A auf Seite 275 durchführen, die Ihnen helfen soll zu erkennen, wo Veränderungen notwendig sind. Dann erst lesen Sie den Rest des Kapitels durch. Sie werden bald feststellen, daß es im Grunde um drei Dinge geht: das Wiederfinden von Lebendigkeit in Ihrem innersten Wesen, die Veränderung Ihres Charakterpanzers und das Erlernen wichtiger Beziehungsfähigkeiten. Versuchen Sie nicht, alles auf einmal zu machen. Sie würden sich überfordert fühlen. Verwirrt, gelangweilt und frustriert würden Sie schließlich kaum etwas erreichen. Sie müssen also gezielt vorgehen. Stellen Sie einen flexiblen und realistischen Zeitplan auf. Schätzen Sie genau ab, was Sie erreichen wollen und wieviel Zeit Sie diesem Projekt widmen können.

Bei der Durchführung der Übungen sollten Sie Listen von allen Punkten anlegen, an denen Sie arbeiten wollen. Ordnen Sie die Aufgaben nach ihrem Schwierigkeitsgrad ein. Ich schlage vor, daß Sie gleichzeitig eine Übung zur Steigerung des Gefühls von Lebendigkeit angehen, eine Verhaltensänderung und eine Beziehungsfähigkeit. Beginnen Sie mit der leichtesten Übung jeder Kategorie, und setzen Sie einen Zeitrahmen dafür fest. Der Plan für die erste Woche kann zum Beispiel so aussehen: »Ich werde jeden Abend die Übung ›Bauchlachen‹ durchführen« (Lebendigkeit), »Ich werde morgens an der Bushaltestelle ›Guten Morgen‹ sagen« (Verhaltensänderung), und »Wenn sich eine entsprechende Situation ergibt, werde ich zurückspiegeln, was mir gesagt wurde« (Beziehungsfähigkeit).

Nehmen Sie die Reaktionen auf Ihr Tun bewußt wahr. Fühlen Sie sich angenehm, sind Sie angespannt, ängstlich, optimistisch, erleichtert, entspannt? Bewerten Sie am Ende der Woche neu, was Sie getan haben. Wenn Sie das Gefühl haben, Sie möchten so lange bei einer Sache bleiben, bis Sie sie wirklich angenommen haben und sie sich angenehm anfühlt, tun Sie das. Es besteht keine Eile. Zu viele rasche Veränderungen können eher schädlich sein. Bleiben Sie bei diesen Übungen, oder ergänzen Sie sie durch neue Veränderungen. Sie sollten sich ganz sicher sein, sich wohl fühlen und Ihr Tun als natürlich empfinden. Gehen Sie dann zum nächsten Schritt über, zur nächsten Veränderung.

Suchen Sie nach Gelegenheiten, andere in den Prozeß miteinzubeziehen. Dann können Sie Ihre Gedanken mitteilen, Ihre Ängste beichten und sich mit Ihren Fehlern versöhnen. Es geht darum, daß Sie Ihre neuen Fähigkeiten und Verhaltensweisen in kleinen Dosierungen in immer »riskanteren« Situationen ausprobieren. Zuerst praktizieren Sie sie vielleicht an einem Freund, der sie unterstützt, oder in Ihrer Therapiegruppe. Wenn Sie mehr Zutrauen gewonnen haben, bringen Sie sie in Situationen mit einem aus Ihrer Sicht größeren Risiko ein (Mitarbeiter, dann mit »nicht ernsthaften« Liebespartnern).

Je mehr Sie andere einbeziehen können, desto bereichernder wird Ihre Erfahrung sein. Ihr Wachstum vergrößert sich, Ihre Beziehungserfahrung vermehrt sich. Machen Sie sich »Zweckverbindungen« zunutze. Sie sind einer Paarsituation des »wirklichen Lebens« so nahe, wie Sie außerhalb einer verbindlichen Beziehung nur sein können. Machen Sie das Beste daraus! Denken Sie daran, daß Fehlverhalten in einer Liebesbeziehung genau der Grund ist, weshalb sie kaputtgeht! Je mehr Sie sich mit neuen Verhaltensweisen in wenig riskanten Bereichen wohl fühlen, desto mehr können Sie Sie selbst sein, wenn Sie der wirklichen Liebe begegnen.

Es kann sich als nützlich erweisen, während des Prozesses ein Tagebuch über Ihre Gefühle zu führen. Zeichnen Sie Ihre Reaktionen und Ihren Fortschritt auf. Achten Sie darauf, daß Sie sich für die Erweiterungen Ihrer Fähigkeiten loben. Machen Sie sich so Ihre Veränderung bewußt. Sie werden mutiger und energievoller weitermachen. Auch Ihre Träume können Ihnen während dieses Prozesses wertvolle Einsichten bieten. Es würde zu weit führen, Ihnen hier die Techniken der Traumarbeit vorzustellen, aber es gibt viele Bücher darüber, wie Sie mit Ihren Träumen arbeiten können.[1]

Das Geheimnis zu Ihrem Erfolg ist Sorgfalt und Entschlossenheit. Veränderungen kommen nicht über Nacht, sondern erst im Lauf der Zeit als Ergebnis unablässiger Bemühungen. Die Probleme, die Sie zu lösen versuchen, brauchten lange, um sich in Ihrer Charakterstruktur einzunisten. Sie lösen sich nicht einfach in Luft auf. Sie müssen jede Veränderung gewissenhaft und geduldig angehen, sie in immer schwierigeren und bedrohlicheren Situationen laufend wiederholen. Aber jeder kleine Zuwachs an Veränderung fördert und unterstützt den nächsten. Und jeder verbessert Ihre Imago und belebt Ihr stagnierendes Energiezentrum. Jede Veränderung bringt Sie näher zu Ihrem wirklichen Selbst und zu einer gesunden, heilenden Beziehung.

Übung 15A

Die Schritte auf dem Weg zur Ganzheit

Nun werden wir herausfinden, welche Aufgaben Sie angehen müssen, um Ihrer Ganzheit näher zu kommen und Ihr Gefühl von Lebendigkeit zu verstärken. Vervollständigen Sie die folgenden Sätze, wobei Sie sich die Informationen zunutze machen, die Sie bereits zusammengetragen haben.

1. Aus dem, was ich über meine Kindheit erfahren habe, bin ich ein ________ *(Minimierer/Maximierer, alle Antworten in diesem Abschnitt finden Sie in Übung 7D, Seite 126)*, meine wichtigsten seelischen Verletzungen zeigten sich in der Phase ________
____
und meine Verletzung besteht aus ________________________
Außerdem gibt es Themen, die sich auf die folgende Phase beziehen:
____
Das bedeutet: In meinen Verletzungen verbirgt sich auch die Angst vor ________
____
Die Herausforderung an mein Wachstum besteht deshalb darin, ________
____

2. Wenn ich mein Verlorenes Ich betrachte, erkenne ich, daß meine Energie eingeschränkt ist in den Gebieten ________________________
(Übung 10B, Schritt 3, Seite 183).
Das wurde von Vorwürfen bestätigt, die meine Partner mir gegenüber zum Ausdruck brachten, ich sei ________________________
(Partnerfrustration mit Ihnen, Übung 10B, Schritt 2, Seite 182).

3. Außerdem erfuhr ich *(bei Übung 11A, Seite 210)*, daß meine geschlechtlichen Energien aus dem Gleichgewicht sind und ich meine ________________.
(männliche/weibliche) Seite entwickeln muß.
Die Eigenschaften, die ich besonders gern entwickeln würde, sind ________
____
In Übung 11B, auf Seite 213 entdeckte ich, daß ich, um ein ausgefüllteres, aufregenderes Sexualleben zu haben, gern ________________________
(Wünsche, siehe 11B, Teil III, Seite 216).

4. Aus der Übung, die mir das Verleugnete Ich vor Augen führte, habe ich erkannt, daß ich ______________________________
(Übung 10C, Schritt 5, unteres linkes Viertel des Kreises, Seite 184).
Ich bin mir nun bewußt, wie andere mich sehen, nämlich als ______________
(Übung 10C, Schritt 5, unteres rechtes Viertel des Kreises).

Wenn Sie die folgenden Übungen durchführen, werden Sie die obigen Themen neu interpretieren als positive Verhaltensweisen, die Sie üben können. Die Dinge, die Sie als zerstörerisch und hemmend erkannt haben, fallen in zwei grundlegende Kategorien: »Verhalten, das ich verändern möchte«, und »Gebiete, wo ich mehr Lebendigkeit empfinden möchte«. Bevor wir weitermachen, möchte ich Sie jedoch mit der Übung »Der sichere Ort« vertraut machen, die Ihnen eine wertvolle Hilfe sein wird, an diesen Veränderungen zu arbeiten.

Übung 15B

Der sichere Ort

Sie sind sich inzwischen wohl bewußt, daß Ihre Charakterstruktur Ihre Anpassung an das Leben und keineswegs Ihr wahres Ich ist. Und doch identifizieren Sie dieses brüchige Gebäude als »Ich«. Es bestimmt, wie Sie üblicherweise denken und handeln. In Wirklichkeit aber ist es ein Gefängnis Ihrer Vergangenheit, das Sie von Ihrem authentischen Wesenskern entfremdet und Sie an der Entfaltung Ihrer vollständigen Lebendigkeit hindert. Was Ihre Veränderung verhindert, selbst wenn Sie darunter leiden, ist Angst.

Zur Beruhigung des Alten Gehirns müssen Sie lernen, ein Gefühl innerer Sicherheit zu schaffen. Dazu ist es notwendig, daß Sie ein mentales Training durchführen, wie Meditation, Entspannung oder Imaginationsübungen. Vielleicht sind Sie bereits mit solchen Techniken vertraut. Aber ganz unabhängig davon wird Ihnen die Phantasieübung »Der sichere Ort« eine Hilfestellung sein. Die wiederholte Durchführung dieser Übung fördert das Gefühl der Sicherheit in Ihrer inneren wie äußeren Welt. Läßt Ihre Angst nach, dann wird es Ihnen leichter fallen, Ihre Charakterabwehr zu untersuchen. Sie können Sie dann zugunsten Ihres Authentischen Ichs ablegen.

Sie brauchen etwas entspannende Musik und einen ruhigen Ort. Tragen Sie bequeme Kleidung. Da Sie sich dieser Übung wiederholt bedienen werden, ist es sinnvoll, ein Tonband mit den Anweisungen zu besprechen (wobei Sie die Musik im Hintergrund laufen lassen). Wenn Sie sich dafür entscheiden, sprechen Sie folgende Anweisungen mit einer ruhigen, besänftigenden Stimme auf Band. Machen Sie dabei an den entsprechenden Stellen Pausen, um genug Zeit für die Entfaltung der Bilder zu haben. Sie können auch einen Freund bitten, die Anweisungen zu lesen.

Diese Übung können Sie auch in einer Gruppe machen.

Schließen Sie Ihre Augen ... Atmen Sie tief und ruhig ... Entspannen Sie sich ... Nehmen Sie bewußt nur die Musik und Ihren Atem wahr ... Holen Sie tief Luft, füllen Sie Ihr Zwerchfell mit Luft, dann Ihre Brust ... Zählen Sie bis vier, und halten Sie solange die Luft an ... Atmen Sie langsam aus, und zählen Sie dabei bis acht ... Wiederholen Sie dieses tiefe Atmen noch dreimal ... Lassen Sie die Musik Ihr Bewußtsein ausfüllen ... Werden Sie zu Musik ... Lassen Sie nun das Wort »sicher« in Ihr Bewußtsein dringen ... Wiederholen Sie es ... Sicher ... Sicher ... Lassen Sie sich von diesem Wort an einen Ort führen, an dem Sie sich geborgen fühlen ... Vielleicht ist es ein Ort aus der Kindheit ... ein idyllischer Ort aus einem Traum ... oder einer von einer Fotografie ... Stellen Sie sich einen Platz vor, wo sie sich beschützt und zu Hause fühlen ... Erfahren Sie diesen sicheren Ort mit all Ihren Sinnen ... Atmen Sie seine Luft, seinen Duft, seine Sicherheit ... Hören Sie seine Geräusche ... Sehen Sie seine Farben und Formen ... Spüren Sie, wie der sichere Ort sich anfühlt, welche Temperatur er hat ... Bleiben Sie eine Weile dabei, nehmen Sie den Ort mit allen Sinnen in sich auf ... Lassen Sie zu, daß er Sie mit Frieden und Wohlbehagen erfüllt ... Atmen Sie die Luft der Sicherheit ... Lassen Sie zu, daß Sie sich vollständig entspannen ...

Nehmen Sie nun wahr, daß ein Licht von oben auf Sie herabsinkt, den Raum erfüllt und Sie in einen warmen, goldenen Glanz hüllt. Es flutet über Ihren Kopf und Hals, entspannend ... fällt über Ihre Schultern, entspannend ...Ihre Arme hinunter, entspannt Ihre Handgelenke und Finger ... Der warme goldene Glanz dringt in Ihre Brust, entspannend ... geht durch Ihren Bauch und durch Ihr Becken, entspannend ... Das Licht strömt durch Ihr Becken in Ihre Oberschenkel, und Ihre Entspannung vertieft sich ... hinunter zu den Knien, entspannend ... Die Waden entspannen sich in dem warmen, goldenen Licht und dann die Fußgelenke ... Es kommt zu den Füßen und den Zehen, entspannend ... Sie sind vollständig entspannt ... Die pulsierende Wärme des Lichtes ist im Einklang mit Ihrem Herzschlag ... Sie sind zutiefst entspannt ... Sicher ... Bringen Sie nun Ihre Mutter an diesen sicheren Ort ... Sehen Sie sie mit dem Röntgenblick eines Kindes ... jede Einzelheit Ihrer Kleidung, Ihres Ausdrucks ... Sagen Sie, wo sie Sie am tiefsten verletzt hat ... Sie hört Ihnen zu ... Nun erzählen Sie ihr von dem glücklichsten Augenblick mit ihr ... Jetzt bringen Sie Ihren Vater zu diesem Ort ... Sie können Ihn sehr klar erkennen ... Erzählen Sie ihm, wie er Sie verletzt hat ... Er hört Ihnen zu ... Erzählen Sie ihm von Ihrer besten Erinnerung an ihn ... *(Wenn es weitere bedeutende Menschen in Ihrer Kindheit gab, tun Sie das gleiche mit ihnen.)*

Sagen Sie ihnen jetzt, daß Sie beschlossen haben, Ihre Kindheit abzuschließen und eine Beziehung zu schaffen, in der Ihre Verletzungen geheilt werden können ... Sagen Sie beiden auf Wiedersehen. *(Sie können die Anweisungen für diesen Teil auf dem Band löschen, denn Sie werden diesen Teil der Übung nicht jedes Mal wiederholen.)*

Sie befinden sich nun auf einem Weg, der durch eine Wiese führt ... Sie kommen zu einem Fluß ... Sie setzen sich ans Ufer, um auszuruhen ... Ein Tier erscheint neben Ihnen ... und spricht mit Ihnen ... Sie behalten das, was es Ihnen sagt, in Ihrem Gedächtnis ... Sie stehen auf und überqueren den seichten Bach ... und gehen weiter auf dem Weg ... Er führt Sie in einen Wald ... Der Boden ist weich und duftend ... Vögel singen ... Sie hören das Rascheln von Blättern ... Tief im Wald kommen Sie an eine Lichtung ... In der Mitte der Lichtung sitzt jemand ... Als Sie näher kommen, spüren Sie, daß dies ein weiser Mensch ist ... Sie stellen eine Frage ... und er gibt Antwort ... Sie behalten die Antwort in Ihrem Gedächtnis ... und gehen weiter auf dem Weg durch den Wald ... zu dem Licht dahinter ... Und Sie befinden sich wieder an Ihrem sicheren Ort ... *(An dieser Stelle können Sie irgend jemanden zu Ihrem sicheren Ort mitnehmen und ein Gespräch führen - Ihren Liebhaber, Chef, Freund, Schwester.)*

Entspannen Sie sich wieder für einen Moment ... Denken Sie über Ihre Reise nach ... Wenn Sie bereit sind, werden Sie sich der Musik im Hintergrund bewußt ... Bewegen Sie langsam Hände und Füße ... Zählen Sie langsam rückwärts: zehn ... neun ... acht ... sieben ... sechs ... fünf ... vier ... drei ... zwei ... eins ... Öffnen Sie die Augen.

Wenn Sie diese Übung drei Monate lang täglich durchführen, werden Sie einen immer tiefer werdenden Frieden in sich spüren. Angeleitet von Ihrer instinktiven animalischen Weisheit und der Weisheit Ihrer höheren Natur werden Sie hin zur Ganzheit und einem gesünderen Partner leichter die Veränderungen machen können. Sie können über Ihre Meditationen auch Buch führen. Wenn Sie Fortschritte bei den anderen Übungen machen, denken Sie daran, diese Meditation als Entspannungsmöglichkeit zu nutzen. An Ihrem sicheren Ort können Sie die Veränderungen, die Sie machen, visualisieren und üben.

Lebendigkeit

Jeden Tag beziehen Sie sich dutzendfach auf Ihre Lebendigkeit. »Ich fühle mich gut«, erklären Sie vielleicht, oder »Ich fühle mich in letzter Zeit so leer«, »Ich bin niedergeschlagen«, »Ich bin völlig munter«, »Mein Körper fühlt sich bleischwer an«, oder »Ich bin aus der Puste geraten.« Mit solchen Bemerkungen kommentieren Sie fortwährend, wie lebendig Sie sich erfahren.

Das Bedürfnis nach Lebendigkeit folgt dem Überlebenstrieb auf dem Fuße. Der Zweck der nächsten Übungen besteht darin, Ihre angeborene, aber gedämpfte Energie wieder anzukurbeln. Dazu gehört, die bewußte Wahrnehmung der eigenen Vitalität zu intensivieren. Das Ziel ist das freie Fließen von *Eros*, unserer natürlichen Lebensenergie. Wenn Sie diese Übungen durchführen, weichen die starren Verteidigungsstrukturen um Ihr Energiezentrum auf. Vermutlich haben Sie sie in Ihren intimen Beziehungen sogar noch verhärtet, wodurch Ihre Energien gefangengehalten werden und ein entsprechender Zufluß von außen verhindert wird.

Diese Übungen sind der wichtigste Teil des Prozesses. Aber ich möchte Sie zur Vorsicht mahnen, denn es handelt sich hierbei auch um den vielleicht schwersten Teil Ihrer Arbeit. Warum? Als Ergebnis der Unterdrückung von *Eros* in der Kindheit haben die meisten Menschen Angst vor ihrer Lebensenergie. Uns wurde gesagt, es sei gefährlich oder sogar böse, zu rennen, zu singen, zu rufen, unsere Körper zu berühren, albern zu sein. Nichts ist in der Therapie mit Paaren schwieriger, als sie dazu zu bringen, Spaß zu haben. Sie arbeiten mit Freuden an ihrer Pathologie und bezahlen dafür viel Geld. Die meisten aber weigern sich, mehr Freude zu empfinden. Seien Sie also nicht entmutigt, wenn Sie Widerstände oder Ängste gegen diese Arbeit spüren. Machen Sie weiter. Es ist Ihre eigene Lebensenergie, die Sie aus Ihrem Käfig befreien wollen. Sie werden sich nie vollständig lebendig fühlen, wenn Sie nicht Ihre rigiden Abwehrstrategien durchbrechen und zu dem pulsierenden Energiezentrum in Ihrem Innern vorstoßen. Wir werden diesen Prozeß beginnen mit einer Einschätzung Ihres »Lebendigkeitsquotienten« und einem Blick auf die Stimulantien für Ihre Lebendigkeit. Danach werden Aktivitäten dargestellt, mit denen Sie Ihr Gefühl von Lebendigkeit verstärken können. Im Anschluß werden Sie eine auf Sie zugeschnittene Liste von Aktivitäten zusammenstellen, die Ihnen ein deutlicheres Gefühl von Lebendigkeit geben können.

Übung 15C

Ihr Lebendigkeitsquotient

Schätzen Sie hier Ihr gegenwärtiges Empfinden von Lebendigkeit ein: Wie gut fühlen Sie sich gerade jetzt? Bewerten Sie die folgenden Sätze auf einer Skala von eins bis fünf, wobei fünf die höchste Wertung ist.

Zählen Sie die Wertungen für all Ihre Antworten zusammen. Die Höchstpunktezahl beträgt 100. Wenn Sie 75 bis 100 Punkte erreicht haben, haben Sie einen hohen Lebendigkeitsquotienten. Wenn Ihre Punktezahl 40 bis 75 beträgt, haben Sie einen mittleren Lebendigkeitsquotienten. Eine Punktezahl unter 40 bedeutet, daß Sie ein geringes Gefühl von Lebendigkeit haben: Ihre Lebensenergie ist eingeschränkt.

	1	2	3	4	5
Ich fühle mich erholt, wenn ich aufwache.					
Ich fühle mich munter und wach.					
Ich bin zufrieden.					
Ich finde das Leben spannend.					
Ich genieße gutes Essen.					
Ich lache viel.					
Ich bin mir der pulsierenden Energie in meinem Körper bewußt.					
Ich bin voll Freude.					
Ich bin meistens glücklich.					
Manchmal singe ich spontan.					
Ich habe intensive Orgasmen.					
Ich habe ein lebhaftes Gespür für Farben.					
Ich schmecke, was ich in den Mund stecke.					
Ich bin entspannt.					
Ich tanze gern.					
Ich genieße es, meinen Körper zu bewegen.					
Ich empfinde all meine Gefühle sehr intensiv.					
Ich bin voll Tatendrang.					
Ich habe kreative Ideen.					

	1	2	3	4	5
Mein Gedächtnis ist gut.					
Ich lebe in der Gegenwart.					
Musik geht mir ins Blut.					
Manchmal fühle ich mich ekstatisch.					
Mein Sexualleben ist befriedigend.					
Ich habe an vielen Dingen Interesse.					

Übung 15D

Quellen von Lebendigkeit

In dieser Übung werden Sie gebeten, die Quellen Ihrer Lebendigkeit zu bestimmen.

Spalte 1 enthält eine Liste von Stimulanzien, die häufig zur Erzeugung eines Wohlgefühls verwendet werden. Fügen Sie alles hinzu, was Sie anregt. In Spalte 2 markieren Sie die Häufigkeit der Anwendung (täglich, zweimal in der Woche, monatlich). In Spalte 3 sollen Sie die Intensität des Gefühls von Lebendigkeit bewerten, das Sie daraus beziehen (wobei fünf die höchste Punktzahl ist). In Spalte 4 sollten Sie das erzeugte Gefühl beschreiben (»Ich fühle mich high«, »Am Ende ekle ich mich vor mir selbst«, »Es gibt mir das Gefühl, geliebt zu werden«). In Spalte 5 bewerten Sie die Aktivität danach, ob sie »heilsam« ist (»H«, natürlich, lebensbejahend, wohltuend) oder »ungesund« (»U«, künstlich, schädlich, lebensverneinend).

Betrachten Sie nun Ihre Antworten. Welche der »Stimulanzien«, die Sie benutzen, sind ungesund, bei welchen fühlen Sie sich hinterher schlecht oder leer? Welche geben Ihnen das Gefühl, voll Energie und Lebendigkeit zu sein? Welche verstärken die vier Gebiete von Lebendigkeit - denken, fühlen, handeln, empfinden -, und welche schränken Sie ein? Auf welchen Gebieten fühlen sie sich leblos? Welche Stimulanzien sollten Sie vermeiden oder einschränken, und welche sollten Sie in Ihrem Leben öfter anwenden?

Stimulans	Häufigkeit	Intensität					Ergebnis	H	U
		1	2	3	4	5			
Koffein									
Zucker									
Alkohol									
Kokain									
Marihuana									
Andere Drogen									
Laufen									
Sex									
Menschen									
Pornografie/Telefon-Sex									
Witze/Komödien									
Riskante Sportarten (Drachenfliegen, Autorennen, usw.)									
Mit Kindern spielen									
Sport									
Tanzen									
Aus dem Bauch lachen									
Lesen									
Arbeiten									

Stimulans	Häufigkeit	Intensität					Ergebnis	H	U
		1	2	3	4	5			
Gärtnern									
Selbstbefriedigung									
Singen									
Wut									
Negative Gedanken									
Meditation									
Massage									
Essen									
Nikotin									
Spiele (Karten, Schach, ...)									
Fernsehen									
Zelten/Trampen									
Reisen									
Sportliche Hobbys (Golf, Bowling, Fischen, ...)									
Andere Hobbys (Fotografie, Schnitzen, ...)									
Andere									

Übung 15E

Ankurbeln der Lebendigkeit

Lebendigkeit erlangen Sie wieder, wenn Sie unterdrückte Gefühle herauslassen und so Ihre abgestumpften Sinne wiederbeleben. Die folgende Liste führt einige Dinge auf, die direkt auf Ihre innere Energie wirken. Manche davon sind sehr einfach, manche ein bißchen frivol, aber darum geht es ja gerade. Einfache, frivole, sinnliche Freuden geben uns das Gefühl, lebendig zu sein. Sie fehlen uns oft bitterlich in unserem geschäftigen, von Pflichten erfüllten Leben, je nachdem, an welchen Themen Sie arbeiten, können Sie einige dieser Aktivitäten in Ihr Übungsprogramm aufnehmen.

Haben Sie Spaß!

Bei den folgenden Aktivitäten geht es einfach darum, Spaß zu haben. Es gibt keine Regeln. Besondere Fähigkeiten sind nicht erforderlich: Sie können nichts »falsch« machen!

1. Lachen aus dem Bauch: Stellen Sie sich hin, die Füße parallel und etwas auseinandergestellt, die Knie leicht gebeugt. Beginnen Sie, sich zu lockern, indem sie sanft auf und nieder federn, stellen Sie sich vor, Sie stehen auf einem Sprungbrett. Öffnen Sie den Mund, und stoßen Sie bei jedem Sprung ein »Ha« aus. Beschleunigen Sie die federnden Bewegungen bis die Geschwindigkeit von »Ha, ha« Sie mitreißt und Sie anfangen zu lachen. Machen Sie eine volle Minute lang weiter. Machen Sie das jeden Tag. (Das ist sogar noch alberner und provokativer, wenn Sie dabei mit einem Partner von Angesicht zu Angesicht stehen.)
2. Stellen Sie sich vor einen Spiegel, und schneiden Sie Fratzen, bis Sie lachen.
3. Lernen Sie mehrere Witze oder witzige Geschichten auswendig, und erzählen Sie sie, wann immer Sie die Gelegenheit haben.
4. Sprechen Sie Unsinn. Brabbeln Sie einfach vor sich hin. Tun Sie dies vor anderen, wenn Sie die Möglichkeit haben - insbesondere Kinder lieben das.
5. Sehen Sie sich lustige Filme an, Komödien. Lachen Sie laut, selbst wenn Sie sich in einem Theater befinden. Drehen Sie sich wie ein Derwisch um sich selbst, bis Ihnen schwindelig wird. Noch besser ist es, wenn Sie das mit einem Partner tun. Halten Sie die Hände Ihres Partners, stellen Sie Ihre Füße eng zusammen, und drehen Sie sich so schnell Sie können im Kreis.
6. Gehen Sie tanzen. Bewegen Sie Ihren Körper. Lachen Sie.
7. Spielen Sie mit Kindern. Lachen Sie mit ihnen, rennen Sie mit ihnen.
8. Hören Sie sich einen Lachsack an, und lachen Sie mit.

Partnerspiele

1. Liefern Sie sich ein Gefecht mit Wasserpistolen oder einen Kampf mit Rasiercreme. Tragen Sie einen Badeanzug, oder tun Sie es nackt.
2. Machen Sie einen Ringkampf. Kämpfen Sie nackt, reiben Sie einander mit Babyöl ein. Ringen Sie, bis Sie erschöpft sind.
3. Spielen Sie Nachlaufen. Jagen Sie einander, bis Sie erschöpft sind.

Vertiefen Sie Ihre sinnliche Erlebnisbereitschaft

1. Nehmen Sie ein langes Bad in einem duftenden Öl.
2. Lassen Sie sich massieren, wenn möglich von Ihrem Liebhaber.
3. Bereiten Sie eine Mahlzeit mit all Ihren Lieblingsspeisen zu. Servieren Sie das Essen auf schönem Geschirr. Essen Sie mit den Händen, wenn Ihnen das Spaß macht.
4. Nehmen Sie eine lange, erfrischende Dusche. Singen Sie unter der Dusche.
5. Spielen Sie Musik, wenn Sie allein zu Hause sind.
6. Stellen Sie eine Duftlampe oder Potpourri in der Wohnung auf.
7. Zünden Sie im Bad, im Schlafzimmer, beim Abendessen Kerzen an. Machen Sie das zu einem alltäglichen Erlebnis.
8. Tragen Sie Seide oder Samt auf der Haut.

Bringen Sie Ihre Wut zum Ausdruck!

Wut ist die Lebenskraft, *Eros*, die in negative Energie verwandelt wurde. Manche Menschen erfahren ihre Lebendigkeit nicht, weil sie ihre Wut in ihren Muskeln festhalten. Andere halten ihre Wut in ihren Gefühlen fest und erfahren Sie nicht in ihrem Körper. Für manche Menschen ist der Schuß Adrenalin, der einen Wutanfall bei ihnen auslöst, die einzige empfundene Lebendigkeit. Die ersten vier Übungen unten werden Ihnen helfen, Ihre im Körper festgehaltene Wut umzusetzen. Die letzte Übung wird Ihnen helfen, Ihre Gefühle im ganzen Körper zu spüren. Bevor Sie diese Übungen durchführen, sollten Sie dafür sorgen, daß Sie sich und andere nicht verletzen oder irgendwelches Eigentum beschädigen können.

a) Sie brauchen einen Tennisschläger, einen kleinen Baseballschläger oder ein Bataka (einen Schaumstoffschläger, der extra für diesen Zweck hergestellt wurde), zudem ein Bett oder eine andere große, weiche Oberfläche. Stellen Sie sich an das Bett, nehmen sie Stock oder Schläger fest in beide Hände. Öffnen Sie den Mund, holen Sie tief Luft, und heben Sie die Arme hoch über Ihren Kopf. Stellen Sie sich die Person oder den Gegenstand vor, auf den Sie wütend sind. Schlagen Sie hart immer wieder auf das Bett. Stoßen Sie beim Zuschlagen geräuschvoll die Luft aus. Schlagen Sie auf das Bett, bis Sie erschöpft sind oder in Tränen ausbrechen. Wenn das der Fall ist, lassen Sie das Weinen zu.

b) Stellen Sie sich mit Sportschuhen oder anderen Schuhen mit weichen Sohlen auf einen Teppich. Stellen Sie sich die Person oder die Situation vor, die Sie wütend macht. Stampfen Sie auf den Boden, bis sie erschöpft sind oder in Tränen ausbrechen. Wenn das der Fall ist, lassen Sie das Weinen zu.

c) Tragen Sie lockere Kleidung, legen Sie sich auf ein großes Bett. Ballen Sie die Hände zu Fäusten. Heben Sie gleichzeitig die rechte Faust und den linken Fuß, und schlagen Sie auf das Bett. Das gleiche tun Sie dann mit der linken Faust und dem rechten Fuß. Schlagen Sie immer weiter. Öffnen Sie den Mund, und machen Sie ein Geräusch. Lassen Sie zu, daß das Geräusch lauter wird, je schneller Sie schlagen. Sie können ausprobieren, Worte zu rufen wie »nein, nein, nein« oder »Haß, Haß, Haß« . Machen Sie weiter, bis sie erschöpft sind oder in Tränen ausbrechen. Lassen Sie das Weinen zu.

d) Stellen Sie sich vor einen gepolsterten Stuhl oder Sessel. Achten Sie darauf, daß er weich ist. Stellen Sie sich vor, die Person, auf die Sie wütend sind, sitzt in diesem Sessel. Fangen Sie an, dieser Person zu erzählen, wodurch sie Sie verletzt hat und wie wütend Sie darüber sind. Lassen Sie sich gehen. Erheben Sie Ihre Stimme, schreien Sie, schreien Sie lauter. Wenn Sie den Impuls haben, fangen Sie an, den Sessel (die vorgestellte Person) zu schlagen, bis Sie erschöpft sind. Wenn Sie in Tränen ausbrechen, lassen Sie das Weinen zu.

e) Wenn Sie eher zu einer verbalen Äußerung Ihrer Wut neigen, was sie nur in Ihrer Kehle und im Mund fühlen, tun Sie folgendes: Holen Sie die Person, auf die Sie wütend sind, vor Ihr geistiges Auge. Stellen Sie sich die Szene vor, die Sie wütend machte. Holen Sie dann tief Luft, und atmen Sie mehrmals heftig aus, wobei Sie versuchen, Ihre Wut nicht laut zum Ausdruck zu bringen. Führen Sie diese Übung weiter, bis Sie die Wut in jedem Teil Ihres Körpers fühlen können. Lassen Sie dann die Szene, die die Wut ausgelöst hat, gehen, und spüren Sie die Lebendigkeit des Körpers.
(HINWEIS: Die aktiven Übungen a-d helfen ebenfalls, die Wut im ganzen Körper zu spüren. Aber wenn Sie dazu neigen, sich verbal Luft zu machen, sollten Sie sich hier damit zurückhalten. Sie können jedoch sinnlose Geräusche machen. Atmen Sie immer tief!)

Bringen Sie Ihre Traurigkeit zum Ausdruck!

Manche Menschen spüren Ihre Lebendigkeit nicht, weil sie Ihre Verluste nicht betrauert haben. Um zu erkennen, ob das auf Sie zutrifft, gehen Sie durch Ihr Erwachsenenleben und Ihre Jugend zurück bis in die Kindheit. Machen Sie eine Liste der Verluste, die Sie in Ihrem Leben erlitten haben. Dazu können Freunde gehören, die weggezogen sind, ein Tier, das gestorben ist, eine unglückliche Liebe, der Verlust eines Jobs, die Nachricht, daß sich Ihre Eltern scheiden lassen würden, eine verpaßte Gelegenheit zu verreisen, eine aufgegebene Karriere, um Kinder großzuziehen. Nehmen Sie zwei Stühle. Stellen Sie sie einander gegenüber auf. Setzen Sie sich auf einen. Der »Verlust« nimmt auf dem Stuhl gegenüber Platz. Stellen Sie sich die Situation genau vor. Beginnen Sie, zu dem Verlust zu sprechen. Fassen Sie all Ihre Gefühle darüber in Worte, auch die positiven. Was es für Sie bedeutet hat, wie Ihr Leben davon beeinflußt wurde, daß etwas fehlte, welchen Schmerz Sie empfinden. Bringen Sie die Wut zum Ausdruck, die Sie vielleicht haben und damals nicht ausdrücken konnten. Oder die Wut darüber, daß ihnen jetzt etwas fehlt. Lassen Sie Tränen zu, betrauern Sie den Verlust. Wenn Sie fertig sind, stellen Sie sich vor, Sie seien auf einem Friedhof und würden sich jetzt ein letztes Mal davon verabschieden. Begraben Sie die Person oder das Objekt, wie es Ihnen angemessen erscheint. Stellen Sie sich den gesamten Ablauf vor. Betrachten Sie zum Beispiel die Person, die Sie betrauern, in ihrem Sarg. Sehen Sie zu, wie sie in die Erde gelassen und mit Erde bedeckt wird. Stellen Sie sich die Blumen vor und das Wetter. Verlassen Sie dann die Szene in Ihrer Vorstellung.

Alle vergangenen Anlässe für Wut und alle unbetrauerten Verluste werden Ihnen in jede Beziehung folgen. Je mehr vergangene Erfahrungen Sie abschließen können, desto weniger unbewußte und archaische Emotionen werden aufbrechen, wenn Sie eine Beziehung eingehen.

Übung 15F

Der Lebendigkeitsplan

Die Aufgabe besteht nun darin, einen Plan zusammenzustellen, um Ihre schlummernden Energien zu wecken.

1. Betrachten Sie noch einmal Ihre Antwort auf Schritt 2 in Übung 15A, Seite 275, wo Sie die Beneiche auflisteten, in denen Ihre Energien gedämpft wurden. Sie können auch zu Übung 10B, Seite 182 zurückgehen, um sich zu erinnern, was Sie auf diesen Gebieten für Botschaften erhielten. Beziehen Sie sich außerdem auf Schritt 3 in Übung 15A, auf Seite 275). Dort sollten Sie überprüfen, ob Ihre Geschlechtsenergien gleichmäßig verteilt sind. Ziel war es, ein befriedigendes Sexualleben führen zu können. Auch hier möchten Sie vielleicht zurückgehen zu Übung 11A, Seite 210f, und Übung 11B, Seite 213, um mehr Einzelheiten zu erhalten.
2. Schreiben Sie oben auf ein leeres Blatt Papier LEBENDIGKEITSPLAN. Verwenden Sie die obengenannten Übungen, schreiben Sie nieder, wie Sie sich vorstellen können, Ihre Gefühle von Lebendigkeit anzuregen und wo sie unterdrückt wurden. Ich kann Ihnen hier keine genauere Anleitung geben, denn das Programm, das Sie entwickeln, soll sehr individuell Ihren besonderen Bedürfnissen angemessen sein. Als Minimierer sollten Sie jedoch Dinge tun wollen, die

Ihre Energien und Grenzen ausweiten. Maximierer sollten sich mehr darum bemühen, Ihre Energie im Körper zurückzuhalten und Ihren tiefsten Körperempfindungen nachzuspüren. Machen Sie sich jetzt keine Gedanken, ob Sie Lust oder die Möglichkeit haben werden, diese Dinge zu tun. Schreiben Sie sie einfach nieder. Schreiben Sie zuerst oben auf das Blatt: »Ich gebe mir selbst die Erlaubnis, mich vollständig lebendig zu fühlen, indem ich all die angenehmen und belebenden Dinge auf dieser Liste tue.« Seien Sie genau, und gehen Sie ins Detail. Sagen Sie nicht: »Ich werde mehr tun, was mir hilft zu denken«, oder »Ich werde mehr Sport treiben«, oder »Ich werde häufiger meine Wut zum Ausdruck bringen.« Beschreiben Sie genauer, was Sie wollen, nach dem folgenden Muster:

»Ich werde einen Grundkurs belegen, um zu lernen, wie man Autos repariert.«
»Ich werde lernen, einen Computer zu bedienen.«
»Ich werde dem Volleyballteam unserer Firma beitreten.«
»Ich werde mir zweimal im Monat Zeit nehmen, um ins Museum oder Theater zu gehen.«
»Ich habe nie betrauert, daß ich mein Medizinstudium aufgegeben habe, als Max geboren wurde. Ich möchte die Übung machen, um meine Traurigkeit zum Ausdruck zu bringen.«
»Ich werde eine große Schale Potpourri für mein Zimmer kaufen.«
»Ich werde mich am Arbeitsplatz gegen die neuen Vorschriften aussprechen.«
»Ich werde mir Spitzendessous/Boxershorts aus Seide kaufen.«
»Ich werde meinen Chef wissen lassen, wie sehr es mich ärgert, daß ich nicht befördert wurde.«
»Ich werde meiner Therapiegruppe von ______________ erzählen.«
»Ich werde mir überlegen, wie ich mein Konto ausgleichen kann.«
»Nächstes Mal, wenn ich mit Alice schlafe, werde ich ihr sagen, daß ich ________ möchte.«
»Ich werde darauf achten, in diesem Jahr die Spargelsaison nicht zu verpassen.«
»Ich werde ganz allein eine lange Radtour unternehmen.«
»Ich werde für Marions Geburtstag ein Abendessen planen und zubereiten.«
»Ich werde jeden Tag Bauchlachen üben, vielleicht versuche ich es auch mit Andy/Susan.«
»Ich werde die Übung machen, um meine Wut über ___________ zum Ausdruck zu bringen.«
»Ich werde laut schreien, wenn mir danach ist.«
»Ich werde laut singen.«
»Ich werde mich zu dem Bewegungstherapie-Wochenende anmelden.«

3. Bewerten Sie alle Aktivitäten auf Ihrer Liste danach, wie leicht Sie Ihnen fallen werden, schreiben Sie neben die leichteste Übung eine 1.
4. Beginnen Sie mit der Übung 1 auf Ihrer Liste. Führen Sie sie so oft wie möglich

aus. Es ist natürlich, daß Sie sich zuerst ängstlich und unbehaglich fühlen. Einige Aufgaben werden Ihnen Schwierigkeiten bereiten - Ihre sexuellen Wünsche zu äußern zum Beispiel oder sich mit Ihrem Chef auseinanderzusetzen. Andere bedeuten eine Menge Organisation und Einsatz. Versuchen Sie, trotz Ihres Unbehagens dabei zu bleiben. Je mehr Sie üben, desto natürlicher wird es Ihnen vorkommen. Machen Sie die Übung »Der sichere Ort« (Übung 15B, Seite 276), wenn Sie steckenbleiben. Stellen Sie sich eine imaginäre Person vor, die sich so verhält, wie Sie es gerade lernen wollen. Wenn das Bild angenehm ist, versetzen Sie sich selbst an die Stelle dieser Person. Sehen Sie sich selber bei Ihrem neuen Verhalten zu. Gehen Sie in der Phantasieübung weiter, und stellen Sie sich die Reaktion anderer vor.

5. Konzentrieren Sie sich so lange auf ein Verhalten, bis Sie sich wohl damit fühlen und es zu einem eigenen Bestandteil geworden ist. Gehen Sie dann über zu der nächsten Veränderung, der Aktivität, die auf der Liste eine 2 bekam, und so weiter.
6. Denken Sie daran, sich wenn möglich der Hilfe und Unterstützung von Freunden und Liebhabern zu versichern.

Übung 15G

Aneignung und Verändern negativer Verhaltensweisen

In dieser Übung werden wir die negativen Eigenschaften, die Sie in Übung 15A benannt haben, in positive Verhaltensweisen umwandeln, die Sie üben können.

1. Teilen Sie ein leeres Blatt Papier in drei vertikale Spalten. Schreiben Sie über die linke Spalte NEGATIVE EIGENSCHAFTEN, über die mittlere POSITIVE EIGENSCHAFTEN und über die rechte Spalte POSITIVE VERHALTENSWEISEN. Schreiben Sie in die linke Spalte alle negativen Eigenschaften von Übung 15A, Schritt 4, Seite 276. Zum Beispiel heißt es vielleicht in der ersten Spalte »Geiz«, »Unerreichbarkeit«, »Zynismus«, »Voreingenommenheit«. Gehen Sie nun zurück zu Schritt 1 von Übung 15A, Seite 275, und betrachten Sie, welche Herausforderung an seelisches Wachstum dort genannt wird. Gibt es hier irgendwelche negativen Verhaltensweisen, die von denen oben nicht abgedeckt werden? Wenn Sie zum Beispiel ein »Rechthaber« sind, steckt in der Herausforderung an Wachstum die Vermutung, daß Sie vielleicht »rigide« und »unsensibel« sind. Nehmen Sie diese Eigenschaften ebenfalls auf.
2. Überlegen Sie nun, was das positive Gegenteil jeder dieser Eigenschaften wäre. Tragen Sie die in die mittlere Spalte ein. Die obigen Eigenschaften verwandeln sich dann in »Großzügigkeit«, »Wärme«, »Vertrauen in andere«, »Offenheit«, »Flexibilität« und »Sensibilität«.

3. Listen Sie in der dritten Spalte die Verhaltensweisen auf, in denen die positiven Eigenschaften zum Ausdruck kommen würden. Versuchen Sie, sich für jede positive Eigenschaft mehrere Verhaltensweisen zu überlegen. Bei »Großzügigkeit« können Sie zum Beispiel schreiben: »Ich werde Bettlern Geld geben.« - »Ich werde soundsoviel pro Monat für wohltätige Zwecke spenden.« - »Ich werde mehr Geld für Weihnachtsgeschenke beiseite legen und nicht die Ausrede benutzen, ich sei pleite.« - »Ich werde Elinor meine Silbernadel schenken, die ihr so gut gefällt.« - »Ich werde Janes Extravaganzen gegenüber toleranter sein.« Neben »Warmherzigkeit« können Sie zum Beispiel schreiben: »Ich werde den Leuten an der Bushaltestelle morgens ›Guten Morgen‹ sagen.« - »Ich werde mit der Serviererin im Cafe plaudern.« - »Ich werde zweimal in der Woche in der Cafeteria zu Mittag essen anstatt an meinem Schreibtisch.« - »Ich werde der Literaturgruppe beitreten.« - »Ich werde wenigstens einmal in der Woche einen Freund anrufen, nur um zu plaudern.« - »Ich werde mit meinem Freund Jake reden, was mit Vera und mir los war im letzten Sommer.« - »Ich werde freiwillig bei den Pfadfindern mitmachen.« - »Ich werde meiner Schwester Anne sagen, wie gern ich sie habe.«
4. Bewerten Sie nun diese neuen Verhaltensweisen danach, wie schwierig sie für Sie sind. Die einfachste benoten Sie mit 1.
5. Beginnen Sie, die mit 1 bezeichnete Verhaltensweise auf Ihrer Liste zu üben. Tun Sie es, sooft es möglich oder durchführbar ist. Es ist ganz natürlich, wenn Sie zuerst ängstlich, nervös oder mit Unbehagen reagieren. Versuchen Sie, trotz des Unbehagens dabeizubleiben. Je häufiger Sie üben, desto einfacher wird es Ihnen vorkommen. Machen Sie sich die Übung »Der sichere Ort« zunutze, wenn Sie steckenbleiben. Stellen Sie sich eine imaginäre Person vor, die das neue Verhalten ausagiert. Wenn das Bild klar und angenehm ist, versetzen Sie sich selbst an die Stelle dieser Person. Sehen Sie sich dabei zu. Gehen Sie weiter auf Ihrem Weg, und nehmen Sie die Reaktionen anderer wahr.
6. Bleiben Sie bei diesem Verhalten, bis Sie sich wohl damit fühlen. Schließlich werden Sie das Gefühl haben, daß es zu Ihnen gehört. Gehen Sie dann weiter zu der Verhaltensänderung, die auf Ihrer Liste mit 2 bezeichnet wurde, und so fort.
7. Denken Sie daran, je mehr Sie andere Menschen einbeziehen, besonders Menschen, die Ihnen nahestehen, desto schneller und tiefer wird diese Veränderung sein. Seien Sie offen für die Rückmeldungen von anderen, fordern Sie sie auch dazu auf. Nahestehende kennen ohnehin Ihre von Ihnen abgelehnten Verhaltensweisen. »Bekennen« Sie sie. Nehmen Sie sie als Teil von sich selbst an. Erleben Sie, daß er oder sie Sie immer noch mag. Sie erfahren, daß Sie trotz aller Fehler Sie selbst sein können, Sie werden dennoch geliebt. Ihre Neigung, in Ablehnung dieser Eigenschaften sie auf Ihre Freunde, Familie und Ihre Partner zu projizieren, womit Konflikte heraufbeschworen werden, wird schwinden.

Übung 15H

Die Kunst des »Intentionalen Dialogs«

Die Möglichkeit uns im Dialog zu verständigen, unterscheidet uns von anderen Lebewesen. Der Dialog ist eine entscheidend wichtige Beziehungsfähigkeit, die das bloße Reiz-Reaktions-Muster des Alten Gehirns durchbrechen hilft. Ohne einen Dialog können Sie sich nicht mit der inneren Wirklichkeit einer anderen Person in Beziehung setzen. Sie haben dann nur zu Ihrer eigenen Version Kontakt, beziehen sich also nur auf sich selbst. Ohne einen Dialog müssen Sie mit einseitigen Verzerrungen der Wirklichkeit rechnen und dem daraus resultierenden Konflikt. Mit einem Dialog kann jedes Problem erfaßt und gelöst werden. Und wenn der Dialog richtig eingesetzt wird, löst sich das Problem oft von selbst.

Der Dialog ist außerdem ein Wachstumsprozeß. Ihr eigenes Bewußtsein wird vorübergehend zurückgehalten und läßt die Wirklichkeit einer anderen Person zu, ohne sie zu bewerten. Sie nehmen die subjektive Erfahrung eines anderen in sich auf. Das ermöglicht Ihnen neue Erfahrungen, die für Ihr Wachstum wesentlich sind. Wollen Sie eine erfolgreiche Beziehung zu einem anderen Menschen haben und sich persönlich weiterentwickeln, ist der Dialog unabdingbar. Das Sicheinlassen auf einen anderen Menschen erfordert eine absichtliche Reaktion. Die Instinkte müssen überschritten werden. Daher ist wirklicher Dialog nicht defensiv. Es ist aber auch der Grund dafür, weshalb diese Form der Kommunikation so schwerfällt.

Ein Intentionaler Dialog ist einfach bewußte, klärende, bestätigende Kommunikation. Durch den Dialog entstehen Wertschätzung, Respekt und Annahme der inneren Welt von anderen. Ein Intentionaler Dialog hat drei Teile: Spiegeln, Bestätigen und Einfühlen. Weiter unten finden Sie ein Beispiel dafür. Denken Sie daran, daß Sie es, wenn Sie diese Fähigkeiten üben, in der Regel nicht mit jemandem zu tun haben, der mit diesem Verfahren vertraut ist. (Obwohl ich Ihnen dringend raten möchte, einen Freund oder Partner in diesen Lernprozeß einzubeziehen). Sie können aber durchaus allein üben. Spiegeln und werten Sie, was Ihnen gesagt wird, ob Ihr Gegenüber nun weiß, was Sie vorhaben, oder nicht.

1. *Spiegeln.* Spiegeln ist ein reflexiver Prozeß. Wir versichern dem anderen, daß wir den faktischen Gehalt des Gesagten genau verstanden haben. Stellen Sie sich vor, Sie seien ein flacher Spiegel, weder konvex noch konkav. Ein flacher Spiegel gibt ein genaues Bild wieder, die beiden anderen verzerren es. Verzerrte Kommunikation aber ist Interpretation und nicht Reflexion. Eine Interpretation ist das, was Sie verstehen oder was Sie glauben, und nicht das, was Ihr Partner gesagt hat. Deshalb entstehen daraus oft Konflikte oder Werturteile.

   So sieht Spiegeln aus:

   Sender: »Ich dachte, wir waren für Freitag Abend verabredet. Aber du bist nicht gekommen und hast noch nicht einmal angerufen. Ich hasse das. Ich weiß nicht, was ich denken soll. Hast du es vergessen? Habe ich es mißverstanden? Es macht mich so wütend, wenn ich versetzt werde. Ich fühlte mich allein gelassen, und das gefällt mir nicht.«

Spiegelnde Antwort: »Wenn ich dich richtig verstanden habe, dachtest du, daß wir am Freitag verabredet waren, und als ich weder anrief noch kam, warst du verwirrt, und du fühltest dich im Stich gelassen und wurdest wütend.«

Jetzt bewertet der Sender die Genauigkeit der Rückmeldung und erwidert: »Ja, das stimmt, ich war auch verwirrt, und ich hasse es, versetzt zu werden.« (Der Sender muß sicher sein, daß alles, was er gesagt hat, richtig gehört wurde. Das Spiegeln sollte wiederholt werden, bis der Sender zustimmt, daß das, was er gesagt hat, vollständig richtig wiedergegeben wurde.)

Nichtspiegelnde Reaktion (Vorwurf, kritisierend): »Immer regst du dich über Kleinigkeiten auf. Und ständig gibst du mir die Schuld.« Oder (verteidigend, leugnend): »Was meinst du? Wir waren gar nicht verabredet.« Oder (rationalisierend, erklärend): »Na ja, ich mußte so lange arbeiten. Als ich fertig war, bin ich einfach nach Hause gegangen. Ich dachte sowieso nicht, daß es fest abgemacht war.« Oder (verzerrend): »Nun, das hast du alles ganz falsch verstanden. (Sie verzerren die Realität.) Ich weiß gar nicht, wie du darauf kommst (du bist verrückt).« All diese Kommentare werten die Erfahrung des anderen ab und vermitteln indirekt, daß er oder sie im Unrecht ist.

2. *Bestätigung.* Bestätigung bedeutet hier, anzuerkennen, daß die innere Erfahrung des anderen aus ihrer oder seiner Perspektive Sinn macht. Was er oder sie sagt, ist für ihn oder sie »wahr« und hat seine eigene Logik. Um eine andere Person zu bestätigen, müssen Sie sich an ihre Stelle versetzen, die Situation durch ihre Brille sehen und von ihrem Gesichtspunkt aus betrachten. Dazu müssen Sie über sich selbst hinausgehen. So würde eine Bestätigung in der obigen Unterhaltung aussehen:

   Bestätigung: »Ich verstehe dich. Aus deiner Perspektive hatten wir eine Verabredung. Ich bin nicht erschienen und habe auch nicht angerufen. Ich verstehe, warum du verwirrt und wütend bist. Das macht Sinn.«

   Entwertende Reaktion (nach einer richtigen Spiegelreaktion): »Ich weiß gar nicht, weshalb du dich so aufregst.« (Du hast kein Recht auf deine Gefühle - sie sind nicht gültig.) Oder: »Du machst immer aus jeder Mücke einen Elefanten.« (Du bist hysterisch - Abwertung.)

   »Bestätigung« bedeutet nicht, mit der anderen Person einer Meinung zu sein. Sie müssen Ihre Erfahrung oder Ihren eigenen Gesichtspunkt nicht aufgeben. Es bedeutet lediglich, daß Sie die Erfahrung der anderen Person und die Gültigkeit ihres Gesichtspunkts erkennen und akzeptieren. Denken Sie daran, *andere sind nicht Sie.* Solange Sie das nicht gelernt haben, können Sie sich nicht zu anderen in Beziehung setzen. Sie können sich nur auf sich selbst beziehen. Der Dialogprozeß bringt die Wirklichkeit des anderen an den Tag und schafft Gleichheit in der Beziehung.

3. *Einfühlen.* Es gibt verschiedene Ebenen des Einfühlens. Der erste Grad besteht darin, daß Sie einer anderen Person vermitteln, daß Sie seine oder ihre Gefühle hören und als sinnvoll verstehen. Auf der zweiten Ebene vermitteln Sie, daß Sie die Gefühle des anderen hören, den Sinn erkennen und Sie ihm nachfühlen können. Diese zweite Ebene erfordert, sich selbst zu überschreiten, was den meisten Menschen sehr schwerfällt. Ich rate Ihnen, sich am Anfang nur um den ersten Einfühlungsgrad zu bemühen. Das ist schwierig genug. Erst wenn Sie den ersten Grad beherrschen, sollten Sie versuchen, die zweite Ebene zu erreichen. Diese Form der Selbstüberschreitung ist zutiefst heilsam. Und so würde die zweite Ebene aussehen:
   Einfühlung: »Ich verstehe, was du sagst. Ich kann mir vorstellen, daß du dich im Stich gelassen fühlst und wütend wirst, wenn ich nicht anrufe oder komme.«
   Nicht-einfühlende Reaktion (normalerweise werden hier die Gefühle des anderen nicht anerkannt, oder, wenn doch, abgewertet): »Ich kann mir gar nicht vorstellen, warum du dich allein gelassen fühlst. Warum wirst du wütend, wenn du keinen Telefonanruf bekommst? (Deine Gefühle sind nicht rational oder zu rechtfertigen.) Ich hätte einfach mit meiner Beschäftigung weitergemacht. (Die Art, wie ich reagiere, ist die richtige.)«
4. *Vollständige Reaktion.* Diese drei Prozesse, Spiegeln, Bestätigen und Einfühlen, zusammen ergeben eine vollständige Reaktion: »Also wenn ich dich richtig verstanden habe, hattest du den Eindruck, daß wir am Freitag verabredet waren. Als ich dann nicht anrief oder kam, warst du verwirrt und wütend und fühltest dich allein gelassen. Habe ich das richtig verstanden? So wie du die Situation siehst, kann ich verstehen, warum du verwirrt warst und dich aufgeregt hast. Es macht Sinn, und ich kann mir vorstellen, daß du dich im Stich gelassen fühltest und wütend warst. (Und mit Einfühlung auf der tieferen Ebene:) Ich kann nachempfinden, wie ängstlich und ärgerlich du gewesen sein mußt. Und es ist ein scheußliches Gefühl.«

Sie können diese Reaktionsart auch mit jemandem üben, dem nicht klar ist, worum es Ihnen geht. Auf jeden Fall wird sich Ihr neues Vorgehen grundlegend auf Ihre Kommunikation auswirken. Wenn Sie den dritten Schritt der Einfühlung abgeschlossen haben, können Sie Ihre Reaktion auf das, was er ursprünglich gesagt hat, vermitteln. Ist der Sender mit dem Dialogprozeß vertraut, reagiert er oder sie dann als empfangender Partner mit den drei Schritten. Der Dialog geht dann abwechselnd bis zur Lösung des Problems weiter. Sie sollten dies in vielen unterschiedlichen Zusammenhängen ausprobieren.

Dabei werden Sie wohl die gleiche Erfahrung machen wie alle, denen ich den Intentionalen Dialog beigebracht habe. Sie werden sich über die Verlangsamung der Kommunikation durch dieses Verfahren beklagen. Und darüber, wie schwierig es ist. Sie haben recht. Der Intentionale Dialog ist schwierig, und er verlangsamt das Gespräch. Ich habe Verständnis dafür, daß Sie sich darauf nicht einlassen wollen. Doch dieser langwierige Prozeß ist immer noch viel schneller als die Aufarbeitung der Folgen verzerrter Kommunikationsformen. Außerdem wird der Schmerz vermieden, hervorgerufen von Mißverständnissen, Urteilen und Interpretationen. Mit entsprechender Übung wird der Intentionale Dialog zur Gewohnheit. Sie hören auf, ihn als künstlich zu empfinden. Bald werden Sie den Dreh raushaben und erfahren, wie wirksam er ist und wieviel Nähe er schafft. Schließlich ist es nur anständig, andere auf diese Weise zu behandeln.

Immer, wenn sich Ihnen die Gelegenheit dazu bietet, sollten Sie den Intentionalen Dialog üben. Insbesondere dann, wenn Sie sich in Konfliktsituationen befinden, es Verwirrung, Frustration oder Ärger gibt.

Übung 15I

Das Festhalten von Projektionen

Es handelt sich um eine Projektion, wenn Sie einen eigenen, aber geleugneten negativen Aspekt einer anderen Person zuschreiben. Ihre Reaktion auf diese Person ist dann die, als gehöre diese Eigenschaft zu ihr oder ihm. Wenn Sie zum Beispiel wütend oder geizig sind, diese Eigenschaften aber nicht zu Ihrem Selbstbild zählen, werden Sie Wut und Geiz bei anderen »wahrnehmen«. Sie verhalten sich ihnen gegenüber so, als würden sie diese Eigenschaften besitzen, im Regelfall also kritisch. Es ist wie das Betrachten eines Films. Sie sehen Bilder, die so wirken, als würden sie sich auf der Leinwand befinden. In Wirklichkeit aber sind sie in Ihnen, dem Projektor. Natürlich handelt es sich bei der Projektion um einen unbewußten Prozeß. Sie erkennen also nicht, daß Sie projizieren. Soweit es Sie betrifft, handelt es sich bei Ihrer Kritik und Ihren Vorwürfen um Reaktionen auf wirklich wahrgenommenes Verhalten.

In Beziehungen sind Projektionen der Sündenbock für viele Konflikte. Mit ihnen umzugehen stellt eine wirkliche Herausforderung dar, denn sie sind tückisch. Fast in allen Fällen besitzen Sie die Eigenschaft, die jemand anders auf Sie projiziert, tatsächlich, vielleicht nicht gerade in dem Maße, wie der Projizierende meint. Denn das ist das Maß, in dem er oder sie die geleugnete Eigenschaft selbst besitzt. In diesem Fall bricht der Vergleich zusammen, da das Bild im Projektor sich auch auf der Leinwand befindet. Die Eigenschaften sind für Sie aus den gleichen Gründen unannehmbar wie für den Projizierenden. Daher leugnen Sie sie und reagieren normalerweise mit dem Versuch, sie zu widerlegen. Oder Sie Ihrerseits erheben Vorwürfe.

Das ist der Kern des Problems. Ihre Reaktion auf die Projektion bestätigt dem Projizierenden, daß er recht hat: Sie liefern den Beweis, daß Sie wirklich so sind, wie er oder sie behauptet. Es ist nur natürlich, daß Sie wütend werden, wenn jemand Sie beschuldigt, wütend zu sein. Sie ziehen sich ebenso zurück, wenn jemand sagt, Sie seien so zugeknöpft. In diesem Fall stützt sich die Projektion auf eine gültige Wahrnehmung.

In anderen Fällen ist der Vergleich mit einem Projektor jedoch richtig. Das Bild ist *nur* im Projizierenden. Es wird von etwas ausgelöst, das vom anderen falsch wahrgenommen wird. Ihr Stirnrunzeln zum Beispiel kann bedeuten, daß Sie nachdenken. Der andere aber interpretiert es als Ärger. Diese Interpretation weckt tatsächlich Ärger in Ihnen, der vorher nicht da war. Sie fühlen sich angegriffen und bestätigen die Projektion, indem Sie sich dem Vorwurf gemäß verhalten. Diese Dynamik heißt *projektive Identifikation.* Sie identifizieren sich mit der Projektion und werden so.

Dafür gibt es zwei Umgehensweisen. Die eine ist typisch, aber unwirksam; die andere ist ungewöhnlich, aber überaus wirksam. Die erste Reaktion wäre, die Projektion abzuleugnen und sie dem Projizierenden zurückzugeben: »Wie kommst du nur drauf, ich sei geizig. *Du* bist ein Geizhals!« Die wirksame Reaktion, die aber sehr selten ist, besteht darin, die Projektion *festzuhalten*, sie also nicht auf die andere Person zurückzureflektieren. Dazu bedient man sich des Intentionalen Dialogs. Anstatt die Vorwürfe zu leugnen oder sich damit zu identifizieren, spiegeln Sie sie. Sie bestätigen die Erfahrung des anderen und bringen Mitgefühl mit seinen Empfindungen zum Ausdruck. Sie stimmen weder zu, noch weisen Sie weit von sich, was er sagt. Auf diese Weise wird die Projektion nicht bestätigt. Sie hat nichts, woran sie sich festhalten kann. Sie kann nicht klebenbleiben. Wenn Sie die Projektion aushalten und annehmen, hat sie keine Leinwand, auf der Sie sich darstellen kann. Indem Sie sich weigern, die Projektion zu bestätigen, entziehen Sie ihr die Grundlage. Der andere muß sie fallenlassen, erneut untersuchen oder zurückziehen. Ihre Wirkung verpufft.

Das Festhalten einer Projektion kann zum Beispiel so aussehen:

1. Beispiel:

Sender: »Ich fühle mich so allein. Du bist einfach nicht für mich da. Du willst nicht mit mir zusammensein. Du hörst nicht zu. Ich glaube, du willst einfach nicht, daß ich das Gefühl habe, umsorgt zu sein.«

Empfänger (spiegelnd): »Du fühlst dich gerade allein, hast das Gefühl, ich würde nicht für dich da sein und dir nicht zuhören. Und du glaubst, ich kümmere mich nicht um dich und will nicht, daß du dich umsorgt fühlst.«

(Bestätigung): »Ich verstehe, wieso du dieses Gefühl hast. Ich sehe ein, daß ich manchmal nicht richtig zuhöre, dir nicht meine volle Aufmerksamkeit widme und mich nicht immer sehr fürsorglich verhalte.«

(Mitgefühl): »Und ich kann mir vorstellen, daß du dich deshalb schrecklich fühlst. Du mußt wütend und ängstlich sein.«

2. Beispiel:

(Dies ist ein Beispiel für eine projektive Identifikation, wobei der Sender seine Kritik darauf gründet, wie der andere zu sein *scheint*):

Sender: »Warum bist du immer wütend auf mich? Ich kann dir das doch am Gesicht ablesen. Du scheinst mich nicht besonders zu mögen. Ich weiß nicht, womit ich deinen Ärger verdiene.«

Empfänger (spiegelnd): »Wenn ich dich richtig verstehe, sagst du, daß ich immer wütend auf dich bin, daß ich dich nicht mag und daß du das nicht verdienst. Ist das richtig?«

(Bestätigung): »Nun, ich höre dich laut und deutlich. Tatsächlich bin ich manchmal böse auf dich wegen etwas, das für dich gegenstandslos zu sein scheint. Doch ich begreife, weshalb du sagst, daß du es nicht verstehst.«

(Mitgefühl): »Und ich kann mir vorstellen, daß du deshalb wirklich böse bist.«

So würde es aussehen, wenn der Empfänger sich mit der Projektion identifizieren würde: »Was soll das heißen, ich bin immer wütend (laut, ärgerlich)? Es ist doch immer das gleiche (verallgemeinert, daß der Sender ihn oder sie entmachtet). Ich kann dich nicht einmal ansehen, ohne daß du glaubst, ich sei wütend. Du bist dauernd wütend (projiziert die ausgelöste Wut zurück auf den Sender).«

Wie Sie sehen, ist das Festhalten der Projektion des anderen selbst schon der Beweis, daß Sie sich um ihn kümmern und für ihn da sind. Mit Hilfe des Dialogs verflüchtigt sich die Energie in der Projektion im Lauf der Zeit. Das erlaubt dem anderen, den Vorwurf zurückzuziehen und die Möglichkeit in Erwägung zu ziehen, daß die Wut aus ihm oder ihr selbst kommt. Wenn Sie sich verteidigen, wird die Projektion an Ihnen festkleben wie Leim. Der Projizierende wiederum wird weiter seine oder Ihre Anteile an dem Problem ableugnen können. Probieren Sie das beim nächsten Mal aus, wenn jemand sich über Sie aufregt. Sie werden erstaunt sein, wie konstruktiv dieser Prozeß ist.

Übung 15J

Bitten um Verhaltensänderungen

Kritik ist die häufigste und die zerstörerischste Reaktion auf Frustration in einer Beziehung. Vorwürfe, Nörgeln und Anklagen sind ein verdrehter und unproduktiver Versuch, die eigenen Bedürfnisse befriedigt zu bekommen oder eine unangenehme Situation zu verändern. Er basiert auf der irrigen Voraussetzung, wir könnten den anderen durch zugefügten Schmerz dazu bringen, unseren Schmerz zu mildern, indem er sich einer vermeintlichen Schuld bezichtigt. Oder ihn zwingen zu wollen, uns die vermißte Aufmerksamkeit oder das Vergnügen zu schenken. Kritik ist das gefrorene Schreien der Kindheit, in Sprache übersetzt. Es funktioniert nicht, aber unsere starren Alten Gehirne halten uneinsichtig daran fest. Es gibt eine einfache, hochgradig wirksame und leicht zu lernende Alternative zu Kritik. In jeder negativen Kritik steckt ein Wunsch. Die wirksamste Strategie dagegen ist, den Wunsch zu erkennen und ihn direkt zu äußern. Dann können Sie den Wunsch konkretisieren und beschreiben, welches andersgeartete Verhalten Sie sich wünschen.

Das Beispiel unten illustriert die Unterscheidung zwischen Frustrationen, Kritik und Wünschen. Es beschreibt auch eine wirkungsvolle Reaktionsform auf Frustrationen anderer Ihnen gegenüber. Außerdem zeigt es, wie Sie Ihre Kritik positiv umformulieren können, *wenn Sie* frustriert sind. Auch hier besteht die neue Reaktion auf Frustration, Ärger und Kritik im wesentlichen in einem Intentionalen Dialog. Damit können Sie auf jeden Fall weitgehend eine Eskalation der Gefühle verhindern. Zudem kann der andere aus Ihrem Verhalten lernen.

Das Beispiel zeigt eine typische Frustration. Sie wird zerlegt in das *Gefühl*, das mit der Frustration verbunden ist, die *Angst*, die dahintersteckt, die *kritische Form*, die sie normalerweise annimmt, den *Wunsch*, der darin enthalten ist, und die *erwünschte Verhaltensänderung*.

Frustration: »Du hast nicht angerufen und mir gesagt, daß du zu spät kommen würdest. Ich bin frustriert, denn ich war um sieben Uhr fertig zum Ausgehen, und jetzt werden wir zu spät kommen. Es ist peinlich, wenn man so spät einen Sitz angewiesen bekommt. Wir müssen alle anderen stören.«

Gefühl: Wut und Peinlichkeit.

Angst: vom Partner allein gelassen zu werden, von anderen beschämt zu werden.

Kritik: Du kommst immer zu spät. Du denkst nicht an meine Gefühle. Du bist so in deine Arbeit vertieft, daß ich nicht zähle. Ich kann mich nicht auf dich verlassen.

Wunsch: Ich brauche das Gefühl, mich auf dich verlassen zu können und daß du tust, was du sagst.

Erwünschte Verhaltensänderung: »Wenn du in Zukunft absiehst, daß du zu spät kommen wirst, ruf mich bitte mindestens dreißig Minuten vorher an, damit wir uns anders absprechen können. Vielleicht kann ich dich dann vor dem Theater treffen«

Frustration wie oben zum Ausdruck zu bringen ist unwirksam. Hier ist ein Beispiel, wie Frustration in *wirksame Kommunikation* verwandelt werden kann: »Wenn du zu spät kommst, werde ich wütend. Ich habe dann Angst, dir könnte etwas passiert sein. Vielleicht willst du auch nicht mit mir zusammen sein. Und die Vorstellung, zu spät ins Theater zu kommen, ist mir peinlich. Ich brauche das Gefühl, daß ich mich auf dich verlassen kann. Wenn du in Zukunft absiehst, daß du zu spät kommen wirst, ruf mich bitte wenigstens dreißig Minuten vorher an. Laß mich wissen, wann du hier sein kannst, damit wir unsere Vereinbarung ändern können.«

Beachten Sie, daß das *Verhalten* (zu spät kommen) festgestellt wird, gefolgt von dem *Gefühl* (Wut) und der *Angst* (dir ist etwas passiert, du willst nicht mit mir Zusammensein, Peinlichkeit). Es folgen *Wunsch* und *erwünschtes Verhalten.*

Eine *wirksame Reaktion* auf diese Äußerung könnte so aussehen: »Wenn ich dich richtig verstehe, machst du dir Sorgen, wenn ich zu spät komme. Du fragst dich, ob ich überhaupt kommen werde. Und wenn ich komme, hat die Vorstellung schon angefangen. Das ist dir peinlich. Du möchtest, daß ich dreißig Minuten vor unserer Verabredung anrufe, wenn ich zu spät kommen werde. Ich soll dir sagen, ob ich komme und wie wir unsere Vereinbarung ändern können. Habe ich dich richtig verstanden?«

Sender: »Ja, das stimmt. Danke fürs Zuhören.«

Bestätigung: »Ich sehe deinen Gesichtspunkt, und ich verstehe, daß du pünktlich sein oder neue Vereinbarungen treffen willst, wenn ich zu spät komme.«

Einfühlung: »Und ich kann mir vorstellen, daß du ärgerlich und ängstlich wirst, wenn ich das nicht tue. In diesem Fall kommt dann auch noch Peinlichkeit dazu. Ich kann dir nachempfinden, wie schrecklich sich das anfühlt.«

Der Prozeß der Verhaltensänderung funktioniert in beide Richtungen. Hat jemand Sie frustriert, rate ich Ihnen, ganz und gar auf Kritik zu verzichten. Benennen Sie statt dessen Ihre Frustration. Vermitteln Sie den darin eingebetteten Wunsch, gefolgt von der Bitte, sich Ihrem Wunsch gemäß zu verhalten. Wenn Sie geübt darin sind, können Sie die Vermittlung der Frustration auslassen. Beschreiben Sie einfach das frustrierende Verhalten, formulieren Sie Ihren Wunsch und dann den nach Verhaltensänderung. Sie werden erstaunt sein, wie wirksam dieser Prozeß ist, und Ihre Freunde und Liebhaber werden sich mit Ihnen sicherer fühlen.

Wenn jedoch jemand durch Sie frustriert ist und Sie kritisiert, reagieren Sie mit Spiegeln, Bestätigung und Mitgefühl. Verzichten Sie auf die übliche Reaktion von Gegenvorwurf oder Kritik. Das wirkt Wunder und entgiftet die Situation. Bitten Sie dann den anderen, seinen Wunsch zu äußern und das von Ihnen erwartete Verhalten zu benennen. Das kann so aussehen:

Spiegelnde Reaktion: »Du sagst, du bist frustriert, wenn ich ...
(beschreiben Sie das Verhalten, das den anderen frustriert hat).

Bestätigung: « Das leuchtet mir ein. Ich kann sehen, daß du deshalb frustriert bist.«

Mitgefühl: »Und ich kann mir vorstellen, daß du dich ... fühlst.«

Frage nach dem darin enthaltenen Wunsch: »Möchtest du mir sagen, was du wirklich von mir möchtest?«

Frage nach dem erwünschten Verhalten: »Ja. Ich verstehe, was du möchtest. Kannst du mir nun sagen, wie ich mich verhalten soll?«
(Bitten sie Ihren Partner/Freund/Mitarbeiter/Kind, das erwünschte Verhalten so genau und positiv wie möglich zu beschreiben und zu quantifizieren, wie sehr, wann und wo. Das wird Ihnen helfen, so zu reagieren, daß Sie genau seinen oder ihren Bedürfnissen entgegenkommen.)

Wenn Sie in Ihren gegenwärtigen Beziehungen mit diesem Verfahren experimentieren, erlernen Sie eine wesentliche Fähigkeit. Sie sind auf dem Weg zu einer besser funktionierenden Beziehung. Tun Sie es nicht, dann werden sich die alten Muster mit Sicherheit in Ihrer neuen Beziehung spiegeln.

Ein letzter Hinweis: In meiner Untersuchung von kritischem Verhalten in Paarbeziehungen habe ich herausgefunden, daß eine Frustration, eine Kritik nicht nur einen Wunsch enthält. Sie ist außerdem eine genaue Beschreibung von Eigenschaften des Verleugneten Ichs oder ein Aspekt des Verlorenen Ichs. Mit anderen Worten: Wenn andere von uns frustriert wurden oder uns kritisieren, sagen sie etwas über uns, das wir nicht zugeben möchten. Das Ausmaß Ihrer negativen emotionalen Reaktion weist auf die Genauigkeit der Kritik hin, mit der sie einen abgespaltenen Anteil des Ichs trifft. Außerdem sind Ihre Vorwürfe, besonders emotional aufgeladene, gegen andere normalerweise eine Projektion einer Eigenschaft Ihres Verleugneten Ichs. Deshalb enthält die Kritik anderer an Ihnen, und Ihre Kritik an anderen, wertvolle Informationen. Wenn Sie auf sie hören und Ihr Verhalten entsprechend verändern, kann Ihnen das den Weg zur Ganzheit erleichtern. Sie können eine Liste anlegen mit Ihren Vorwürfen anderen gegenüber und den Kritikpunkten an Ihnen. Vergleichen Sie sie mit den Eigenschaften Ihres Verleugneten Ichs (Übung 10C, Seite 183) und Ihres Verlorenen Ichs (Übung 10B, Seite 182). Ändern Sie Ihr Verhalten auf die Bitten anderer hin, dann beginnen Sie mit der Veränderung der verborgenen Seiten Ihres Charakters.

Nachdem Sie diese harte Arbeit geleistet haben, möchte ich Ihnen den Preis vorstellen, der Ihnen in Ihren zukünftigen Beziehungen winkt, wenn Sie in diesen Fähigkeiten geübt sind: wirkliche Liebe.

Kapitel 16

Wirkliche Liebe: Das wiedergefundene Paradies

Doch da sind manche, die durch rechten Schritt danach streben
Ihre gerechte Hand auf jenen goldenen Schlüssel zu legen
der den Palast der Ewigkeit öffnet.
John Milton

Wir sind von der Verliebtheit durch das Labyrinth der Selbstkonfrontation gewandert. Wir haben erkundet, welche Charakterstrukturen wir neu entwickeln müssen, und sind zum Kern der Sache vorgedrungen: der wirklichen Liebe. Bislang ist sie noch nicht genau definiert worden. Doch nun beschreibe ich ihre wesentlichen Merkmale, damit Sie wissen, was Sie erwartet.

Auf gewisse Weise haben wir einen Kreis vollendet. Aber wir sind nicht wieder an unserem Ausgangspunkt angelangt. Das wiedergefundene Paradies entspricht dem Paradies des Verliebtseins, das uns im Machtkampf verlorenging, und ist doch gleichzeitig eine andere Wirklichkeit. Es ist sowohl vertraut als auch neu. Obwohl sich in der wirklichen Liebe all die Eigenschaften, Töne und Empfindungen zeigen, die dem Verliebtsein eigen sind, gibt es doch einen grundlegenden Unterschied. Substanz hat die anspruchslose Leichtigkeit ersetzt, Oberfläche ist Tiefe gewichen, und anstelle eines Übergangs ist Stabilität getreten.

Sich verlieben ist leicht, aber vergänglich. Es ist das Geschenk der Natur, damit das Unbewußte uns in das Unternehmen lockt, unser volles Potential zu entfalten. Es ist ein *Zustand*, der von den tiefsten seelischen Mächten geschaffen wird. Wirkliche Liebe jedoch als Leistung des Bewußtseins und absichtsvollen Denkens ist eine Seinsweise. Dieser hart errungene Preis wird nur denen zuerkannt, die durchhalten. Der Prozeß von der Verwandlung des Verliebtseins in wirkliche Liebe läßt sich mit der Geschichte eines Kindes vergleichen, das ein geerbtes Vermögen unbedacht vergeudet hat. Um zu Hause sein angestammtes Recht zurückzuerobern, muß es sich die Hände mit Arbeit schmutzig machen. Es muß ein Gewerbe erlernen, Disziplin üben. Es muß das Fett der Bequemlichkeit loswerden und die Illusion aufgeben, es stünden ihm besondere Rechte zu. Nur wenn es seine inneren Fähigkeiten entwickelt hat, kann es seinen Reichtum erhalten und die Frucht seiner eigenen Arbeit genießen.

Das Verliebtsein ist ein Vorgeschmack auf das Mögliche. Es ist nur in dem Sinn eine Illusion, als es nicht stabil ist. So wie Sie jetzt sind, können Sie es nicht festhalten. Die Natur weiß, daß sie uns mit romantischer Ekstase bis vor die Tore der Verwandlung locken muß. Aber sie überläßt uns da nicht einfach den Überbleibseln der Desillusionierung und einer gescheiterten Liebe. Sie hat auch keinerlei Interesse daran, Schmerz und Leiden zu unserer Existenzbedingung zu machen. Sie sind

Nebenprodukte des Prozesses. Die Euphorie des Verliebtseins, das Gefühl von Ganzheit, das Gefühl von Verbindung und Gemeinschaft kann eine Konstante in Ihrer Beziehung werden. Solche Qualitäten sind der vorherrschende Ton wirklicher Liebe. Aber sie sind nur zu erreichen, wenn das Tal von Konflikt und Angst durchquert ist.

Konflikt tritt in allen engen Beziehungen auf. Er ist die alchemistische Suppe, die die rohen Gefühle und Instinkte in pures Gold verwandelt. Er setzt die chemischen Reaktionen frei für den Heilungsprozeß, der eine Vorbedingung von wirklicher Liebe ist. Es muß zu tiefen, grundlegenden Veränderungen kommen. Das bedeutet aber nicht, daß Sie ein anderer Mensch werden müssen. Sie sind ja jetzt schon nicht Sie selbst. Sie haben sich vor vielen Jahren selbst auf dem Altar der Angst geopfert. Jetzt müssen Sie ein weiteres Opfer bringen, dieses Mal auf dem Altar der Liebe. Sie müssen Ihre Angst aufgeben, Sie selbst zu sein. Sie müssen das Falsche Ich opfern, das Sie konstruiert und an die Stelle Ihres Authentischen Ichs gesetzt haben. Wenn Sie bis zum Ende der Reise durchhalten, werden Sie den Fremden in sich wiederentdecken und sich mit ihm anfreunden - und so ganz werden. Wie das Verliebtsein muß der Machtkampf schließlich enden. Und was bekommen Sie, wenn Sie Ihre Verpflichtungen eingehalten haben? Wer den Machtkampf durchhält, kommt mit der Trophäe wahrer Liebe daraus hervor: einer leidenschaftlichen Freundschaft. Leidenschaft, die chemische Zusammensetzung, die das Verliebtsein so berauschend macht, ist das erstaunlichste Merkmal wahrer Liebe.

Die Griechen nannten diese Leidenschaft *Eros*. Diese Lebenskraft, unsere pulsierende Energie, wird als Gefühl »vollständigen Lebendigseins« erfahren. Voraussetzung dafür ist, daß wir uns sicher fühlen und Angst uns nicht behindert. Befreit aus der Gefangenschaft hinter den Mauern rigider Abwehrstrategien und der Angst, die diese Mauern aufrechterhält, fließt *Eros* durch die Kanäle des verletzten Selbst, heilt und gibt dem Körper seine volle Kapazität für sinnliche Erfahrung zurück. Die Lebensenergie, *Eros*, macht festgehaltene Muskeln weich, bereichert die Gefühle und spornt die Kreativität im Denken und Handeln an. Es ist keine Erfahrung von Ekstase, auch wenn es viele Augenblicke ekstatischer Höhepunkte gibt. Vielmehr ist es ein immenses Wohlgefühl von Entspannung und umfassender Freude. Das ist ein weiteres Geschenk wahrer Liebe. Die Welt scheint freundlicher geworden zu sein, es läßt sich besser in ihr leben. Die zwanghafte Suche nach dem Sinn des Lebens kompensiert offenbar nur das Fehlen vibrierender Lebendigkeit. Diese Sehnsucht wird von einem fast mystischen *Erfahren* ersetzt. Ich fühle mich erinnert an die Bemerkung des großartigen Psychoanalytikers C. G. Jung. Als er gefragt wurde, ob er an Gott glaube, antwortete er: »Ich glaube nicht, ich weiß.« Oder Thomas von Aquin, der nach seiner Erfahrung mystischer Erleuchtungen seine früheren umfangreichen Schriften über die Natur Gottes als »Stroh« bezeichnete. Derart ist auch die Sicherheit und die verwandelnde Macht des Übergangs vom Verliebtsein zu wirklicher Liebe. Lebendige Erfahrungen treten an die Stelle der

Suche. Aber im Unterschied zum mystischen Wissen, das oft kurzlebig ist, ist wirkliche Liebe von Dauer. Sie ist gebaut auf den Fels von Persönlichkeitsveränderungen. Daher hält sie auch Stürmen stand. Und Angst ist der Feind der Liebe.

Sicherheit

Das Geheimnis besteht darin, die Angst aufzugeben. Aber Sie müssen nicht nur Ihre eigenen Ängste loslassen. Sie müssen aufhören, für Ihren Partner ein Gegenstand von Angst zu sein. Schaffen Sie eine Atmosphäre von Sicherheit. Dazu müssen Sie *Eros*, Ihre Lebenskraft, von dem Ich und der Selbsterhaltung auf das emotionale, physische und spirituelle Wohlergehen Ihres Partners umlenken. Durch dieses bewußte Umlenken, mit dem Sie über Ihre Instinkte hinausgehen, wird *Eros* in *Agape* umgewandelt. *Agape* ist die bedingungslose Sorge für den anderen. Das emotionale und spirituelle Wohlergehen des Partners erhält absolute Priorität. Das garantiert seine Sicherheit, paradoxerweise auch Ihre eigene. (Sicherheit, so scheint es, ist die notwendige Vorbedingung für optimales Leben in der gesamten Natur.) In gewisser Beziehung bedeutet Sicherheit das Ende von Kritik und aller anderen Formen von Gewalt.

Hier finden wir ein Paradoxon: Die Verpflichtung, die Evolution des Partners zur Ganzheit zu unterstützen, löst wie bei einer chemischen Reaktion die eigene Weiterentwicklung aus. Der Keim für Ihre eigene Weiterentwicklung ist also folgendes: die nicht nachlassende Aufmerksamkeit für die Bedürfnisse des Partners, die Konzentration auf die Heilung seiner oder ihrer Wunden, das Hinausgehen über die bequemen Grenzen des eigenen Selbstbildes und die gewohnten Verhaltensweisen sowie die Aktivierung von Verhaltensweisen, die sich entschieden fremd anfühlen für das Ich, aber notwendig sind, um die privatesten Gedanken, Gefühle und Wünsche miteinander teilen zu können - all das maßgeschneidert auf die Bedürfnisse Ihres Partners. Dieses Paradoxon belohnt Sie jedoch mit einem Geschenk, denn es werden Ihnen in Ihrer Kindheit verkümmerte Teile Ihrer selbst zurückgehen. Der Heilungsprozeß ist zweiseitig: Während Sie sich der Heilung Ihres Partners widmen, werden Sie selbst ganz. Wenn Sie auf die Bedürfnisse Ihres Partners eingehen, kommen langvergrabene Bedürfnisse wieder an die Oberfläche. Diese Bedürfnisse sind denen nicht unähnlich, die Sie bei Ihrem Partner erfüllen müssen. Sie begegnen den verborgenen Anteilen Ihres Ichs wieder.

Im Strudel der Veränderung, die dieses Über-sich-selbst-Hinaus-gehen begleitet, müssen Sie Ruhe bewahren. Das erfordert ein bindendes Sich-Einlassen. Nur der Reisende kommt ans Ziel, der konzentriert auf dem Weg weitergeht und den Schmerz erträgt. Trotz der wechselnden Winde bleibt er auf dem Kurs. Er läßt sich nicht verlocken, vom Schiff zu springen und sich auf die nächste Insel zu retten.

Das bringt uns zu einem weiteren Schlüssel für die Tore des Paradieses: Selbstintegration. Alle Aspekte Ihres abgespaltenen Ichs müssen willkommen geheißen und im Haus des Selbst an ihren ursprünglichen Platz zurückgestellt werden. Diese Vorstellung ist weder besonders romantisch noch exotisch und ganz sicher nicht neu. Unser Widerstand dagegen ist in unseren Institutionen verankert. Wir verschleudern unsere Lebensenergie, indem wir draußen nach Erfüllung suchen. Wir halten unser Fehlendes Ich vor dem Bewußtsein verborgen. Wie in jeder mythologischen Erzählung wird der Gral gesucht, obwohl wir die Wahrheit schon kennen. Was wir brauchen und wonach wir suchen, ist in uns allen. Um es aber zu wecken, benötigen wir die liebende Fürsorge eines anderen.

Neu ist jedoch folgende Vorstellung: Das, was wir am meisten brauchen, um unsere Sehnsucht nach Ganzheit zu stillen, wird uns unvermeidlich von einem Partner wie in einem Spiegel vorgehalten. Wir können es nur wiedergewinnen, wenn wir die Bedürfnisse des spiegelnden Partners erfüllen. Die Wiedervereinigung all unserer fehlenden Anteile befreit uns von dem Konflikt. Wir können uns von der Suche ausruhen. Unser Sehnen wird aufhören. Das Ich im Dienst des anderen zu riskieren bedeutet, das Ich zu retten.

Ohne Netz und doppelten Boden

Allerdings muß es ein wechselseitiges und bedingungsloses Geben sein, wenn die Partner leidenschaftliche Freunde werden wollen. Das Unbewußte ist nicht interessiert an Verhandlungen. Die bedingungslose Liebe für den anderen erweist sich als die höchste Form des Selbst-Interesses und als Bedingung für persönliches Wohlergehen. Der Trick besteht jedoch darin, daß Ihnen das Paradies entgleitet, wenn es Ihnen nur um das Ergebnis geht. Sie müssen es tun, weil es getan werden muß und Ihr Partner es braucht. Dann stehen die Tore zum Paradies offen.

Den Begriff *Agape* setze ich mit dem Prozeß des Über-sich-hinaus-Gehens zur Erfüllung der Bedürfnisse des anderen gleich. Die Griechen bezeichneten damit eine bestimmte Form von Liebe. (Im Deutschen benutzen wir Adjektive, um verschiedene Bedeutungen von Liebe zu unterscheiden.) *Agape* bezieht sich auf den Selbst-verwandelnden Akt, absolut und bedingungslos gegenseitig für den anderen zu sorgen. Ich möchte hier die faszinierende Herkunft des Begriffs *Agape* weiter ausführen. Die darin eingegangene Vorstellung ist ebenso genial wie lehrreich.

Als ich mich kürzlich auf die Suche nach den Ursprüngen des Begriffs *Agape* machte, entdeckte ich zu meinem Erstaunen, daß die Vorstellung offenbar aus der Periode der griechischen Stammeskämpfe vor dem Goldenen Zeitalter des Perikles stammt. Soweit ich aus den Erklärungen eines etymologischen Lexikons entnehmen kann, war es eine Zeit, in der die Griechen darüber nachsannen, welches wohl der beste Weg zur Beendigung ihrer Stammesfehden sei. Sie kamen dabei zu dem Schluß, Krieg sei Ausdruck der *Wahrnehmung* des »anderen«, des »Feindes« als einer »Nichtperson«. Es handelte sich also nicht um einen Menschen. Bei einer solchen Wahrnehmung erscheint es gerechtfertigt, die Männer zu töten, die Frauen zu vergewaltigen, sie und ihre Kinder in die Sklaverei zu verschleppen, ihre Dörfer zu zerstören und ihr Land zu verwüsten. Ein klassisches Beispiel für die Entmenschlichung des Feindes ist die Rache Roms an Karthago. Nachdem die Römer die Stadt geplündert hatten, streuten sie Salz auf das Land, damit nichts wachsen konnte. Es gibt Parallelen zu dem jüngsten Krieg im Irak und zu den Praktiken des Dani-Stammes, eines kannibalischen Volkes in Irian Jayah, das ich vor Jahren besuchte. Durch den Ältesten eines der kriegführenden Stämme erfuhren wir, daß sie ihre Feinde aufaßen, um ihre Stärke in sich aufzunehmen. Aber das Ritual war nur möglich, weil sie ihren Feind als »nicht menschlich« betrachteten.

Die griechischen Generäle waren ebenso philosophisch wie kriegerisch orientiert. Daher entwickelten sie den Gedanken, Krieg dadurch zu verhindern, daß eine neue Vorstellung vom Feind geschaffen würde: als einem Menschen »wie wir«. Außerdem sollte der »andere«, der Feind, neu definiert werden als »Blutsverwandter«, »einer von uns«. Dieses ausgeweitete Konzept erforderte eine Ausweitung der Privilegien der Blutsverwandtschaft auf den Feind. Was waren das für Privilegien? Die Garantie, daß er nicht ohne Grund angegriffen würde. Seine Existenz würde nicht als Bedrohung betrachtet. Außerdem sollte den früheren Feinden, die nun »blutsverwandt« waren, erlaubt werden, »unser Land zu durchqueren«, ohne einen »Zoll« zu bezahlen. Und: »Wenn sie sich in unserem Land aufhalten, werden sie beschützt gegen Angriffe von den Unsrigen und von anderen.« Diesem neuen internationalen Verhaltenskodex gaben sie den Namen »Agape«. Hier scheint der Ursprung der Vorstellung der »Bedingungslosigkeit« zu stecken, mit dem Privilegien gewährt oder Geschenke gemacht werden. Bei Agape geht es nicht um ein Verhandeln im geschäftlichen Sinn, nicht um einen »Vertrag« oder ein ein- oder beidseitiges Wuchern. Es ist ein wechselseitiger Austausch, bei dem keiner Buch führt.

Die daraus resultierende Beziehung zwischen den Griechen und ihren damaligen Feinden wurde *Philia* genannt. Es meint die Fürsorge und Liebe für den anderen als »Freund«. Später wurde ein Wort lateinischen Ursprungs, *Caritas*, den Verwandlungen der Liebe hinzugefügt. Dabei wird die Fürsorge, Freundlichkeit und Verpflichtung auch auf die, die »nicht verwandt« sind, ausgeweitet. Nach dieser historischen Rekonstruktion des griechischen (und römischen) Verständnisses von Liebe ist die praktischste Beziehung, die man zu einem anderen haben kann, eine »*Agape*«. Sie schafft *Philia*, eine bleibende Freundschaft. Das Ergebnis ist, daß der »andere« Sie nicht angreifen wird. Einem anderen Sicherheit zu garantieren, ist die beste Garantie für die eigene Sicherheit.

Ich sehe, wie sich diese Art von Liebe herausbildet, wenn Paare ihre therapeutische Arbeit vollenden. Am Anfang wird Eros als Wut gegen den Partner gerichtet. Schließlich überwinden sie ihre Abwehr, sorgen sich um die Verletzungen des Partners, fühlen sich in ihn ein und machen sich aktiv daran, heilende Verhaltensweisen anzuwenden. Diese Transformation von *Eros* in *Agape* verwandelt ihre Beziehung in *Philia*, macht sie zu leidenschaftlichen Freunden. Daraus wird schließlich *Caritas*, die Sorge um die Umwelt und gesellschaftliche Mißstände.

Wir Menschen mußten und müssen noch lernen, daß die Fürsorge für den anderen in unserem eigensten Interesse liegt. In dem Buch »The Sex Contract«[1] von Helen Fisher wird das hervorragend dargestellt. Sie zeigt in einer originellen Rekonstruktion, wie Liebe entstand, als in prähistorischen Zeiten der Wert von »teilen« entdeckt wurde. Unsere vormenschlichen Ahnen lernten zu teilen. Sie überlebten und es ging ihnen gut. Dieses praktische Wissen gaben sie an ihre Nachkommen weiter. Aber selbst das Lernen des elementaren Teilens erforderte ein momentanes Überschreiten des Überlebenstriebes, der Angst vor dem anderen und ein neues Verständnis vom anderen als Verbündetem. Die Natur wählte die »Teilenden« aus, um zu überleben. Aber der Instinkt zu teilen steht im Widerstreit mit vielen anderen mächtigen Instinkten in unseren genetischen Anlagen.

Ich entnehme dem griechischen Begriff der *Agape* und Fishers Buch, daß Liebe gelernt werden muß. Sie ist nicht ein genetisch angelegtes Vermächtnis der menschlichen Gattung. Unsere Energie, wesentlicher Bestandteil des Kosmos, ist neutral. Wir werden altruistisch oder selbstsüchtig, je nachdem welche Erfahrungen wir in unserer Entwicklung und Sozialisation machen. Wenn wir unseres Wesens beraubt werden, wenden wir uns gegen uns selbst und gegen anderes. Aber wir müssen erfahren - und die Religion, die Philosophie und Mythologie haben das schon immer erkannt-, daß obsessives Interesse für sich selbst für das Selbst zerstörerisch ist. Die Fürsorge für andere dient unserem eigenen Überleben.[2] Wenn wir im Entwicklungsprozeß von der Ego-Entwicklung zum Interesse an anderen weitergehen, steht dieses Interesse im Dienst unseres Überlebenstriebs. Wenn wir diesen Übergang ohne Verletzung und Angst überleben, entwickelt sich unser natürliches Interesse an anderen zu Altruismus. Wenn wir das jedoch nicht tun, wird unser Interesse an anderen motiviert von Schmerz und Angst. Wir verhalten uns entsprechend.

In meiner Arbeit mit Paaren kann ich sehen, wie hervorragend die griechische Geschichte vom Ursprung der *Agape* sich auf enge Liebesbeziehungen anwenden läßt. Wenn die romantischen Illusionen verblassen, wird der Partner zum Fremden. Er kann sogar den Charakter eines Feindes annehmen. Fragen Sie nur irgendein Paar, das sich gerade inmitten schmerzlicher Auseinandersetzungen befindet! Wirkliche Liebe ist sowohl ein Prozeß wie ein Ziel. Sie wird geboren mitten im Kampf, wenn einer der Partner beschließt, das Wohlergehen des anderen für ebenso wichtig anzusehen wie sein eigenes. Dann kann das Verhalten des anderen als Ergebnis seiner oder ihrer Ängste und Verletzungen betrachtet werden. Er oder sie ist verwundet und bedarf der Heilung. Dieses neue Verständnis des Partners macht es möglich, Beistand zu leisten, Mitgefühl, Fürsorge und schließlich Liebe zu geben. Dazu ist ein Heilen Ihrer eigenen Wahrnehmung vom anderen erforderlich. Sie garantieren, daß Ihr Partner in Ihrer Gegenwart immer sicher ist. Er oder sie kann ohne Angst vor Schaden »in Ihrem Land leben«. Bei Unstimmigkeiten, Konflikten oder unerfüllten Bedürfnissen werden Wünsche um bestimmte Verhaltensveränderungen geäußert.

Die besten Absichten

Hinter den Toren des Paradieses liegt das Gelobte Land, nach dem sich unsere Seele sehnt. Aber es wird Ihnen nur offenstehen, wenn Sie durchhalten. Wirkliche Liebe ist sowohl Ursache als auch Wirkung Ihrer Absichten. Sie umfaßt unser Handeln, ist aber auch ein Zustand, eine Leistung, die zu einem Geschenk wird. Dieses als Gnade gewährte Geschenk ist die Frucht von Disziplin. Sie können es nicht kaufen. Es kommt zu ihnen in Form von Leidenschaft, wenn Sie die Bedingungen erfüllen. Es ist Ergebnis der Sicherheit, die Sie für Ihren Partner schaffen, indem Sie seine in der Kindheit offen gebliebenen Bedürfnisse befriedigen.

Die Arbeit, die Voraussetzung ist für diese Gnade, heißt »intentionale Gegenseitigkeit«. Jeder Partner verfolgt eine Absicht, wünscht sich ein bestimmtes Ergebnis. Er handelt so, daß es Wirklichkeit wird. Dazu ist notwendig, das unbewußte Reagieren aufzugeben, das als Vermächtnis der Evolution im Alten Gehirn angesiedelt ist. Es muß durch bewußtes, absichtsvolles Handeln ersetzt werden, dem Potential, das in der vorderen Hirnrinde sitzt. Dieser Teil des Gehirns ist zur Selbstbeobachtung fähig und kann dem alten Überlebensprogramm eine neue Richtung geben. Das erfordert Zeit. Wir lernen langsam, und wir verändern uns noch langsamer. Nur wenn das revidierte Programm des »Neuen Gehirns« die Sicherheit des Organismus garantiert, schaltet das Alte Gehirn den Alarm ab und gibt seine alten Selbstschutzstrategien auf. Wie lange dieser Prozeß dauert, hängt ab vom Grad der Kindheitsverletzungen und dem ständigen verbindlichen Sich-Einlassen beider Partner auf den Heilungsprozeß. Bei manchen Paaren dauert das sechs Monate bis ein Jahr. Andere müssen damit rechnen, daß sie vor Ablauf von zwei oder fünf Jahren nicht an ihrem Ziel ankommen. Helen und ich brauchten sieben Jahre.

Aber es gibt auch Positives zu vermelden. Sie müssen nur etwas mehr als die *halbe* Strecke gehen. Kurt Lewin, der großartige verstorbene Gesellschaftswissenschaftler, entdeckte bei der Erforschung der Gesellschaftssysteme folgendes: Ein System organisiert sich auf einem höheren Funktionsniveau neu, wenn sich 51 der Variablen in ihm verändern. Die Gnade wird Ihnen nur dann gewährt werden, wenn Sie mehr als die Hälfte Ihrer Charaktereigenschaften verändern und etwas mehr als die Hälfte der Bedürfnisse Ihres Partners erfüllen. Dann belohnt Sie die Natur mit ihrer Gunst. Der Rest ergibt sich von selbst.

Sie werden wissen, daß Sie fast an den Toren des Paradieses angekommen sind, wenn Sie das Gefühl haben, in die Abgründe der Hölle zu fallen. Die Dämonen, die Stimmen aus der Vergangenheit, kommen hoch, um Sie vor dem Lohn Ihrer Mühen fortzuscheuchen. Ihre Verteidigungsmöglichkeiten zerbröseln, Ihre Charakterstruktur verändert sich. Ihre schlimmsten Befürchtungen steigen an die Oberfläche, wenn Sie die Befehle aus der Kindheit verletzen. Die Probleme zwischen Ihnen und

Ihrem Partner werden intensiver, und Ihre Beziehung gerät ins Chaos. Verzweiflung setzt ein. Sie bedauern, sich überhaupt darauf eingelassen zu haben, und versuchen, Ihren Partner loszuwerden. Oder Sie feuern Ihren Therapeuten, wenn Sie einen haben. Aber die Tore sind versperrt. Ihre Psyche organisiert sich neu, kehrt zu ihrer ursprünglichen Ganzheit zurück: Es ist schwer, den Prozeß umzukehren, wenn Sie erst einmal den Nektar Ihres ursprünglichen Ichs gekostet haben. Der Zusammenbruch ist ein Durchbruch. Jetzt ist nicht die Zeit, irgendeine Entscheidung zu fällen. Sie müssen weitermachen. Aus der Asche wird der Phoenix der Liebe aufsteigen.

Ich kann bezeugen, was mit Helen und mir geschah. Im Verlauf unserer acht Jahre Ehe spürten wir, wie die Fesseln unserer Charakterpanzer unter der verbindlichen Zusage aneinander und an den Prozeß gegenseitigen Heilens schmolzen. Wir waren verzweifelt und haben einander und den Prozeß gehaßt. Lange bevor wir ankamen, nahm ich arroganterweise an, ich sei vielleicht ausgenommen von den Erfordernissen und Konsequenzen von Veränderung. Schließlich hatte ich den Prozeß erforscht und Tausenden von Menschen beigebracht, sich auf ihn einzulassen. Doch ich hatte unrecht. An den Stromschnellen lag unsere einzige Hoffnung und Erlösung in dem Wissen um das Ziel. Wir fürchteten uns vor den Strudeln, kämpften dennoch lang und intensiv. Die Belohnungen lassen sich nicht abschätzen, und es ist noch immer nicht vorüber. Wir müssen unsere Erfahrung integrieren, uns an diese neue Realität gewöhnen und unser volles Potential entwickeln. Es wird weitere Hindernisse auf dem Weg geben, aber wir sind vereint in unseren Bemühungen. Es ist ein lebenslanger Prozeß, aber die Portale sind aufgebrochen. Ich kann unserer eigenen Erfahrung die von Hunderten von Paaren hinzufügen. Ebenso kann ich von dem traurigen Schicksal jener berichten, die sich weigerten, den Weg anzutreten oder ihn zu Ende zu gehen.

Wenn die größten Hindernisse zusammengeschmolzen sind, ist das Leben recht wundersam. Eine Veränderung tritt ein, das »spontane Umschlagen«. Was vorher Anstrengung bedeutete, wird jetzt zu einem Wunsch. Spontanes Verhalten tritt an die Stelle absichtlicher Bemühungen. Es ist nicht notwendig, daß Sie sich ins Gedächtnis rufen, was Ihr Partner braucht. Sie sind aus Freude motiviert, Ihre Fürsorge in zielgerichteten Verhaltensweisen zum Ausdruck zu bringen. Und das Bemerkenswerteste ist: *Das Kernproblem löst sich auf.* Die Bedürfnisse Ihres Partners verschwinden tatsächlich, gemeinsam mit Ihren eigenen. Sie finden sich in einer Beziehung wieder, in der Überfülle zu herrschen scheint. Es gibt jede Menge Gelächter. Die Eintönigkeit des alltäglichen Lebens gewinnt eine tiefere Bedeutung. Gespräche vor dem Einschlafen sind sehr intensiv, Orgasmen leicht und zahlreich. Sie gehen nicht mehr wie auf Eiern, weil Ihr Haus sich endlich anfühlt wie ein *Zuhause.* Es ist alles, wie es sein sollte, wie es sein kann. Sie empfinden umfassende Lebendigkeit. An die Stelle der Erwartung von Freuden tritt die *Erfahrung* von Freuden. Die Zeit scheint ein ewiges Jetzt zu sein. Im Augenblick zu leben ersetzt das Gefangensein in der Vergangenheit und die Beschäftigung mit Zukunftsvisionen. Die Zukunft ist angekommen und damit das Ende der Sehnsucht und das Ende des Ringens. Das Phänomen *wunschloser Wertschätzung* ist in die Beziehung eingekehrt. Ihr Partner ist nicht mehr deshalb von Wert, weil er Ihre Bedürfnisse befriedigt. Er ist begehrenswert, weil Sie seinen eigenen Wert achten. Tatsächlich hat Ihr Partner in der paradoxen Realität wirklicher Liebe für Sie keinen Wert, sondern wird absolut geachtet. Ein natürliches Hoch wechselt ab mit Plateaus von Freuden, und es gibt ein paar Abstiege in das Tal der Angst vor dem Tod. Auf dem Weg zur Ganzheit weicht Zwangsverhalten dem Entdecken bestimmter Vorlieben. Sehnsucht nimmt ab, denn es fehlt nichts. Sie haben sich, und das ist das Ende der Reise, denn Sie haben das Paradies wiedergefunden.

Der großartige Plan der Natur

Hier geschieht etwas Wunderbares, das weit über Ihre persönliche Heilung und Ganzheit hinausreicht. Durch Ihre Heilung und Ihr Wachstum vervollkommnet sich die Natur selbst. Wir sind nur kleine Knoten von Bewußtsein in einem großen Bewußtsein, dem Teppich des Seins. Was einem kleinen Knötchen geschieht, wirkt sich auf das Ganze aus. Wenn wir leiden, wird unsere Verletztheit von der Natur empfunden. Wenn wir geheilt sind, ist das Leiden der Natur gelindert.

Aber die Natur leidet Qualen. Das kollektive Leiden der menschlichen Gattung äußert sich in allen Lebensformen, menschlichen und nichtmenschlichen und der Erde selbst. Alle Lebensformen, Menschen, Pflanzen, die Tiere im Wald, der Wald selbst, Land, Meer, die Luft, die wir atmen, und die entfernte Ozonschicht, alle sind Opfer unserer Unempfindlichkeit und unseres Mangels an Mitgefühl, der geboren ist aus Schmerz. Wir sind die Opfer jahrhundertelanger Erziehungsfehler und liebloser Ehen. Selbst verletzt, verletzen wir die Natur. Wenn wir diesen Lauf der Dinge nicht umkehren, werden wir der Natur zum Opfer fallen.

Wenn wir nicht aufhören, die Erde zu quälen, geben uns optimistische Wissenschaftler noch weitere hundert Jahre (Pessimisten geben uns fünfzig). Dann wird die Erde uns los, um sich selbst zu erhalten. Ein Überlebensinstinkt, der unserem gleicht, ist auf globalem Niveau auch der Natur angeboren. Die Natur hat sich noch von jeder Spezies befreit, die sich nicht anpassen konnte an ihre Veränderungen. Wir aber scheinen zu erwarten, daß der Planet bei uns eine Ausnahme macht. Das wird er jedoch nicht tun. Wir sind entbehrlich.

Ich glaube, wir haben Hoffnung. Aber wir haben nicht viel Zeit. Unsere Hoffnung liegt begründet in der Tatsache, daß wir nicht nur ein Faden im Teppich der Natur sind. Wir sind »die Krone der Schöpfung«. Weil die Natur uns ausgerüstet hat mit einem Stirnlappen und mit der Befähigung zu Selbsterkenntnis und Bewußtsein, haben wir auch das Potential zur Selbstkorrektur. Wir sind der Teil der Natur, durch den sie von sich selbst weiß, sich selbst untersuchen und in Ordnung bringen kann.

Aber wir müssen unsere Fähigkeit und unser Wissen benutzen und uns selbst korrigieren. Nur so können wir bewußt mit dem Impuls der Natur zusammenarbeiten, sich selbst zu heilen und zu vervollkommnen. Durch das reflektive Bewußtsein - Wissenschaft, Psychologie, Soziologie, Theologie und andere Disziplinen - kommen die Schäden zum Ausdruck, die wir in den Teppich des Seins gerissen haben. Durch sie sucht uns die Natur wieder dazu zu gewinnen, am Heilungsprozeß unserer Gattung und der Erde mitzuwirken. Die Teilnahme an diesem phantastischen Projekt bedeutet an der Heilung des Universums mitzuarbeiten.

Es gibt keinen Weg zur Erlösung als den Weg der Liebe. Nicht in der Suche nach Liebe oder dem Finden von Liebe, sondern im Lieben werden die Schmerzen der Natur gelindert, damit wir überleben können. Das ist die Lektion der Evolution und der Geschichte. Wir müssen sie gut lernen. Bisher haben wir sie noch nicht begriffen. Es ist meine Überzeugung, daß Liebe zwischen intimen Partnern der Versuch der Natur ist, sich selbst zu heilen. Das erforderliche Wachstum ist der Versuch der Natur, ihre eigene Ganzheit herzustellen. Das erforderliche Bewußtsein ist der Versuch der Natur, sich ihrer selbsbewußt zu werden durch uns.

Sie treffen Ihren Partner, der Ihnen vorkommt, als sei er Ihr genaues Gegenteil. Dann sorgt die Natur für eine biochemische Reaktion, die die Chemie der gegenseitigen Attraktivität in die Chemie vor Wachstum verwandelt. Die neuesten Erkenntnisse der Humanwissenschaften können uns einige Wege aufzeigen, wie wir an diesem Prozeß mitwirken können. Lassen Sie sich also von Ihrem Herzen leiten. Halten Sie sich an die Partnerwahl, die Ihr Unbewußtes Ihnen vorschlägt: die Person, in die Sie sich verlieben. Es ist weiser als Ihr Bewußtsein, und seine Absichten sind größer als Ihr Bedürfnis, Unbehagen zu vermeiden. Strecken Sie sich, um die Bedürfnisse Ihres Partners zu erfüllen. Geben *Sie* Liebe, die Ihr Partner braucht, um geheilt zu werden. Der Natur ist es egal, ob es Ihnen angenehm ist. Sie will nur, daß Sie sich weiterentwickeln. Grund für Ihr Leiden ist zu einem Teil auch Ihre Unvollkommenheit. Ihre Abwehr behindert das Pulsieren natürlicher Energie und blockiert teilweise den Energiefluß im Universum. Die Herausforderung heißt: Lerne zu lieben. Wenn Sie durch die Liebe ganz werden, wird die Natur Sie mit dem Ende der Sehnsucht belohnen. Sie werden nicht mehr den unlebendig machenden Verlockungen zum Opfer fallen, die von der Gesellschaft angeboten werden, weil Sie mit den belebenden Elixieren der Natur wieder in Verbindung sein werden.

Wenn Sie, nachdem Sie dieses Buch gelesen und die Übungen gemacht haben, heiraten wollen und sich mit Ihrem Partner auf den Weg zur Ganzheit machen, werden Sie nicht nur zum Heilen der Natur beitragen. Sie werden Ihren Teil dazutun, daß sie in Zukunft weniger verletzt wird, insbesondere wenn Sie Kinder haben. Jemand sagte, das Erwachsensein bestehe aus Versuchen, die Kindheit zu überwinden. Das trifft allem Anschein nach für die meisten Menschen zu. Aber Kinder eines Paares, das zu lieben gelernt hat, erleiden weniger Verletzungen. Sie verinnerlichen ein Modell von Sein, das nicht von ihnen fordert, Anteile ihres Ichs abzuspalten oder ihre Wahrnehmungsfähigkeit gegenüber ihrer Umwelt abzutöten. Sie entwickeln Empathie für alle Lebewesen. Sie verstehen, daß zur Fürsorge für sich selbst die Sorge für die Erde dazu gehört. Die Natur wird nicht ihr Opfer und umgekehrt.

Meine Vision ist sehr idealistisch, das ist klar. Aber stellen Sie es sich nur vor. Solche Kinder, unbelastet von Angst, mit intakten fürsorglichen Instinkten, werden zu Erwachsenen, die sich um andere und um den Planeten kümmern. Die paar noch existenten sozialen Programme sind für jene, die Opfer von Umständen sind, die nichts mit ineffektiver Kindererziehung zu tun haben. Denn die wurde mit der Ausbreitung gesunder, liebevoller Ehen ausgerottet. Das medizinische System wurde um 80 Prozent reduziert. Es beschäftigt sich nur mit angeborenen Anomalien. Stressabhängige Krankheiten sind unbekannt. Es existiert kein Stressreduktionsprogramm, weil die Kunden dafür fehlen. Es gibt keinen Drogenkrieg, denn es gibt keine Drogen. Die Menschen werden »high« durch das Gefühl von Lebendigkeit in ihrem innersten Wesen. Kriege wurden abgeschafft, denn dem »anderen« wird nicht mehr das Menschsein abgesprochen. Für den Planeten wird gesorgt, weil jeder sich mit ihm verbunden fühlt und jeder die Verbundenheit aller Lebenwesen untereinander bewußt erkennt und erfährt. Eine Gesellschaft hat sich herausgebildet, in der jeder seine oder ihre ursprüngliche Ganzheit erhalten kann und die Entspannung und umfassende Freude, die im Rhythmus der Natur pulsiert.

Ich glaube, das ist unser Potential und unser angestammtes Recht. Aber es ist uns verlorengegangen. Ich hoffe, es ist nicht zu spät, um es wiederzugewinnen. Die Natur hat das Geheimnis enthüllt: Die Liebe heilt alle Wunden und macht die Liebenden ganz. Das ist sehr einfach, aber der Prozeß ist mühselig, es dauert vielleicht tausend Jahre. Es gibt ein altes Sprichwort, das sagt: »Eine Reise von tausend Meilen beginnt mit dem ersten Schritt.« Sie können helfen, den Prozeß zu befördern. Heilen Sie die Wunden in der Natur, die Ihr gegenwärtiger oder zukünftiger Partner trägt. Gewinnen Sie andererseits Ihre Ganzheit wieder und das Gefühl von Einssein mit sich selbst und allen Dingen. Das wird Sie zu einem Verbündeten machen in dem großangelegten Plan der Selbstheilung und Vervollständigung der Natur. Und das Paradies wird wiedergewonnen!

Anmerkungen

Einführung

1 Harville Hendrix: So viel Liebe wie Du brauchst. Der Wegbegleiter für eine erfüllte Beziehung, Dörfles 2007

1 Single - na und?

1 Mary Ann Meyer: Success and the Single Woman, in: The New York Times, 22.3.1990
2 Erik Erikson: Kindheit und Gesellschaft, Stuttgart 1991
3 Robert Karen: Becoming Attached, in: Atlantic Monthly, Februar 1990, Seite 35 ff.

2 Die Dynamik von Liebesbeziehungen

1 Judith S. Wallerstein, Sandra Blakeslee: Second Chances: Men, Women and Children After Divorce, New York 1989. In dieser wichtigen Untersuchung konnte Wallerstein nicht einen Fall feststellen, wo eine Scheidung bei den Kindern keine emotionalen Verletzungen hervorgerufen hätte, die sich auf ihr Erwachsenenleben und ihre intimen Beziehungen ausgewirkt hätten.

3 Die menschliche Reise

1 William James: The Varieties of Religious Experience: A Study in Human Nature, New York 1936, Seite 469
2 (wobei Spiel letztlich unverändert als Domäne der Kinder angesehen wird).

4 Wachsende Schmerzen: Entdeckung der Kindheitswunden

1 Margaret Mahler: On Human Symbiosis and the Vicissitudes of Individuation: Infantile Psychosis, New York 1968. Erik Erikson: Kindheit und Gesellschaft, New York 1963, insbesondere Kapitel 8: »Die acht Lebensalter«. Die Ansicht, daß die Kindheit das Erwachsenenleben beeinflußt, ist gemeinsames Thema der Entwicklungspsychologie, der Psychoanalyse, der Objektbeziehungstheorie und der Ich-Psychologie.

5 Bindungs- und Entdeckerphase: Das Bilden einer sicheren Beziehung

1 Harry Harlow: Learning to love, New York 1974
2 John Bowlby: A Secure Base: Parent-Child Attachment and Healthy Human Development, New York 1988; David N.Stern: The Interpersonal World of the Infant, New York 1984, M. D. Ainsworth, M. C. Blehar, E.Waters, S. Wall: Patterns of Attachment: assessed in the strange Situation and at home, Hillsdale, New Jersey 1978

6 Identität und Kompetenz: Ein *Ich* werden

1 Freud sah den Ursprung aller Neurosen im ödipalen Stadium. Vorödipale Probleme bezeichnete er als »primitiv« und damit vermutlich unbehandelbar. Bei meinen Klienten geht es selten um ödipale Themen. In primären Liebesbeziehungen geht es meiner Ansicht nach fast immer um »primitives Zeug«, und es läßt sich behandeln.

7 Verantwortung und Nähe: In die Welt hinaus

1 Harry Stack Sullivan: The Interpersonal Theory of Psychiatry, New York 1953, Seite 145 ff.

8 Traumatisierte Beziehungen: Das Vermächtnis zerrütteter Familien

1 Patricia Love: The Emotional Incest Syndrome: What to Do When a Parent's Love Rules Your Life, New York 1990
2 Daniel Goleman: A Key to Post-Traumatic Stress Lies in Brain Chemistry, Scientistis Find, in: The New York Times, 12.6.1990
3 Ivor Browne: Psychological Trauma, or Unexperienced Experience, in: Revision, Bd. 12, Nr. 4, Frühjahr 1990
4 Judith S. Wallerstein, Sandra Blakeslee: Second Chances: Men, Women and Children a Decade After Divorce, New York 1989
5 Judith Hooper, Dick Teresi: Sex and Violence, in: Penthouse, Februar 1987

9 »Zu deinem eigenen Besten«: Die Botschaften der Sozialisation

1 Robert Ornstein: The Healing Brain, New York 1987, Seite 36

11 Geschlecht und Sexualität: Make love, not war

1 Daniel Goleman: Study Defines Major Sources of Conflict Between Sexes, in: The New York Times, 13.6.1989. Diese provozierenden Bezeichnungen finden sich in einer Flut von »Männerliterarur«, die zeigt, welchen Preis Männer gezahlt haben dafür, daß sie auf Rollen festgelegt wurden, die die patriarchale Gesellschaft ihnen zuweist.
2 Men vs. Women, in: U.S. News Sc World Report, 8.8.1988; Guns and Dolls, in: Newsweek, 28.5.1990
3 Guns and Dolls, s. o.
4 Carol Gilligan: In a Different Voice: Psychological Theory and Women's Development, Cambridge, Mass., 1982
5 Guns and Dolls, s. o.
6 Gilligan, s.o., und Deborah Tannen: You Just Don't Understand, New York 1990
7 Tannen, s. o.
8 Joe Tanenbaum: Male and Female Realities: Understanding the Opposite Sex, Texas 1989
9 Guns and Dolls, s. o.
10 Tannen, s.o.
11 Natalie Angier: Marriage is Lifesaver for Men after 45, in: The New York Times, 16.10.1990
12 How to Stay Married in the 90s, in: Brides, Dezember 1980/Januar 1990. The way We'll Be: Marriage in the 90s, in: New Woman, Dezember 1989. Back Off, Buddy, in: Time, 12. Oktober 1987
13 Jane Gross: New Home Front Developing as Women Hear Call to Arms, in: The New York Times, 18.9.1990
14 June Singer: Androgyny: Toward a New Theory of Sexuality, Gardencity N. Y. 1976
15 Jamake Highwater. Myth &c Sexuality, New York 1990
16 Elaine Pageis: Adam, Eve, and The Serpent, New York 1988

17 Judith Hooper, Dick Teresi: Sex and Violence, in: Penthouse, Februar 1987
18 Andrew Greeley: Sexual Intimacy: Love and Play, New York 1988
19 John Stoltenberg: Refusing to Be a Man: Essays on Sex and Justice, New York 1990
20 Greely, s.o.

13 Partnerschaft: Der Weg zur Bewußtheit

1 Elisabeth Kübler-Ross: Interviews mit Sterbenden, Stgt. 1971; Was könnten wir noch tun? Antworten auf Fragen nach Sterben und Tod, Stgt. 1974; Leben bis wir Abschied nehmen, Stgt. 1979; u. a.

14 Von der Einsicht zur Integration: Grundlegende Strategien der Veränderung

1 Jeffrey Steinfeld: The Bad Object: Handling the Negative Therapeutic Reaction in Psychotherapy, New Jersey 1990; Jerold J. Kriesman, Hai Straus: I Hate You, Don't Leave Me: Understanding the Borderline Personality, Los Angeles 1989

15 Neue Fähigkeiten, neue Verhaltensweisen: Schritte zur Selbstintegration

1 Ich möchte hier nur eines der Bücher über Träume empfehlen: Jack Maguire: Night and Day: Use the Power of Your Dreams to Transform Your Life, New York 1989

16 Wirkliche Liebe: Das wiedergefundene Paradies

1 Helen Fisher: The Sex Contract: The Evolution of Human Behavior, New York 1983
2 Zu dem gleichen Ergebnis kommt heute eine neue Wissenschaft, die als »Psychoneuroimmunologie« bezeichnet wird. Diese neue Wissenschaft untersucht die Interaktion von Seele und Gehirn. Ihren Berichten zufolge entspannt die Fürsorge für andere das Nervensystem und verbessert das Immunsystem. Wenn Sie an das Wohlergehen anderer denken, sehen Sie diese als Gegenstand von Fürsorge anstatt als Quelle von Gefahr. Das produziert Endorphine, die Entspannung auslösen, anstatt Andrenalin, das den evolutionären Verteidigungsmechanismus aktiviert. Ornstein und Sobel: The Healing Brain; James Lynch: The Broken Heart, New York 1977

Besondere Danksagung an Laura Torbet

Ich möchte hier meine tiefempfundene Hochachtung für Laura Torbet zum Ausdruck bringen. Laura ist selbst Autorin und eine hervorragende Lektorin. Als ich in den vergangenen achtzehn Monaten mit ihr zusammenarbeitete, habe ich sie als Mensch wie als Künstlerin schätzengelernt. Sie ist intelligent, erfindungsreich, unermüdlich und gut organisiert. Sie ergreift Initiative und übernimmt Verantwortung - und es macht Spaß, mit ihr zusammenzusein. Die Zusammenarbeit mit ihr war außerordentlich befriedigend und lehrreich.

Ich stehe sehr in ihrer Schuld. Laura ist verantwortlich für den Aufbau des Buches, die Organisation und den Arbeitsablauf. Sie begann mit einigen Kapitelentwürfen und Notizen, malte sie mit stundenlangen Tonbandmitschnitten von Interviews und Gesprächen aus. So hat sie mir geholfen, das Buch nach einer langen Schwangerschaft zur Welt zu bringen. Besonders beeindruckt hat mich ihre Geduld, die durch die fortwährend neuen Ideen und Gedankenprozesse erforderlich werdenden Revisionen sehr auf die Probe gestellt wurde. Ohne ihre Kenntnisse als Autorin, ihren Glauben an das Projekt und ihre Begeisterung wäre das Buch noch lange nicht geschrieben worden. Vielen Dank, Laura.

Danksagungen

Das Schreiben eines Buches ist immer ein gemeinsames Unternehmen. Jeder Autor ist abhängig von der Forschung und den Ideen anderer. Ich stehe in der Schuld der herausragenden Figuren in der Wissenschaft der Psychologie: Sigmund Freud und Carl Jung für ihre Erkenntnisse über das Unbewußte, Eric Berne, Harry Stack Sullivan und Martin Buber für ihre Einsichten in die interpersonalen Zusammenhänge, Erik Erikson und Margaret Mahler für ihre Beiträge zu dem Entwicklungsprozeß, John Pierakos für Einsichten in das System menschlicher Energie und B. F. Skinner für die Verhaltenstheorie.

Konkreter möchte ich dem Personal des Institute for Relationship Therapy danken - Nancy Jones, Audry Davis, Lory Lazrus und Mark McColl -, die mir bei der Leitung des Instituts viel abgenommen haben, damit ich Zeit hatte zu schreiben. Außerdem verdanke ich den Hunderten von Alleinstehenden und Paaren viel, von denen ich die meisten meiner Vorstellungen habe, sowie den Studenten meiner Trainingsprogramme, die mir wertvolle Rückmeldungen gaben über meine Theorien und den therapeutischen Prozeß. Barney Karpfinger, mein Agent, verdient besondere Erwähnung für seine Unterstützung. Ich möchte außerdem Leslie Wells danken für ihre frühe Rückmeldung über das Manuskript, als sie Lektorin bei Pocket Books war, und Ciaire Zion, die es während der Entstehung übernahm und es zur Vollendung führte. Besonders ihre einsichtige und hilfreiche Kritik und ihre Begeisterung waren mir unschätzbar.

Aber mein tiefster Dank geht an meine Frau, Helen, für ihre Geduld während der vergangenen achtzehn Monate, als sie mich mit dem Computer teilen mußte. Sie ertrug endlose Diskussionen über das Projekt, teilte mir ihre Vorstellungen darüber mit, unterstützte meine Vision von einer gesunden intimen Beziehung, während sie mehr als ihren Anteil an den familiären Pflichten übernahm. Kurz gesagt, sie hat mich während dieses Unternehmens bedingungslos unterstützt. Und schließlich möchte ich Leah und Hunter danken, meinen jüngsten Kindern, für die Inspiration, die sie für mich sind, und das Vergnügen, das sie an einem Vater haben, der ein Autor ist, und für ihre Geduld mit mir, wenn ich in den letzten Phasen der Arbeit nicht unterbrechen und mit ihnen spielen konnte.

Imago

IGÖ - Imago Gesellschaft Österreich

»Wir helfen Ihnen, die Beziehung Ihrer Träume zu entdecken - mit Ihrem eigenen Partner«

Die Imago Gesellschaft Österreich besteht seit 1999 als Vereinigung der Imago-Therapeuten und -Therapeutinnen in Österreich. Alle Mitglieder sind entweder PsychologInnen oder PsychotherapeutInnen, mit einer spezialisierten Ausbildung in Imago Paartherapie.
Unser Ziel ist:

1. Die Verbreitung der Inhalte und Methoden der Imago-Beziehungsarbeit, der Imago-Paartherapie und der Imago-Konfliktlösung.
2. Die Information über die Imago-Beziehungsarbeit bei einzelnen Personen, Paaren und Familien, um ihre Konfliktfähigkeit zu stärken und ihre Fähigkeit zu erweitern, stabilere und zufriedenere Beziehungen zu führen und damit Trennungen und Scheidungen zu verhindern.
3. Die Information zur Ausbildung in Imago-Paartherapie.

Alles Wissenswerte über die IGÖ, über Imago-Paartherapie, Imago-Paarworkshops »So viel Liebe wie Du brauchst«, die Imago Ausbildung und eine Liste der Adressen aller Imago-Therapeuten und -Therapeutinnen in Österreich finden Sie unter

www.imagoaustria.at

Bitte kontaktieren Sie uns, wenn Sie Fragen haben.

Harville Hendrix, Ph.D.

So viel Liebe wie Du brauchst

Der Wegbegleiter für eine erfüllte Beziehung

Erstmals im Jahre 1988 erschienen, half das Buch So viel Liebe wie Du brauchst Tausenden von Paaren ihre Beziehungen zu verbessern und liebevoller und sensibler miteinander umzugehen.

Mit seinen wirklich bahnbrechenden Einsichten in die Dynamik der Paarbeziehung, aus mehr als dreißigjähriger Erfahrung in der Arbeit mit Paaren, kann Dr. Harville Hendrix auch Ihnen dabei helfen, Ihre eigene Beziehung zu einer Quelle der Liebe und gegenseitigen Unterstützung werden zu lassen. In der überarbeiteten, deutschen Neuausgabe schildern Dr. Hendrix und seine Frau Helen LaKelly Hunt die wirklich unglaubliche Ausbreitung der Imago-Therapie. Mit diesem Lernprogramm, das Schritt für Schritt vorangeht, wird es auch Ihnen gelingen, Ihre Beziehung wieder mit neuem Leben zu erfüllen.

352 Seiten, Paperback
Renate Götz Verlag, 2007
ISBN 3-9501011-8-8